铁山港年鉴

TIESHANGANG NIANJIAN

2022

北海市铁山港区地方志编纂委员会　编

方志出版社
Publishing House of Local Records

图书在版编目（CIP）数据

铁山港年鉴．2022 / 北海市铁山港区地方志编纂委员会编．—北京 ：方志出版社，2022.12
ISBN 978-7-5144-5464-2

Ⅰ．①铁… Ⅱ．①北… Ⅲ．①区（城市）－北海市－2022－年鉴 Ⅳ．① Z526.74

中国国家版本馆 CIP 数据核字(2023)第 001759 号

责任编辑：顾洁
责任校对：刘玉霞
责任印制：梅中英
出 版 者：方志出版社
地　　址：北京市朝阳区潘家园东里 9 号（国家方志馆 4 层）
邮　　编：100021
网　　址：http://www.zgfzcb.cn
发　　行：方志出版社图书营销中心（010-67110500）
印　　刷：深圳市精一瑞兰印刷有限公司
开　　本：889 毫米 ×1270 毫米　1/16
印　　张：21.5
字　　数：570 千字
版　　次：2022 年 12 月第 1 版
印　　次：2022 年 12 月第 1 次印刷
定　　价：260.00 元

北海市铁山港区地方志编纂委员会

名誉主任：龙起云

主　　任：莫华福

副 主 任：何　来　沈　飞　汪国高　李佳振　张　良

陈战兵　陈晓华　林永清　陈旭昌　戚恒家

钟　伟　王功海　张祖钊　卓　伟

委　　员：谢余红　范先铭　赖满棠　黄元贵　李源军

陈丽艳　廖云龙　黄家琳　陈传栋　林　洪

劳浦强　劳庆蓉　国先涛　王昌富

《铁山港年鉴》编辑部

总　　审：陈晓华

主　　编：卓　伟

副 主 编：马瑞银

总　　纂：卓　伟

副 总 纂：马瑞银　陈祖生

编　　辑：卓　伟　马瑞银　陈祖生　伍荣聪　苏周娟

编务人员：马瑞银　伍荣聪　苏周娟

编辑说明

一、《铁山港年鉴》是北海市铁山港区人民政府组织、北海市铁山港区地方志编纂委员会承编的年度资料性文献。《铁山港年鉴》的编纂始终坚持以马克思列宁主义、毛泽东思想、邓小平理论、“三个代表”重要思想、科学发展观、习近平新时代中国特色社会主义思想为指导，坚持辩证唯物主义和历史唯物主义的立场、观点、方法，存真求实，为党政机关、企事业单位和社会各界了解和研究铁山港区提供较全面的信息资料。

二、本年鉴记述时限为2021年1月1日至12月31日，全面、系统、客观地记载了铁山港区自然、政治、经济、文化、社会、生态等方面情况。彩页图片、特载、附录内容适当上溯、下延。

三、本年鉴采用分类编辑法，设类目、分目和条目三个层次，以条目为主要形式，部分条目下设子目。全书不同层次的标题，通过字体、字号和版式设计加以区别，条目标题统一用黑体字加【 】表示，便于读者查阅。全书设35个部分，依次是特载、大事记、北海市铁山港区总述、中国共产党北海市铁山港区委员会、北海市铁山港区人民代表大会、北海市铁山港区人民政府、中国人民政治协商会议北海市铁山港区委员会、纪检监察·巡察工作、群众团体、法治、军事、工业、农业农村·水利、渔业、交通运输·邮政、城乡规划建设和管理、环境保护、商务·旅游·电信通信、财政·税务、银行、经济行政管理和监督、口岸管理、科学技术、教育、文化·广播电视、体育、医疗卫生·计划生育、新冠疫情防控工作、侨务·台湾事务、社会事务、乡镇、先进人物、统计资料、附录、索引。

四、本年鉴所载资料均由铁山港区各机关、企事业单位提供，经《铁山港年鉴》编辑部编辑、整理后再反馈原单位核对，经铁山港区政府审定而成。某些专业性数据由主管部门提供。

五、本年鉴数字用法、标点符号用法分别采用国家标准《出版物上数字用法》(GB/T 15835—2011)、《标点符号用法》(GB/T 15834—2011)，计量单位采用国家技术监督局1993年12月发布的《量和单位》系列国家标准。其中，长度单位用“米”“千米”，重量单位用“克”“千克”“吨”；在记述运输事项时，按照现行行业惯例使用“吨公里”“人公里”；在记述体育赛事时，个人重量级按照现行行业惯例使用“公斤级”；在记述农业事项时，土地面积单位保留“亩”，1亩=666.67平方米，随文不再括注同比例平方米数。

六、本年鉴中部分数据合计数或相对数由于四舍五入的原因而存在误差，均未做机械调整。

七、本年鉴配备书后检索系统。索引采用内容分析法，款目按汉语拼音(同音字按声调)排列，索引范围详及条目、图片和表格等。

铁山港区地图

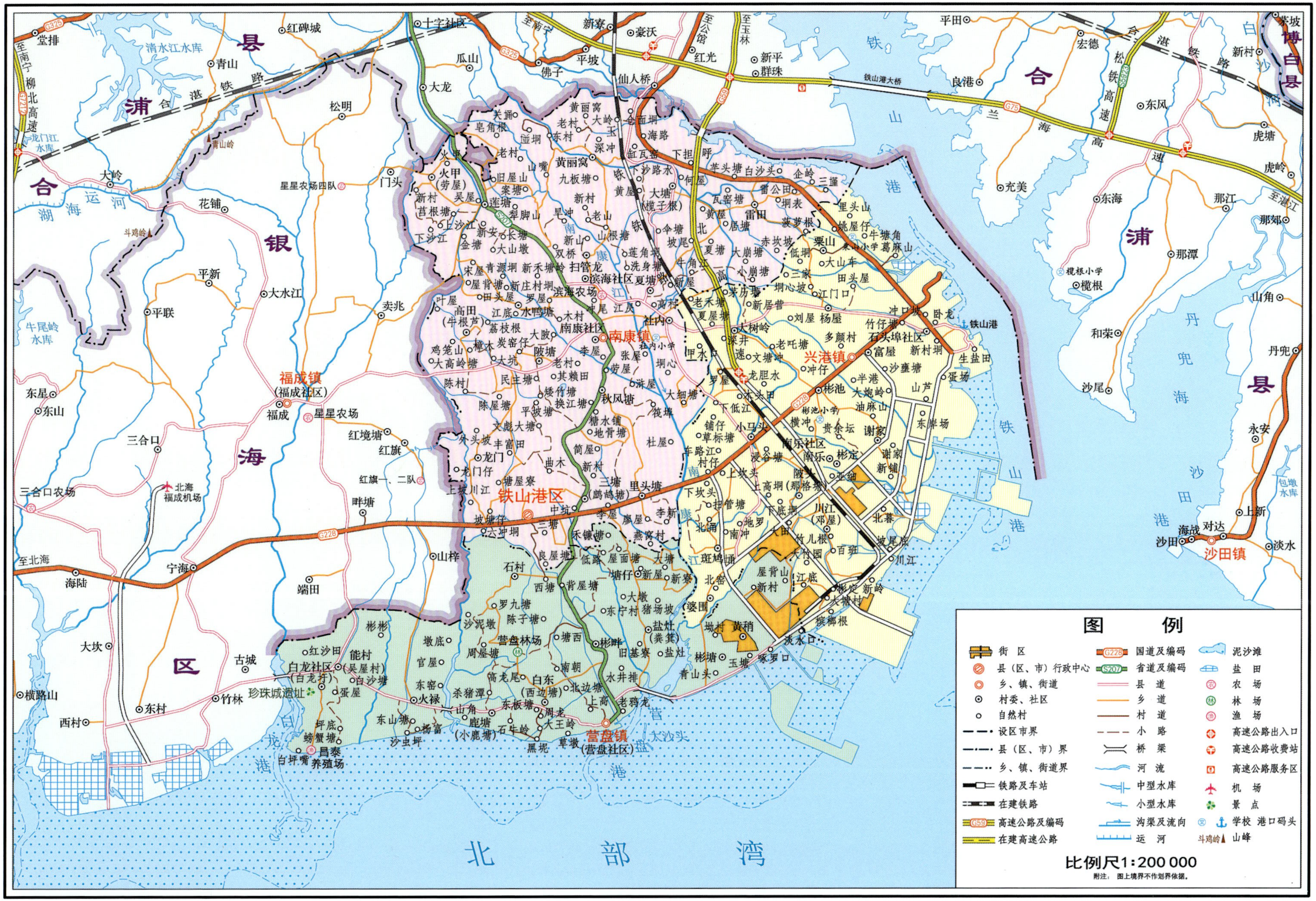

广西壮族自治区地图院编制

审图号：桂S(2021)05-001号

2021年

庆祝中国共产党成立100周年

2021 年 6 月 16 日，“感党恩 · 跟党走”北海市庆祝中国共产党成立 100 周年红色歌曲合唱大赛（铁山港区分赛）在南珠会堂举行

邓 符 摄

2021 年 3 月 3 日，北海市铁山港区党史学习教育动员大会在区政务服务综合楼五楼会议室召开　　劳文静　摄

2021 年 4 月 13 日，“学党史·守初心·强担当”2021 年北海市铁山港区百姓宣讲活动在南康镇扫管龙村启动　　劳文静　摄

2021 年 4 月 22 日—23 日，2021 北海市铁山港区全民阅读、“感党恩 跟走 学习金句”版权宣传暨“绿书签行动系列主题活动在营盘镇举办　　劳文静

2021 年 4 月 30 日，铁山港区“学百年党史　展青年担当”暨青年助力全区中心工作座谈会在区政务服务综合楼二楼会议室召开

劳文静　摄

2021 年 5 月 19 日，“学党史・守初心・强担当”2021 年北海市铁山港区百姓宣讲活动在营盘镇鹿塘村举办。图为“卖鸡调”传承人邓绍婵（正面左）和黎元光（正面右）用“卖鸡调”歌颂铁山港区革命先烈的英雄事迹

区委宣传部　供

2021 年 5 月 25 日，铁山港区“讲党史故事　促青年担当”微党课大赛（决赛）在区政务服务综合楼五楼会议室举行

劳文静　摄

2021 年 5 月 26 日，“学党史・守初心・强担当”铁山港区 2021 年百姓宣讲活动在中石化北海炼化有限责任公司举行

劳文静　摄

2021 年 6 月 23 日，“学党史・守初心・强担当”铁山港区 2021 年百姓宣讲活动（军营专场）在区人武部会议室举行

区委宣传部　供

2021 年 5 月 28 日，“阅读百年史　奋进新征程”2021 年北海市全民阅读、“护苗・绿书签”宣传暨《991 读书会》走基层系列读书活动在营盘镇鹿塘村委举行

区委宣传部　供

2021 年 4 月 26 日，铁山港区“学党史・守初心・强担当”暨“初心大讲堂”活动——铁山港区第七征地工作组临时党支部兴港镇斑鸠埇村党总支部在铁山港区兴港镇斑鸠埇村征地现场举办　　区委宣传部　供

2021 年 6 月 30 日，“铁山港区庆祝中国共产党成立 100 周年暨推进党史学习教育新闻发布会”在区行政中心主楼四楼会议室召开　　区委宣传部　供

2021 年 10 月 28 日，“扬爱国情，强中国梦”2021 年北海市铁山港区第三期道德讲堂总堂活动在区政府服务综合楼五楼会议室举行

周芳如　摄

2021 年 11 月 20 日，北海市委宣传部主办的永远跟党走·启航新征程——2021 年北海市“学党史　感党恩　共创城”百场文艺演出（铁山港区南康镇滨海社区专场）现场

区委宣传部　供

新冠疫情防控

2021 年 3 月 29 日，铁山港区新冠病毒疫苗接种“百日攻坚”工作部署会暨集中观看广西 2021 年新冠肺炎疫情应急处置演练视频会在区政务服务综合楼二楼会议室召开 劳文静 摄

2021 年 1 月 29 日，北海市铁山港区新冠疫情防控工作会议在区政务服务综合楼五楼会议室召开

劳文静 摄

2021 年 4 月 30 日，北海市铁山港区大规模核酸采样检测桌面推演在区政务服务综合楼二楼会议室举行　劳文静 摄

2021 年 5 月 10 日，北海市铁山港区（临海）工业区人民医院新冠病毒疫苗大型临时接种点现场　　区委宣传部　供

2021 年 5 月 17 日，铁山港区新冠病毒疫情防控工作部署暨新冠病毒疫苗接种工作推进会召开　　区委宣传部　供

2021 年 5 月 21 日，铁山港区区长莫华福（正面中）在区政务服务综合楼二楼会议室，主持召开铁山港区新冠肺炎疫情防控工作领导小组会议

劳文静　摄

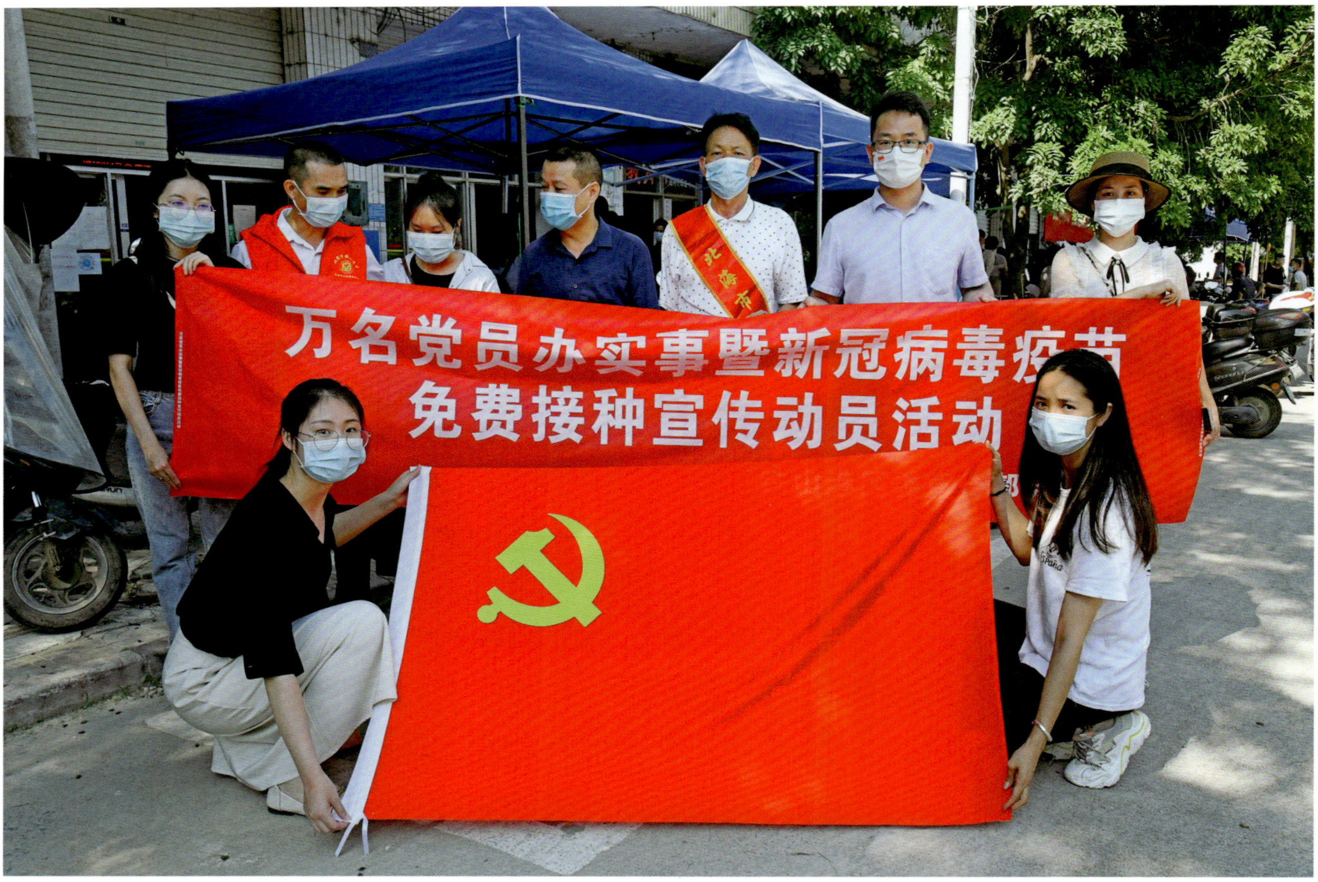

2021 年 5 月 19 日，万名党员办实事暨新冠病毒疫苗免费接种宣传动员活动在南康镇人民医院举行　　区委宣传部　供

2021 年 5 月 28 日，新冠病毒疫苗流动接种车开进信义玻璃（广西）有限公司　　邓　符　摄

2021 年 9 月 2 日，铁山港区委常委、区纪委书记、区监委主任叶艳（左一）到铁山港（临海）工业区检查口岸企业新冠肺炎疫情防控工作

周芳如　摄

2021 年 12 月 25 日，铁山港区打击“三非”反走私综合治理暨新冠疫情防控工作会议在区政务服务综合楼二楼会议室召开

区打私办　供

经济发展

2021 年 7 月 23 日，北海市 2021 年“行企助力转型升级”行动合作项目集中签约仪式在北海香格里拉大酒店举行。铁山港区政府、铁山港（临海）工业区管委会先后与中海石油气电集团有限责任公司、浙江巍翔科技集团有限公司、唐山迪牧化工有限公司等 6 家企业有关负责人签署投资合作协议　　劳文静　摄

助力转型升级”行动
集中签约仪式
比签约
华润水泥合浦
新型建筑材料科技
产业园项目
北海闸口
风电场项目
中信合浦县闸口
100兆瓦光伏
发电项目
广东润丰科技
合浦县人民政府
信义能源
合浦县人民政府

2021 年 6 月 7 日，铁山港区委书记龙起云（正面中）在区政务服务综合楼二楼会议室主持召开铁山港区招商引资工作推进会
劳文静 摄

2021 年 3 月 30 日，铁山港区区长龙起云（正面中）在区政务服务综合楼二楼会议室主持召开铁山港区经济工作专题会

劳文静　摄

2021 年 6 月 11 日，玖龙纸业（北海）林浆纸一体化项目开工仪式在铁山港区玖龙纸业项目现场举行　　区委宣传部　供

2021 年 6 月 7 日，位于铁山港区的广西北海综合保税区航拍图

区委宣传部　供

项目建设

2021 年 3 月 16 日，铁山港区委副书记陈文初（右三）到兴港镇半港村向群众宣传征地搬迁政策，动员群众配合玖龙纸业项目征地搬迁工作 区土地房屋征收中心 供

2021 年 9 月 25 日，太阳纸业 350 万吨林浆纸一体化项目建设现场一角 区发改局 供

2021 年 12 月 7 日，北海市政协副主席黄忠东（正面一排右一）在区委书记龙起云（正面一排右二）陪同下，到铁山港（临海）工业区调研项目建设及征地搬迁工作

钟丽勤　摄

2021 年 12 月 25 日，北海港铁山港西港区石头埠作业区 23 号泊位工程开工仪式在 23 号泊位工程项目现场（北海市南海洋石英砂有限公司）举行

区委宣传部　供

2021 年 12 月 2 日，国能广投北海能源基地工程建设现场一角　　区发改局　供

2021 年 12 月 2 日，北海百福年产 50 万吨硝酸和 20 万吨环保处理液项目（一期）建设现场一角　　区发改局　供

2021 年 12 月 2 日，玖龙纸业（北海）林浆纸一体化项目生活区建设项目建设现场一角　　区发改局　供

2021 年 12 月 2 日，中央储备粮北海直属库有限公司粮食仓储物流项目建设现场一角　　区发改局　供

2021 年 12 月 2 日，太阳纸业北海合利化工分公司年产 30 万吨（27.5%）双氧水项目建设现场一角　　区发改局　供

2021 年 12 月 2 日，顺应储能电池材料镍钴原材料加工项目建设现场一角

区发改局　供

城乡建设

2021 年 7 月，向海大道（铁山港区政府路段）整治后　　区委宣传部　供

2021 年 5 月 27 日，铁山港区依法拆除太阳纸业南门营闸路段南边临时违法建筑　　区委宣传部　供

2021 年 7 月 5 日，铁山港区委书记龙起云（主席台中）在区政务服务综合楼五楼会议室主持召开 2021 年北海市铁山港区创建全国文明城市阶段性重点工作推进会　　劳文静　摄

2021 年 3 月 10 日，北海市铁山港区创建全国文明城市动员部署大会在区政务服务综合楼五楼会议室召开　　劳文静　摄

2021 年 7 月 6 日—7 日，铁山港区开展向海大道整治。图为 7 月 6 日，铁山港区政府组织有关部门依法整治向海大道沿线违章构建筑物　　区委宣传部　供

2021 年 12 月 15 日，北海市创建全国文明城市铁山港区迎检部署会在区政务服务综合楼五楼会议室召开　　周芳如　摄

社会事业

2021 年 1 月 8 日，铁山港区公共文化服务中心实现全覆盖新闻发布会在北海市新闻发布厅召开　　区委宣传部

2021 年 2 月 12 日，铁山港区委书记余兴国（中）到中石化北海炼化开展春节走访慰问
邓　符　摄

2021 年 2 月 19 日，北海市铁山港区突出生态环境问题整改工作推进会在区政务服务综合楼二楼会议室召开
劳文静

2021 年 1 月 8 日，北海市铁山港区第一季度预防非职业性一氧化碳中毒工作联席会议在区行政中心主楼二楼会议室召开

劳文静　摄

2021 年 3 月 8 日，北海市铁山港区革命老区建设促进会成立大会在区政务服务综合楼五楼会议室召开

劳文静　摄

2021 年 4 月 20 日，铁山港区区长龙起云（前排左二）带队到营盘镇督查指导 2020 年度省级政府安全生产和消防工作考核迎检工作
劳文静　摄

2021 年 3 月 24 日，广西社科院新时代文明实践所执行组组长曾家华（右二）到铁山港区调研新时代文明实践站工作
劳文静　摄

2021 年 5 月 25 日，铁山港区食品药品安全委员会全体（扩大）会议在区政务服务综合楼二楼会议室召开　劳文静　摄

2021 年 10 月 11 日，铁山港区第二轮中央生态环境保护督察反馈意见整改工作推进会在区政务服务综合楼二楼会议室召开　周芳如　摄

2021 年 10 月 12 日，2021 年度北海市铁山港区绩效考评工作赶队会在区政务服务综合楼二楼会议室召开

2021 年 6 月 1 日，铁山港区联合北海市文化市场综合执法支队，组织区公安、教育、综合执法、文体广电、民宗侨务等“扫黄打非”成员单位，开展“扫黄打非”专项整治行动　彭　鹏　摄

2021 年 12 月 28 日，北海市铁山区妇幼保健院与北海市妇幼保健院紧密医疗联合体签约揭牌仪式在铁山港区妇保健院举行　区委宣传部

区委区政府督查绩效办　供

2021 年 12 月 7 日，铁山港区南康镇滨海社区人大代表联络站“改善城乡人居环境，提高人民生活品质”民情沟通会召开　　区委宣传部　供

2021 年 12 月 9 日，铁山港区打击治理电信网络新型违法犯罪专项整治行动工作动员部署会在区政务服务综合楼二楼会议室召开　　周芳如　摄

2021 年 12 月 31 日，铁山港区开展 2022 年元旦、春节前“扫黄打非”专项行动　　区“扫黄打非”办　供

乡村振兴

2021 年 1 月 29 日，铁山港区委书记余兴国（左一）到营盘镇走访慰问脱贫户

劳文静　摄

2021 年 2 月 9 日，铁山港区南康黄丽窝村脱贫户苏燕清在梦想创业孵化地给青椒杀虫除菌　　劳文静

2021 年 3 月 9 日，铁山港区推进乡村振兴工作会议在区政务服务综合楼二楼会议室召开　　劳文静　摄

2021 年 3 月 31 日，铁山港区 2021 年脱贫劳动力就业双选会在原三塘中学校园内举行 劳文静 摄

2021 年 3 月 30 日，“脱贫感党恩 奋进新起点”铁山港区农业新技术培训会在区农业农村和水利局一楼会议室召开 劳文静 摄

2021 年 4 月 26 日，铁山港区扶贫开发领导小组工作会议在区政务服务综合楼二楼会议室召开　　劳文静　摄

2021 年 6 月 3 日，铁山港区委书记龙起云（右二）等领导为北海市铁山港区乡村振兴和水库移民工作局揭牌
区乡村振兴和水库移民工作局　供

《铁山港年鉴(2022)》编写组

（排名按文稿刊出先后为序）

中国共产党北海市铁山港区委员会办公室
张　良　廖民中　陈远天　王　鹏
赖俊林　黄海鸥

北海市铁山港区人民代表大会常务委员会办公室
石姚斌　王才儒　李　静　卢道云
林永清　杨中敏　梁婷婷

北海市铁山港区人民政府办公室
钟　伟　蔡德裕　满增强　杨家梅
陈祥康

中国人民政治协商会议北海市铁山港区委员会办公室
彭岳军　陈德萍　陈旭昌　邓明仪
杨晓峰　王功海　骆家权

北海市铁山港区发展和改革局
陈晓华　李　洋　宋　平　谢子扬
刘雪儿　罗　成　王肖凤　张海涛

北海市铁山港区财政局
张祖钊　宁振辉　李芳宇

北海市铁山港区民政局
李源军　李建秀　许世登　唐文媛

中国共产党北海市铁山港区委党史研究室

北海市铁山港区地方志编纂委员会办公室
卓　伟　马瑞银　伍荣聪　苏周娟

北海市铁山港区农业农村和水利局
黄家琳　张正勇　刘大庆　郑韵桦
刘仕发　蓝新禄　梁统模　巫媛婷
郑日维　黄少东　陈海萍　罗春媚
黄丽勤　庞书任　韩　梅　张婉莹
郭志丽

北海市铁山港区统计局
李学武　李冰梅　李文键　陈心怡

北海市铁山港区民族宗教侨务局
郑光强　卢　娜

北海市铁山港区投资促进中心
叶培高　陈泮莲　林月凤

北海市铁山港区精神文明建设委员会办公室
汪国高　李子忠　傅小萍　唐国辉

北海市铁山港生态环境局
吴子乐　李文清　陈晓慧

北海市铁山港区自然资源局
欧永忠　石　敏　钟仕良　石耀平
陆镇武　曾　芹

北海市铁山港区海洋局
林胜峰　叶瑞山　程戈夫　农　忠

北海市铁山港区科技商务和工业信息化局
黄元贵　庞富霜　张家敏　周　燕
申东烈　龙燕萍　郑宪安

中国共产党北海市铁山港区委员会全面深化改革委员会办公室
王　鹏　蔡德裕　杜家兴

中国共产党北海市铁山港区委员会组织部
李佳振　包德芳　岳琳茵　马　娴
钟东强　陈　宇　陆　逊

中国共产党北海市铁山港区委员会宣传部
汪国高　李子忠　吴少锋　效雪梅

中国共产党北海市铁山港区委员会统一战线工作部
刘将远　谢余红　劳浦强　郑光强
冯　巍　卢　娜

中国共产党北海市铁山港区委员会老干部局
李佳振　包德芳　岳琳茵　马　娴
钟东强　陈　宇　陆　逊

中国共产党北海市铁山港区直属机关工作委员会
黄家忠　谢文丽

中国共产党北海市铁山港区委员会机构编制委员会办公室
范先铭　林剑华

中国共产党北海市铁山港区委员会
北海市铁山港区人民政府督查绩效考评办公室
陈远会　卢虹杏

中国共产党北海市铁山港区委员会
北海市铁山港区人民政府信访局
李　锋　裴雪月

中国共产党北海市委党校铁山港区分校
李佳振　包德芳　马　娴　李启方

北海市铁山港区机关后勤服务中心
吴志全　刘奕波　卢栋宏　劳振才
杨之逸

北海市铁山港区政务服务中心
郑珍庭　张春波

北海市铁山港区人民政府土地房屋征收中心
叶大柱　谢元芹　裴星星　林海华

北海市铁山港区退役军人事务局
林　洪　甘绍强　廖元景　林昌海

北海市铁山港区应急管理局
许　强　李祥光　梁　超

北海市铁山港区消防救援大队
冯　浩　杨海超　石　丽

北海市铁山港区人力资源和社会保障局
黄　宇　陈璐娇　李常艳　梁　良
黄智鹏

北海市铁山港区综合行政执法局
杨　杏　吴春峰　林荣凤　刘春诗
杨雪玲　周家怡　梁元媚

中国共产党北海市铁山港区纪律检查委员会

北海市铁山港区监察委员会
叶　艳　黄　洪　王厚英　王成良

中国共产党北海市铁山港区委员会巡察工作领导小组办公室
黎立江　梁宗宝

北海市铁山港区总工会
钟　毅　吴海峰　陈紫玲

中国共产主义青年团北海市铁山港区委员会
陈　冰　班玉玲　李　璇

北海市铁山港区妇女联合会
钟羚玮　莫瑷瑜　黄启莉

北海市铁山港区科学技术协会
蔡凤华　陈翠华

北海市铁山港区残疾人联合会
庞　明　吴伟霞

北海市铁山港区社会科学界联合会
汪国高　李子忠　欧作合

北海市铁山港区工商业联合会

邓明仪　谢余红　周　芳　李丽菁

中国共产党北海市铁山港区委员会政法委员会

叶长军　李焕辉　彭　云　郑连海

杜有源

北海市公安局铁山港分局

陈　锋　罗光磊　卓　文

北海市铁山港区人民检察院

于　海　张　靖　赖小梅

北海市铁山港区人民法院

孟繁刚　刘舒霞　杜华发　廖仁英

北海市铁山港区司法局

吴礼有　欧　萍

中国人民解放军广西北海市铁山港区人民武装部

宋小平　段　航

北海市铁山港区人民防空和海防工作办公室

肖慧敏　符元菊　覃　灏　彭华清

陈克放　陈德欣　沈仁杰

中粮屯河北海糖业有限公司

申东烈

广西北港新材料有限公司

周湛汉　覃　英

斯道拉恩索(广西)浆纸有限公司

朱伟言　邹一平　纪洪涛　吕丹丹

林小丽　劳玉丽　张乐强　刘念皖

广西电网有限责任公司北海供电局铁山港供电分局

梁泽均　郑月琪

广西投资集团北海发电有限公司

吴　凯

国能广投北海发电有限公司

杨　帆

北海市铁山港(临海)工业区管理委员会

吴华强　陈云气　李承敏

北海市铁山港区乡村振兴和水库移民工作局

刘忠华　黄业栋

北海市铁山港区交通运输局

刘仕发　卓家程　吴玉全　潘绪玲

黄海芬

北部湾港北海码头有限公司

付秋明

中国邮政集团有限公司北海市分公司

陈宗胜　马文健

北海市铁山港区住房和城乡建设局

肖慧敏　符元菊　覃　灏　彭华清

陈克放　陈德欣　沈仁杰

北海市铁山港区粮食局

陈晓华　李　洋　宋　平　谢子扬

刘雪儿　罗　成　王肖凤　张海涛

广西壮族自治区北海市城区烟草专卖局铁山港专卖所

欧发就　陈　阳　郑海媚　莫　其

庞　源　李　阳　符志轩

中国电信股份有限公司北海铁山港区分公司

陈江庆　欧　芳

中国移动通信集团广西有限公司北海市铁山港分公司

黄盛俊　吴晓媛　杨　娟

中国联合网络通信有限公司铁山港区分公司

吴　莹　黄　静

北海市铁山港区政府采购中心

吴倩良　刘小梅

国家税务总局北海市铁山港区税务局

陈建军　郭世材　凌　霄　余明杭

中国农业银行股份有限公司北海铁山港支行

花仁杰　谢志军　赵南南

中国银行股份有限公司北海市铁山港支行

欧兴盛　刘　轩

中国建设银行股份有限公司北海铁山港支行

许　彪　曾燕娴

北海市区农村信用合作联社南康信用社

陈　明

北海市区农村信用合作联社营盘信用社

郑仕华

北海市铁山港区物价局

陈晓华　李　洋　宋　平　谢子扬

刘雪儿　罗　成　王肖凤　张海涛

北海市铁山港区审计局

莫深伟　蔡冬春

北海市铁山港区市场监督管理局

张庆媛　阮智富　卢艺元

中华人民共和国北海铁山港海事处

善国乘　钟宛芝

中华人民共和国北海出入境边防检查站执勤二队

邵金玲　黄晓文

北海市铁山港区教育局

赖满棠　沈　胜　杨　旋　黄建河

刘安富　徐　军　李　庆　马元京

蔡昭满　杜光梅　郑春伟

北海市铁山港区文体广电旅游局

陈传栋　程龙洋　陈钦武　黄昌能

李　澄　苏　旭　欧发增　谭萍萍

北海市铁山港区档案馆

陈宏宇　陈红霞　陈丽萍

北海市铁山港区卫生健康局

庞海峰　刘　奇

北海市铁山港区新型冠状病毒感染的肺炎疫情防控工作领导小组指挥部办公室

钟　伟　林春年　彭　云　陈定军

刘　奇　陈远会　陈德娜　马　坚

邓惠方　梁绍文　曾少伟　邹优君

张顺业　黄　复　敖雪梅　陈丽娟

中国共产党北海市铁山港区委员会台湾工作办公室

北海市铁山港区人民政府台湾事务办公室

谢余红　卢　娜

北海市铁山港区医疗保障局

黄晓科　陈丽明　陈柏薇

北海市铁山港区南康镇人民政府

陈海明　陆芳丽

北海市铁山港区营盘镇人民政府

国先涛　徐振能　陈晓玲

北海市铁山港区兴港镇人民政府

张洪宾　陈锡宽　何丹妮

目　录

特　载

大事记

北海市铁山港区总述

中国共产党北海市铁山港区委员会

北海市铁山港区人民代表大会

北海市铁山港区人民政府

中国人民政治协商会议
北海市铁山港区委员会

纪检监察 · 巡察工作

群众团体

法 治

军 事

工 业

农业农村·水利

渔　业

交通运输·邮政

城乡规划建设和管理

环境保护

商务·旅游·电信通信

财政·税务

银　行

经济行政管理和监督

口岸管理

科学技术

教　　育

文化·广播电视

体　　育

医疗卫生·计划生育

新冠疫情防控工作

侨务·台湾事务

社会事务

乡 镇

先进人物

统计资料

附　　录

索　　引

特　载

乘风破浪立潮头　向海图强著华章
加快建设更高品质更具魅力的现代化工业强区

——在区委六届四次全会暨经济工作会议上的讲话

中共北海市铁山港区委书记　龙起云

2022 年 1 月 29 日

这次区委全会，是铁山港区在迎接中共二十大的重要时刻召开的一次十分重要的大会。大会的主要任务是，深入贯彻习近平新时代中国特色社会主义思想和中共十九大、十九届历次全会，以及中央经济工作会议精神，全面落实自治区第十二次党代会、自治区党委十二届二次全会暨经济工作会议、自治区"两会"，北海市第十二次党代会、市委十二届三次全会暨经济工作会议、北海市"两会"，区第六次党代会的部署要求，回顾 2021 年工作，部署 2022 年工作，动员全区党员和干部群众，乘风破浪立潮头，向海图强著华章，加快建设更高品质更具魅力的现代化工业强区。

一、2021 年，铁山港区在推进"两高"等方面取得显著成绩

去年以来，特别是区第六次党代会以来，全区上下认真贯彻落实党中央、自治区党委、市委各项决策部署，大力加强经济建设、社会建设和党的建设，切实将"12510"发展思路变成实际行动，有力战胜各种风险挑战，高质量发展有力推进，高品质生活扎实创造，因港而兴、向海图强迈出新的重要步伐，首次被评为"广西高质量发展进步县区"，全市唯一被评为建设平安广西活动先进县区，地区生产总值增速、规上工业总产值、税收总量、税收增速、财政收入、招商引资、工业投资、推进"双百"项目数、"双百"项目投资、群众安全感满意度等方面均居全市第 1 名，有力书写逆势上扬的发展篇章，有力开创政通人和的崭新局面，有力凝成昂首前行的磅礴力量。

（一）县域经济更好发展，工业质效领跑全市

——"双控"措施率先落地，工业质效再创新高。敏锐把握"能耗双控"等国家新政策，推动中石化北海炼化、北港新材料等 9 家企业实施技术改造、设备更新和工艺改进，总投资 350 亿元的玖龙纸业、总投资 220 亿元的顺应储能等 12 个在建或落地项目，按"双控"和"四最"要求优化建设。23 个市级重大产业项目有力推进，北海炼化结构调整项目全面投产、能力提升到年产 800 万吨，太阳纸业项目正式投产。工业投资 138.66 亿元、增长 56.5%，占全市 57%。五大主导产业进一步壮

大，工业经济在新冠肺炎疫情持续冲击、国际形势错综复杂的“夹缝”中实现质效齐升的高质量发展。完成地区生产总值 411.68 亿元、比上年增长 13.7%，规上工业总产值 1343.24 亿元、比上年增长 38.8%，其中绿色化工产值 426.45 亿元、比上年增长 82.5%，贡献税收 129.57 亿元、比上年增长 57.33%、占全市 64.44%。高端玻璃及光伏材料在全国玻璃科学技术 2021 年年会精彩亮相并获大力推介。太阳纸业采用数字化、智能化、集约化等新技术点燃高质量发展“新火种”，获上级党报刊登宣传。工业发展质效之高、贡献之大，跑在全市前头、广西前列，得到自治区和北海市充分肯定。

——脱贫成果巩固扩大，乡村振兴有新推进。坚持“四个不摘”，认真配合推进脱贫成果“后评估”，及时将脱贫不稳定户、边缘易致贫户、突发严重困难户纳入防贫监测管理，消除返贫致贫风险 40 户 161 人，在广西年度扶贫开发工作成效考核中，获得综合评价“好”等次。依法拆除乱占耕地违法建筑，有力坚守耕地红线，“稳耕保粮”落到实处。乡村振兴抓住产业振兴关键，落实专项补助 5929 万元，有力促进特色农业加快发展。金鲳鱼广西现代特色农业优势区加快创建，全年网箱养殖产量达 3 万吨；南珠产业振兴稳中有进，插核育珠 1042 万贝，预计产珠 650 千克。农林牧渔业有新发展，总产值达 50.91 亿元。

——现代物流显著扩大，商贸服务更好发展。全区货列班次与 2016 年相比加密近 10 倍，港口吞吐量达 3449.77 万吨、增长 31%，海铁海陆联运日益繁荣。工业区物流企业发展迅猛，总数达 200 多家，凯森物流、华南销售等已成长为领军公司。玻璃、钢材、纸板、天然气等货物外运源源不断，陆域物流网日益密集。多式联运和运输、装卸、搬运、仓储业营业收入实现 4.38 亿元、比上年增长 136.4%，社会消费品零售总额、商品批发额、餐饮营业额分别比上年增长 7.1%、28%、15.6%，外贸进出口增长 56.2%。

（二）服务项目悉心尽力，发展支撑不断增强

——征地搬迁踔厉奋发，项目建设强力推进。选派精兵悍将，组建 8 个片区 23 个专项小组，打好“党建 + 征地”“挂图作战 + 三旗比拼”等“组合拳”，攻城拔寨式推进 32 个项目的征地搬迁，重点突破、全面推进、公平公正、创先争优等新效应充分彰显，仅用 3 个多月时间就完成玖龙纸业征地清场 144.73 公顷、签订搬迁协议 127 户。由于用地保障有力，太阳纸业一期、二期工程同时推进，所有生产线顺利投产。铁山变—太阳纸业 220 千伏供电线路顺利通电。广投北海电厂二期、国能广投北海能源基地、LNG 二期和三期等 48 个项目建设顺利推进。

——营商环境更好优化，“招大引强”捷报再传。“放管服”等改革更好落地，政务服务、营商环境优化等自我加压提升，区委、区政府提出的“服务项目再提质效”目标有力实现。成功研发全国首台企业全生命周期自助一体机，集成企业主要业务自助办理，得到自治区肯定。区帮办中心创新提级，代办帮办显著改进，获得业界广泛赞誉。优良的营商环境赢得良好招商效果，华电广西清洁能源项目等 22 个项目接踵而至，投资总额 523 亿元，其中“双百”项目投资 120.24 亿元，提前完成年度投资任务。

——港口建设规模扩张，基础设施有力提升。3 号、4 号泊位实现开放、5 号、6 号泊位开放通过预验收。新建 4 个 10 万—15 万吨级泊位。总投资约 3.4 亿元的石头埠作业区 23 号泊位工程开工建设。30 万吨航道及码头项目前期工作加紧推进。港口启用车辆预约和智能闸口系统，通关服务效能有新提高。玉铁铁路、进港铁路启用电气化运营，成为广西首条铁路与港口电气化直通的组合线路。聘请行业标杆公司联合编制工业区控制性详细规划并完成招投标。筹措 2500 万元启动智慧园区建设，争取专项债 10.2 亿元，推进绿色高端石化产业园、硅科技产业园、高端金属新材料产业园、林纸产业园综合配套工程项目开工建设。

（三）城乡面貌有新改善，文明创建有新提升

——新城建设加力推进，城乡风貌有新气象。筹措专项债等资金 4.1 亿元，推进行政中心片区设施建设。回建区规模进一步扩大，区第七幼儿园建成开园，玖龙纸业生活区加快建设。南康特色小镇基础设施建设改造整体推进，城镇两大主干道配套工程全部竣工。兴港镇行政中心规划建设谋划推进。农村宅基地管理切实加强。筹措 4000 多万元，积极开展向海大道两旁等农房特色风貌塑造和村庄“三清三拆”。投入 5000 多万元推进“四好农村路”建设。城乡面貌有新改善。

——生态环境持续改善，“两山”效应有力彰显。更加重视生态文明建设，环境保护责任强化落实。城乡绿化美化有新提升。大气污染防治攻坚战成效明显，空气优良率 97.5%，优于自治区和北海市的考核目标。土壤污染防治攻坚战扎实推进，工业废渣处置强化管理，对涉镉等重金属企业加强管控，实现“零污染”。加强南康江等水环境的巡查、监测和治理，打好水污染防治攻坚战。清理近岸海域无证养殖面积 213.33 公顷，有效保护红树林和港湾。查处非法盗采矿产行为 71 起，有效遏制矿产资源偷采。全面完成中央环保督察指出和交办信访投诉问题整改。“既要金山银山又要绿水青山”落到实处。

——创城力度明显加大，崇尚文明有新进步。积极响应北海市委、市政府号召，把创建全国文明城市作为政治任务。区四家班子领导分片区、部门分网格负责，发动全民参与创城行动，切实做到齐抓共管、齐创共建。“三无”小区全部实现规范管理，农贸市场“脏乱差”、街区乱搭乱建等“顽疾”得到整治。第四季度以来获北海市多次表扬，2 个集体、5 个个人获市精神文明建设贡献奖。文明村镇、文明单位、文明家庭等基础创建深入推进，群众文明自觉性不断提高，生活品质得到提升。

（四）社会事业发展进步，人民福祉有新增进

——教育文体更好发展。实施中小学幼儿园布局调整优化规划，推进教育资源更加均衡。筹措近 5500 万元推进 3 所学校教学楼、4 所公办幼儿园建设，增加学前教育和义务教育学位 1800 个。开展师德师风建设年活动，教育教学管理有新加强。高考本科以上人数增长 10.9%，中考 A 等次以上人数增长 30%，均创近 5 年新高。落实学生资助 2240 多万元。“红领巾心向党”“争做新时代好少年”等红色教育积极开展。文化精品有力打造，2 项“非遗”作品分别获广西“八桂天工奖”金奖和银奖，2 人分别获全国残特奥和十四届全运会金牌。“广电云”安装率居全市首位，建成全市首个村级全媒体信息室。区科协被自治区评为“八桂科普大行动”优秀组织单位。

——人民健康更强守护。新冠肺炎疫情常态化防控切实加强，组织力量严查“三非”人员和走私冻品，落实“应接尽接”“应检尽检”，从严管控返乡和外来人员，坚决做好“外防输入”。组织开展核酸采样检测实战演练，提升应急处置能力。驰援东兴抗疫的“威武之师”凯旋。建成医共体协同医疗中心，区人民医院、区中医院、区妇幼保健院易地搬迁和区疾控中心等一批项目加快推进。区妇幼保健院与市妇幼保健院建成紧密型医联体。通过基层医疗卫生机构“绿色通道”，引进 74 名专业技术人才。加强基层中医药人员在职培训和学历教育，通过岗位培训、外出学习等方式提高医护水平。

——民生保障有力有效。全年新增就业 1019 人，城镇登记失业人员再就业 129 人、完成目标任务的 322.5%，城镇登记失业率为 2.42%，明显优于上级下达的目标任务。追讨拖欠工资 1200 多万元，农民工合法权益得到更好维护。发放养老金 9500 多万元，有力保障老有所养。发放社会保障卡基本实现全覆盖。发放低保金、供养金、优抚金和各类津补贴 3600 多万元，基本医疗统筹基金报销金额达 7100 多万元。积极推进医保全民参保，超额完成市级下达的参保任务。加强对特别困难的特困供养对象和留守儿童、事实无人抚养儿童的关注关心关爱。

——社会治理更富战果。依法治区全面推进，政法协调更加有力，公检法司紧密合作、社会各方密切配合，平安建设深化提升。治安管理全面加强，实现刑事警情219天零发案。“三调联动”提质增效，矛盾纠纷调处成功率98.5%。各类案件公正办结，结案率93.43%，公平正义有力维护。扫黑除恶常态推进，涉黑涉恶受到严惩。政法队伍教育整顿持续深入推进，群众满意度居全市前茅、广西前列。生产、食品药品、交通等领域安全隐患排查整治力度加大，安全事故有效减少。区、镇、村三级综治中心进一步完善，实体化运转进一步加快，市域治理现代化创新推进。铁山港区被评为全市唯一建设平安广西活动先进县区，并被北海市推荐申报全国先进。

（五）党的建设更严更实，政治保障显著增强

——政治建设抓实抓牢，信仰信念更加坚定。深入学习领会中共中央总书记习近平“七一”重要讲话精神，以及《中共中央关于党的百年奋斗重大成就和历史经验的决议》，从百年党史中汲取不断前进的智慧和力量。举办庆祝中国共产党成立100周年文艺晚会、红色歌曲合唱大赛、快闪等系列庆祝活动。开展“党员心声大家谈”“红色故事大家讲”“红色电影大家看”等“感党恩、跟党走”主题活动148场。扎实开展“学党史·守初心·强担当”系列活动，党史学习教育深入开展，推进“三事通解”，为群众解决一大批操心事、烦心事、揪心事，全区人民听党话、跟党走的决心信心有力增强。宣传思想工作扎实开展，意识形态责任扛得更牢。全区上下深刻领会“两个确立”的决定性意义，自觉增强“四个意识”，坚定“四个自信”，做到“两个维护”。

——战斗堡垒更加坚强，发展合力更好凝聚。过去一年，我们能够战胜各种艰难险阻，在奋力打造人民生活更加美好的现代化工业强区新征程上实现良好开局，最重要的是我们把党的建设贯穿各项工作始终，“党建引领工业振兴、乡村振兴、基层治理”三大行动和“比情怀、比尽责、比担当、比奉献”活动积极开展，孺子牛、拓荒牛、老黄牛精神大力弘扬，忠诚、守纪、担当、攻坚的“四铁尖兵”较好锻造，全区上下同心同德，汇聚推动发展磅礴力量。我们召开区第六次党代会，高质量完成区、镇、村三级换届，各级领导班子全面优化。选贤任能导向鲜明，创新实施“亮牌”机制，干部队伍干事创业精气神有力提振。区委统揽全局、协调各方作用更好发挥。人大、政府、政协、群团和审判检察工作有新成效。促进民族团结、“三线六主动”服务招商、“万企兴万村”活动等统战工作可圈可点。党管武装、退役军人服务、国安、绩效考评以及审计、旅游、水利、救灾、应急、消防、统计、档案等工作全面加强，涌现5个国家级或省级先进组织、9名省级先进个人。

——反腐倡廉纵深推进，政治生态持续向好。坚定不移推进全面从严治党，一体推进“三不”建设。强化正风肃纪反腐和政治巡察，处置线索220条，立案65件，长效震慑态势巩固强化。关注“四风”新表现新动向，紧盯节日等重要时间节点，加强廉政提醒和监督，发现并立行立改问题18个。完成中央和自治区党委巡视反馈意见整改。党风政风持续好转，政治生态更好优化。

这些成绩的取得，根本在于习近平新时代中国特色社会主义思想的科学指引，是自治区党委和北海市委正确领导、全区党员干部群众共同努力的结果，也是各民主党派、工商联、无党派人士和离退休老干部积极参与，驻区单位及各方面大力支持的结果。在此，我代表区委，表示衷心的感谢和诚挚的敬意！

在看到成绩的同时，我们也要清醒地看到存在的困难和不足：一些重点项目推进不理想；由于大局需要，财政支出压力加大；干部队伍中工作不到位、执行力不强的现象仍然存在；“双控”“双碳”下笃定发展工业的本领和信心有待增强；造福百姓的好事实事还做得不够，等等。对此，我们要高度重视，采取切实措施，认真加以解决。

二、认真学习领会中央经济工作会议、自治区党委十二届二次全会暨经济工作会议、市委十二届三次全会暨经济工作会议等重要精神，全面增强品质提升、魅力提升的大局观念

2021 年 12 月 8 日—10 日，中央经济工作会议在北京召开，中共中央总书记习近平发表重要讲话，国务院总理李克强具体部署工作并做总结讲话。会议指出，我们在应对风险挑战的实践中，进一步积累了对做好经济工作的规律性认识。习近平总书记把这些规律性认识精辟概括为“四个必须”：一是必须坚持党的集中统一领导，沉着应对重大挑战，步调一致向前看；二是必须坚持高质量发展，推动经济实现质的稳步提升和量的合理增长；三是必须坚持稳中求进，调整政策和推动改革要把握好时度效，坚持先立后破、稳扎稳打；四是必须加强统筹协调，坚持系统观念。会议强调，2022 年经济工作要稳字当头、稳中求进，积极推出有利于经济稳定的政策，审慎出台有收缩效应的政策，政策发力要适当靠前。进入新发展阶段，全国发展内外环境发生了深刻变化，面临许多新的重大问题，需要正确认识和把握。对此，习近平总书记强调，要正确认识和把握“五个重大理论和实践问题”：一是正确认识和把握实现共同富裕的战略目标和实践路径；二是正确认识和把握资本的特性和行为规律；三是正确认识和把握初级产品供给保障；四是正确认识和把握防范化解重大风险；五是正确认识和把握碳达峰碳中和。各级党委和政府、各级领导干部要自觉同党中央保持高度一致，切实为党分忧、为国尽责、为民奉献。领导干部要提高领导经济工作的专业能力，要加强经济学知识、科技知识学习。全党同志要紧密团结在以习近平同志为核心的党中央周围，增强“四个意识”，坚定“四个自信”，做到“两个维护”，运用好党史学习教育成果，以实际行动把党中央决策部署落实到位，迎接中共二十大胜利召开。

2021 年 12 月 23 日，自治区党委召开十二届二次全会暨经济工作会议。自治区党委书记刘宁和自治区主席蓝天立做讲话。会议审议通过《中共广西壮族自治区委员会关于完整准确全面贯彻新发展理念推动高质量发展的决定》。会议强调，2022 年是稳中求进攻坚年。一要推进工业振兴、乡村振兴和科技振兴；二要深挖开放合作潜力、资源潜力、新型城镇化潜力；三要守住生态环境底线、民生保障底线、安全发展底线。同时，要明确稳和进的主攻点，切实打好稳工业保运行、稳投资增后劲、稳粮食兴乡村、稳消费拓市场、稳外贸扩开放、稳主体激活力、稳财金惠实体、稳生态促转型、稳就业保民生、稳大局保平安攻坚战。

2022 年 1 月 13 日，北海市委召开十二届三次全会暨经济工作会议，北海市委书记蔡锦军和代市长李莉做讲话。会议审议通过《中共北海市委员会关于完整准确全面贯彻新发展理念打造品质北海魅力北海的决定》。全会强调，要认真贯彻落实中央经济工作会议和自治区第十二届二次全会暨经济工作会议精神。全会认为，自治区党委书记刘宁到北海调研时，就贯彻落实习近平总书记对广西工作的系列重要指示精神，做出“打造品质北海、魅力北海”的指示，是对北海高质量发展的精准定位、精准指导，赋予了北海新的历史使命；是对“建设令人自豪令人向往新北海”的大提升、新拓展、再丰富；是对北海新阶段发展战略的“量身订制”。“打造品质北海、魅力北海”，为提升北海城市竞争力指明了方向，必将极大促进北海乃至广西知名度、美誉度和影响力、吸引力提升，必将极大推动北海高质量发展，为建设新时代中国特色社会主义壮美广西做出积极贡献。市委做出这个《决定》，非常及时、非常必要、非常重要。

作为伟大祖国、八桂大地和珠城北海的一分子，我们学习中央经济工作会议、自治区党委十二届二次全会暨经济工作会议、自治区“两会”、北海市委十二届三次全会暨经济工作会议、北海市“两会”等重要精神，就是要乘着和煦春风、强劲东风，劈波斩浪、奋勇前进！

第一，要读出政策、措施、办法，坚定信心、决心、意志。我们要通过学习深刻领悟到，党中央关

于“做好自己事情、做强经济基础”等战略定力坚如磐石,关于“稳字当头、稳中有进”等方针政策非常英明,关于“六稳”“六保”等人民情怀更加强烈。自治区党委强调要把思想和行动统一到党中央的重大判断和决策部署上来,就是提高政治站位,增强大局意识。市委关于建设向海经济发展示范城市,以及打造令人向往的品质北海、魅力北海的决定,关系到北海未来发展,是对建设壮美广西的一大贡献。有了这些“定海神针”,我们就要乘风破浪!

第二,要把握方向、遵循重点,明确使命、目标、任务。我们还要领悟到,基于主要依靠工业高质量发展、跟市内其他地方明显不同的基本区情,只有把国家新“双控”等精神学深学透、把握精髓,才能做到用好发展工业的利好政策更加敏锐,在向海图强的优化布局、落子进军上快人一步。自治区党委和市委分别做出的《决定》,深刻蕴含了推进高质量发展的战略定力和科学策略,是我们建设工业强区的精准导航。把稳了方向盘,我们就要义无反顾!

第三,要胸怀整体、大体、大局,懂得尽责、奉献、分忧。我们也要领悟到,我们是中国共产党领导下的基层组织和党员干部队伍,党中央和上级党委有部署,我们就要有落实。弘扬伟大建党精神,为党分忧、为国尽责,建设新时代中国特色社会主义壮美广西,打造令人向往的品质北海、魅力北海,提升“担当、尽责、为民、奉献”境界,加快建设更高品质更具魅力的现代化工业强区,我们不仅要做到一个都不能缺席,而且都要做出更有特色更有分量的新贡献!

三、锚定“两高”,向海图强,为加快建设更高品质更具魅力的现代化工业强区而努力奋斗

新的一年,我们一定要保持战略定力和耐力,坚定发展信心和决心,更广泛凝聚发展共识,锚定高质量发展、高品质生活目标,牢牢抓住高质量发展临港工业这个向海图强的重中之重,积极投身向海经济示范城市建设,加快建设更高品质更具魅力的现代化工业强区,奋力创建“广西高质量发展先进县区”。

做好 2022 年工作的总体要求是:坚持以习近平新时代中国特色社会主义思想为指导,深入贯彻中共十九大和十九届历次全会精神,大力弘扬伟大建党精神,完整、准确、全面贯彻新发展理念,认真贯彻落实自治区党委关于凝心聚力建设新时代中国特色社会主义壮美广西、北海市委关于建设令人向往的品质北海、魅力北海的决策部署,深入落实“12510”发展思路,坚持向海而兴、向海图强,把实现公共服务水平、三次产业质效、项目建设质量、城镇乡村品位、人民生活品质等“五大提升”作为核心竞争力,加快建设更高品质更具魅力的现代化工业强区,以优异成绩迎接中共二十大胜利召开!

经过审慎研判、综合考虑,2022 年全区经济发展的主要预期目标是:地区生产总值增长 9.5%,一般公共预算收入增长 7.2%,规上工业增加值增长 12.5%,固定资产投资增长 12% 以上,外贸进出口总额增长 15%,节能减排降碳控制在自治区和北海市下达目标内,居民人均可支配收入与经济增长基本同步。

围绕以上目标要求,我们要下大力气抓紧抓实以下几个方面工作:

(一)推进“三大振兴”,推动高质量发展取得显著成效

一要笃定前行、推进工业振兴。以推进临港工业高质量发展为向海图强的第一抓手,显著做强做大做优绿色化工、金属新材料及高端设备制造、高端造纸、高端玻璃、新能源这五大高品质高质量主导产业。

——聚焦“项目为王”,向落户要战绩。抢抓政策有利窗口期,开展重大项目落地攻坚行动。严格按照“四定”办法推进项目建设,对在建项目实行“一张表”跟踪销号管理,力争国能广投、百福硝酸、施罗泰生态肥等一批项目建成投产,推进国家管网 LNG 二期、广西燃气 LNG 三期、广投北

海电厂二期、顺应储能、玖龙纸业等工业重大项目加快建设。最大化发挥区帮办中心作用，集中力量解决土地报批、环评、能评等关键环节关键问题，确保川桂绿色化工产业园、东升造纸助剂等一批项目开工。围绕五大主导产业进行项目再研判，认真研究国家、自治区和北海市的产业政策、投资导向和市场变化，及时对招商项目库进行调整、完善和更新。加快构建核心企业、配套企业、关联企业紧密衔接的产业链条，着力引进华电北海海上装备制造产业园及清洁能源项目、一道新能光伏组件、建滔绿色新材料产业园等一批高质量基地型、龙头型企业。

——坚持“攻坚为要”，向征迁要舞台。建立实施征地搬迁专项考评奖惩制度，综合运用破格使用、推荐提拔、职级晋升、物质奖励、精神鼓励等措施，更好促进征地搬迁。完善实施领导干部分片包干的专班负责制，切实体现共进退，打造众志成城团队。完善“红旗榜”制度，组织开展有奖有罚擂台赛，形成轰轰烈烈氛围。同步推进回建宅基地安置和公寓楼安置。坚持加强宣传教育与解决实际问题相结合，提高广大群众支持重大项目建设自觉性。实现由“项目等地”到“地等项目”的转变，让每个项目都能够及时拥有“用武之地”。

——落实“配套为重”，向园区要支撑。推进港口、航道、铁路等重大港航基础设施建设，重点推动北海三大命运工程之一的铁山港30万吨航道及码头建设，加快物流运营组织发展，扩大海铁联运规模及能力。推进智慧园区建设，设立园区帮办代办机构，推动服务下沉前移，实现“园区事、园区办”。依托南康江实施中水回用工程，加强水资源循环利用。推动高压供电线路、深海排放管网、化工公用管廊、园区内部道路等基础设施建设，着力解决现有配套基础设施对项目落地建设支撑不足的问题。加快推进园区绿化、美化、亮化，提升园区整体形象，让园区变得更美，园区配套设施更上档次。

二要群策群力、推进乡村振兴。继续坚持“四个不摘”，强化“钱、地、人”等要素供给，加强易返贫致贫人口动态监测，发现问题及时有效解决，牢牢守住不发生规模性返贫的底线。坚持开发式扶持，持续提高群众内生发展能力。做到巩固脱贫成果与推进乡村振兴有效衔接，切实带领摘帽村和脱贫户共赴乡村振兴。守牢耕地保护红线和粮食安全底线。加强水利建设，保障农业用水，扩大灌溉面积。建立实施农业招商引资目标管理责任制，开创开发性现代农业发展新局面。各镇都要通过积极创建果蔬设施农业或水产养殖示范点，以及推进特优区、示范区升级，带动特色农业实现新发展大发展。把南珠养殖加工销售、金鲳鱼抗风浪网箱养殖、对虾工厂化养殖、青蟹生态养殖等产业打造成更响亮品牌。以增加农产品附加值为目标，在引进农产品精深加工、电商促销等方面实现新突破。按新政策加强农村宅基地管理服务，有效遏制农村乱占耕地建房，把农村住房建得条理一些、规整一些。开展乡村公共基础设施建设行动，推进村庄“三清三拆”和“三微、四化、五网、六改”，改造提升村庄品质，让广大群众更加真切地感受到，农村的生活环境越来越美、越来越好。制定、修订、实施好村规民约，强化提升法治、德治和村民自治，培育文明乡风、良好家风、淳朴民风。加强和完善乡村公共服务，让广大群众在享受更多更好服务中全面增强获得感、安全感、幸福感。

三要时不我待、推进新城振兴。优化行政中心片区规划，同步推进搬迁回建安置小区和公寓楼、商场菜市、医疗机构、文体中心、广场公园、污水和垃圾处理、供水供电、电信广电网络、街道硬化亮化美化等城区优质配套建设，实现城在绿中城在花中。高标准建设繁华温馨、全市最美新社区——向海社区，并打造成广西乃至全国样板。加大房地产开发力度，推进玖龙纸业生活区等商住小区（公寓）建设，显著扩大建成区规模。各有关单位要制定实施智能化、人性化、现代化公共服务责任清单，用热心、贴心、暖心服务吸引企业员工和搬迁群众向行政中心片区集聚，促进人气旺盛、商贸兴盛。推进南康镇历史文化街区综合整治、小镇客厅等项目和南康江沿岸特色风情景观长廊工程，打造特色小镇优质服务圈和繁荣商业圈。推动营盘中心渔港建设，以此为核心辐射带动营盘城镇建设提升。推进向海大道跨海大桥规划建设。规划建设兴港镇行政中心建成区。以更高标准、更大力度推动全区创城工作取得新成效，为北海创建全国文明城市把薪助火、锦上添花。

（二）打好“三大硬仗”，创造文明和谐、如沐春风的发展环境

一要继续优化营商环境。以一流的服务水平，全链条推动项目提速建设。完善各部门各环节无缝对接、高效协同的工作机制。更强责任更优效能发挥区帮办中心作用，着力推动从项目签约、项目可研、规划选址、土地出让、环评能评、建设许可，直至项目投产的密切衔接。积极构建全面覆盖项目落地及企业生产经营各方面的服务体系，实现重大项目全部代办、一般项目全部网办，打造服务项目建设的“铁山港样板”，努力创建“全市领先、全国一流”营商环境，以更优质高效的服务支持实体经济发展。

二要继续推进生态文明。坚定不移走生态优先绿色发展道路，维护绿水青山、促进环境增绿。山水林田湖草沙系统治理要有方案有实施。不折不扣抓好中央、自治区和北海市环保督察反馈问题整改，逐一恢复原有生态。突出抓好园区企业的环保监管，以及北港新材料的废渣废气、纸业企业的废水等无害化处理。“气水土”污染防治和矿坑生态修复要有举措有成果。改进生活方式、推进控污低碳、垃圾无害化处理要有实招有进展。工业区减排降碳也要不断加强。

三要切实提升社会治理。一体推进法治铁山港、法治政府、法治社会建设。推动综治中心实体化建设，打造市域治理现代化试点升级版。畅通信访渠道。加强矛盾纠纷排查，完善矛盾纠纷大联调机制，有效消除不稳定因素。纵深推进“八五”普法。优化行政执法、司法和法律服务。深化平安铁山港建设，守住平安广西建设先进县区的金字招牌，常态化开展扫黑除恶斗争，持续巩固拓展政法队伍教育整顿成果。加强治安管控，强化安全监管，实现群众安全感满意度再提升。

（三）保障“四大民生”，推动创造幸福生活取得显著成效

一要调整学校布局，优化教育教学。完成一批校舍维修建设，配足计算机等教学设备，优化中小学幼儿园布局，推进营盘中学与营盘镇中合并办学，南康镇中九年一贯制建设，完成富屋小学和区第一幼儿园迁建前期工作，推动一批公办幼儿园开园，打造安全教学环境，改善办学条件。加强教师队伍建设和学生管理，向显著提高教书育人积极性和建设优良校风要质量，推动教育基本均衡向优质均衡加快发展。

二要抓好疫情防控，发展医卫事业。强化常态化疫情防控，织密织牢疫情防护安全网。加强沿海管控，严厉打击“三非”人员和冻品走私，坚决阻断“境外输入”。切实做好“应接尽接”。继续巩固院感预防。加快推进区人民医院新院区、区中医院、区疾控中心新建和区妇幼保健院迁建，谋划推进营盘镇卫生院扩建。深入推进县域医联体、医共体建设，提升基层医疗服务水平。增强常态化防控和应急处置能力。

三要推进文化发展，丰富精神生活。推进基层文化广场、智慧广电建设。建好用好村级公共文化服务中心等基层文化阵地。深入开展文化下乡活动。办好“喜迎二十大”主题系列惠民文艺演出，加强政治引领，促进“以文化人”。加大非遗传承保护支持力度。积极培育和创造更多的舞蹈、曲艺、陶艺等本土文化精品。推进白龙城遗址修缮保护，加强文物点管理。深挖文化旅游资源，打造更多省市级“文化＋旅游”品牌。

四要改善社保民生，更好造福百姓。做实做好“六稳”“六保”。落实就业政策，加强技能培训，促进充分就业，努力打造在北海乃至广西有较大影响力的工业助力充分就业示范区。加强未成年人保护。加强对“老弱病残孤”和“三留守”人员等特殊群体的关爱服务。积极落实新的生育政策及配套支持措施。就算压减三公经费开支，也要把社保低保、优抚助残、五保供养、救济救助等民生事项办好。

四、全面提升党的建设质量，为加快建设更高品质更具魅力的现代化工业强区提供坚强保障

——全面加强政治建设，坚决做到“两个维护”。把政治建设摆在首位，继续学习习近平新时代中国特色社会主义思想，中共十九大和十九届历次全会特别是六中全会精神，以及习近平总书记对广西工作系列重要指示精神，深刻领悟“两个确立”的决定性意义，增强“四个意识”，坚定“四个自信”，做到“两个维护”。加强宣传教育，提高用网、管网、治网能力，推动意识形态向上向好。深化党史学习教育，突出喜迎中共二十大主线，营造风清气正的政治环境。加强政治监督，严明政治纪律和政治规矩，确保党中央、自治区党委和北海市委的决策部署在辖区不折不扣贯彻落实。

——切实优化领导班子，全面建强创业团队。做好“换届后半篇文章”，让新班子挑重担，加强锻炼、淬炼、历练。“一把手”要当先锋，重要工作更要亲力亲为。加强党建领航，年内至少打造3个富有特色的市级以上优秀或先进基层组织。组织开展机关单位和镇村组织检查评比，涌现“黑马”总结推广，发现不足限期整改。对照“铁军”胜任特征，精准培养识别选拔干部，特别是优秀年轻干部。积极引进人才，促进人尽其才。注重用“亮牌”制度考评党员干部，让能上者上位，应下者让位，让优秀“铁军”更好驰骋。

——纵深推进从严治党，全面强化肃纪反腐。全面落实从严治党要求，坚决落实党风廉政建设“两个责任”。加强对“一把手”和领导班子的监督。狠抓各级巡视巡察反馈意见整改落实，科学精准有效推进政治巡察。坚持把纪律挺在前面，深化运用监督执纪“四种形态”，精准规范实施问责。坚持反“四风”、反腐败、反特权一体推进，巩固落实中央八项规定精神成果。持续整治群众身边腐败和不正之风，强化惩治震慑，加强警示教育和纪法宣传教育，一体推进不敢腐、不能腐、不想腐，巩固提升良好政治生态。

——大力弘扬实干作风，全面增强执行能力。全面提升“最先一公里”的谋划能力、“中间一公里”的统筹能力、“最后一公里”的落实能力。制定落实“弘扬‘三牛’精神，打造‘四铁尖兵’实施方案”，把党员干部队伍打造成为一支闻令即动、能打胜仗的“铁军”，推进队伍建设与业务发展“两融合双提升”。大兴狠抓落实、攻坚克难、改革创新之风，着力整顿夸夸其谈、临阵脱逃、故步自封之象。坚持严管厚爱结合、激励约束并重，关注关心关怀敢于担当、主动作为、善作善成的猛将闯将，鞭策鞭笞鞭挞遇事推诿、被动应付、得过且过的“占巢之鸠”。

——坚持党的全面领导，更好凝聚发展合力。提高区委在全区把方向、管大局、做决策、保落实的能力和水平。加强党的建设、推进从严治党的谋划、造势、布局、组织、指挥、督促、检查、指导、考评、奖惩，带好管好党员干部队伍，引领好广大群众，把加强党的全面领导落到实处。支持人大、政府、政协更好履职，充分发挥统一战线重要法宝作用。积极投身全国民族团结进步示范市创建。广泛开展双拥共建，推进军民融合发展，支持国防和军队建设。加强党对工青妇等群团组织的领导，完善党建带群建制度机制，推动群团组织更好发挥作用、更好建功立业。

北海市铁山港区人大常委会工作报告

——在北海市铁山港区第六届人民代表大会第二次会议上

北海市铁山港区人大常委会主任　石姚斌

2022 年 2 月 18 日

2021 年主要工作

2021 年是中国共产党成立 100 周年，是开启全面建设社会主义现代化国家新征程的第一年，也是“十四五”规划开局之年和铁山港区人大换届选举之年。一年来，在区委的坚强领导下，区人大常委会坚持以习近平新时代中国特色社会主义思想为指导，深入贯彻中共十九大和十九届历次全会精神，中央人大工作会议精神和自治区党委人大工作会议精神，自觉践行习近平法治思想和习近平关于坚持和完善人民代表大会制度的重要思想，增强“四个意识”，坚定“四个自信”，做到“两个维护”。始终坚持党的领导、人民当家做主和依法治国有机统一，有效推动发展人民民主，紧扣全区发展大局和群众所盼，认真履行宪法法律赋予的各项职能，勇于担当，积极作为，为铁山港区高质量发展做出积极的贡献。一年来召开常委会会议 8 次，主任会议 12 次，开展视察、调研、执法检查、跟踪督办，听取专项工作报告、履职工做汇报、部门工作汇报等共 53 次，推动一批改革发展中遇到的难题、群众关切的问题有效解决。

一、坚持党的全面领导，牢牢把握正确政治方向

坚持政治引领。区人大常委会自觉以习近平新时代中国特色社会主义思想和习近平法治思想为统揽，坚持把党的政治建设摆在首位，深入学习中共中央总书记习近平关于坚持和完善人民代表大会制度的重要思想，及时传达学习中共十九届六中全会精神、习近平总书记重要讲话和指示批示精神，深刻感悟“两个确立”的决定性意义，融合推动自治区第十二次党代会、北海市第十二次党代会和铁山港区第六次党代会精神学习走深走实、入脑入心。全年共开展集中学习 16 次、理论学习中心组学习 5 次、专题学习研讨 8 次。

深入学习贯彻党中央人大工作会议精神。2020 年 10 月，党中央首次召开人大工作会议，区人大常委会党组及时向区委报告，认真抓好贯彻落实。区委召开人大工作会议，全面贯彻党中央人大工作会议精神、自治区党委和北海市委人大工作会议精神，对做好新时代人大工作进行研究部署。区人大常委会坚决贯彻区委部署要求，做好导向落实工作，促进上下联动、一体推进、逐项落实。区人大常委会先后 3 次组织机关干部和区人大代表集中学习，深入学习领会习近平总书记重要讲话的精神实质、核心要义和实践要求，对标对表会议精神，谋划具体工作举措。同时向各镇人大、各级人大代表提出学习要求，营造浓厚学习氛围，将学习贯彻引向深入。

坚决落实区委决策部署。严格执行向区委请示报告制度，凡是重要会议、重要活动、重要工作、重大事项等，都按规定及时向区委请示报告，确保人大工作始终在区委的领导下进行。年内，依法做出《关于批准 2021 年铁山港区财政预算调整方案的决议》等重大决议决定 2 项，依法任免国家

机关工作人员88人次，依法补选市、区两级人大代表7名。紧紧围绕区委“12510”工作思路，在推进工业区高质量发展、巩固脱贫攻坚成果、推进乡村振兴、创建全国文明城市等方面，主动跟进，积极推动，抓好落实。一年来，区人大常委会组织人大代表开展调研视察和跟踪督办活动11次，领导联系征地搬迁项目8个，参与招商引资引进项目9个，40多名区人大代表深入征地搬迁一线，协助推进征地搬迁工作。组织人大机关干部职工和各级人大代表走进街道，深入村（社区）、中小学校开展创城志愿活动，以实际行动贡献人大力量。

二、依法履职尽责，着力提升监督实效

加强财经监督，促进经济发展。将财政监督渗透到预算管理的事前、事中、事后各个环节，听取和审议2020年财政预算执行情况和财政决算报告；听取和审议2021年上半年国民经济和社会发展计划、财政预算执行情况等报告的跟踪监督；听取和审议区人民政府全区国有资产管理情况综合报告和行政事业性国有资产管理情况专项报告，推进国有资产管理监督深化拓展、提质增效。

聚焦民生监督，促进解决民生问题。紧紧围绕区委打造人民生活更加美好的现代化工业强区的目标任务，听取区政府关于为民办实事项目情况汇报，对区人民医院发热门诊项目和铁山港区（临海）工业区人民医院进行专题调研；调研督办全区幼儿园项目建设情况；结合乡村振兴工作，开展对乡村旅游情况的专题调研；听取区政府关于全区卫生服务体系和应急救治体系建设情况报告，协助北海市人大外侨委对铁山港区归侨安置情况进行调研。对在调研督办、听取报告等工作中发现的问题，及时提出建议并助推区政府有关部门抓好落实，解决了一批与人民群众生产生活息息相关的民生问题，群众获得感和幸福感持续提升。

加强司法领域监督，维护社会公平正义。定期听取区人民政府关于法治政府建设工作情况报告，督促区政府始终把法治政府建设贯穿于全区改革发展稳定各个方面，不断推动法治政府建设进程。首次听取区监察委员会关于开展重大项目建设监察监督工作情况的报告，有序开展“七五”普法、《基本农田保护条例》和《中华人民共和国未成年人保护法》贯彻执行等工作的执法检查；积极支持“两院”工作，选派人大代表对庭审进行旁听，依法监督司法部门依法履职、公正办案，维护公平正义；切实做好群众来信来访工作，一年来共处理群众来访信件6件，维护好人民群众合法权益。

强化生态环保领域监督，守护绿水青山。积极推动打好蓝天、碧水、净土保卫战，针对粮食生产安全，开展粮食生产督办和专题调研，督促农业农村部门抓好粮食生产；针对农村饮用水安全和环境保护问题，听取区政府关于水资源的利用和保护情况及农村饮用水安全汇报、区政府关于2020年全区环境状况和环境保护工作情况的报告，促使区政府及有关部门进一步强化责任意识，着力解决环境突出问题，补齐生态文明建设短板，推动生态环境不断改善。

三、加强服务保障，推动代表高效履职

集中精力有序推进，高质量完成换届选举工作。2021年是市、县、乡人大换届年，区委高度重视换届工作，区委书记亲任换届工作领导小组组长，靠前指挥，区人大加强与区委组织部等部门的会商沟通，积极做好协调联动，形成强大工作合力。区委常委和区人大常委会领导带头深入区辖各镇开展全过程、全覆盖的换届选举督导工作，及时研究解决换届选举工作中遇到的重大问题，推动选举程序严格、换届纪律严肃，大大提高区、镇两级人大的工作积极性和主动性，推动全区区、镇两级人大换届选举工作全程做到依法有序、风清气正、一次成功。依法选出市、区、镇三级人大代表460名，代表结构更加合理、能力素质大幅提升。依法选举产生新一届区本级国家机关工作人员 46 名，为建设人民生活更加美好的现代化工业强区提供坚强的组织保障。

加强履职平台建设，强化履职服务保障。全年共投入 10.46 万元，推动区辖镇代表履职活动中心和 44 个人大代表联络站的升级更新工作，配齐履职活动中心和代表联络站工作人员，夯实站长和联络员的职责。完成 418 名五级人大代表的编组进站和结对联系等工作，推动代表履职实现网格化管理，为代表进站开展活动提供有力保证。创新管理办法，推行“双百双星”管理和激励制度，授予“铁山港（临海）工业区人大代表联络站”等 11 个代表联络站为星级联络站，对在履职活动中表现突出的 20 名人大代表授予“代表履职之星”称号，极大地激发人大代表联络站工作的积极性和人大代表进站履职的自觉性、主动性。

提升代表履职能力，发挥代表主体作用。区人大常委会通过集中学习、脱产培训、视察调研等方式，不断提高人大代表的履职能力和履职水平。区人大常委会组成人员参加代表活动 16 次，组织代表参加调研、视察和执法检查活动 200 多人次，邀请代表列席常委会会议 26 人次、列席“一府一委两院”相关会议 34 人次，增强代表的政治责任感和荣誉感。健全落实代表的培训制度，将代表培训纳入全区干部培训序列，组织开展代表集中培训 2 次，培训代表 212 人次。2021 年 10 月 26 日，组织新一届人大代表 170 多人参加区人大代表履职学习培训班，学习习近平总书记在中央人大工作会上的讲话精神，以及人大代表如何履职尽责的方式方法，进一步提高代表素质，开阔代表的视野，提高代表履职能力。

深化“双联”工作机制，密切联系人民群众。开展“人民选我当代表，我当代表为人民”系列活动，通过走访人大代表、与选民面对面交谈，认真倾听代表和选民意见，收集意见建议 21 条，对代表和选民反映热点、焦点问题，及时转交有关部门办理，并做好跟踪落实。打造“联络站 +”模式，全区 44 个人大代表联络站均已开展“改善城乡人居环境，提高人民生活品质”的主题活动，参加主题活动代表 391 人，参加率为 93.5%，共收到各代表联络站提出的建议 95 条，其中重点建议 62 条，对《广西壮族自治区固体废物污染环境防治条例（草案）》进行讨论，共收集到修改建议意见 11 条；对 2020 年重点建议和联络站活动开展满意度测评，满意率均为 100%。

落实建议办理措施，提升建议办理水平。坚持常委会领导督办、政府领导领办工作机制，召开代表建议集中交办会，将代表建议转交区相关职能部门办理，召开常委会听取代表建议、批评和意见办理情况的报告，形成建议交办、督办审议良性循环，有效解决一批事关人民群众切身利益的民生问题。2021 年，各人大代表提出建议 102 条（其中，区五届人大六次会议人大代表提出的 72 条建议，区六届人大一次会议代表提的 30 条建议）已办结，反馈率 100%，满意率 100%。

四、强化自身建设，树立人大良好形象

深入开展党史学习教育，推动为民办实事走深走实。区人大常委会党组精心谋划，科学部署开展党史学习教育，做到规定动作做到位、自选动作有创新，推动“学党史、悟思想、办实事、开新局”成为行动自觉，有效提升“真信笃行、知行合一”的能力。组织参与“打卡红色教育基地”“学党史、知党恩、跟党走”等系列活动，选派 8 名人大机关干部和人大代表参加自治区人大系统庆祝中国共产党成立 100 周年书画摄影作品展，获奖 3 项。组织常委会组成人员和部分人大代表到大别山干部学院、鄂豫皖苏区革命博物馆、鄂豫皖苏区首府烈士陵园、北海市博物馆等地开展红色主题教育，追寻红色足迹、坚守初心使命、砥砺奋进前行。以“民有所呼，我有所应”为主题开展“我为群众办实事”实践活动，区人大常委会领导联系企业 20 家，推动解决问题 10 个；开展志愿服务 45 人次，征集意见建议 9 条，直接推动解决问题 8 个，为联系点和群众办实事好事 36 件，以实事办成办好的实践成果，力促红色基因深植于心、为民宗旨谨践于行，自觉强化人大政治担当。

严格落实主体责任，强化党风廉政建设。区人大常委会党组认真落实党组领导班子集体责任、党组书记第一责任及党组班子成员领导责任，明确责任主体，切实加强对机关党建工作的领导，抓实“四强”党支部建设，推动各委室与机关党支部工作的协调联动；严格落实“一岗双责”要求，实现廉政工作目标层层落实；坚持把全面从严治党同人大的各项工作同安排、同部署、同落实、同检查、同考核；着力加强党内监督，通过领导谈话提醒制度，及时了解干部思想动向，坚决把纪律规矩挺在前面，营造风清气正的人大机关氛围。2021 年，区人大常委会办公室被评为铁山港区第一批创建模范机关示范单位，14 名区镇两级人大代表被评为优秀共产党员和优秀党务工作者。

加强人大宣传，强化意识形态工作。区人大常委会以习近平新时代中国特色社会主义思想为指导，坚持以贯彻落实中央人大工作会议精神、习近平总书记关于坚持和完善人民代表大会制度和对地方人大及其常委会工作的重要指示精神为宣传重点，及时将区人大及其常委会贯彻落实关于新时代人大工作的决策部署情况，以及各行各业中人大代表的先进事迹通过各种新闻媒体和宣传平台讲好人大故事，传递人大好声音。2021 年，区人大机关撰写上报各级新闻媒体（官方网站）的新闻稿件、工作信息共 57 篇，其中《铁山港区精准下好“四步棋”完成区镇两级人大代表换届选举工作》在人民网发布。

各位代表，过去一年人大常委会工作成绩的取得，是在习近平新时代中国特色社会主义思想指引下，区委坚强领导的结果，是区人大代表、常委会组成人员和常委会机关工作人员共同努力的结果，是“一府一委两院”及有关部门协同工作的结果，是区政协、各人民团体、社会各界与全区人民大力支持的结果。在此，我谨代表区人大常委会向大家表示崇高的敬意和衷心的感谢！

在总结过去一年工作的同时，我们也清醒地认识到常委会工作还存在一些差距和不足，如人大监督工作实效还需要进一步提高，代表作用发挥还需要进一步加强，常委会机关参谋助手作用还需要进一步发挥等。我们将高度重视这些问题，虚心听取各位代表和各部门意见建议，在今后的工作中采取有力的措施，切实加以改进。

2022 年主要任务

各位代表，2022 年是中共二十大召开之年，是实施“十四五”规划和全面贯彻自治区第十二次党代会、北海市第十二次党代会和铁山港区第六次党代会精神的关键之年，区人大常委会工作的总体要求是：坚持以习近平新时代中国特色社会主义思想为指导，深入贯彻中共十九大和十九届历次全会精神，把深入学习贯彻习近平关于坚持和完善人民代表大会制度的重要思想和中央人大工作会议精神摆在首位，坚决贯彻习近平总书记对广西、北海工作系列重要指示、批示精神，认真贯彻落实自治区党委、北海市委和区委人大工作会议精神，弘扬伟大建党精神，坚持新发展理念，积极融入新发展格局，以发展全过程人民民主为主线，紧紧围绕区委决策部署，坚持党的领导、人民当家做主、依法治国有机结合，聚焦中心大局、聚情民生事业、依法履职尽责，充分发挥人大职能作用，为加快建设更高品质更具魅力的现代化工业强区做出积极贡献，以优异成绩迎接中共二十大胜利召开。

一、强化政治导向，切实增强“两个维护”坚定性

把坚持党的全面领导作为最高政治原则，坚持以党的创新理论指导实践、推动工作，深刻领悟“两个确立”的决定性意义，进一步增强“四个意识”、坚定“四个自信”、做到“两个维护”，不断提升

政治判断力、政治领悟力、政治执行力。坚决把党的主张和区委重大决策，通过人大法定程序变为全区人民的共同意志。坚持重大事项、重要人事任免及时请示汇报，完善规范工作制度机制，针对事关全区发展、群众普遍关切的问题做出决议、决定；坚持党管干部原则和依法任免国家机关工作人员的有机统一，做好人事任免工作，确保区委意图和人民意志依法有序实现。坚持围绕区委发展大局开展人大工作，找准切入点，确保区委工作重心在哪里，人大工作就跟进到哪里，力量汇聚到哪里，作用发挥到哪里。

二、增强监督刚性，提高工作实效

认真履行宪法法律赋予的监督权，“在监督中支持，在支持中监督”，让人大监督“温度与力度”并存。坚持以问题为导向，聚焦区委重大决策部署的贯彻落实和人民群众普遍关注的重大问题的解决，围绕法治政府建设、征地搬迁、项目建设、乡村振兴、生态环境保护、全国文明城市创建、民族团结进步示范市创建等工作改进监督工作方式，创新监督工作机制，把监督与支持有机结合，进一步增强监督的针对性和实效性，听取和审议国有资产管理情况报告、代表建议办理情况报告等专项工作报告，拓展专题调研广度深度，推动调研成果从“字面”落到“地面”。顺应群众期待，关切民生福祉，促进“一府一委两院”工作，推动全区中心工作和解决民生热点问题，为铁山港区经济高质量发展和社会治理能力现代化贡献人大力量。

三、创新工作机制，充分发挥代表作用

坚持以人民为中心的发展思想，尊重代表主体地位，落实代表培训机制，丰富代表履职培训方式，提升代表履职能力。持续加强和改进“混合编组、多级联动、履职为民”工作，灵活开展联络站自选性活动和集中开展主题活动，开展“民有所呼、我有所应”活动，组织开展好代表视察、专题调研、执法检查等活动，加强常委会组成人员与代表及代表与选民的联系，扩大代表在监督、决定等重点工作领域对人大常委会工作的参与度。加强对区辖镇人大工作的指导，密切工作协同，形成工作合力。抓好基层人大代表工作，持续深化拓展联络站“双百双星”管理体制，探索联络站网格化管理机制，开展“访群众，察民情，促发展，惠民生”活动，推动联络站和人大代表充分发挥职能作用，打造铁山港区人大工作品牌。

四、强化“四个机关”建设，打造过硬队伍

坚持以政治建设为统领，把政治建设摆在区人大机关自身建设的首位，不断提高政治判断力、政治领悟力和政治执行力，把制度建设贯穿始终，不断加强人大常委会党组、机关党支部建设，认真落实全面从严治党主体责任，持续推动人大“四个机关”“四强党支部”建设，坚持政治过硬、业务精湛、作风优良、能打胜仗，加强干部锤炼，打造政治坚定、服务人民、尊崇法治、发扬民主、勤勉尽责的人大工作队伍。同时抓实抓牢意识形态工作，把握好宣传舆论导向，讲好人大故事，充分展示代表新风采，传播人大好声音。

北海市铁山港区人民政府工作报告

——在北海市铁山港区第六届人民代表大会第二次会议上

北海市铁山港区区长　莫华福

2022年2月18日

一、2021年工作回顾

2021年是党和国家历史上具有里程碑意义的一年。我们迎来中国共产党百年华诞，与全国人民一起建成了小康社会，全面建设社会主义现代化国家踏上新征程。我们坚持以习近平新时代中国特色社会主义思想为指导，全面贯彻落实中共十九大和十九届历次全会精神，深入贯彻落实习近平总书记两次考察广西的重要讲话和对广西工作系列重要指示精神，认真贯彻落实自治区和北海市决策部署，按照区委“12510”发展思路，立足新发展阶段，完整、准确、全面贯彻新发展理念，主动服务和融入新发展格局，巩固拓展新冠疫情防控和经济社会发展成果，高质量发展行稳致远，民生持续改善，社会和谐稳定，为“十四五”赢得了“开门红”。

一年来，全区上下团结一心、矢志奋斗，坚决打好“七场硬仗”，扎实做好“六稳”“六保”工作，较好完成区五届人大六次会议确定的各项目标任务。全年实现地区生产总值411.68亿元、比上年增长13.7%、增幅高于全市4.9个百分点，规模以上工业总产值1343.24亿元、比上年增长38.8%，税收收入129.57亿元、占全市64.44%、比上年增长57.33%，财政收入53.98亿元、比上年增长66.38%，首次突破50亿元大关，以上4项主要经济指标均排全市县区第1名；城镇居民人均可支配收入40041元、比上年增长7.3%，农村居民人均可支配收入19269元、比上年增长9.6%。首次被评为广西高质量发展进步县区。这一年，我们的工作得到了北海市委、市政府高度肯定，在2022年全市“两会”期间，专门组织市人大代表、市政协委员到铁山港区现场观摩信义玻璃、太阳纸业和国能广投北海能源基地等重大项目。代表、委员纷纷表示，北海工业发展的希望就在铁山港区！

一年来，我们的工作成效主要体现在以下十个方面：

（一）工业经济发展又快又好

产业发展质效齐升。北海炼化增加产能150万吨，总产能达800万吨，被评为国家级绿色工厂；信义玻璃一期6条生产线全部投产，每天产能5200吨；太阳纸业白卡纸、文化纸、纸浆全线投产，3个月产值达12.6亿元；培育国家级专精特新“小巨人”企业1家、广西工业龙头企业3家、广西智能工厂示范企业4家。绿色化工、金属新材料及高端设备制造、高端造纸、高端玻璃及光伏材料、新能源五大主导产业持续壮大，占全区规模以上总产值93.88%。能耗“双控”较好落实。严格执行“四个最”的标准，坚决舍弃金山化工、北部湾镍铁加工等7个不符合能耗“双控”要求的项目，支持北海炼化、北港新材料等9家企业对现有的工艺装备提质改造升级。绿色产业加快发展，铁山港区列入全国屋顶分布式光伏开发试点县区。规上单位工业增加值能耗强度下降10.1%，降幅高出全市5个百分点。工业主战场作用凸显。工业区规模以上工业总产值达1336.43亿元，在广西千亿元产业园区中排第2名，被评为自治区级经开区龙虎榜第2名，并获最佳税收贡献奖、最佳吸引外资奖、外贸表现突出奖。工业产值占全市 63.1%,拉动全市经济增长 22.7 个百分点,继续领跑全市。

（二）重大项目建设如火如荼

固定投资持续高速增长。全年固定资产投资 146.78 亿元、比上年增长 31.2%,创近 3 年新高,其中完成工业投资 138.66 亿元、占全市 57%、比上年增长 56.5%。项目推进强劲有力。全年重点推进产业项目 48 个、总投资 5344 亿元,其中纳入市级落地攻坚行动重点工业项目 22 个、占全市 56.4%;列入自治区“双百双新”项目 11 个、总投资 1026.5 亿元,“双百”项目数、投资额均排全市县区第 1 名。太阳纸业一期、二期等 5 个项目建成投产,国能广投北海能源基地、信义玻璃产业园二期等 9 个续建项目加快推进,玖龙纸业、广燃 LNG 三期、顺应储能、百福硝酸等 7 个项目开工建设,川桂绿色化工产业园、国家管网 LNG 二期、唐山迪牧、浙江巍翔等 27 个项目开展前期工作。

（三）招商引资工作成绩斐然

靶向招商精准发力。围绕五大主导产业,成立 5 个产业招商小组,开展补链强链延链专项招商。主动适应能耗“双控”新政策,专门成立项目研判小组,对有投资意向的企业进行精细分类梳理,紧盯目标重点招商。招商引资硕果累累。全年引进维美德、华电等 22 个创新能力强、投资规模大、产业层次高、带动潜力足的项目,计划投资 523.06 亿元。招商引资实现到位资金 136 亿元,商务口径实际利用外资 1.11 亿美元,均排全市县区第 1 名。铁山港区招商部门被评为广西招商引资先进集体,3 人被评为先进个人。

（四）项目要素保障高效有力

项目用地供给到位。抽调精兵强将,压实工作责任,8 个片区 23 个专项小组 680 多名党员干部舍小家为大家,没有节假日、双休日,日夜奋战,以“功成不必在我”的精神境界和“功成必定有我”的历史担当,创新“党建 + 征地”“挂图作战 + 三旗比拼”等工作方法,规范高效推进 32 个项目的征地搬迁,全年完成征地清场 460.27 公顷,搬迁 711 户。有的党员干部家人生病住院仍坚守征迁一线,有的党员干部带着无人照看的小孩做群众动员工作,正是有了大家的辛勤付出,才有了全区源源不断的供地保障。项目服务保障到位。充分发挥区帮办中心作用,实行项目精细化管理,责任领导、责任干部一跟到底,从项目签订、规划选址、开工建设等全链条提供“一对一”跟踪服务,实现各环节无缝对接,为企业提供优质高效的服务。我们政商同心、勠力同行、合力攻坚,一个个项目落地建设、竣工投产,一次次刷新铁山港速度。您把铁山港当家乡,我必待您胜亲人!我们用信任和真情,共同谱写了工业强区、产业兴区的时代篇章。基础设施配套到位。筹措专项债资金 10.2 亿元,完善提升园区基础设施,启动智慧园区建设。铁山变—太阳纸业 220 千伏线路工程顺利通电,盐田变—太阳纸业 220 千伏、川江变外线 110 千伏等线路加快建设。投入 1.87 亿元,新建供水管网 22.4 千米,铁山港区原输水管道改扩建工程建成后供水可达每天 45 万吨。A5 深海排放管网加快建设,累计建成污水收集管网 110 千米。

（五）乡村振兴实现良好开局

乡村振兴有效衔接脱贫攻坚。严格落实巩固脱贫成效“两不愁、三保障”和“四不摘”的总体要求,健全防止返贫动态监测和帮扶机制,及时消除 41 户 165 人致贫返贫风险。统筹管理使用 5929 万元,实施巩固拓展脱贫攻坚成果资金项目 59 个,项目建设的开工率、竣工率和资金支出率均排全市县区第 1 名、广西前列。南康镇黄丽窝村等 4 家股份经济合作社获评市级示范性农村集体经济组织,全区村集体经济收入达 600 多万元,“造血功能”持续增强。在市、县党委和政府扶贫开发工作成效考核中获得综合评价“好”的等次。乡村建设有力推进。积极打造青山头、塘仔村

2个乡村振兴示范点。投入4900万元,完成“两高两道”沿线农房特色风貌塑造。有序推进“多规合一”实用性村庄规划编制,强化农村宅基地建设规划管控。深入开展“大棚房”、农村乱占耕地建房及违建别墅“三合一”执法整治行动,严守耕地红线。投入5056万元,完成南康—婆围、南康—江仄等10个农村公路路面改造和提升工程。投入445.3万元,深入开展“三清三拆”,全面推进345个村庄全域整治,村容村貌焕然一新。特色农业加快发展。扎实推进农田水利基础设施大会战,实施旱改水超666.67公顷,建成高标准农田666.67公顷,复耕撂荒耕地112公顷,新增土地流转151.93公顷。全年粮食播种5580公顷,产量2.43万吨,粮食安全切实加强。379个家庭农场纳入全国名录系统,比上年增长312%。建设农业示范基地2个,培育现代高标准大棚106.67公顷,年产值达5600万元。创建南珠标准化养殖基地,完成插核1042万贝,产珠超650千克。金鲳鱼广西现代特色农业示范区加快创建,年产金鲳鱼3万吨。全区农林牧渔业总产值51.30亿元。

(六)港产城融合建设加快推进

新城建设紧锣密鼓。投入专项债等资金4.1亿元,加快推进行政中心片区市政道路等基础设施建设。玖龙纸业生活区抓紧建设,污水处理厂、中心广场等10个项目前期工作加快推进。城镇建设统筹推进,投入3419万元,全面推进南康特色小镇基础设施建设,城镇道路提升工程竣工并交付使用,北海渔港经济区营盘中心渔港核心区加快建设,兴港镇行政中心规划加快推进。现代服务业快速发展。全年完成货运量723万吨、比上年增长15.68%,装卸搬运业增长136.4%。商贸消费回暖增长,社会消费品零售总额比上年增长7%、商品批发额增长28%。特色旅游加快发展,投入1.6亿元,打造修缮白龙珍珠城、南康特色小镇等滨海特色景点和文旅项目。青山头鸿福渔家通过自治区五星级农家乐复检,青山头村被评为广西乡村旅游重点村。全区滨海乡村旅游在广西休闲农业与乡村旅游精品线路推介会上获得重点推介。全年接待国内游客122.65万人次、比上年增长38.71%,实现旅游消费14.36亿元、增长46.15%。港航物流有力提升。玉林—铁山港铁路、铁山港进港专用线成为广西首条铁路与港口电气化直通的组合线路,每趟列车最高可压缩25%的运输时间。石头埠作业区23号泊位、北暮作业区7号—10号4个15万吨级泊位、北暮作业区南7号—10号4个5万吨泊位开工建设,铁山港30万吨级进港航道及码头加快建设,疏运能力明显提升。

(七)生态宜居建设卓有成效

创城工作扎实有效。投入近8000万元,开展创建全国文明城市工作,10个“三无”小区全部完成整治,重新规划停车位7500多个,获得市创城办表扬7次。改造提升南康镇、营盘镇污水管网等一批基础设施,城镇生活垃圾无害化处理率100%,市容市貌进一步提升。生态环境持续改善。坚决打好蓝天、碧水、净土保卫战,全年空气优良率97.5%。大力推进南康江水环境综合整治、近岸海域环境综合整治及海域清理等工作,清理近海岸无证养殖面积219.5公顷,保护了群众传统赶海区域。深入开展矿产资源整治专项行动,严厉查处非法开采行为71起,全面落实中央生态环境保护督察反馈问题整改。

(八)改革开放增强发展动力

重点改革深入推进。持续深化“放管服”改革,推进行政审批“三集中三到位”,全区158项行政许可事项平均法定时间从25天压缩至5.5天,提速率达78%。实现政务事项网上可办率100%,政务服务事项“零”跑腿量1939项、占比达90.22%。成功研发全国首台企业全生命周期自助一体机,得到自治区肯定。开放合作深化拓展。铁山港区3号—4号泊位获批开放,5号—6号泊位通过预验收,开放泊位6个。港口吞吐量3449.77万吨、比上年增长31%,集装箱完成40.92万标箱、占全市67.08%、增长27%。外贸进出口总额125.43亿元,比上年增长56.2%。营商环境持续优化。

企业开办实现 0.5 个工作日办结，实施清单一致率达 100%。深化项目审批告知承诺制，推动项目审批、中介服务“双提速”。建立“管家帮办”服务机制智能办税，全年为辖区企业落实减税降费超 6.94 亿元，快速办理出口退税 5288 万元。

（九）民生建设交出暖心答卷

让人民生活幸福是“国之大者”。我们始终坚持以人民为中心，把人民放在心中最高位置，全年用于民生支出 10.24 亿元，占一般公共预算支出 81% 以上，各项民生事业稳步推进，人民幸福指数节节攀升。教育事业优质均衡发展。印发实施《铁山港区中小学幼儿园布局规划(2021—2030)》和《铁山港区中小学幼儿园基本建设发展规划(2021—2025)》。投入 5494 万元，建成 4 所公办幼儿园和南康镇第一小学新教学综合楼等 3 个乡村振兴教育项目，增加学前教育和义务教育学位 1800 个。学前教育毛入园率、义务教育毛入学率和义务教育巩固率分别达 91.2%、100%、99.36%，创历史最好水平。全年高考本科以上人数、中考 A 以上人数分别增长 10.9%、30%，均创 5 年新高。医疗卫生水平有新提高。投入 2400 多万元，采购一批医疗设备，铁山港区（临海）工业区人民医院已具备门诊、疫苗接种、核酸采样的硬件条件。投入 1386 万元，建成区人民医院发热门诊项目主体大楼。加快推进区中医院、区疾控中心、区人民医院新院区、区妇幼保健院易地搬迁等项目前期工作。区妇幼保健院与市妇幼保健院建成紧密型医联体，基层医疗机构及政府办村卫生室实现全覆盖。科技文体蓬勃发展。《陶瓷茶具——邂逅》《红色密码》2 个陶瓷非遗作品分获全国“金凤凰”、广西“八桂天工奖”银奖。2 名铁山港区籍运动员获全国残特奥和十四届全运会金牌。铁山港区首个体育公园前期工作加快推进。“广电云”安装完成率居全市首位，行政村“一村一屏”覆盖率达 100%。广西高端特钢新材料申报成功自治区科技成果转化中试研究基地，区科协被自治区评为“八桂科普大行动”优秀组织单位。社会保障不断加强。投入 980 多万元，大力开展职业技能培训，落实各项就业激励政策，城镇新增就业 1072 人。大力实施全民参保计划，基本养老、医疗保险均 100% 完成目标任务，基本医疗统筹基金报销金额达 7100 多万元。建立健全社会保障体系，全年发放低保金、供养金、养老金等困难群众救助补助资金 1.25 亿元。积极落实农民工工资支付保障制度，帮助 872 人追回被拖欠工资 1207 万元。

（十）社会治理效能成果显著

疫情防控坚强有力。坚持新冠肺炎疫情常态化防控，切实做到“外防输入、内防反弹”。深入开展打击“三非”反走私行动，设立 28 个检查点，500 多名区、镇、村干部日夜值守，全方位堵住走私通道，有效防止境外疫情输入。全面开展核酸采样检测和疫苗接种，投入 1181 万元，新建 3 个核酸采样检测点，改造提升 3 个疫苗接种点，完成核酸检测 19.2 万人次，疫苗接种 32.39 万剂次，切实做到“应检尽检”“应接尽接”。发扬大爱无疆精神向险而行，驰援东兴抗疫的医疗队伍胜利而归，50 多名医务人员又逆行支援百色抗疫。一年来，抗疫一线的党员干部和志愿者守望相助、冲锋在前，夜以继日坚守岗位，守护了铁山港区这片热土的安宁康泰。在此，向他们致以最崇高的敬意！综合治理不断增强。大力开展“走企护商除乱”活动，聚焦“一企一警”工作机制，积极推行“1+3+N”共建模式，常态化开展扫黑除恶专项斗争，全年逮捕各类犯罪嫌疑人 280 人、比上年上升 72.9%，辖区治安警情比上年下降 32.15%，刑事警情“零发生”219 天。深入开展“我为群众办实事”实践活动，解决老百姓“三事”1841 件。健全村居法律顾问机制体制，积极化解各类矛盾纠纷，共调处各类矛盾纠纷 537 件，调解成功率 98.5%。全年群众安全感满意度得分 98.9 分，排全市县区第 1 名、广西第一方阵；扫黑除恶专项斗争满意度和政法队伍执法满意度均排广西县区前列；被评为全市唯一建设平安广西活动先进县区。高质高效完成人口普查任务，区统计局被评为“国务院第七次全国人口普查先进集体”。安全防线持续加固。全力以赴推进防范化解重大风险各项工作,全区事故件数、死亡人数、受伤人数比上年实现“三下降”,全年受市安全生产“红榜”表扬5次,安全生产专项整治三年行动集中攻坚的主要做法在全市现场会上做经验交流。创新“135”工作法,完成全区95所中小学、幼儿园“4+N”安全防范建设。严厉打击治理超限、超载违法行为,累计查处233起。质量强区、品牌亮区工程取得重大突破,被自治区评为“推进质量工作突出成效地方”。

一年来,我们坚持党对政府工作的全面领导,坚定捍卫“两个确立”,做到“两个维护”。扎实推进党史学习教育,在找差距、抓落实中守初心、担使命,不断提高政府行政效能和服务水平。自觉接受区人大法律监督、工作监督和区政协民主监督,积极办理建议、提案工作,共办理人大代表建议130件、政协委员提案129件,办结率和满意率均达到100%,区政府被市政协评为2021年度提案先进承办单位。认真听取和采纳民主党派、工商联、无党派人士、各人民团体的意见建议。坚持“三重一大”事项集体研究,切实做到科学民主决策。严格落实全面从严治党,贯彻中央八项规定及其实施细则精神,深入推进政府系统党风廉政建设和反腐败斗争,党风政风进一步提升。

一年来,国防动员、双拥共建、人防海防、退役军人事务、消防救援、防灾减灾、综合执法、审计、统计、侨务、档案、地方志、优抚安置、妇女儿童、残联、民族、宗教等工作均取得新进展,在经济社会发展中发挥了重要作用,做出了积极贡献。

回顾一年的工作,我们取得了可喜的成绩。这些成绩的取得,是习近平新时代中国特色社会主义思想科学指引的结果,是上级党委、政府和区委坚强领导的结果,是区人大、区政协有效监督、大力支持的结果,是全区人民团结实干、奋力拼搏的结果。全区18万余人民用汗水浇灌收获、以实干笃定前行,每个人都出了力,每个人都了不起。在此,我代表区人民政府,向辛勤工作在各条战线上的人大代表、政协委员,向全区干部群众、离退休老干部和社会各界人士,向驻区部队、驻区各单位,向各民主党派、无党派人士、各人民团体,向关心支持铁山港区发展的投资者、建设者和社会各界朋友表示衷心的感谢,并致以崇高的敬意!

在肯定成绩的同时,我们也清醒地看到,当前铁山港区发展仍面临不少的挑战和需要解决的问题:港产城融合要加快建设;五大主导产业还需进一步补链强链延链;港口服务产业能力亟待加强;民生领域存在短板,与人民群众的期盼还有差距;干部队伍工作不到位、执行力不强的现象等等仍然存在。我们要敢于面对这些问题和挑战,采取更加有力的措施在发展中解决,以更高效的服务、更务实的成绩回应全区人民的期待。

二、2022年工作安排

2022年是中共二十大召开之年,是中共中央总书记习近平视察铁山港5周年,也是实施“十四五”规划的关键之年。市委确定了“八个最、四个之一”的总体目标,通过了《关于完整准确全面贯彻新发展理念打造品质北海、魅力北海的决定》,区委做出了加快建设更高品质更具魅力的现代化工业强区的决定,为铁山港区的发展指明了方向,明确了着力重点。面朝大海,向海图强,我们要积极融入新发展格局,以时不我待的紧迫感,以敢于担当的勇气,以战胜一切的决心,积极应对挑战、抢抓机遇、乘势而上,加快建设铁山港区更高品质、更具魅力的现代化工业强区。

2022年政府工作的总体要求是:坚持以习近平新时代中国特色社会主义思想为指导,全面贯彻中共十九大和十九届历次全会精神,以及中央经济工作会议精神,深入贯彻落实中共中央总书记习近平对广西工作系列重要指示精神,认真贯彻落实自治区党委、自治区政府和北海市委、市政府各项决策部署以及区委“12510”的发展思路,大力弘扬伟大建党精神,坚持稳中求进工作总基调,完整、准确、全面贯彻新发展理念,锚定高质量发展、高品质生活目标,坚持政策为大、项目为王、环境为本、创新为要，推动“三大振兴”，打好“三大硬仗”，保障“四大民生”，加快建设更高品质更具魅力的现代化工业强区，以优异成绩迎接中共二十大胜利召开！

2022 年全区经济社会发展主要预期目标为：地区生产总值增长 9.5%，一般公共预算收入增长 7.2%，规模以上工业增加值增长 12.5%，固定资产投资增长 12% 以上，外贸进出口总额增长 15%，节能减排降碳控制在自治区和北海市下达目标内，居民人均可支配收入与经济增长基本同步。

实现上述目标，重点抓好以下十个方面工作：

（一）坚持工业强区，聚力壮大向海产业集群

围绕“绿色、低碳、智能”发展思路，做强做优五大主导集群产业，做大做强四个百亿元产业，力争工业总产值达 1500 亿元以上，打造广西向海经济示范区。

全力壮大产业集群。立足做强做优特色优势工业，壮大绿色化工、金属新材料及高端设备制造、高端造纸、高端玻璃及光伏材料、新能源五大主导产业，全力打造具有全国影响力的产业集群。

——做强做优绿色化工产业集群。以北海炼化为龙头，推动北海炼化结构调整改造项目达产，加快建设百福硝酸、施罗泰生态肥等项目，力争开工建设川桂绿色化工产业园、浙江巍翔等项目，抓紧推进中石化北海炼化 60 万吨丙烷脱氢、香港建滔、华峰化学等项目前期工作，着力引进烯烃、芳烃、化工新材料、精细化学品等项目，全力打造生态链条强韧、绿色安全、价值高端的绿色化工产业集群。按照国家级石化产业基地建设标准，推动石化产业园打造成国家级石化产业园。

——做强做优金属新材料产业集群。支持北港新材料转型升级，力争申报成功国家火炬北海铁山港特钢新材料特色产业基地。加快建设顺应储能电池材料等项目，力争开工建设义强达标准厂房二期、北港新材料 40 万吨高速线材生产等项目，拓展和太原钢铁合作发展高端不锈钢产品。抓紧推进广投北海临港循环经济产业园等项目前期工作。加快推进高纯度镍、钴、钪等金属新材料项目建设，加快引进一批医疗器械装备、风电装备制造及下游不锈钢制品企业，全力打造一流全产业链不锈钢新材料基地。

——做强做优高端造纸产业集群。以玖龙纸业、太阳纸业为龙头，推动太阳纸业项目一期、二期全面投产，加快建设玖龙纸业、太阳纸业配套双氧水等项目，力争开工建设太阳纸业三期、东升造纸助剂、维美德造纸机械制造及维保等项目，抓紧推进优派特林纸配套、凯米拉高端造纸助剂等项目前期工作，积极引进黄金叶、世纪弘博造纸供应链物流等下游关联的产业项目，推动形成制浆造纸及配套深加工相结合的产业集群，争取早日建成全国规模最大的林浆纸一体化产业园，全球规模最大、品类最齐全的高端造纸全产业链基地。

——做强做优高端玻璃及光伏材料产业集群。以信义集团为龙头企业，打造以光伏玻璃为主导，汽车玻璃、电子玻璃协同发展的高端玻璃产业链，带动玻璃新材料产业上下游环节集聚发展。推动信义玻璃一期尽快达产，加快建设信义玻璃二期、天何石英砂等项目，抓紧推进阳光能源、一道新能源 400 万千瓦高效组件研发科创智造基地等项目前期工作，积极引进一批光伏组件项目，鼓励发展光伏发电。创建国家新型工业化产业示范基地，力争列入工业和信息化部的示范基地名录，为打造世界级光伏产业基地和国家玻璃新材料创新基地奠定基础。

——做强做优新能源产业集群。大力发展光伏发电、海上风电等可再生能源，加快建设综合能源基地。推动国能广投北海电厂建成发电，加快建设广燃 LNG 三期、广投北海电厂二期、国家管网 LNG 二期等项目，年内开工建设国家能源集团煤炭储运基地等项目，抓紧推进京能天然气发电、中海油天然气发电、华电广西海上装备制造产业园及清洁能源等项目前期工作。加快建设广西重要的新能源产业基地、新能源创新发展示范基地，打造全国最大 LNG 接收存储基地、全国具有影响力的能源产业基地。

全力优化园区布局。按照“高新、高端、高质”标准，加快编制《北海铁山港经开区创新发展规划》《北海铁山港经开区申报国家级经开区可行性研究报告》，完善园区规划编制，加快调整石化产业园、化工码头功能规划。积极落实“千企技改”工程，推动北港新材料烧结机头烟气脱硝、北港不锈钢精密带钢生产线优化结构等一批企业项目完成技术改造升级，积极引进一批工艺优化、技术升级的智能化项目，全力建设绿色环保、节能低碳、产业优质化、基础设施集约化的现代化工业园。

全力提升承载能力。积极推进智慧园区建设，设立园区帮办代办机构，推动服务下沉前移。大力实施“铁山港基础设施攻坚年”行动，加快完善园区基础配套，着力推进基础设施补短板PPP项目入库，推动产业园核心区“五通一平”建设、“四纵三横”路网建设和标准厂房建设。加快完善工业配套产业，依托现有船舶修造基地，抓紧推进海上风电产业园等项目前期工作，打造可持续发展的海洋装备产业，推动装备制造转型升级。支持北部湾表面处理中心引进一批线路板、阳极氧化、电子元器件生产企业，打造集研发、加工、销售线路板电子产品及配件于一体的现代化产业园区。大力发展“就地配套”“内外兼销”的加工贸易，打造龙头企业引领、产业集群发展、生产研发共进的加工贸易产业发展新格局，实现“加工贸易倍增计划”发展目标。全面提高园区支撑产业集群发展能力。

（二）坚持项目为王，聚力夯实高质量发展基础

打好稳投资增后劲攻坚战，把抓项目摆在高质量发展的关键位置，为实现高质量发展提供新动能。

以更大力度开展精准招商。完善全区产业招商工作体系和招商项目研判机制，整合强化六大招商工作组，围绕五大主导产业，聚焦“四类500强”企业，按照“双碳”标准，严把项目准入关，推动招商引资从“扩大引资规模”向“提升招商质量”转变，加快绿色低碳循环发展。力争2022年招商引资到位资金130亿元以上，实现全年签约项目30个以上，招商引资500亿元以上。高位推动诚铭年产38万吨造纸化学品生产、飞跃精细化学品及新材料智慧产业园等一批在谈项目尽快落户铁山港区，着力引进一道新能源、长风集团等一批产业关联的基地型、龙头型企业，全力打造极具竞争力的“向海经济”发展区域。

以更大力度攻坚重大项目。加快实施产业项目落地建设大会战，最大化发挥区帮办中心作用，大力解决土地报批、环评、能评等关键环节、关键问题，谋划开辟“双百双新”等重大项目审批快车道，严格按照“四定”办法推进项目建设，对在建项目实行“一张表”跟踪销号管理。全力推进总投资4789亿元的59个重点项目，推动国能广投、百福硝酸、施罗泰生态肥等一批在建项目早日建成投产，优派特、浙江巍翔、东升造纸助剂等项目早日开工建设。

以更大力度推进征地搬迁。加强工业用地储备，盘活存量工业用地资源，力促新引进项目落地提速。大力开展一月一评“三旗”征地搬迁评比活动，力争全年实现征地清场400公顷，完成玖龙纸业、川桂绿色化工产业园等一批重大项目征地搬迁。同步推进征地搬迁回建区宅基地和公寓楼安置，妥善解决被征地农民的居住问题。

（三）发展特色农业，聚力推进乡村全面振兴

继续弘扬脱贫攻坚精神，加快农业农村现代化，塑造乡村“形、实、魂”，全面推进乡村振兴，让农业强起来、农民富起来、农村美起来！

巩固拓展脱贫攻坚成果。严格落实巩固脱贫成效“两不愁、三保障”和“四不摘”的总体要求，建立健全“三类人员”的动态监测和帮扶机制，确保不发生规模性返贫和新的致贫。加强产业发展和就业帮扶，壮大特色农业产业，发挥集体经济示范作用，促进产业融合发展，带动脱贫群众和低收入群体就业增收。做好巩固拓展脱贫攻坚成果同乡村振兴有效衔接各项工作，让脱贫基础更加稳固、成效更可持续。

加快发展特色农业。严格落实区、镇、村、组四级“田长制”，全面遏制耕地“非农化”防止“非粮化”，牢牢守住耕地红线。完成1133.33公顷高标准农田建设，流转营盘镇塘仔村和火禄港两侧133.33公顷撂荒土地、盐碱地，开展稻虾综合养殖和海水稻种植，推动粮食生产稳量提质。立足林、果、蔬、畜、糖、渔等特色资源，加快打造一批农业优势特色产业，创建南康镇香水柠檬种植基地，改造提升南康镇设施蔬菜基地，积极创建自治区级农业示范区。推动南珠产业和深水抗风浪养殖示范区提档升级，创建自治区级金鲳鱼特色农产品优势区，搭建深水抗风浪网箱养殖群，把南珠、金鲳鱼、对虾、青蟹等产业打造成更响亮品牌。加快发展农产品深加工，推进农业产业“接二连三”。

筑牢乡村建设基础。大力实施乡村建设行动，深入推进农业农村重点领域改革，全面推进“多规合一”村庄规划编制。加强农村宅基地管理服务，深入开展“大棚房”、农村乱占耕地建房及违建别墅“三合一”执法整治行动，加快推进土地综合利用，严格落实“一户一宅”，全面提升乡镇房屋建设水平。加快完善乡村基础设施，实施农村饮水扩网工程、东西干渠修复工程和农村公路路面提升工程。抓紧推进南康江水生态修复和治理及中水利用工程项目。加快推进农村精神文明建设，让乡村文明逐渐深入民心，推动形成文明乡风、良好家风、淳朴民风。

建设生态宜居乡村。深入实施乡村风貌提升行动和农村人居环境整治提升行动，深入开展农村“三清三拆”和“三微、四化、五网、六改”，推进乡村全域整治，持续提升农村人居环境。加快推进行政中心片区污水处理厂建设，完善农村生活垃圾收运处置体系，实现农村人居环境整治和乡村风貌提升常态化、规范化、制度化，全力打造生态美丽宜居乡村。

（四）立足港产城融合，聚力建设现代魅力新城

坚持高标准建设南珠新城，大力发展现代服务业，推动建设产业发达、港产城融合的新城区。

高质量推进创城工作。以志在必得的信心和决心持续创建全国文明城市，坚持问题导向，加快补齐短板弱项，重点整治环境卫生、管理秩序等方面的突出问题。建设完成25条背街小巷改造提升工程。积极引导群众参与到美丽乡村和文明城市创建活动中，全面提升群众素质和城市文明程度。

高标准推进港产城融合。优化行政中心片区规划，同步推进搬迁回建安置小区和公寓楼，以及医疗机构、文体中心、广场公园等城区优质配套建设。高标准建设向海社区，打造成广西乃至全国样板。加快推进玖龙纸业生活区等商住小区（公寓）建设，加快引进一批酒店、房地产等第三产业项目，推动南珠新城启动区成为铁山港城市功能配套重点区域。加快推进南康、营盘集镇示范镇规划建设，推进南康镇历史文化街区综合整治、小镇客厅等项目和南康江沿岸特色风情景观长廊工程；编制完成《北海渔港经济区营盘中心渔港核心区概念性规划》，完成营盘中心渔港一期工程竣工验收，辐射带动营盘城镇建设；规划建设兴港镇行政中心建成区。配合建设铁山港向海大桥，把铁山港（临海）工业区和龙港新区铁山东港产业园连为一体。

高水平发展现代服务业。扎实推进现代服务提升发展三年行动，聚焦经济增长新动能，积极培育数字经济等新兴产业。加快商贸经济发展，重点发展现代物流、电子商务等生产性服务业，优化提升家政、维修、养老托幼等传统生活性服务业。建设高端服务业孵化楼。推进信义、广燃等供应链企业发展壮大。打好稳消费拓市场攻坚战，积极发展“夜经济”“小店经济”，推动批发、零售、住宿、餐饮业发展，持续完善市场结构。

（五）挖掘特色资源，聚力打造滨海旅游名片

大力发展“旅游+”新业态，加快推进旅游和文化、大健康、特色小镇、乡村振兴融合发展，建设一批集旅游度假、健康养生、运动健身、生态观光、农业体验等功能为一体的特色旅游景点。推动“旅游+文化”，深入挖掘民族传统文化内涵，加大白龙珍珠城、大王岭等文旅项目招商，策划南珠时光隧道游、滨海休闲游、历史文化游、南康特色农业体验游等4条旅游线路，加快南康特色小镇、白龙湾南珠文化旅游度假区、高村诗画竹苑等项目建设，完善文旅产业链条。推动“旅游+乡村振兴”，推进扫管龙红色旅游、青山头休闲旅游、大王岭乡村振兴滨海旅游等乡村振兴文旅项目。推动“旅游+工业”，加快谋划建设赤江陶瓷小镇，挖掘临海工业潜力，鼓励企业结合自身优势开发特色旅游，推动工业旅游加快发展，力争打造铁山港区旅游新名片。

（六）构建陆海通道，聚力发展现代物流体系

积极融入西部海陆新通道建设，完善集疏运体系，加快发展多式联运，构建向海通道。

完善交通枢纽建设。加快港口、铁路、公路有效衔接，大力推进合浦—铁山港铁路、铁山港—石头埠铁路支线建设。推动铁山港航道和泊位提档升级，加快建设铁山港30万吨进港航道、30万吨油气码头、30万吨散杂货泊位等基础设施项目及配套航道、锚地，打造国家级石化产业基地，推动形成面向东盟和西南中南地区的海陆双向开放合作新格局。

提升物流服务水平。积极引进一批龙头物流企业，推动凯森智能仓储物流二期等项目开工建设，合理规划临港新材料产品等专业物流平台，争取早日形成港航物流产业集群，满足工业对港航物流的运输需求。推动铁山港集装箱外贸进出口作业开放，推进物流降费增效。建设铁山港工业物流园，完善县、乡、村三级物流配送网络，提高物流效率。

（七）激发创新活力，聚力深化改革扩大开放

坚持对标对表国内一流标准，深挖开放合作潜力，全面激发市场主体活力和社会创造力，积极融入和服务新发展格局。

促进更大改革开放。大力开展“改革攻坚突破年”活动，深化“放管服”、商事制度等改革，统筹推进农业农村、教育、医疗、土地、户籍等领域改革，打造农业农村改革发展等特色亮点。深化财税金融改革，落实国家减税降费政策，推动预算绩效全过程管理。围绕培育壮大市场主体深化改革，支持企业开展科技成果转化及申报高企认定，引导非公有制经济健康发展。抢抓“一带一路”和西部陆海新通道建设新机遇，积极对接粤港澳大湾区、东盟和西南中南地区寻找发展新动能，促进高水平开放合作发展。

打造更优营商环境。深入推进市场主体登记便利化改革，推行跨区域“一照多址”营业执照。全面实施市场准入负面清单，营造宽松便捷的市场准入环境。深入开展“互联网+政务服务”，强化信息整合共享，优化“一网通办”“一事通办”。引进税务等办事机构入驻工业区，推进事项审批智能化，进一步压缩企业办事时间。更大发挥区帮办中心作用，实现重大项目全部代办、一般项目全部网办，为企业提供“一站式”全过程全方位服务，努力创建“北海市领先、全国一流”的营商环境。

（八）构筑生态屏障，聚力推动绿色低碳发展

学好用好“两山”论，走深走实“两化”路，持续加强生态文明建设，促进经济社会发展绿色转型。

加强生态环境保护。坚决贯彻习近平生态文明思想，严肃整改中央环保督察反馈问题。加强大气污染防治，严格管控秸秆露天焚烧，推动秸秆综合利用取得成效，加强工业区绿化、扬尘治理，减轻道路扬尘污染，确保铁山港区空气质量持续优良。加强水域生态环境建设，严格落实河长制、滩长制，深入开展辖区禁养区养殖清理整治，推进生蚝及传统网箱养殖转移养殖功能区，升级现代化规范化养殖。加快建设铁山港区深海排放项目，提高南康江流域南康镇2座污水处理厂能力，确保尾水稳定达标排放。推进土壤污染防治，严格管控农业面源污染，加强工业固体废物及堆存场所管理，逐步完善危险废物处置体系。严厉打击非法采矿及各类破坏生态环境的违法行为，保障生态环境安全。

推动绿色低碳发展。围绕能耗“双控”目标，大力发展绿色低碳经济，积极引进和发展一批绿色环保项目，加快发展光伏、风电、生物质等清洁能源。加快新能源汽车推广应用，优化新能源汽车充电设施布局。加快推动“渔光互补”项目，全面推进屋顶分布式光伏发电项目建设。加强工业园区环境风险防控体系建设，强化企业和环境日常监管执法，紧盯高风险行业企业，确保企业污染物达标排放。

（九）坚持人民至上，聚力创造更高品质生活

始终牢记江山就是人民、人民就是江山。坚持以为民之心解民生之忧，以务实之举谋民生之福，继续将一般公共预算支出的80%以上投入民生领域，让人民生活一年更比一年好！

促进教育高质量发展。优化学校布局调整，合理配置教育资源，推进营盘中学与营盘镇中合并办学，南康镇中九年一贯制建设，完成兴港镇富屋小学和区第一幼儿园迁建前期工作。加快推进学前教育普及普惠发展，推动区第九幼儿园等4所公办幼儿园正式开园，争创区第三幼儿园为自治区级示范园。加快义务教育均衡发展，推进区实验学校扩建、黄稍中学教师周转房等一批项目建设，提升教育、教学水平，确保义务教育巩固率达99.53%。加快推动普通高中高质量发展，开工建设南康中学高中大楼项目，确保高中阶段毛入学率达96%。落实“双减”政策，坚决减轻义务教育阶段学生作业和校外培训负担。强化教师队伍建设，加快推进教师“县管校聘”试点工作，办好人民满意的教育。

推进健康铁山港区建设。加快卫生健康系统基础设施建设，抓紧推进区中医院、区疾控中心、区人民医院新院区、区妇幼保健院易地搬迁等项目建设，谋划推进营盘镇卫生院扩建。加强流感网络实验室和国家致病菌识别网建设，全面落实校园流感、手足口病、登革热等重点传染病防治工作。深入推进县域医共体建设，加快远程医疗协作网建设，推动医共体内形成分级诊疗制度，促进优质医疗资源下沉基层，实施医疗骨干队伍培养工程，积极选派优秀年轻医务人员到上级医疗机构和院校深造，全面提升全区医疗卫生服务水平。

繁荣发展文体事业。深入挖掘南珠文化，持续做强南珠产业。深入实施文化惠民工程，加快完善智慧广电基础设施。加大文化体育设施建设力度，继续建设一批自然村球场、戏台，进一步提升自然村文体广场覆盖率，加快启动区文化馆、博物馆及行政中心片区体育公园等前期工作。加大“非遗”传承保护工作和“非遗”传承人支持力度，策划修缮自治区文物保护单位白龙珍珠城遗址。

完善社会保障体系。建成就业创业实训基地，加大职业技能培训力度，引导信义玻璃、太阳纸业、玖龙纸业等园区企业继续吸纳建档立卡脱贫户和辖区群众就地就近就业。大力实施全民参保计划，完善被征地农民社会保障政策，推动全区基本医疗保险参保率达95%以上，脱贫人口及农村低收入人口参保率达100%。加快健全托养服务中心服务体系，把有限的财政资金用在刀刃上，就算压缩“三公”经费，也要加强对优抚对象、困难老人、孤儿和农村“三留守”人员等特殊困难群体的关心关爱。

（十）统筹发展安全，聚力维护社会和谐稳定

推动平安铁山港区建设，着力防范化解重大安全风险，确保全区社会大局持续和谐稳定。

持续筑牢疫情防线。加强疫情防控体系建设，提升流调溯源、隔离管控、大规模核酸检测、信息化运用、医疗机构院感防控五种能力，提高疫情防控和应急处置水平。加快推进免疫规划信息化和数字化预防接种门诊建设，构建全区疫苗电子追溯体系，全力提升疫苗全程接种率。推动工业区人民医院核酸检测实验室尽快投入使用。加大打击“三非”“反走私”力度，有效阻断非法入境（走私）通道。从严从紧强化常态化疫情防控，做实做细区、镇、村、组四级网格化责任管理体系，全力构建疫情防控“铁山港防线”，坚决守护好全区 18 万余人民的生命健康安全。

重拳开展社会治理。抓住创建“枫桥式派出所”契机，围绕治安防控体系建设，加快推进“雪亮工程”，启动沿海岸线监控工程项目建设，推进综治中心建设，全力打造铁山港区“社会治理品牌名片”。常态化开展扫黑除恶专项斗争，重点打击非法采砂、采矿，突出打击电信网络诈骗违法犯罪。大力开展重大维稳和信访突出问题化解攻坚行动，完善社会矛盾纠纷多元预防调处化解综合机制，全面维护社会和谐稳定。铸牢中华民族共同体意识，全面深入持久开展民族团结进步创建。全力支持国防和军队建设，做好退役军人事务、人防和海防等工作，巩固边海防安全稳定和军政军民团结。

牢牢守住安全底线。以开展“标准化建设年”和“新安法宣贯执行年”活动为抓手，汲取“8·9”白龙、古城海域排筏侧翻事件教训，强化应急防护实练，加大水上安全执法力度，加快“六大体系”建设，提升应急救援能力。突出抓好危化品与烟花爆竹、工贸和建筑施工、消防、道路和水上交通、燃气、食品药品等重点行业领域安全防范，强化各类安全隐患排查整治，坚决遏制重特大事故。打好安全生产专项整治三年行动收官之战，探索建立“安全生产风险地图”“一企一策”助力整改重大隐患。建成危化品车辆专用停车场，全力降低石化产业园安全风险等级。加快智慧园区建设，实现智慧化执法监管。

三、全面加强政府自身建设

踏上新征程，建功新时代，政府责任在肩。我们将积极顺应时代要求和人民期盼，全力打造人民满意的服务型诚信政府，奋力走好新的赶考之路。

讲政治，铸就忠诚坚定之魂。坚决把党的政治建设摆在首位，弘扬伟大建党精神，坚决捍卫“两个确立”，增强“四个意识”，坚定“四个自信”，做到“两个维护”，不断提高政治判断力、政治领悟力和政治执行力，确保政令畅通，各项决策落地见效，把党的全面领导落实到政府工作各方面、全过程。

讲法治，夯实依法行政之基。坚持以习近平法治思想为指导，全面落实依法治国基本方针，严格遵守宪法法律，依法行使权力、履行职责，用法治思维和法治方式解决问题、推动发展。自觉接受人大法律监督和工作监督、政协民主监督，办理好人大代表建议和政协委员提案。深入开展“八五”普法，重视舆论监督和公众监督，推进政府各领域信息公开，让行政权力在阳光下运行。

讲实干，弘扬务实高效之风。严格落实提升政府执行力“十必须十不准”，落实“弘扬‘三牛’精神，打造‘四铁尖兵’实施方案”，进一步改进和转变工作作风，大兴狠抓落实之风，发扬马上就办和钉钉子精神，说干就干、干就干好、争就争第一。加强督查问效，对懒政怠政者问责，为干事者撑腰鼓劲。

讲廉政，绷紧清正廉洁之弦。坚决扛起全面从严治党主体责任，纵深推进政府系统党风廉政建设，严格遵守党的纪律，严格落实中央八项规定及其实施细则精神。强化审计监督、统计监督，加强行政审批、工程建设、国资国企等领域监管。强化财政支出绩效管理，坚持政府过“紧日子”，把有限的财政资金更多更高效地用在民生上。

中国人民政治协商会议第五届北海市铁山港区委员会常务委员会工作报告

——在政协第五届北海市铁山港区委员会第二次会议上

北海市铁山港区政协主席　彭岳军

2022 年 2 月 17 日

一、2021 年工作回顾

2021 年，在区委的坚强领导和区人大、政府的大力支持下，区政协及其常委会深入贯彻落实习近平新时代中国特色社会主义思想和中共十九大、十九届历次全会精神，按照北海市第十二次党代会和铁山港区第六次党代会部署要求，团结带领广大政协委员和社会各界人士，以打造全区人民生活更加美好的现代化工业强区为目标，主动服务大局，强化责任担当，认真履行职责，为全区经济社会发展和实现“十四五”良好开局做出积极贡献。

（一）切实加强党的领导，共同思想政治基础更加牢固

坚持党的领导，是人民政协必须恪守的根本政治原则。政协常委会强化政治引领、坚定维护核心，筑牢思想基础，不断淬炼政治能力，确保政协事业始终沿着正确的政治方向前进。

用党的创新理论武装头脑。坚持以习近平新时代中国特色社会主义思想为指导，旗帜鲜明讲政治。组织委员深入学习贯彻中共十九大精神和十九届历次全会精神，深刻领会习近平新时代中国特色社会主义思想，深刻领悟“两个确立”的决定性意义，进一步增强“四个意识”，坚定“四个自信”，做到“两个维护”。积极开展庆祝中国共产党成立 100 周年活动，大力弘扬建党精神，从中国共产党百年光辉历程中汲取精神动力，激励委员勿忘过去的苦难辉煌，无愧当下的使命担当，不负将来的伟大梦想，坚定理想信念，永远跟党走。学深悟透中共中央总书记习近平关于加强和改进人民政协工作的重要思想，以理论大学习、思想大武装、工作大研讨推动政协工作质量大提升。

坚持党对政协工作的全面领导。始终把政协工作置于区委统一领导之下，严格执行重大问题请示报告制度，重大决策和重要活动及时向区委请示，履职工作围绕区委中心任务开展，重点调研课题和年度民主协商议题报区委审定。充分发挥政协党组在政协工作中的领导核心作用，把方向、管大局、保落实，紧扣区委、区政府重大决策部署、重点项目建设、重大改革任务和民生热点问题，深入协商议政，广泛凝心聚力。加强新时代人民政协党的建设工作，实现党的组织对党员委员的全覆盖、党的工作对政协委员的全覆盖，在政协全会期间，成立临时党委、4 个临时党支部，保证全会风清气正；换届后及时调整充实 4 个功能型党支部，做到党政工作推进到哪里，政协履职就跟进到哪里。

推进党史学习教育走深走实。扎实开展党史学习教育活动，制订学习方案，落实工作制度，围绕“学党史、悟思想、办实事、开新局”的总要求，组织 5 次专题学习研讨会，围绕中共中央总书记习近平系列重要讲话精神、新民主主义革命历史、社会主义革命和建设历史、改革开放新历史及中共十八大以来的历史开展学习讨论，使党员干部在党史学习中坚定政治信仰、站稳政治立场、提高

政治能力。开展“我为群众办实事”实践活动,深入挂点村、委员企业开展党史学习宣讲 15 批次,为 200 多名生活困难的群众送上棉被、油、米等慰问物资,组织政协委员和机关干部为群众解决“三事”150 多件,切实做到学史力行,知行合一。

(二)聚焦中心大局,服务经济发展更有担当

根据区委统一部署,鼓励政协委员和各界人士,发挥联系面广、信息畅通优势,全面参与铁山港区“六保”“六稳”工作。

积极参与征地搬迁。全区政协委员积极参与征地搬迁工作,区政协 3 位副主席分别担任全区重点项目征地搬迁工作组组长、副组长,深入一线,靠前指挥,参与“线路板电子科技产业园”“原水供水管道改扩建”“石化产业园”等多个项目征地搬迁,清场 120 公顷,搬迁 74 户。以李学武、陈丽艳、谢元芹等委员为代表的 26 名政协委员响应区委号召,主动参与玖龙纸业、太阳纸业、川桂产业园等 12 个项目的征地搬迁工作,他们找群众讲政策、讲道理,拉家常、谈搬迁,耐心细致做群众工作,为群众办实事做好事,不折不扣地完成各项工作任务,推进工作迅速有力,展现了新时代政协委员的风采和担当。

着力优化营商环境。认真落实区委、区政府打造一流营商环境的工作要求,班子成员带领委员走访区内企业,了解企业在项目建设、生产经营、员工生活等各方面情况,向有关部门及时反映企业遇到的困难问题。组织政协委员立足本职岗位,主动优化所在部门工作流程,提高办事效率和服务水平,切实做到让企业“只进一次门”“最多跑一次”“一网能办理”,大大减轻了企业负担,为北海市在自治区营商环境评估中再一次获第 1 名的好成绩做出铁山港区贡献。政协委员廖园带领区帮办中心团队,对入园企业实行“一对一”“保姆式服务”,积极落实“三个零”“五个一”等帮企措施,主动自我改革加压,不断优化办事流程,企业一进来就积极上门开展咨询服务,帮助企业解决项目落地过程中遇到的问题,让园区企业享受到高效优质便捷的服务。

全力投入疫情防控。在疫情常态化防控工作中,区政协委员积极行动,发挥自身优势,奋战在疫情防控第一线,用实际行动诠释社会责任与担当。庞海峰、赖培锋、彭云等委员带领区疫情防控组、医疗救治组、专家组成员冲锋在前,在区疫情防控领导小组领导下,精准分析研判全区疫情防控形势,采取“内排 + 外排 + 技术”三位一体工作模式,严管重点企业和重点人员,做到“见人、见号码、见体温、见地址”,确保“人在网格走,人在网格控”,守住“外防输入”红线,为全区“零感染”做出贡献。

助推巩固拓展脱贫攻坚成果同乡村振兴有效衔接。全力做好乡村振兴“大文章”,组织政协委员积极参与“乡村振兴　委员行动”,深入村(社区)开展调查研究,围绕农业产业发展、农村土地流转、发展现代农业积极建言献策。组织政协委员参加乡村振兴专题培训,认真落实“四个不摘”要求,全力以赴做好脱贫攻坚后评估迎检工作。积极响应“万企兴万村”行动,组织 19 家民营企业与黄丽窝村等 5 个村结对共建,通过产业投资、就业扶持、消费帮扶等多种方式,全力支持乡村建设,为巩固脱贫攻坚成果同乡村振兴有效衔接贡献力量。

(三)把握性质定位,履职提质增效成效更加明显

始终把握专门协商机构这一性质定位,紧扣主责主业,坚持协商于民、协商为民,扎实履职,精准献策、守正创新,推动工作提质增效。

把握关键环节,确保提案办理实效。紧紧抓住立案、交办、办理、督办、评议、反馈等关键环节,不断完善提案工作制度,创新督查督办方式,量化考核办理结果,推动提案办理由“答复型”向“落实型”转变。继续完善区领导领衔督办重点提案制度,全年区领导督办重点提案 20 件,发挥了以督促办、示范引领的作用。区委书记龙起云督办《关于建设铁山港(临海)工业区危化品停车场的建议》的提案,亲自主持召开相关部门协调会议,协调推进危化品停车场规划选址,督促建立起“港区 + 园区 + 线上线下”一体化管理监控体系。2021 年,委员共提交提案 67 件,立案 57 件,由 26 个单位承办,委员提案中反映的一些突出问题通过办理得到有效解决。如:委员叶逢强、缪永有共同提出《关于为我区中小学校配备专职安保人员的建议》,区教育局高度重视,在充分调研的基础上向区政府提出专题报告,经区委常委会决定通过购买服务方式为全区公办中小学幼儿园配备 132 名专职保安,民办幼儿园自聘 81 名保安,有效解决了全区学校安全问题;委员陈海英提出《关于尽快解决铁山港区政府大院停车难问题的建议》,区机关后勤服务中心因地制宜,根据大院实际,结合创城工作,新建 65 个停车位,使大院的停车位达到 323 个,有效缓解了区政府大院停车难问题。

聚焦发展短板,深入调研精准献策。2021 年,区政协围绕区委、区政府的决策部署协商议政,选取公共卫生防疫工作、深海养殖发展壮大、农村宅基地规范管理等开展调研,真心沉下去,甘心当学生,脚勤、眼勤、口勤、脑勤、手勤,多层次、多方位、多渠道地体察民情、倾听民声、了解民意、集中民智。用心分析掌握的第一手资料,进行归纳、总结、提炼,形成《关于铁山港区公共卫生防疫工作情况的调研报告》《关于铁山港区深海养殖情况的调研报告》和《关于铁山港区农村宅基地管理情况的调研报告》,提出有针对性的改进意见建议。同时,积极配合区政府继续稳步推进调研成果转化工作,一些重点调研成果得到转化运用。如:建立民营中小企业服务中心,解决为中小企业服务好的问题;新招录入编 77 名教师,逐步解决教育系统教师配备不足的问题等。

厚植为民情怀,积极反映社情民意。充分发挥政协委员联系面广、视野开阔、思维敏捷的优势,聚焦全区经济社会高质量发展的重点、难点问题以及群众关心关注的热点、焦点问题,深入一线、深入群众,了解群众需求、倾听群众心声,主动发挥“消息树”“直通车”作用,及时反映接地气、顺民意的意见建议。一年来,委员共上报信息 51 篇,被市政协采用 25 篇。委员何开辉积极关注民生民情,其反映的《ETC 业务办理注销难问题应引起重视》信息被全国政协《每日社情》采用。2020 年,委员廖园反映的《适度提高广西高温津贴标准》信息获得自治区领导批示后,2021 年自治区相关部门调高了全区夏季高温作业津贴标准。2018 年以来,区政协连续 4 年被评为市级反映社情民意信息报送先进单位。

坚持协商原则,提高民主监督实效。认真落实中共中央总书记习近平关于发挥人民政协“重要阵地”“重要平台”“重要渠道”作用的指示,树立“一线思维”、强化“双向发力”,积极探索协商式监督新形式,探索实践在协商中推动监督、在监督中开展协商。通过专题议政、专题调研、专题视察、对口协商、提案办理、社情民意信息等方式开展协商监督,使民主监督更具针对性和可操作性。组织政协委员参加扫黑除恶、政法队伍教育整顿专题民主监督,选派政协委员列席区政府常务会议、监督经营许可抽签仪式、旁听案件审理、社会治安满意度测评等监督活动,组织政协委员 120 多人次参与组织部门满意度测评、绩效考评社会评价测评等民主评议活动。

(四)抓班子带队伍,自身建设更加坚实

主动适应新形势、新要求,加强委员队伍建设,强化委员服务管理,充分调动每位委员的积极性、主动性、创造性,切实提高委员履职意识、能力和水平。

抓好政协机关党建工作。加强新时代人民政协党的建设工作,建立健全政协党建工作制度,规范党内政治生活,严格落实“三会一课”、民主生活会制度。认真落实区委第七轮巡察反馈意见整改工作,扎实推进政协机关党风廉政建设,组织开展“深化廉政教育,筑牢思想防线”等系列主题活动,激发机关党建新活力,营造干事创业的良好氛围。结合党史学习教育,机关党支部联合 4 个政协功能性党支部开展"学党史　走基层"系列活动，组织委员、机关干部到中石化北海炼化公司、合浦公馆南山革命老区纪念馆和陈铭枢故居开展"党史学习教育现场学"活动，接受红色洗礼，弘扬红色精神，增强委员红色意识、服务意识。

圆满完成政协换届选举工作。换届选举是区政协2021年工作的重中之重，在区委的正确领导下，区政协按照高标准严要求，强化领导、精心筹备，成立领导小组，严格换届纪律，按照政协章程、程序，召开党组会、主席会和常委会会议，充分讨论和协商委员人选名单，选出121名第五届政协委员，圆满完成换届选举工作。新一届委员荟萃了全区各行各业、各领域阶层的精英骨干，121名新一届委员中，大专以上文化程度111名，比上一届增长12%；具有中、高级职称47名，占38.8%；委员平均年龄43.6岁，结构合理，整体素质较好，为做好新时期铁山港区政协工作打好坚实基础。

强化委员管理服务。按照"懂政协、会协商、善议政、守纪律、讲规矩、重品行"要求，加强新一届委员培训教育，举办2期新一届政协委员履职能力提升专题研修班，邀请专家讲授政协发展历程、提案撰写及社情民意撰写等知识，提高新一届政协委员的思想认识和履职能力，更快适应新形势、新任务、新岗位、新要求。将121名委员分为4个小组，建立微信群，开展信息交流、知识传授和情况通报，利用现代网络技术为委员知情明政、履职尽责创造条件、畅通渠道。完善委员管理服务，建立委员"一人一卡"履职档案，将委员参与区委中心工作，参加会议、研讨、协商、视察、考察、培训，撰写提案、信息等履职行为建档立案，强化考核，增强委员履职为民的主动性和责任感。

加强政协工作交流互动。加强与党外知识分子、非公有制经济人士、新社会阶层人士的联系，邀请各党派团体、各界人士参与政协活动。加强横向联系、纵向沟通，配合自治区政协和北海市政协到铁山港区开展调研视察6次，应邀到钦州参加广西沿海3市政协跨区域专题协商会议；接待到铁山港区考察交流团19批次，在交流互动中宣传铁山港区营商环境和发展成就，讲好铁山港故事。

各位委员，区政协一年来所取得的成绩，是区委正确领导和区人大、区政府大力支持的结果，是各参加单位、各级组织、全体委员和社会各界人士共同努力的结果。在此，我谨代表区政协常委会向支持、关心区政协工作的各位领导、各界朋友表示衷心的感谢！

在总结成绩的同时，我们清醒地认识到，区政协的工作与区委的要求和群众的期盼相比还有一定的差距，还存在制度机制不够健全，参政议政水平不够高，服务群众能力不够强，责任意识、担当意识不够足等问题，这些问题和不足，需要我们高度重视、认真解决。

二、2022年工作部署

2022年，中共二十大将隆重召开，铁山港区高质量发展步入关键窗口期，新一届政协工作也将从今年起步。我们要以习近平新时代中国特色社会主义思想为指导，全面贯彻中共十九大、十九届历次全会精神，按照中共中央关于加强和改进新时代市县政协工作的部署，积极发挥专门协商机构作用，围绕中心、服务大局，振奋精神、争创一流，在新的一年做出新的贡献。

（一）学习领会新思想，不断提高政治理论水平

完善理论学习制度，推动理论学习常态化，理论武装全覆盖。全面抓好政协思想政治建设，组织开展中心组学习、党支部专题学习、领导干部在线网络学习，引导区政协机关干部和广大政协委员继续深入学习贯彻落实中共十九大和十九届历次全会精神、中共中央总书记习近平在庆祝中国共产党成立100周年大会和考察广西时的重要讲话精神，对标新时代人民政协的新方位、新使命，努力践行中共中央总书记习近平关于加强和改进人民政协工作的重要思想，切实提高政治站位、强化责任担当、把握工作重点，使政协工作更具时代性、规律性、创造性。

（二）围绕中心服务大局，积极履职主动作为

新的一年，我们要按照区委六届四次全会总体部署，围绕“十四五”规划和区委、区政府中心工作，立足“12510”发展思路，自觉把政协工作放到全区工作大局中去，工作一起干、困难一起上、责任一起扛。积极参与招商引资，充分发挥自身优势，提升招商引资质量；主动参与重大项目建设，开展征地搬迁工作，促进项目落地开工；扎实做好挂点村帮扶工作，及时解决困难问题；助力改善城乡面貌，推进乡村振兴取得成效。

（三）聚焦主责主业，不断提升参政议政能力

坚持把主责主业作为政协工作的重要任务，着力推动提质增效。聚焦“三个点”深化民主协商。把协商摆在更加重要的位置，聚焦党委和政府工作重点，群众关心的热点、社会治理难点，通过专题议政性常委会、专题协商会、提案办理协商、调研座谈会等多种形式开展民主协商，组织政协委员积极参与基层协商，有效规范程序及协商成果采纳，落实反馈督查机制，助力党委、政府科学决策，有效施策。围绕“三个落实”开展民主监督。充分发挥协商式监督的作用，围绕党和国家重要决策部署在基层贯彻落实、当地经济社会发展规划落实、群众关注问题的解决落实等选定民主监督性议题，找准存在问题和不足，通过协商提出有针对性的意见建议，助力相关部门改进工作，提高效率，抓好落实。着眼党委、政府中心工作深入调查研究。围绕“党政所思、群众所盼、政协所能”的工作要求选择调研课题，深入现场开展专题调研，形成高质量调研报告，提出意见建议，积极促进成果转化，将重点建议转为政府行政措施，发挥调研的助推作用。关注群众“三事”反映社情民意。进一步发挥社情民意联系点作用，组织委员深入基层、群众，聚焦群众所关心的教育、医疗、就业、养老、出行等“急难愁盼”问题，利用自身资源深入调查研究，积极反映社情民意，推动民生问题解决。

（四）加强“两支队伍”建设，不断提高委员履职水平

认真贯彻落实中共中央关于加强和改进人民政协工作的新思想、新部署、新要求，进一步加强政协委员队伍建设，着力提高委员政治把握能力、调查研究能力、联系群众能力、合作共事能力，增强协商本领。开展“服务项目　委员行动”“乡村振兴　委员行动”等活动，组织委员积极投身党委、政府中心工作。更好发挥委员在政协工作中的主体作用、本职工作中的带头作用、界别群众中的代表作用。创新委员服务管理制度，健全委员履职评价、激励和约束机制。进一步加强政协机关队伍建设，强化思想作风建设，弘扬实干作风，营造想干、能干、会干、干成事的良好氛围，激励干部队伍担当作为，打造一支政治过硬、能力过硬、作风过硬的政协机关干部队伍。

大事记

1月

1日 铁山港区城乡居民医疗保险基金实行市级统筹管理。

14日 北海市政协副主席石昆到营盘镇调研指导2021年村（社区）“两委”换届工作，听取营盘镇关于村（社区）“两委”换届选举工作开展情况汇报，对营盘镇换届选举工作总体进展给予肯定。

21日 北海市委常委、组织部部长蔡立华先后到南康镇政府、兴港镇政府、营盘镇政府以及大塘村、小马头村、营盘社区等地调研指导2021年村（社区）“两委”换届工作时指出，要严格规范换届选举程序，严守各项纪律和规矩，营造风清气正的换届选举氛围，保障换届选举过程公平、公开、公正。

23日 铁山港区委书记余兴国先后到南康镇黄丽窝村和营盘镇盐灶村、鹿塘村调研指导村（社区）“两委”换届选举工作时强调，“两委”换届和新冠疫情防控工作都是当前的重要工作，乡镇有关部门要提高政治站位，认清形势，统筹做好“两委”换届和疫情防控工作，做到换届选举和疫情防控“两手抓”“两不误”。

29日 中国共产党北海市铁山港区第五届委员会第六次全体会议在区政府服务综合楼五楼会议室召开。全会总结区委五届五次全会以来的工作，部署2021年工作；审议通过《中共北海市铁山港区委员会关于制定国民经济和社会发展第十四个五年规划和二〇三五年远景目标的建议》。

2月

2日 自治区党委组织部部务会成员、自治区非公有制经济组织和社会组织党工委专职副书记刘水玉带领自治区联系指导村（社区）“两委”换届选举工作第四组到铁山港区指导村（社区）“两委”换届选举工作。

同日 铁山港发出首趟食用油年货班列。

4日 自治区农业农村厅副厅长许瑾一行到铁山港区深水网箱养殖区调研。

7日 中国共产党北海市铁山港区第五届纪律检查委员会第六次全体会议在铁山港区行政中心召开。

8日 铁山港区召开区委理论学习中心组2021年第1次集中学习会。

9日 铁山港区辖3个镇完成北海市铁山港区监察委员会派出镇监察办公室的挂牌，持续深化监察体制改革，推动监督向基层延伸，促进基层政治生态风清气正。

12日 北海市市长廖立勇到北海信义玻璃产业园慰问坚守岗位、辛勤工作的干部职工以及就地过年的一线工人。

同日 铁山港区委书记余兴国，区长、铁管委主任龙起云分别率队看望慰问奋战在一线的工作人员，向他们送上党和政府的关怀和新春问候。

19日 铁山港区航道三期工程第Ⅱ标段17座航标和铁山港公共执法码头航道8座航标，通过航保部门验收，正式投入使用。

25日 铁山港区教育局被中共中央、国务院评为全国脱贫攻坚先进集体。

同日　北海市委常委、市纪委书记、市监委主任马南萍到铁山港区联系指导区委常委班子2020年度民主生活会暨中央第二巡视组2020年巡视广西反馈意见整改专题民主生活会。市委巡察办主任陈桂珠,市委组织部部务委员、市公务员局局长裴冰出席会议。

3月

2日　北海市宣传思想工作会议在市政府小礼堂召开。铁山港区委宣传部被北海市委宣传部授予2020年北海市新闻报道突出贡献集体;1名新闻宣传骨干被评为2020年北海市新闻报道先进个人。

3日　铁山港区召开党史学习教育动员大会。

同日　铁山港区召开中央第二巡视组巡视广西反馈意见整改动员部署大会。

8日　铁山港区召开革命老区建设促进会成立大会。

11日　铁山港区政法队伍教育整顿动员部署会召开。

17日　铁山港区举办2021年铁山港区新一届村(社区)"两委"干部培训班。

同日,区政府组织区海洋局、铁山港公安分局、区综合行政执法局等8个单位组成70余人的联合执法队,对铁山港区海域开展为期一个月的专项清海行动。

22日至4月23日　区人社局、区综合执法局、区住建局、区交通运输局、区农水局、铁管委联合开展涉嫌欠薪线索源头整治"春雷行动"集中宣传活动。

24日　中央巡视组巡视广西反馈意见铁山港区整改工作推进会暨区整改工作领导小组第一次会议召开。

25日　北海中远海运船务代理有限公司向北海海事局赠送1面"优质服务企业　专业快捷担当"锦旗,对该局快速高效妥善处理3月19日"天盛26"轮在靠泊铁山港4号泊位过程中与"中粮华东"轮发生擦碰的事故表示感谢。

29日　铁山港区召开新冠病毒疫苗接种"百日攻坚"工作部署会暨集中观看广西2021年新冠肺炎疫情应急处置演练视频会,部署全区新冠病毒疫苗接种"百日攻坚"工作。

同日　北海市铁山港区第七幼儿园设立,是区教育局管理的财政全额拨款公益二类事业单位。

31日　由铁山港区人社局、区乡村振兴和水库移民工作局、区妇联、铁管委综合服务中心主办,区辖各镇政府协办的北海市铁山港区2021年脱贫劳动力就业双选会在原三塘中学校园内举行。

4月

2日　铁山港区召开区委中心组2021年第2次学习暨党史学习教育第1次专题学习集中学习会。

同日　北海港口岸铁山港区3号、4号泊位通过自治区验收组对外开放验收。

同日　铁山港区成立青年宣讲团,31名青年干部围绕"学党史　诵金句"主题,到企业、学校等场所开展形式多样的宣讲活动,在全区范围内营造"学党史　诵金句　强信念　跟党走"的浓厚氛围。

7日　铁山港区举行"五星级人大代表联络站"授牌仪式。铁山港区人大常委会授予铁山港(临海)工业区人大代表联络站等11个人大代表联络站"星级代表联络站"的称号,其中铁山港(临海)工业区人大代表联络站为全区唯一的五星级联络站。

同日　铁山港区人民法院举行少年法庭揭牌仪式。

10日　铁山港区召开第二轮中央生态环境保护督察迎检工作动员会,要求全区党员干部发挥表率作用,带头践行生态环境保护,做到守住底线,不越红线,不碰高压线。

12日　自治区人民检察院检察长茅仲华到铁山港区人民检察院调研。北海市委书记蔡锦军,铁山港区人民检察院检察长于海陪同调研。

13日　自治区核验组到铁山港区开展村级

社保就业服务窗口建设验收工作,按“六有”核验标准,通过实地查看、听取汇报、查阅台账等方式,对营盘镇黄稍村委村级社保就业服务窗口建设进行全面核验。

同日　铁山港区“学党史·守初心·强担当”百姓宣讲活动在南康镇扫管龙村爱国主义教育基地启动。

27 日　龙起云任铁山港区委书记,莫华福提名区长候选人。

同日　广西投资集团北海发电有限公司张旭被中华全国总工会授予全国五一劳动奖章。

28 日　自治区换届风气巡回督查和换届选举指导工作第五分片督导组副组长、自治区党委组织部副部长曾凯率领督导组到铁山港区开展换届风气巡回督查和换届选举指导工作。

同日　自治区政法队伍教育整顿第五驻点指导组司法行政专班到铁山港区基层司法所调研指导。

30 日　铁山港区组织召开大规模核酸采样检测桌面推演。

4 月　南康镇被中共广西壮族自治区委员会、广西壮族自治区人民政府评为全区脱贫攻坚先进集体。

5 月

2 日—5 日　铁山港区在兴港镇南乐社区举行北海市铁山港区庆祝中国共产党成立 100 周年“远征杯”青少年篮球赛。

6 日—12 日　区文旅局联合团区委、区总工会在南滨球馆举办 2021 年铁山港区“移动 5G 杯”青年气排球赛。

10 日　铁山港区民营中小企业服务中心在区政务服务大楼一楼举行揭牌仪式。

13 日　铁山港区妇联联合区教育局、区文明办在区实验学校举办 2021 年铁山港区“讲党史话家风　共抒家国情怀”儿童少年故事大赛。来自全区各学校共 32 名选手参加,通过比赛引导广大少年儿童传承红色家风,培养家国情怀。

13 日—14 日　北海市铁山港区第五届人民代表大会第六次会议在南珠会堂召开。

14 日　铁山港区五届人大六次会议举行第二次全体会议,补选铁山港区人民政府区长、区五届人大常委会委员。

20 日　自治区政法队伍教育整顿第五驻点指导组组长于洁带领指导组到铁山港区,检查指导政法队伍教育整顿工作开展情况。

同日　铁山港区政府在营盘综合船厂举行铁山港区集中拆解海洋涉渔“三无”船舶暨开展“中国渔政亮剑 2021”系列专项执法行动誓师大会,现场拆解涉渔“三无”船舶 24 艘,有力震慑非法捕捞行为。

24 日—26 日　铁山港区委书记龙起云率队到广州、重庆开展招商引资活动。

26 日　北海市宣讲团到南康镇滨海社区开展党史学习教育宣讲活动。

31 日　北海市委书记蔡锦军,北海市委常委、政法委书记李伟章,北海市人民检察院检察长戴丽萍到铁山港区指导铁山港区人民检察院党组召开政法队伍教育整顿专题民主生活会。

5 月　铁山港区直属机关工委牵头举办庆祝中国共产党成立 100 周年干部职工“感党恩、跟党走”书法比赛。

6 月

3 日　铁山港区人武部党委第一书记任职命令宣布大会召开。北海军分区司令员王先庆出席会议并宣布任职命令,铁山港区委书记龙起云任铁山港区人武部党委第一书记。

4 日　全国政协副主席马飚一行到北海港铁山港公用码头调研。

10 日　北海边检站执勤二队接到代理公司求助电话,“UNIHOPE 众望”轮上的 1 名中国籍船员在进行船舶维修时右眼受伤。北海边检站执勤二队迅速启动相关应急预案,第一时间为该船员开启登陆就医绿色通道办理登陆手续,使患病船员能及时就医。

11 日　铁山港临海工业区商会（铁山港临海工业区企业联合会）成立。选举产生铁山港临海工业区商会（铁山港临海工业区企业联合会）第一届会长、常务副会长、副会长、秘书长。

15 日　“感党恩　跟党走”——北海市庆祝中国共产党成立 100 周年红色歌曲合唱大赛铁山港区分赛区在区南珠会堂开赛，12 支参赛队伍、近 800 名参演选手参加比赛。

18 日　广西北港新材料有限公司自主研发的厚度为 50μ（0.05 毫米）以下的“手撕钢”正式发布。同时，0.3 毫米宽幅超薄精密不锈钢“北港精密”在该公司冷轧厂成功下线并量产，填补广西不锈钢精密制造领域空白。

28 日　“感党恩　跟党走”铁山港区党史学习教育“初心大讲堂”正式启动。区委书记龙起云以《从百年党史中汲取智慧和力量，奋力谱写铁山港区高质量发展新篇章》为题，系统讲述中国共产党波澜壮阔的百年历史，阐述开展党史学习教育的重大意义。

29 日　北海港口岸铁山港区 3 号、4 号泊位对外开放启用仪式在铁山港举行，北海市向海经济发展再添新通道。

6 月　南康镇秋风塘村党支部被中共广西壮族自治区委员会评为自治区先进基层党组织。

同月　铁山港区委党史研究室编撰的《北海市铁山港区历史百年大事记（1921—2021）》出版发行。

7 月

1 日　为庆祝中国共产党成立 100 周年，铁山港区在《广西日报》以“跃上潮头写春秋”为题刊登专版，全面展示铁山港区经济社会文化等方面取得的成效。

6 日　自治区副主席蔡丽新一行到铁山港调研。

17 日　越南的“联荣”号货轮停靠在铁山港国际船舶泊位，是铁山港 3 号、4 号泊位对外启用以来停靠的第一艘国际货轮。

23 日　北海市 2021 年“行企助力转型升级”行动合作项目集中签约仪式在北海香格里拉大酒店举行，总投资 138.7 亿元的 6 个产业项目落户铁山港区。

同日　北海市委常委、组织部部长蔡立华带队到铁山港区调研指导换届工作。

25 日—26 日　中国共产党北海市铁山港区第六次代表大会在南珠会堂召开。

26 日　中国共产党北海市铁山港区第六届纪律检查委员会第一次全体会议召开。

28 日　铁山港区正式启用财政预算管理一体化系统，实现单一信息业务系统覆盖财政预算管理各环节业务。

8 月

9 日　北海海上搜救中心启动海上突发事件Ⅱ级应急响应，成功处置铁山港白龙海域排筏侧翻致多人落水的求助警情。

18 日　北海市市长廖立勇率队到铁山港（临海）工业区开展常态化走访服务企业活动，现场协调解决太阳纸业、玖龙纸业、神华国华北海电厂、北港新材料等重点项目建设和企业生产中遇到的困难及问题。

25 日　北海中级人民法院党组书记李洪波一行到铁山港区法院调研指导工作。

27 日　铁山港区委书记龙起云参加区委办公室党支部党史学习教育专题组织生活会，深入学习贯彻习近平总书记在庆祝中国共产党成立 100 周年大会上的重要讲话精神和党中央指定的学习材料，与支部党员座谈交流。

28 日　铁山港区籍运动员李俊升获得东京残奥会游泳男子 SB5 级 100 米蛙泳项目铜牌。

30 日　北海市铁山港区第七幼儿园开园。

8 月　广西北港新材料有限公司“冷轧不锈钢带轧退洗一体化柔性生产关键技术研发及应用”项目被中国金属学会评为国际先进水平，并获 2021 年中国冶金科学技术三等奖。

9 月

4 日 铁山港区委书记龙起云带队到营盘镇塘仔村，南康镇金宸花园小区、南康中学、富康路、朝阳大道等地督查调研铁山港区创城工作。

5 日—7 日 中国人民政治协商会议第五届北海市铁山港区委员会第一次会议在南珠会堂召开。

6 日—8 日 北海市铁山港区第六届人民代表大会第一次会议在南珠会堂召开。

9 日—10 日 铁山港区委书记龙起云、区长莫华福率铁山港区代表团参加第 18 届东盟博览会。莫华福代表铁山港区与维美德（中国）有限公司签订北海高端制浆造纸机械制造及维保项目。

14 日 国家能源局印发《公布整县（市、区）屋顶分布式光伏开发试点名单的通知》，铁山港区被列为整县（市、区）屋顶分布式光伏开发试点，是北海市唯一一个入选的县区。

16 日 铁山港区秋季入伍新兵批准大会在区民兵训练基地召开。

23 日 铁山港区司法局与北海市司法局、广西黎塘监狱联合开展“为民办实事连线到家门”活动，为 50 余名在广西黎塘监狱服刑人员通过远程视频与活动现场的亲人会见，解决了疫情期间服刑人员家属探监难问题。

同日 铁山港区籍运动员刘明瑚夺得东京奥运会入场券，并在十四届全运会男子自由式摔跤 57 公斤级项目中获得冠军。

25 日 铁山港区召开 2021 年重大项目落地攻坚行动推进会。

26 日 在 2021 年全国知名行企助力广西重点产业发展大会上，铁山港区与中国化工信息中心签订战略合作协议，与中国化工信息中心开展紧密合作。

同日 自治区民政厅调研组到铁山港区南康镇商会开展社会组织管理工作调研。

27 日 北海市委副书记黄卫平参加北海市十六届人大第一次会议铁山港区代表团分组审议。

29 日 铁山港区文物局挂牌成立。

30 日 铁山港区干部群众在南康烈士陵园烈士纪念碑前举行烈士纪念活动。

10 月

12 日 北海市市长廖立勇到铁山港（临海）工业区开展常态化走访服务企业活动。

14 日 广西北港新材料有限公司在北海市富丽华大酒店承办“低碳统领下的产业链融合发展与创新”为主题的 2021（第二届）中国不锈钢及特种合金新材料产业高端论坛。

同日 铁山港区委书记龙起云主讲“以谈明责促担当书记点题谈”第十三期。

22 日 2021 年（第十届）化工新材料（北海）大会在北海开幕。会上，铁山港区区长莫华福做题为《北海铁山港化工新材料布局及发展方向》的推介报告，向与会人员详细介绍铁山港区化工新材料发展现状及发展方向，展示铁山港区产业发展优势。

25 日 自治区党委宣传部、自治区文化和旅游厅联合举办的“我们的中国梦”文化进万家暨“送文艺精品下基层”惠民演出活动在南康中学举行。

26 日 自治区党委书记刘宁到北海铁山港调研。

同日 铁山港区籍运动员李俊升在全国第十一届残疾人运动会暨第八届特奥会男子混合泳 20 分 4×50 米接力赛以 2 分 26 秒 18 的成绩获得金牌，刷新 2 分 30 秒 16 的世界纪录；并获得全国第十一届残疾人运动会暨第八届特奥会男子蛙泳 SB5 级 50 米银牌。

29 日 北海市委常委、政法委书记杨斌到铁山港区开展“走企护商除乱”工作调研，并出席铁山港区综治中心揭牌仪式。

11 月

2 日　铁山港区委理论学习中心组召开学习贯彻北海市第十二次党代会、市“两会”精神专题暨党史学习教育第 4 次专题学习会。

同日　铁山港区正式被自治区人民政府补充认定为革命老区。

3 日　中国共产党北海市铁山港区第六届委员会第二次全体会议召开。

同日　北海市政协副主席彭鸣达一行到铁山港区督导检查创城工作。

4 日　共青团自治区委副书记、自治区民宗委民族团结进步创建工作核验组第五组组长左向蕾一行 4 人到铁山港区开展第五批自治区民族团结进步示范区示范单位及 2021 年度“同心文化载体”核验工作。

同日　南康镇滨海社区被命名为自治区民族团结进步示范单位。

同日　铁山港区委书记龙起云带队到深圳市参加“2021 广西携手粤港澳大湾区共同打造国内国际双循环重要节点枢纽恳谈会”。会上，铁管委与上海格派镍钴材料股份有限公司签订新能源电池材料产业园基地项目合作协议，项目总投资 107 亿元。

同日　自治区珍稀贝类人工种苗繁育和养殖技术标准化试点现场启动仪式在北海市铁山港区金不换水产有限公司举行。

6 日　营盘镇青山头村被评为广西乡村旅游重点村。

10 日　铁山港区召开领导干部“两谈话双承诺”集体座谈会。

12 日　铁山港区区长、铁管委主任莫华福接受《中国化工信息》周刊独家专访。

13 日　铁山港区召开 2021—2022 年重点项目、重点片区征地搬迁工作再动员大会。

17 日　自治区党委农办综合处处长黄寒飞、北海市委农办专职副主任韦克天到营盘镇塘仔村调研指导乡村振兴产业发展情况。

18 日　在兴港镇南乐社区文化广场举行“庆中国共产党成立 100 周年华诞，谱终身学习新篇”2021 年铁山港区全民终身学习活动周启动仪式。

同日　铁山港区召开全区营商环境第三方评估迎检工作动员部署会议。

19 日　铁山港区举行民主党派活动室揭牌仪式，标志着铁山港区民主党派首个线下活动阵地正式挂牌运行，民盟铁山港区支部、农工党铁山港区支部正式进驻该活动室。

19 日—20 日　铁山港区海洋局、铁山港公安分局、区综合行政执法局、区司法局等单位与营盘镇政府联合开展浅海滩涂整治专项行动，遏制非法用海行为，切实做到“还海于民”。

22 日　铁山港区组织收听、收看中共十九届六中全会精神中央宣讲团报告会。

23 日　南康镇大塘村稳进合作社工会“爱心驿站”举行揭牌仪式。

24 日　铁山港区举办 2021 年“百名法学家百场报告会”法治宣讲活动，邀请自治区党委党校法学教研部副主任、自治区党委讲师团特聘教授陈发桂为铁山港区领导干部做习近平法治思想与《中国共产党政法工作条例》解读专题讲座。

26 日　北海市口岸办公室组织北海海关、北海出入境边防检查站、北海海事局成立预验收小组，对铁山港区 5 号、6 号泊位进行预验收并同意通过对外扩大开放预验收。

12 月

1 日　铁山港区委书记龙起云主持召开铁山港区六届区委常委会第 14 次（扩大）会议，传达学习自治区第十二次党代会精神。

2 日　自治区政协副秘书长、办公厅副主任施庆华率自治区政协调研组到铁山港区中国石化北海炼化有限责任公司、广西北港新材料有限公司开展“建设北部湾国家战略性产业（大宗商品）基地”专题调研。

4日 自治区县域经济发展工作领导小组办公室发布《2020年度“广西高质量发展先进县(城区)、进步县(城区)”初步名单公示》,北海市铁山港区初步入选重点开发区。

6日 铁山港区区辖3个镇退役军人服务站通过自治区退役军人领导小组办公室创建全国示范型退役军人服务站(镇级)的验收。

7日 北海市委副书记黄卫平以人大代表身份到铁山港区南康镇滨海社区人大代表联络站参加“改善城乡人居环境,提高人民生活品质”主题活动。

同日 北海市政协副主席、市征地搬迁工作指挥部第八组和第九工作组组长、铁山港区征地搬迁指挥部指挥长黄忠东率队到铁山港(临海)工业区开展重点项目建设和征地搬迁调研工作。

9日 自治区党委组织部常务副部长莫诗浦以人大代表身份到铁山港(临海)工业区人大代表联络站,参加“改善城乡人居环境,提高人民生活品质”主题活动。

13日 铁山港区青年志愿者协会第一次会员大会在区政府政务大楼召开。

15日 中国少年先锋队北海市铁山港区第三次代表大会在南珠会堂召开。

同日晚 铁山港区创建全国文明城市工作迎检部署会召开,部署国检复检迎检工作。

17日 (台湾)中国和平统一党主席张茂钰一行到铁山港区考察调研珍珠养殖行业。

同日 中国(广西)自由贸易试验区钦州港片区综合执法局人员一行到铁山港区学习借鉴征地搬迁、查违控违工作机制及成功经验、做法。

21日 北海市委书记蔡锦军主持召开铁山港区2021年重大项目落地攻坚行动项目推进会,听取铁山港区2021年重大项目落地攻坚行动项目推进情况介绍,研究部署下一阶段工作。

同日 铁山港区庆祝中国农民丰收节暨现场采珠活动在营盘镇青山头旅游区举行。

同日 受国家发改委委托,全国煤炭交易中心产业生态部副总经理印蓓蓓一行到国能广投北海发电有限公司开展中央煤炭储备建设项目现场监管调研。

22日 北海市委常委、政法委书记杨斌率市商务局等单位到铁山港区调研基层政法队伍建设和反走私综合治理工作。

同日 自治区党委组织部六处处长梁燕海率自治区“两随机”调研组到铁山港区人民法院调研指导基层法院党建工作。

23日 北海市委常委、组织部部长吕勇江到铁山港区重点企业、农村基层实地调研项目建设和乡村振兴工作。

25日 北海港铁山港西港区石头埠作业区23号泊位工程开工仪式在项目现场举行。

27日 铁山港区医疗收费电子票据上线试点,兴港社区卫生服务中心成功开具首张医疗收费电子票据。

同日 铁山港区工商联被中华全国工商业联合会评为2020—2021年全国“五好”县级工商联。

28日 广西天象集团董事长、北海市民宿协会会长蒋金峰一行考察白龙珍珠城、青山头等旅游景区。同日,天象集团与营盘镇人民政府举行乡村振兴及文旅项目合作签约仪式。

31日 铁山港区在营盘镇火禄村开展大规模核酸采样检测实战演练。

12月 《铁山港年鉴(2021)》由方志出版社出版发行。

2021年 铁山港区投资2000多万元,建设南康江排筏河段综合治理工程,进一步加强防洪减灾体系建设,保障人民群众生命、财产安全。

2021年 铁山港区投资1500余万元,开工建设南康镇供水工程(一期),进一步巩固提升南康镇居民饮水安全。

北海市铁山港区总述

铁山港区概况

【建置沿革】

秦　铁山港区境属百越或扬越。秦始皇三十三年(前214年),铁山港区境属象郡。

西汉　元鼎六年(前111年),灭南越国,置南海、苍梧、郁林、合浦、交趾、九真、日南七郡,合浦郡下置合浦县,隶交州。元封五年(前106年)改交州为交趾刺史部。铁山港区境属合浦郡合浦县。

东汉　建安八年(203年),合浦郡统有合浦、徐闻、高凉、临元、珠崖五县。铁山港区境属合浦郡合浦县地。

三国　吴黄武七年(228年),改合浦郡为珠官郡。神凤元年(252年),珠官郡复为合浦郡,领合浦、珠官、昌平、平山、连山、连道六县,隶交州。铁山港区境先后属珠官郡合浦县、合浦郡合浦县地。

西晋　太康二年(281年),天下划为十九州,交州是其一,撤珠崖郡并入合浦郡。铁山港区境属交州合浦郡合浦县。

南朝(宋)　永初元年(420年),合浦郡仍隶交州。元嘉九年(432年),析合浦郡置宋寿、宋广、安居三郡(今钦州市境),同时析合浦县置临漳郡隶广州。泰始七年(471年)以广州临漳郡和交州合浦、宋寿三郡及增置的百梁、陇苏、安昌、南流、永宁、富昌六郡共九郡置越州。合浦郡统合浦、徐闻、珠官、荡昌、朱庐、晋始、新安七县。铁山港区境属合浦县。

南朝(齐)　建元元年(479年),合浦郡治徐闻。以越州的宋寿郡隶交州,撤宋广郡改置宋广县,隶属合浦郡;统县有徐闻、合浦、朱卢、新安、晋始、荡昌、朱丰、宋丰、宋广九县。永明六年(488年)合浦郡复治合浦。铁山港区境属合浦县。

南朝(梁、陈)　交州的郡县很难分期确指,铁山港区境属合浦县境。

隋　开皇九年(589年)废合浦郡,置越州。大业元年(605年),改越州为禄州。大业三年(607年)复置合浦郡治合浦,隶扬州,统县十一,其中合浦、封山、陇苏三县均在今合浦县、浦北县境内。铁山港区境属合浦县。

唐　武德四年(621年),合浦郡更置越州,次年设交州总管府,不久改为都督府,统越州。贞观元年(627年)设岭南道经略使,统交州都督府。贞观八年(634年)改越州为廉州。调露元年(679年),改交州都督府为安南都护府。天宝元年(742年)复置合浦郡。乾元元年(758年)复为廉州,隶容州都督府。自贞观以来,州郡更置析并频繁,但铁山港区境属合浦县地不变。

五代　南汉乾亨元年(917年),廉州合浦县境析置常乐州,另置博电、零禄、盐场三县归辖,廉州统县有合浦、封山、蔡龙、大廉四县。铁山港区境属合浦县辖地。

北宋　开宝五年(972年),撤封山、蔡龙、大廉三县并入合浦县。铁山港区境属合浦县。太平兴国八年(983年),廉州更置为太平军,驻海门镇(今廉州镇),撤合浦县并入石康县,铁山港区境属太平军石康县。咸平元年(998年),撤太平军,复置廉州和合浦郡,统合浦、石康二县,隶广南西路,廉州治海门。铁山港区境属合浦县。

元　至元十五年(1278年)

设湖广行中书省，合浦郡更置为廉州路安抚司；至元十七年（1280年）改置廉州路总管府，隶于海北海南道宣慰司。至元二十八年(1291年）改置海北海南道肃政廉访司，治合浦县，领合浦、石康二县如旧。铁山港区境属合浦县。

明　洪武元年(1368年）湖广行中书省析置为广东行省、广西行省，改廉州路为府，领合浦、石康二县。洪武十四年（1381年）五月，复廉州为府，钦县为州。廉州府领合浦、灵山、石康三县和钦州。铁山港区境属合浦县。成化八年(1472年)，撤石康县并入合浦县，隶廉州如旧。铁山港区境属合浦县。

清　顺治元年(1644年)，廉州府建置与隶属沿旧。光绪十四年(1888年）升钦州为直隶州，置防城县归辖，廉州府统合浦、灵山二县。光绪三十二年(1906年）设廉钦道，统廉州府、钦州。宣统三年(1911年）八月，廉钦道更置钦廉军政府，统属府州县不变。铁山港区境属合浦县。

中华民国　1912年，废廉州府，成立广东省钦廉军政府，旋又改称为钦廉绥靖处，驻钦州，辖原廉州府境。1914年，撤钦廉绥靖处，改设钦廉道，1920年裁撤，合浦县直属广东省。铁山港区境属合浦县。1930年，铁山港区境属广东省南区绥靖公署合浦县。1936年，铁山港区境属广东省第八区行政督察专员公署合浦县。

中华人民共和国　1949—1952年，铁山港区境属广东省南路专区、钦廉专区合浦县。1952年，属广西省钦州专区合浦县。1955年，属广东省合浦专区（钦州专区划归广东省改称合浦专区）合浦县。1959年，属广东省湛江专区（合浦专区并入湛江专区）合浦县。1965年，属广西壮族自治区钦州专区合浦县。1970年，属广西壮族自治区钦州地区合浦县。1987年7月，属广西壮族自治区北海市合浦县。1994年12月，经国务院批准，从合浦县划出南康、营盘两镇设立北海市铁山港区，隶属广西壮族自治区北海市。1996年6月，经广西壮族自治区人民政府批准，从原南康镇划出粟山、杨屋、石头埠、富屋、大树岭、彬池、谢家、小马头、斑鸠冲、陂头、南乐11个村委，从原营盘镇划出彬定、川江、婆围3个村委建立兴港镇。2021年，铁山港区隶属北海市，辖南康镇、营盘镇、兴港镇。　（区志办）

【地理位置】　北海市铁山港区位于北部湾畔、北海市东部、铁山港岸边，地处北纬21° 27′—21° 40′，东经109° 19′—109° 34′之间，东与合浦县白沙镇、沙田镇隔海相望，西与银海区福成镇接壤，南临北部湾，北与合浦县闸口镇、石康镇相连。铁山港区距北海市区约40千米，距合浦县城廉州镇40多千米，距自治区首府南宁市250千米，距广东省湛江市约150千米，距海南省首府海口市124海里。　（唐文媛）

【自然资源】

土地资源　2021年，铁山港区土地总面积50481.2公顷。其中，耕地17497.04公顷，占34.66%；园地471.22公顷，占0.93%；林地8818.12公顷，占17.49%；草地693.23公顷，占1.37%；城镇村及工矿用地7216.27公顷，占14.29%；交通运输用地2394.90公顷，占4.74%；水域及水利设施用地3419.70公顷，占6.77%；其他土地9970.72公顷，占19.75%。铁山港区土地分布为：南康镇17659.15公顷，占辖区土地总面积的34.98%；营盘镇9923.61公顷，占辖区土地总面积的19.66%；兴港镇12302.36公顷，占辖区土地总面积的24.37%；国有滩涂10278.51公顷，占辖区土地总面积的20.36%；国有岛屿317.57公顷，占辖区土地总面积的0.63%。（注：铁山港区土地数据采用“三调”数据）

（区自然资源局）

矿产资源　2021年，铁山港区矿产主要为低值非金属矿，一般集中连片、埋藏较浅。储量较大的有高岭土、石英砂、陶瓷土等，其次是石灰石、泥炭土、褐煤、无烟煤、釉泥等。年内，铁山港区内有一家持有效期采矿证的矿山企业。高岭土、石英砂均限制开采。

（区自然资源局）

海洋资源 铁山港区是北海市重要的渔业资源拥有地区。海水养殖水产品种类主要有19种，分别是金鲳鱼、南美白对虾、青蟹、鲷鱼、美国红鱼、石斑鱼、篮子鱼、斑点叉尾鮰、斑节对虾、牡蛎、贻贝、扇贝、蛤、马氏珠母贝、钝缀锦蛤、大獭蛤、靓巴非蛤、织锦巴非蛤、东风螺；海洋捕捞水产品种类主要有23种，分别是鲫鱼、沙丁鱼、石斑鱼、方头鱼、蓝圆鲹、带鱼、金线鱼、马面鲀、鲐鱼、鲅鱼、鲻鱼、毛虾、鹰爪虾、梭子蟹、青蟹、乌贼、鱿鱼、章鱼、梭鱼、鲟鱼、文蛤、扇贝、钉螺。辖区海域还有中国鲎、海龟等国家级稀有水生保护动物。

（区海洋局）

岸线港口 铁山港区海岸线东北起于南康镇黄丽窝村委，经南康镇的大塘、雷田等村委，兴港镇的粟山、石头埠、富屋、谢家、南乐、川江、彬定、婆围等村委(社区)，营盘镇的黄稍、彬塘、盐灶、营盘、白东、鹿塘、火禄、能村等村委(社区)，止于营盘镇白龙社区的红沙田村，全长82千米(其中人工海岸线57千米，自然岸线25千米)。铁山港区渔港主要有营盘中心渔港、石头埠渔港。

（区海洋局）

旅游资源 铁山港区营盘镇白龙村是“珠还合浦”“割股藏珠”“梅岭飞珠”等民间传说的发源地。辖区内的自治区级文物保护单位——白龙城遗址是国家AAA级旅游景区。青山头旅游区被评为四星级乡村旅游区、广西乡村旅游重点村；革命老区村南康镇扫管龙村的爱国主义教育基地和茂叶生态园特色农业旅游资源，以及南康镇夏塘村委高村诗画竹苑，适宜发展“红色旅游+绿色生态农业体验游”；广西历史文化名镇南康镇中西合璧的法式骑楼、三帝庙、三婆庙、南康高中楼、南康老街等老建筑，各镇的文物单位(文物点)如张君嵩故居、杨天锡故居、邓世增故居等，可以发展“旅游+历史文化”。

（李 澄）

河流资源 2021年，铁山港区共14条在录河湖名录，其中区级河流(流域面积50平方千米以上)4条：南康江、火禄河、福成河、佛子河，镇级河流(流域面积50平方千米以下)10条：长坡溪、新村溪、小马头溪、谢家河、彬池河、粟山河、能村河、盐灶河、婆围溪、廖屋溪。

（庞书任）

水资源 2021年，铁山港区降雨量1291.8毫米。水资源总量为4.30亿立方米，其中地表水资源量4.10亿立方米，地下水资源总量2.46亿立方米(其中非重复计算量0.20亿立方米)。年内，全区用水总量为1.1亿立方米，其中生活用水量0.14亿立方米，农业用水量0.68亿立方米，工业用水量0.27亿立方米，公共生态用水量0.01亿立方米。万元地区生产总值实际用水量31.4立方米(比上年万元地区生产总值用水量37.2立方米下降15.6%)；万元工业增加值实际用水量8.56立方米(比上年万元工业增加值用水量10.9立方米下降21.47%)；农田灌溉水有效利用系数0.505。

（庞书任）

【气候】 2021年，铁山港区平均气温23.9摄氏度，与历年平均气温相比，偏高1.0摄氏度；年最热月份为7月，极端最高气温35.4摄氏度，年最冷月份为1月，极端最低温4.2摄氏度；降水量为1291.8毫米，与历年平均年降水量相比，偏少309.2毫米；日照时数为2134.6小时，与历年平均值相比偏多9.9%，最多为5月和7月，月日照时数为228.2小时；铁山港区的主要灾害性天气有热带气旋、雷电、暴雨、大风、大雾、高温、低温阴雨等；年蒸发量为1302.6毫米，高蒸发量时段为6月到7月。

（韩 梅）

【气象灾害】 2021年，铁山港区共受到5个台风影响，分别为第4号台风“小熊”(热带风暴级)、第7号台风“查帕卡”(台风级)、第17号台风“狮子山”(热带风暴级)、第18号台风“圆规”(台风级)、第22号台风“雷伊”(超强台风级)。受台风影响，铁山港区启动重大气象灾害(台风)Ⅳ级应急响应3次，启动重大气象灾害(台风)Ⅲ级应急响应1次。影响辖区的台风最大风力为8级，主要是10月8日—15日的第

17号台风“狮子山”（热带风暴级）和第18号台风“圆规”（台风级）。4月26—30日，受冷空气和切变线影响，铁山港区出现大到暴雨，局部大暴雨，累计雨量较大的有杨寮村102毫米。受强降雨影响，南康江、福成河分别出现0.55米、1.27米涨水过程。10月8日—10日，受第17号台风“狮子山”和冷空气共同影响，全区普降暴雨到大暴雨，局部特大暴雨，累计雨量较大的有兴港镇石头埠社区258毫米。受强降雨影响，南康江、福成河出现0.54米、0.98米的涨水过程。8月13日18时30分启动铁山港区洪涝灾害Ⅳ级应急响应；8月15日12时30分解除铁山港区洪涝灾害Ⅳ级应急响应。年初，全区降雨较往年同期严重偏低，出现一定程度的干旱。随着雨季到来，4月开始干旱逐步缓解。

（韩　梅）

【行政区划】 2021年，铁山港区辖南康镇、营盘镇、兴港镇3个镇，7个社区，37个村委会。区政府位于向海大道27千米处，行政区域面积394平方千米。南康镇辖南康、滨海、向海3个社区；水鸭塘、社内、陂塘、高田、火甲、莲塘、黄丽窝、扫管龙、大塘、夏塘、三塘、龙门、秋风塘、里头塘、雷田15个村民委员会。营盘镇辖营盘、白龙2个社区；黄稍、彬塘、塘仔、盐灶、石村、彬畔、白东、鹿塘、火禄、能村10个村民委员会。兴港镇辖石头埠、南乐2个社区；粟山、杨屋、谢家、富屋、彬池、小马头、斑鸠埇、陂头、大树岭、川江、彬定、婆围12个村民委员会。

（唐文媛）

【人口】 2021年，铁山港区常住人口14.75万人，其中城镇常住人口2.75万人，乡村常住人口12万人，实现城镇化率18.64%。

（李文键）

【民族】 铁山港区是一个以汉族为主，壮族、瑶族、毛南族、仫佬族等11个少数民族杂居的新建区。2021年，全区常住人口中，汉族人口14.46万人，各少数民族人口共0.29万人，其中壮族人口2015人。区内壮族人口主要是从东兰县迁移来的水库移民，其中1187人聚居在滨海社区辖区内，其余少数民族散居于各镇、村（社区）内。

（卢　娜）

【宗教】 2021年，铁山港区有宗教场所2个，分别是南康镇基督教礼拜堂和北海市基督教新村坡聚会点，登记备案的教士2人，传教布道途径主要是每周的礼拜活动和祈祷会。有民间信仰场所21个，其中登记备案的15个。全区有信众300余人，分布在南康、营盘、兴港3镇。信众大部分为农村老年群众，以务农为主，且信众人数呈逐年下降趋势。南康镇基督教礼拜堂原名粤海信义会，是德国传教士于1907年创办，位于南康镇团结路，与南康中学东面一墙之隔，占地面积1700余平方米，建筑面积约600平方米，信众约150人，有登记备案的教士1人。北海市基督教新村坡聚会点，由郑晓霞、郑春尤姐妹于2002年创办，位于兴港镇彬定村委新村坡村，占地面积近800平方米，建筑面积772.6平方米；信众约150人，有登记备案的教士1人，其中有教职人员资格1人。

（卢　娜）

国民经济和社会发展

【经济发展概况】 2021年，铁山港区多项指标在北海市排位靠前。全年实现地区生产总值411.68亿元，比上年增长13.7%，高于全市4.9个百分点，增速位列市辖一县三区首位。规模以上工业总产值1343.24亿元，比上年增长38.8%，占全市63%。完成固定资产投资146.78亿元，比上年增长31.2%。财政收入首次突破50亿元大关，完成53.98亿元，比上年增长66.38%。辖区内税收收入129.57亿元，占全市64.44%，比上年增长57.33%，总量和增速均位列北海市第1名。城镇和农村居民人均可支配收入分别是40041元和19269元，分别比上年增长7.3%和9.6%。年内，铁山港区成功列入全国整县（市、区）屋

表 1　2021 年和 2022 年北海市铁山港区国民经济和社会发展计划(草案)指标一览表

指　标	单位	2021 年			2022 年
		预期目标	完成总量	完成增长	预期目标
地区生产总值	亿元	18% 左右	411.68	13.7%	9.5%
规模以上工业产值	亿元	20% 以上	1343.24	38.8%	1500 以上
固定资产投资	亿元	20% 以上	146.78	31.2%	12%
财政收入	亿元	35% 以上	53.98	66.38%	一般公共预算收入增长 7.2%
城镇居民人均可支配收入	元	7%	40041	7.3%	与经济增长基本同步
农村居民人均可支配收入	元	8% 以上	19269	9.6%	与经济增长基本同步

顶分布式光伏发电试点县区;获自治区级经济开发区龙虎榜第 2 名以及最佳税收贡献奖、最佳吸引外资奖、外贸表现突出奖等单项奖;被评为广西县域经济高质量发展进步县,实现“十四五”发展开门红。

【产业发展】 2021 年,铁山港区坚持“项目为王、落地为要”的理念,全年重点推进产业项目 48 个,总投资 5344 亿元,全部建成达产后可新增年产值 6835 亿元。列入自治区“双百双新”项目 11 个,总投资 1026.5 亿元;纳入 2021 年市级重大项目落地攻坚行动项目 24 个,其中重点工业产业项目 22 个,占全市 56.4%。中石化北海炼化结构调整项目 8 月全面投产,原油加工能力提升到每年 800 万吨;太阳纸业 350 万吨林浆纸一体化项目正式投产,9 月生产出第一卷文化用纸。玖龙纸业、顺应储能、广燃 LNG(液化天然气)三期等项目开工建设;川桂绿色化工产业园、唐山迪牧、浙江巍翔等项目加快开展前期工作。全年累计完成工业投资 138.66 亿元,比上年增长 56.5%,占全市工业投资 57.0%。

向海实体经济增强　年内,全区以五大主导产业集群发展为引领,加快推动四大百亿级产业集群建设步伐,园区规模不断扩大,向海实体经济综合实力急速增强。年内,工业区规模以上工业总产值 1336.43 亿元,比上年增长 39.2%,占辖区内规模以上工业总产值 99.49%,在广西千亿元产业园区中排第 2 位,比上年提升 2 位。

现代化特色农业加快发展　年内,全区围绕“保粮食能源安全”总基调,坚持以农业产业化支撑乡村振兴,粮食作物种植面积 5586.67 公顷。大力推进设施农业发展,建设具有带动力的设施农业示范基地 2 个,小拱棚、钢管大棚、智能大棚等蔬菜类设施种植面积 1067 公顷。推进农田水利基础建设大会战,建成高标准农田 667 公顷。开展“绿色革命”,投资 2365 万元打造现代果蔬种植示范园,全年果蔬种植面积 5953.33 公顷,产量 13.49 万吨。创建南珠标准化养殖基地,完成插核 1042 万贝,产珠超 650 千克。渔业经济加快发展,金鲳鱼养殖广西现代特色农业优势区加快创建,全年农林牧渔业总产值 51.30 亿元。

现代服务业提质增效　年内,全区第三产业增加值实现 34.31 亿元,比上年增长 8.9%。港口货物吞吐量、公路货运量持续保持高速增长态势,完成港口货物吞吐量 3449.77 万吨、集装箱吞吐量 40.91 万标准箱,完成公路货运量 723 万吨,分别比上年增长 31%、27%、15.68%。积极培育线上商贸企业,农村电子商务加快发展,社会消费品零售总额增长 7.1%。特色旅游加快发展,投资 1.6 亿元打造大王岭滨海养生示范区等一批滨海旅游特色景点,修缮建设南康特色小镇、古井步道景观、白龙珍珠城太监亭古建筑等多个文旅项目。营盘镇青山头村入选广西乡村旅游重点村,其中鸿福渔家被评为自治区五星级农家乐。全年接待游客 122.65 万人次,实现国内旅游消费收入 14.36 亿元,分别比上年增长 38.71%、46.15%。

【征地搬迁】 2021年，铁山港区抽调680余名干部充实征地一线队伍，创建“党建+征地”等工作模式，挑选精兵强将组成“尖刀班”，压实工作责任，开展“三旗”征地搬迁“擂台赛”。年内，全区共实施征地项目32个，完成地块清场460.27公顷，搬迁711户，保障重大产业项目用地，其中玖龙纸业项目调整选址1个多月就签订征地协议78公顷。

【招商引资】 2021年，铁山港区聚焦“三企入桂”项目，坚持能耗“双控”推动产业结构转型升级，围绕五大主导产业，强化开展建链强链补链延链精准招商，产业链条日趋完善。年内，共组织外出招商61批次，新签约项目22个，计划投资523.06亿元，实际到位资金136亿元；商务口径利用外资1.11亿美元，任务完成率在全市排第1名。桂冠电力新能源产业园项目、北京京能北海天然气发电项目、优派特等一批创新能力强、投资规模大、产业层次高、带动潜力足的项目纷纷签约落户。

【脱贫攻坚成果同乡村振兴有效衔接】 2021年，铁山港区脱贫攻坚成果得到有力巩固。严格落实“两不愁、三保障”和“四不摘”工作要求，健全防止返贫动态监测和帮扶机制，及时消除41户165人致贫返贫风险，守牢不发生规模性返贫底线。统筹管理使用5929万元实施巩固拓展脱贫攻坚成果项目59个，项目建设开(竣)工率及资金支出率均排全市第1名，位于广西前列。黄丽窝村股份经济合作社等4家合作社被评为北海市首批市级示范性农村集体经济组织，全区行政村集体经济收入600余万元。铁山港区在北海市委、市政府扶贫开发工作成效考核中获得综合评价“好”的等次；区教育局被评为全国脱贫攻坚先进集体。

【农村改革措施稳步实施】 2021年，铁山港区农村集体产权制度改革全面完成，共核实集体总资产4.05亿元，颁发铁山港区第一批股份经济合作社股权证书500余本。有序推进“多规合一”实用性村庄规划编制，完成房地一体农村宅基地和集体建设用地使用权确权登记发证成果公示5.49万宗。新增土地流转151.93公顷，完成全区土地确权档案数字化。379个家庭农场纳入全国名录系统。

【乡村建设扎实推进】 2021年，铁山港区大力开展创城工作，投入5056万元完成南康—婆围等10个农村公路路面提升和改造工程。完成饮水安全、海堤修复、挡潮闸抢险维修、干渠清淤修复等水利工程6个。投入4900万元完成“两高两道”沿线农房特色风貌塑造。强化“三合一”执法整治，投入445.3万元开展“三清三拆”行动，全面推进345个村庄环境整治，积极打造青山头、塘仔村2个乡村振兴示范点，城乡容貌进一步改善。

【产城融合】

新城建设加快推进 2021年，铁山港区行政中心片区路网工程开工建设，污水处理厂、中心广场、玖龙纸业生活区等10个项目前期工作加快推进。投入3419万元全面推进特色小镇建设，城镇道路提升工程建成使用，营盘中心渔港核心区加快建设，兴港镇行政中心规划加快推进。引进广东鼎龙集团洽谈开展土地成片开发。

园区配套设施逐步完善 2021年，铁山港工业园区九号路、十三号路、经六路、纬五路、经八路建成投入使用。铁山港工业园区九号路以东、十三号路以南地块供电线路主体工程完成建设；铁山变至太阳纸业220千伏线路工程建设完成并顺利通电投运；盐田变至太阳纸业220千伏线路、川江变外线110千伏线路加快建设，园区配套设施逐步完善。

【营商环境优化】 2021年，铁山港区努力提升营商环境“软实力”。积极推行“7合1”秒批系统，实行“一站式”服务，企业开办时间压缩到0.5个工作日，实施清单一致率100%。大力发展“互联网+政务服务”,政务事项网办率100%,政务服务事项“零”跑腿量1939项,占90.22%。建立区大帮办中心,实施项目建设全链条“一对一”跟踪服务,全力营造“亲商、富商、安商”的招商引资氛围,打造一流营商环境。

“放管服”改革　年内,铁山港区大力推进行政审批“三集中三到位”,158项行政许可事项平均法定时间从25天压缩到5.5天,提速率78%。大力推进“十税合一”改革,优化办税流程,建立精准化“管家帮办”服务机制智能办税,全年为辖区企业落实减税降费超6.94亿元,快速办理出口退税5288万元。打破地域限制,实现基层政务服务“就近能办、异地可办”。研发的全国首台企业全生命周期自助一体机获自治区肯定。

西部陆海新通道建设　年内,铁山港西港区北暮作业区7号—8号泊位工程、北暮作业区南7号—10号泊位、30万吨级进港航道工程建设加快推进,航道三期工程开工建设。铁山港区3号—4号泊位获批开放,随着5号—6号泊位顺利通过预验收,开放泊位达到6个。玉林—铁山港铁路、铁山港进港专用线成为广西首条实现铁路与港口电气化直通的组合线路,每趟列车最高可压缩运输时间25%。

【生态环境改善】2021年,铁山港区坚持绿色生态理念抓社会发展,着力打好“三大保卫战”,坚决守护青山绿水、碧海蓝天,全年空气优良率97.5%,城镇生活垃圾无害化处理率100%。多举措推进南康江水环境、禁养区内非法养殖和近岸海域环境整治,清理无证养殖面积219.5公顷。大力推进中央环保督察反馈问题整改工作,深入开展“散乱污”综合整治大行动。积极推动矿产资源整治专项行动,查处非法采矿行为71起,生态环境得到改善。

【社会事业发展】2021年,铁山港区不断加大民生领域投入,全年民生支出10.24亿元,占一般公共预算支出的81%以上,民生福祉不断增进。

教育事业　年内,铁山港区印发实施全区中(小)学、幼儿园布局规划和基本建设发展规划。投入5494万元建成南康镇第一小学教学综合楼等3个乡村振兴教育项目和铁山港区第九幼儿园等4所公办幼儿园,义务教育阶段巩固率达99.36%,创历史新高。全面落实义务教育“双减”政策和“五项管理”制度,4人被评为北海市教育拔尖人才;全年高考本科以上人数及中考A等级以上人数均创五年新高。

医疗卫生事业　年内,区中医院、区疾控中心、区人民医院新院区、区妇幼保健院易地搬迁等项目前期工作加快推进。区人民医院发热门诊项目主体大楼投入使用。完成县域医共体信息平台项目第一阶段建设,基层医疗机构及政府办村卫生室覆盖率100%。铁山港区工业区人民医院完成CT、DR、B超、医用气体系统、检验科医用设备等采购和验收,具备门诊、疫苗接种、核酸采样工作能力。

文体事业　年内,全区高质量实施乡村文化振兴,组织600余人58支农村文艺团队,举办各类文体活动219场(次)。歌曲《你是一面旗》、舞蹈《一盏红油灯》等原创文艺作品获自治区文艺会演奖。陶艺作品《红色密码》《陶瓷茶具——邂逅》分别获“八桂天工奖”和“金凤凰”创新产品设计大赛银奖。全区首个体育公园前期工作加快推进。区籍运动员李俊升获东京残奥会男子铜牌;刷新全国残特奥会男子混合泳接力赛世界纪录,摘得金牌;区籍运动员刘明瑚获第十四届全国运动会摔跤项目冠军。继续推进“壮美广西·智慧广电”工程建设,“广电云”安装完成率居全市第1名,“一村一屏”建设实现行政村全覆盖。

社会保障　年内,全区落实积极的就业扶持政策,投入就业扶持资金980余万元,大力开展职业技能培训,城镇新增就业1072人。大力实施全民参保计划,基本养老、医疗保险均完成目标任务100%,累计发放各类低保金、供养金、养老金等资金1.25亿元，报销基本医疗统筹基金7100余万元。实施“雨露计划”，发放资金95.85万元。落实农民工工资支付保障制度，帮助872人追回被拖欠工资1207万元。

【社会治理】 2021年，铁山港区大力开展“走企护商除乱”活动，创建“一企一警”工作机制，推行“1+3+N”警企共建，以“亮剑2021·六打”系列专项行动为抓手，常态化开展扫黑除恶专项斗争。年内，辖区治安警情比上年下降32.15%，刑事警情“零发案”时长219天。全面推行矛盾纠纷“三调联动”，全年调处各类矛盾纠纷537件，调解成功率98.5%。深化平安校园建设，探索创新“135”工作法，完成95所中(小)学、幼儿园“4+N”安全防范建设。健全村(社区)法律顾问机制体制，落实法律援助“应援尽援”规定。大力开展专项安全生产大排查、大检查、大整改活动，累计整改隐患2863处，全区事故件数、死亡人数、受伤人数实现比上年“三下降”，被北海市安全生产“红榜”表扬5次。“双提升”工作成效显著，2021年度群众安全感满意度得分98.9分，被评为建设平安广西活动先进县区。

【新冠疫情防控】 2021年，铁山港区坚持抓实联防联控措施，抓好常态化新冠疫情防控。抓住“常”“防”“控”三大关键，划分2475个网格进行网格化精细管理，持续在深化、细化、常态化“三化”上下功夫。严守涉外港口等关键环节，积极开展打“三非”反走私疫情联防联控行动，在80多千米的沿海岸线和陆路设置2道防线和28个检查点，500多名区、镇、村干部3班倒24小时轮值，共检查车辆(船舶)6万辆(艘)次，坚决阻断境外疫情输入途径，切实做到“外防输入，内防反弹”。同时，全面提高新冠疫情防控应急能力。强化发热门诊“哨点”作用，实施发热病人闭环管理，建立覆盖3个镇的发热病人接诊医疗机构。科学规划核酸检测资源布局，组建工作专班，加强核酸采样检测和流调能力，最大检测能力达1920份每天，满足常态化防控应检尽检、愿检尽检要求，完成核酸检测19.2万人次。成立新冠病毒疫苗接种工作专班，投入310余万元，设置南滨、营盘等大型接种点，完成疫苗接种32.39万剂次。

（张海涛）

招商引资

【招商引资工作概况】 2021年，北海市铁山港区投资促进中心(简称区投资促进中心)按照自治区“能耗双控”政策要求，牢牢把控项目质量，主动作为，引进多个低能耗、环保、新能源项目。年内，铁山港区共外出招商61批次，接待来访客商178家728人，对接项目109个，新签约项目22个，项目投资总额523亿元，位列全市第1名，其中工业项目13个，投资总额517.2亿元，提前超额完成北海市下达的345亿元招商引资目标任务。年内，市级下达到位资金目标任务为125亿元，商务口径利用外资目标任务为8200万美元。全年全区完成区外境内到位资金136亿元，完成目标任务的108.8%；商务口径利用外资1.11亿美元，完成目标任务的135.8%，到位资金和商务口径利用外资均排全市县区第1名。年内，全区纳入“三企入桂”项目统计数的项目8个，总投资额259.08亿元。全年“三企入桂”履约项目7个(其中年内新增项目2个)，协议履约率增量目标任务为22%，完成25%；开工项目5个(其中年内新增项目3个)，项目开工率增量目标为33%，完成38%；竣工项目2个(其中年内新增项目2个)，竣工投产率增量目标任务为22%，完成25%，“三企入桂”项目到位资金为39.8亿元，到位资金率增量目标为6%，完成15.36%。全年“三企入桂”“四率”增量绩效目标任务全部完成。2021年度，区投资促进中心被评为广西投资促进工作先进集体。

【参加第 18 届中国—东盟博览会】 2021 年 9 月 9 日—10 日，区委书记龙起云、区长莫华福率铁山港区代表团参加第 18 届中国—东盟博览会。龙起云带队拜访华电广西公司，就能源产业等项目与对方进行商洽；莫华福代表铁山港区与维美德（中国）有限公司签订北海高端制浆造纸机械制造及维保项目，该项目引进国外尖端技术装备，制造高端制浆设备，提供辊子维修服务和现场服务，将进一步完善全区林纸产业配套。

2021 年 9 月 9 日—10 日，第 18 届中国—东盟博览会签约仪式在南宁国际会展中心举行。图为 9 月 10 日，铁山港区区长莫华福（左二）与维美德（中国）有限公司财务总监沈剑（左三）完成签约

区投资促进中心　供

【行企助力战略合作】 2021 年 9 月 26 日，在 2021 年全国知名行企助力广西重点产业发展大会上，铁山港区与中国化工信息中心签订战略合作协议，通过与中国化工信息中心的深入合作，借助其自身资源，为铁山港（临海）工业区提供招商宣传、会议组织策划、化工技术专业咨询等服务，从而加快推动工业区转型升级和高质量发展。

2021 年 9 月 26 日，全国知名行企助力广西重点产业发展大会签约仪式在南宁会展中心举行。图为北海市铁山港（临海）工业区管委会代表（一排右）与中国化工信息中心代表（一排左）完成签约

区投资促进中心　供

【2021 年（第十届）化工新材料大会召开】 2021 年 10 月 22 日，铁山港区筹备举办的 2021 年（第十届）化工新材料大会在北海皇冠假日酒店召开。大会旨在贯彻新发展理念，加快构建新发展格局，实现“3060 双碳”（指应对气候变化，要推动以二氧化碳为主的温室气体减排。中国提出，二氧化碳排放力争 2030 年前达到峰值，力争 2060 年前实现碳中和。2021 年 3 月 5 日，政府工作报告提出，2021 年要扎实做好碳达峰、碳中和“双碳”各项工作）目标，全力推进传统化工产业绿色低碳转型升级。坚持强龙头、补链条、聚集群，推动建设广西北部湾经济区绿色化工产业园，以中石化北海炼化等一批优质项目为引领，将绿色化工产业发展成为全市重要的工业支柱产业和优势产业。北海市市长廖立勇向大会致辞，区委书记龙起云参会，区长莫华福在会上做专项推介。

2021 年 10 月 22 日，铁山港区筹备举办的 2021 年(第十届)化工新材料大会在北海皇冠假日酒店召开　　　区投资促进中心　供

【信息交流平台搭建】 2021 年，铁山港区落实长三角、珠三角、江苏浙江等重点区域驻点招商工作，搭建信息交流平台。9 月 26 日起，全区驻点招商工作组率先进驻上海、江苏、广东等地启动驻点招商工作。年内，区驻点招商工作组走访对接中化国际(控股)股份有限公司、华峰集团有限公司、太东集团有限公司等 150 多家企业，走访过程中通过直接推介和面对面交流，有效宣传和推介铁山港区投资环境，促进铁山港区知名度和影响力的提升，为铁山港区与企业进一步合作搭建信息交流平台，促进招商工作开展。

【项目服务】 2021 年，区投资促进中心利用门户网站、公众号、今日头条、手机微信 H5 等现代媒体，对投资环境、投资成本、优惠政策、招商项目、招商活动等招商信息进行全方位宣传和推介，为目标企业提供便利的信息查询平台；线下及时更新印刷铁山港区投资指南手册、更新拍摄招商宣传片等招商资料并广泛发放。以图文结合、声像一体的形式，全方位、多维度向企业展示全区的优势和定位，明确产业布局及招商方向，塑造良好的招商形象，进一步扩大铁山港区影响力和知名度。年内，铁山港区进一步优化营商环境，建立“统一受理、按责承办、强化监督、限时办结”的举报投诉平台，努力打造“门槛低于周边、服务高于周边”的营商环境新高地，不断推动铁山港区经济稳步健康发展。

【太阳纸业项目投产】 2021 年 9 月 26 日，铁山港区引进的中国 500 强企业之一、投资总额 228 亿元的太阳纸业项目投产，第一条生产线(PM1)生产出第一卷文化用纸，预计达产后年产 55 万吨高级文化用纸，文化纸项目生产线总值将达到 32 亿元，实现利税 5 亿元，新增就业岗位 800 多个，带动当地经济发展。

【区域合作】 2021 年，铁山港区围绕工业五大主导产业、乡村振兴、新城建设，组建 6 个产业招商小组，注重平台招商、产业招商、招大引强，开展组团招商、驻点招商、以商招商，通过展览展示、专题推介、拜访对接、考察调研等多种形式开展精准招商，掀起“行企助力转型升级”活动高潮。多次组织招商组到广东、上海、山东、河南、浙江等地开展招商考察活动，积极对接“珠三角”、“长三角”、江浙地区，加大对“四类 500 强”“独角兽”“瞪羚”“专精特新”“小巨人”等企业的招商引资力度，推动全区向海经济高速发展。　　　(林月凤)

精神文明建设

【精神文明建设机构概况】 2021 年，北海市铁山港区精神文明建设委员会办公室(简称区文明办)在区委宣传部挂牌，承担指导、协调和组织实施全区精神文明建设各项工作。

【思想道德教育】

社会主义核心价值观宣传　2021 年，区文明办创建社会主义核心价值观宣传阵地,利用群众喜闻乐见的多种方式宣传社会主义核心价值观。在主(次)干道、办公地点等人员密集场所通过制作公益广告牌、宣传板报、悬挂横幅、安装灯杆广告、滚动 LED 屏、宣传车流动播放等宣传方式,广泛宣传社会主义核心价值观。投入 80 余万元在全区范围内建设庆祝中国共产党成立 100 周年及党史学习教育宣传栏,通过"同心广播"、流动宣传车循环播放等方式宣传社会主义核心价值观;"七一"前后,举办红色歌曲合唱大赛、庆祝中国共产党成立 100 周年文艺晚会、"红色电影大家看"、千人共唱红歌等活动,吸引广大党员干部群众热情参与,强化社会主义核心价值观入脑入心。

群众性精神文明建设 2021 年,铁山港区创建县(区)级文明村 2 个、文明单位 2 个,全区文明村镇占比达 67.5%;2 个集体、5 名个人获北海市精神文明建设贡献奖。区文明办组织举办"道德讲堂"、先进典型进基层宣讲、先进模范图片展等活动 40 余场次,帮扶礼遇道德模范、先进典型 30 余人次,引导群众自觉成为道德的传播者和践行者。年内,区文明办向北海市文明办推荐"身边好人"90 人,不断增强典型示范带动效应,营造人人学习好人,人人争当好人的良好社会氛围。

传承民俗文化 2021 年,区文明办在春节、清明节、端午节、中秋节等民俗传统节日期间,组织开展系列群众性文化活动,丰富群众生活,弘扬中华优秀传统文化,强化全民思想道德建设。

【新时代文明实践工作】

新时代文明实践中心(所、站)建设 2021 年,区文明办挖掘地方优势,深化打造区新时代文明实践中心,实现铁山港区新时代文明实践中心(所、站)全覆盖,在 10 个自治区级文明村建设文明实践站示范点,为传递文明风尚提供良好平台。

2021 年 6 月 24 日,北海市铁山港区"感党恩 学党史"庆祝中国共产党成立 100 周年文艺晚会在南康镇南滨广场举行

区文明办 供

志愿者队伍建设 2021 年,铁山港区成立志愿服务队 198 个,注册志愿者总数 3.9 万人,注册率 27.34%。年内,全区开展新冠疫情防控、乡村振兴、倡导文明新风尚等形式多样志愿服务活动约 1000 场次,志愿者活跃度超 85%。

党的创新理论宣传 2021 年,区文明办依托新时代文明实践中心(所、站),用好"五大平台"宣传渠道,宣传党的创新理论。举办"初心大讲堂"11 场,特邀专家教授到铁山港区宣讲 10 余场,举办"百姓流动学堂"10 场,走进"红色学堂"现场教学 20 余场等,将党的创新理论融入寻常百姓家。推出"指尖微课堂"100 余期,用好"学习强国",引领干部群众指尖看、听、学新风尚和党的创新理论。

【未成年人思想道德建设】

2021 年,区文明办发挥学校、乡村少年宫主阵地作用,利用丰富的校内外教育资源,组织生命教育、国学经典、文体科技等三大特色活动;举办"扣好人生第一粒扣子""清明祭英烈""童心向党""诵读经典""向国旗敬礼"等系列主题教育实践活动,用身边人的良好品行感染、教育、影响未成年人，凝聚崇德向善的道德力量。年内，区文明办为未成年人办实事好事100余件，慰问困难儿童350名；广泛开展新时代好少年评选，其中南康中学学生苏某媚获得北海市新时代好少年称号；在“百年光辉历程　全面建成小康”2021年北海市铁山港区第28届青少年爱国主义读书教育活动小学生故事会、中学生演讲会，学生选手郑某明获演讲二等奖；在“讲党史话家风　共抒家国情怀”为主题的小螺号儿童少年故事大赛，铁山港区7名选手获得市级1金3银3铜的好成绩，展现铁山港区青少年奋发进取的精神风貌。

【文艺精品创作】 2021年，区文明办贯彻中共中央总书记习近平关于精神文明建设“五个一工程”的重要指示，鼓励支持群众自主创作，涌现一批有影响、接地气的文艺作品，全区文艺创作再上台阶。投入人力、物力、财力，创作民乐合奏《疍家喜搬迁》，参加自治区第九届全区基层群众文艺会演获得二等奖；推送舞蹈《一盏红油灯》参加全市农民文艺会演获得金奖；新时代文明实践案例《“卖鸡调”走出“花式”宣讲新路子》获自治区征集，编入《广西新时代文明实践工作方法31例》一书。同时，创作歌曲《爱你风雅》《你是一面旗》等文艺精品。

【文化惠民】 2021年，区文明办践行为民服务宗旨，扎实推进文化惠民工程，一批办实事、暖民心的项目走进基层、深入群众，群众文娱生活进一步丰富。年内，全区开展党史学习教育百场红色电影“进机关、进乡村、进企业、进社区、进学校”实践活动，累计巡回播放惠民红色电影100余场次，受益群众超过2万人。在全市率先完成部分村委农村电影由室外转为室内放映，大大改善群众观影条件，全年电影公益放映550余场。建成兴港镇婆围村农家读书角和营盘镇鹿塘村农家读书角，将图书送到群众家门口，解决群众阅读“最后一公里”问题。补充更新农家书屋图书4000余册，升级改造农家书屋阅读平台，邀请北海广播电视台主持人深入农家书屋举办全民阅读系列主题实践活动，进一步满足群众阅读需求。

（唐国辉）

2021年5月21日，“百年光辉历程　全面建成小康”2021年北海市铁山港区第28届青少年爱国主义读书教育活动小学生故事会、中学生演讲会在南珠会堂举行

区文明办　供

生态文明建设

【生态环境建设】 2021年，铁山港区组建3支共30人的秸秆禁烧执法巡查队，对南康镇龙门村委、营盘镇能村村委、兴港镇栗山村委等30个村依法进行秸秆焚烧巡查，并及时做好大气污染防治预警应急响应工作。将排污许可证监督管理纳入日常检查，继续加大管理力度；配合北海市生态环境局开展危险废物规范化管理环境评估，对16家危险废物产生单位和1家危险废物处置单位进行评估；集中力量开展对涉镉等重金属重点行业企业排查整治，对全区7个重点区域和7家重点监管单位进行重金属排查；开展全区疑似重金属污染地块排查，经排查没有发现疑似污染地块。年内，铁山港生态环境局全力做好第二轮中央

生态环境保护督察整改工作，印发《北海市铁山港区第二轮中央生态环境保护督察指出问题整改工作方案》等多个方案，持续推动环保督察整改工作。根据工作部署，年内全区完成12个农村千人以上集中式水源地保护区划分，完成率100%；全区共划分21个集中式饮用水水源地。组织相关部门对南康江污染源进行排查，委托有资质的第三方监测机构每月对南康江国控点及交接断面进行环保监测，确保生态环境持续改善。（陈晓慧）

【生态农业建设】 2021年，铁山港区加大力度推进生态农业发展，大力实施化肥、农药减量增效行动，全面普及测土配方施肥、绿色植保技术的推广和应用，有效防控农业面源污染；加快推进农作物秸秆综合利用，减少秸秆焚烧造成大气污染。全年推广应用测土配方施肥技术1.41万公顷，推行有机肥替代化肥技术0.59万公顷、水肥一体化技术0.42万公顷；推广绿色植保技术0.85万公顷；综合利用农作物秸秆0.71万公顷共5.52万吨。（梁统模）

【生态林业建设】 2021年，根据2019年度森林资源管理“一张图”统计数据，铁山港区林地面积7372.65公顷，完成林业总产值61.95亿元；完成林下经济产值1840万元，其中林下养殖1550万元，森林旅游290万元；完成植树造林总面积146.66公顷，义务植树40万棵，中幼林抚育1000公顷。全区森林覆盖率19.38%。公益林总面积208.23公顷，其中国家级公益林面积145.35公顷，自治区级公益林62.88公顷。全区林业有害生物监测面积9.52万公顷，未发现病害及虫害现象。实施产地检疫苗木118.09万棵，调运检疫木材和木材制品5.26万立方米。制订生态公益林管护实施方案，并组织人员对所有需要补偿的生态公益林进行检查验收，拨付森林生态效益补偿金4.83万元。

（区自然资源局）

【生态海洋建设】 2021年，铁山港区继续加强海洋生态建设。持续推进禁养区无证养殖整治工作。全年清理铁山港湾非法养殖户29户，涉海面积21.87公顷，其中蚝排30组；清理白龙港海域非法养殖户3户，涉海面积11.54公顷，其中蚝排33组。开展近岸海域环境整治。全年清理废弃船、“僵尸船”106艘，整治清理海上漂浮垃圾1870吨，运输垃圾1324车次，清理卫生死角280处、积沙（淤泥）14立方米、杂草3213平方米，保洁海岸线17.03万米，围塘养殖尾水10处。保护红树林生存海域环境。清理保护白龙古城沿岸红海榄自然保护小区，派员156人次、钩机5台次、垃圾运输车96辆次，清理垃圾约144吨，清理岸线长度3.63千米，清理面积31.93公顷；清理保护兴港镇符屋村附近红树林区域，清理海洋垃圾21.5吨，运输垃圾20车次，清洁卫生死角10处，清理积沙1立方米，清理杂草约1050平方米，保洁海岸线累计约2650米。（区海洋局）

【生态工业建设】 2021年，铁山港区重视工业项目与生态环境改善同步推进，在发展工业文明同时，保持生态环境持续改善。投入1.73亿元建成南康、营盘和工业区共4个污水处理厂及124千米污水收集管网并投入运营，铁山港（临海）工业区污水处理厂全年处理污水382.89万吨。持续加强土壤污染防治，排查整治涉镉等重金属、重点行业，强化工业固体废弃物堆存场所监管。深入推进“利剑护砂”专项行动，严厉打击非法开采矿产资源行为，拆除复粉厂12家、洗砂场3家，面积5830平方米，并向复粉厂2家、洗砂场12家发放责令改正通知书。北海市铁山港（临海）工业区通过政府采购有毒有害气体环境风险预警体系（二期），以重点监控企业为基础，准确把握恶臭污染排放企业类型，通过将恶臭排污企业排污状况的管理纳入系统，精准督促污染企业开展相关治理工作，及时将恶臭气味对环境的影响降到最低；通过追溯恶臭源头，积极整改，进一步改善园区环境空气质量。（申东烈）

乡科级以上机构和部分领导人名录

中共北海市铁山港区委员会

书　记：龙起云（4 月任职）
　　　　余兴国（任至 4 月）
副书记：何　来（5 月任职）
　　　　陈文初（任至 4 月）
常　委：宋小平
　　　　沈　飞（6 月任职）
　　　　叶　艳（女）
　　　　刘将远
　　　　叶长军（6 月任职）
　　　　汪国高（7 月任职）
　　　　李佳振（5 月任职）
　　　　张　良（6 月任职）
　　　　张建栋（任至 5 月）
　　　　吴志全（任至 6 月）
　　　　石姚斌（任至 6 月）
　　　　庞富国（任至 6 月）

北海市铁山港区人大常委会

主任、党组书记：
　　石姚斌（9 月任职）
主任、党组书记：
　　黄小健（任至 9 月）
副主任、党组副书记：王才儒
副主任：李　静（女）
　　　　卢道云（9 月任职）
　　　　林永清（9 月任职）
　　　　严锡强（任至 9 月）
　　　　刘汉明（任至 9 月）

北海市铁山港区人民政府

区长、党组书记：
　　莫华福（5 月任职）
　　龙起云（任至 5 月）
副区长、党组副书记：
　　沈　飞（9 月任职）
　　吴志全（任至 8 月）
副区长：裴强昌
　　　　罗　虹（女）
　　　　余军远（9 月任职）
　　　　陈晓华（9 月任职）
　　　　卢道云（任至 9 月）
　　　　杨晓峰（任至 9 月）

政协北海市铁山港区委员会

主席、党组书记：彭岳军
副主席、党组副书记：
　　陈德萍（女）
副主席：陈旭昌
　　　　邓明仪
　　　　杨晓峰（9 月任职）
　　　　管务光（任至 9 月）

纪检监察

中共北海市铁山港区纪律检查委员会
书　记：叶　艳（女）
副书记：黄　洪
　　　　李瑞云（7 月任职）
　　　　徐水宗（任至 7 月）
北海市铁山港区监察委员会
主　任：叶　艳（女）
副主任：黄　洪
　　　　李瑞云（11 月任职）
　　　　徐水宗（任至 11 月）

中共北海市铁山港区委工作部门

中共北海市铁山港区委办公室［保密办（保密局）、机要局（国家密码管理局）、档案局］
主　任：张　良（6 月任职）
　　　　石姚斌（任至 6 月）
分管日常工作副主任：
　　廖民中（8 月任职）
区委保密办（区保密局）
主任（局长）：伍旭红（女）
区委机要局（国家密码管理局）
局　长：伍旭红（女）
北海市铁山港区档案局
局　长：廖　环
区委全面深化改革领导小组办公室
专职副主任：王功海（任至 8 月）
中共北海市铁山港区委组织部（两新工委、老干部局、公务员局）
部　长：李佳振（6 月任职）
　　　　张建栋（任至 6 月）
分管日常工作副部长：
　　吴丽华（女，任至 4 月）
中共北海市铁山港区委员会非公有制经济组织和社会组织工作委员会
书　记：陈　锋（任至 7 月）
中共北海市铁山港区委老干部局
局　长：吴丽华（女，任至 4 月）
北海市铁山港区公务员局
局　长：岳琳茵（女，4 月任职）
中共北海市铁山港区委宣传部（文明办、新闻办、新闻出版局、网信办）
部　长：汪国高
分管日常工作副部长：
　　李子忠（11 月任职）
　　卓　伟（任至 11 月）
区精神文明建设委员会办公室
主　任：傅小萍（女）
区政府新闻办公室
主　任：吴少锋（5 月任职）
区新闻出版局
局　长：李子忠（11 月任职）
　　　　卓　伟（任至 11 月）
区委网络安全和信息化委员会办公室
主　任：（空缺）

中共北海市铁山港区委统战部［区委台湾工作办公室（区政府台湾事务办公室）、民族宗教侨务局］
部　长：刘将远
区委台湾工作办公室（区政府台湾事务办公室）
主　任：谢余红
区民族宗教侨务局
局　长：郑光强（5 月任职）
　　　　陈家宁（任至 4 月）
中共北海市铁山港区委员会政法委员会
书　记：叶长军
中共北海市铁山港区委员会机构编制委员会办公室（事业单位登记管理局）
主　任：范先铭
区事业单位登记管理局
局　长：范先铭
中共北海市铁山港区直属机关工作委员会
书　记：黄家忠
中共北海市铁山港区委员会北海市铁山港区人民政府督查绩效考评办公室
主　任：劳成兴（任至 11 月）
中共北海市铁山港区委员会巡察工作领导小组办公室
主　任：郑春贺（任至 12 月）
中共北海市铁山港区委员会北海市铁山港区人民政府信访局
局　长：李　峰（7 月任职）
　　　　陈远成（任至 4 月）

北海市铁山港区人大常委会办公室和各工作委员会

北海市铁山港区人大常委会办公室
主　任：杨中敏
北海市铁山港区人大常委会选举联络工作委员会
主　任：徐　莲（女）
北海市铁山港区人大监察和司法法律委员会
主　任：韩有才（9 月任职）
　　　　王嘉康（5 月—9 月任职）
北海市铁山港区人大财政经济委员会
主　任：王嘉康（9 月任职）
　　　　杨怀春（任至 9 月）
北海市铁山港区人大常委会教科文卫与民族工作委员会
主　任：张　毅
北海市铁山港区人大常委会农业农村与环资城建工作委员会
主　任：林盛聪（11 月任职）
　　　　林　健（任至 11 月）

北海市铁山港区人民政府工作部门

北海市铁山港区人民政府办公室
主　任：钟　伟（8 月任职）
　　　　欧小兵（任至 8 月）
北海市铁山港区发展和改革局
局　长：陈晓华（女，8 月兼任）
　　　　陆国忠（任至 8 月）
北海市铁山港区教育局
局　长：赖满棠（8 月任职）
　　　　陈翔宇（任至 7 月）
北海市铁山港区科技商务和工业信息化局
局　长：黄元贵
北海市铁山港区民政局
局　长：李源军
北海市铁山港区司法局（调解处理土地山林水利纠纷办公室）
局　长：吴礼有
区调解处理土地山林水利纠纷办公室
主　任：吴礼有
北海市铁山港区财政局（国有资产监管和金融工作局）
局　长：张祖钊
区国有资产监管和金融工作局
局　长：张祖钊
北海市铁山港区人力资源和社会保障局
局　长：陈丽艳（女，9 月任职）
　　　　陈凯华（任至 1 月）
　　　　钟　伟（1 月—7 月任职）
北海市铁山港区自然资源局（林业局）
局　长：郑国忠（11 月任职）
区林业局
局　长：顾传国
北海市铁山港区住房和城乡建设局（人民防空和海防工作办公室）
局　长：廖云龙（11 月任职）
　　　　陈绪贤（任至 11 月）
区人民防空和海防工作办公室
主　任：廖云龙（12 月任职）
　　　　陈绪贤（任至 12 月）
北海市铁山港区交通运输局
局　长：陈家瑶
北海市铁山港区农业农村和水利局
局　长：黄家琳
北海市铁山港区文体广电旅游局
局　长：陈传栋（女）
北海市铁山港区卫生健康局
局　长：庞海峰（9 月任职）
　　　　钟羚玮（女，任至 9 月）

北海市铁山港区退役军人事务局
局　长:林　洪(11月任职)
　　　甘绍强(任至11月)
北海市铁山港区应急管理局
局　长:劳成兴(8月任职)
　　　叶晓龙(任至8月)
北海市铁山港区审计局
局　长:莫深伟
北海市铁山港区医疗保障局
局　长:黄晓科(8月任职)
　　　叶晓文(任至8月)
北海市铁山港区统计局
局　长:李学武(5月任职)
北海市铁山港区扶贫开发和水库移民工作局
局　长:刘忠华
北海市铁山港区综合行政执法局
局　长:杨　杏
北海市铁山港区海洋局
局　长:林胜峰(11月任职)
　　　韩有才(任至9月)

政协北海市铁山港区委员会办公室和各专门委员会

北海市铁山港区政协办公室
秘书长:王功海(9月任职)
　　　黄晓科(任至9月)
北海市铁山港区政协提案法制委员会
主　任:陈　锋(11月任职)
　　　石玉祥(任至11月)
北海市铁山港区政协科教文卫委员会
主　任:吴　铁
北海市铁山港区政协经济联谊委员会
主　任:陈凯华

法院、检察院

北海市铁山港区人民法院
院长、党组书记:孟繁刚
分管日常工作副院长:
　　邹　雪(女,任至6月)
北海市铁山港区人民检察院
检察长、党组书记:于　海

群众团体

北海市铁山港区总工会
主　席:李　静(女,兼任)
共青团北海市铁山港区委员会
书　记:陈　冰(7月任职)
　　　聂文龙(4月免职)
北海市铁山港区妇女联合会
主　席:钟羚玮(女,9月任职)
　　　陈丽艳(女,任至9月)
北海市铁山港区残疾人联合会
理事长:庞　明
北海市铁山港区社会科学界联合会
主　席:(空缺)
北海市铁山港区工商业联合会
主　席:邓明仪
党组书记:谢余红
北海市铁山港区计划生育协会
会　长:李玉婷(女)

北海市铁山港区直属正科级事业单位

北海市铁山港区档案馆
馆　长:(空缺)
北海市铁山港区委党史研究室(区地方志编纂委员会办公室)
主　任:卓　伟(11月任职)
　　　周　芳(女,任至11月)
北海市铁山港区投资促进中心(投资投诉中心)
主　任:叶培高
北海市铁山港区人民政府土地房屋征收中心
主　任:叶大柱
北海市铁山港区机关后勤服务中心
主　任:吴志全(12月任职)
　　　林　洪(任至12月)

区辖三镇

南康镇

党委
书　记:朱　超
政府
镇　长:劳庆蓉(女)
人大
主　席:金寿清(7月任职)
　　　廖云龙(任至4月)

营盘镇

党委
书　记:陈远成(4月任职)
　　　张　良(任至4月)
政府
镇　长:国先涛
人大
主　席:陈家宁(7月任职)
　　　王昌富(任至4月)

兴港镇

党委
书　记:刘远航(4月任职)
　　　余军远(任至4月)
政府
镇　长:王昌富(7月任职)
　　　刘远航(任至4月)
人大
主　席:张宗泉(7月任职)
　　　钟　毅(任至4月)

(区委组织部供)

中国共产党北海市铁山港区委员会

区委综述

【区委概况】 2021年，中国共产党北海市铁山港区委员会（简称区委）深入学习贯彻习近平新时代中国特色社会主义思想和中共十九大、十九届历次全会精神，以及中央经济工作会议精神，全面落实中央、自治区和北海市各项决策部署，团结带领全区党员干部群众攻坚克难、拼搏实干，高质量完成经济建设、社会建设和党的建设各项目标任务，实现“十四五”良好开局。全年实现地区生产总值411.68亿元，比上年增长13.7%；规模以上工业总产值1343.24亿元，比上年增长38.8%；财政收入53.98亿元，比上年增长66.4%，首次突破50亿元大关；税收129.57亿元，比上年增长57.33%，占北海市64.44%。年内，铁山港区首次被自治区党委、自治区人民政府评为广西高质量发展进步县区。

【项目建设】 2021年，区委敏锐把握“能耗双控”（能耗总量和强度双控）等国家新政策，推动中石化北海炼化、北港新材料等9家企业实施技术改造、设备更新和工艺改进。推动总投资350亿元的玖龙纸业、总投资220亿元的顺应储能等12个在建或落地项目按“能耗双控”和“四最”（用最高端的设备、最先进的技术、最小的能耗实现最大的效益）要求优化建设。有力推进23个市级重大产业项目，中石化北海炼化结构调整项目全面投产、能力提升到年产800万吨，太阳纸业项目正式投产。工业投资138.66亿元，比上年增长56.5%，占北海市57%。组建8个片区23个专项小组，落实32个项目的征地搬迁，全年完成征地清场460.27公顷，搬迁711户，有力保障项目用地。太阳纸业一期、二期工程同时推进，所有生产线顺利投产。铁山变至太阳纸业220千伏供电线路顺利通电。广投北海电厂二期、国能广投北海能源基地、LNG二期、LNG三期等48个项目建设得到推进。

【配套服务建设】 2021年，铁山港区聘请行业标杆公司联合编制工业区控制性详细规划并完成招（投）标。争取专项债10.2亿元，推进绿色高端石化产业园、硅科技产业园、高端金属新材料产业园、林纸产业园综合配套工程项目开工建设。推动铁山港区3号、4号泊位获批开放，5号、6号泊位通过预验收，新建4个10万—15万吨级泊位。总投资3.4亿元的石头埠作业区23号泊位工程开工建设。30万吨航道及码头项目前期工作加紧推进。港口启用车辆预约和智能闸口系统，通关服务效能不断提高。玉铁铁路、进港铁路启用电气化运营，成为广西首条铁路与港口电气化直通的组合线路。货列班次与2016年相比加密近10倍，港口吞吐量达3449.77万吨，海铁海陆联运繁荣发展。工业区物流企业总数200余家，玻璃、钢材、纸板、天然气等货物外运源源不断，陆域物流网日益密集。多式联运和运输、装卸、搬运、仓储业实现营业收入4.38亿元，比上年增长136.4%；社会消费品零售总额、商品批发额、餐饮营业额分别比上年增长7.1%、28%、15.6%；外贸进出口比上年增长56.2%。

【营商环境优化】 2021年，区委持续深化“放管服”改革，筹措2500万元启动智慧园区建设。研发全国首台企业全生命周期自助一体机，集成企业主要业务自助办理，得到自治区肯定。发挥区大帮办中心作用，实行项目服务帮办、代办，获得业界赞誉。实现铁山港区“服务项目再提质效”目标，赢得良好招商效果。全年累计引进以华电广西清洁能源项目为代表的22个优质项目，投资总额523亿元，其中“双百”项目投资总额120.24亿元。

【城乡建设】 2021年，铁山港区筹措专项债等资金4.1亿元，推进行政中心片区设施建设。回建区规模进一步扩大，铁山港区第七幼儿园建成开园，玖龙纸业生活区加快建设。南康特色小镇基础设施建设改造整体推进，城镇两大主干道配套工程全部竣工。兴港镇行政中心规划建设谋划推进。筹措资金4000余万元，开展向海大道两旁农房特色风貌塑造和村庄“三清三拆”。投入资金5000余万元，推进“四好”农村路建设。按照北海市委、市政府工作部署，建立班子领导分片区、部门分网格创城工作责任制，发动全民参与创城行动，“三无”小区全部实现规范管理，农贸市场脏、乱、差和街区乱搭乱建等顽疾得到整治；第4季度获北海市多次表扬，2个集体、5名个人获北海市精神文明建设贡献奖。文明村镇、文明单位、文明家庭等基础创建深入推进，群众文明自觉性不断提高。

【生态环境保护】 2021年，区委重视生态文明建设，落实环境保护责任，坚决打好大气、土壤、水污染防治攻坚战。全年空气质量优良率97.5%，优于自治区和北海市的考核目标。推进工业废渣处置管理，加强对涉镉等重金属企业管控，实现“零污染”。扎实推进南康江等水环境的巡查、监测和治理。清理近岸海域无证养殖面积213.33公顷，保护红树林和港湾生态环境。查处非法盗采矿产行为71起，有效遏制矿产资源盗采行为。全面完成中央环保督察指出和交办环保信访投诉问题整改。

【民生保障】 2021年，铁山港区投入民生支出10.24亿元，占一般公共预算支出81%以上。推进建设铁山港区人民医院、区疾控中心等一批项目，引进专业技术人才74名，建成医共体协同医疗中心。加强对特困供养对象和留守儿童、事实无人抚养儿童的关心关爱，发放养老金9500余万元，发放低保金、供养金、优抚金和各类津补贴3600余万元，基本医疗统筹基金报销金额7100余万元。全年新增就业1019人，城镇登记失业人员再就业129人，协助追讨拖欠农民工工资1200余万元，切实维护农民工合法权益。实施中（小）学、幼儿园布局调整优化规划，推进3所学校教学楼、4所公办幼儿园建设，增加学前教育和义务教育学位1800个。全年高考本科上线人数比上年增长10.9%，中考A等级以上人数比上年增长30%，2项数据均创近5年新高。科技文体蓬勃发展。《陶瓷茶具——邂逅》《红色密码》2个陶瓷非物质文化遗产（“非遗”）作品分别获2021年全国“金凤凰”创新产品设计大赛银奖和广西“八桂天工奖”银奖；铁山港区籍2名运动员分别获全国残特奥和十四届全运会金牌；“广电云”安装率居北海市首位，建成全市首个村级全媒体信息室；铁山港区科学技术协会被自治区科学技术协会等10部门评为“八桂科普大行动”优秀组织单位。

【社会治理】 2021年，铁山港区组织力量严查“三非”（非法入境、非法居留、非法就业）人员和走私冻品，从严管控返乡和外来人员，做好疫情防控“外防输入”工作。铁山港区驰援东兴市的抗疫小分队凯旋。全面推进依法治区，公检法司紧密合作、社会各方密切配合，扫黑除恶专项斗争常态推进，政法队伍教育整顿持续深入推进，安全隐患排查整治力度不断加大，区、镇、村（社区）三级综治中心进一步完善；实现刑

2021 年 5 月 20 日，自治区政法队伍教育整顿第五驻点指导组组长于洁（前排左二）在区委书记龙起云（前排左一）陪同下，检查指导铁山港区政法队伍教育整顿工作　　区委宣传部　供

事警情 219 天零发案，矛盾纠纷调处成功率 98.5%，各类案件结案率 93.43%，铁山港区群众满意度位列自治区和北海市前列。年内，铁山港区被自治区党委、自治区人民政府评为建设平安广西活动先进县（市、区），并被北海市推荐申报全国先进。

【党的建设】 2021 年，区委深刻领会百年建党精神，组织举办庆祝中国共产党成立 100 周年系列主题活动 148 场。扎实推进“三事”（操心事、烦心事、揪心事）通解行动，为群众解决一批“三事”。开展“党建引领工业振兴、乡村振兴、基层治理”三大行动和“比情怀、比尽责、比担当、比奉献”活动，召开铁山港区第六次党代会，高质量完成区、镇、村三级换届，创新实施“亮牌”工作机制，提振干部队伍创业精气神，5 个单位被评为国家级或省级先进组织，9 名干部被评为省级先进个人。推进全面从严治党，强化正风肃纪反腐和政治巡察，处置问题线索 220 条，立案 65 件。紧盯节日等重要时间节点，加强廉政提醒和监督，发现并立行立改问题 18 个。完成中央和自治区党委巡视反馈意见整改。党风政风持续改善，政治生态持续优化。

（陈远天　赖俊林）

区委重要会议

【五届区委六次全会】 2021 年 1 月 29 日，中国共产党北海市铁山港区第五届委员会第六次全体会议在区政务服务综合楼五楼会议室召开。全会总结区委五届五次全会以来的工作，部署 2021 年工作；审议通过《中共北海市铁山港区委员会关于制定国民经济和社会发展第十四个五年规划和二〇三五年远景目标的建议》。明确铁山港区 2021 年主要预期目标：地区生产总值增长 18%，财政收入增长 35% 以上，规模以上工业总产值增长 20% 以上，固定资产投资增长 20% 以上，城镇居民人均可支配收入增长 7%，农村居民人均可支配收入增长 8%。年内，铁山港区将重点打造临港产业“大集群”，促进四大千亿产业和四大百亿产业集群

2021 年 1 月 29 日，中国共产党北海市铁山港区第五届委员会第六次全体会议在区政务服务综合楼五楼会议室召开　　区委宣传部　供

化、园区化发展；培育产业发展“新动能”，围绕重点产业链和龙头骨干企业开展精准招商，力争引进建链、强链、补链、延链优质项目10个以上；跑出项目落地“加速度”，力争全年实现征地清场再超万亩目标；按下园区建设“快进键”，优化园区布局规划，着力解决现有规划对产业发展支撑不足的问题。做好优质重大项目的谋划布局、储备管理、服务建设工作，推动铁山港区实现高质量发展，朝建成广西第一工业强区努力。

【铁山港区党史学习教育动员大会】 2021年3月3日，铁山港区党史学习教育动员大会在区政务服务综合楼五楼会议室召开。会议学习贯彻中共中央总书记习近平在党史学习教育动员大会上的重要讲话精神，落实党中央、自治区党委和北海市委的部署要求，对全区开展党史学习教育进行动员部署。区委书记余兴国在会上指出，广大党员干部要将学习党史教育列入理论学习的“必修课”，要把握目标要求，聚焦重点任务，高质量高标准开展党史学习教育；全区各级党组织要按照党中央、自治区党委、市委部署，紧扣“学史明理、学史增信、学史崇德、学史力行”目标要求，把党中央、自治区党委和北海市委要求部署领悟好、实践好、把握好，努力做到学党史、悟思想、办实事、开新局。会议强调，党史学习教育要防止“空对空”“两张皮”，坚持理论联系实际，以实际工作成果检验党史学习教育成效，把学习成效转化为推动全区经济社会高质量发展的工作动力和成效，为铁山港区建成广西第一工业强区提供坚强有力的政治保证，以实际行动和优异成绩迎接中国共产党成立100周年。

【2021年铁山港区党的建设工作会议】 2021年6月30日，2021年铁山港区党的建设工作会议在区政务服务综合楼五楼会议室召开。会议指出，2021年是中国共产党成立100周年，是实施“十四五”规划、开启现代化建设新征程的开局之年，全区各级各部门要紧紧围绕统筹推进常态化新冠疫情防控和经济社会发展、工业振兴、巩固拓展脱贫攻坚成果和乡村振兴有效衔接等重点任务，坚持党要管党、全面从严治党，不断开创全区组织、宣传、统战工作新局面，为推动铁山港区经济社会高质量发展营造更好环境、提供更强保障。会议强调，要强化干部人才队伍建设，加强优秀年轻干部的培养锻炼和选拔任用，推进人才体制机制改革，不断提升“两新”组织“两个覆盖”（党的组织和党的工作在非公有制企业和社会组织的覆盖）质量，持续推进基层党建“提质聚力”。要坚持守正创新、精业笃行，大力推动党史学习教育向深处延伸，严格落实意识形态工作责任制，持续加强和改进新闻宣传工作，强化群众性精神文明建设，深化文化体制改革，完善现代公共文化服务体系，推动铁山港区文化走出去。要坚持围绕中心、服务大局，充分发挥统一战线优势和作用，助力招商引资和征地搬迁等工作，跑出项目落地“加速度”；加强新时代民营经济统战工作，抓好签约非公经济项目跟踪、落地和服务，鼓励支持民营企业做大做强。

【中国共产党北海市铁山港区第六次代表大会】 2021年7月25日—26日，中国共产党北海市铁山港区第六次代表大会在南珠会堂召开。大会号召全区上下牢记嘱托、抢抓机遇，乘风破浪、攻坚克难，锐意进取、再谱新篇，奋力打造全区人民生活更加美好的现代化工业强区。区委书记龙起云代表中共铁山港区五届委员会向大会做题为《牢记嘱托勇担当　锚定蓝图谱新篇　奋力打造人民生活更加美好的现代化工业强区》的报告。大会明确未来5年铁山港区经济社会发展目标：力争地区生产总值年均增长15%，财政收入年均增长13%，城镇居民人均可支配收入年均增长7%，农村居民人均可支配收入年均增长8%，经济实力居广西前茅，把铁山港区打造成为人民生活更加美好的现代化工业强区。为实现目标任务，铁山港区将按照“12510”（扭住立足新发展阶段、贯彻新

2021 年 7 月 25 日—26 日，中国共产党北海市铁山港区第六次代表大会在南珠会堂召开。图为 7 月 25 日开幕会　　区委宣传部　供

发展理念、构建新发展格局这一条主线，瞄准经济社会高质量发展、人民群众高品质生活这两个目标，壮大绿色化工、金属新材料及高端设备制造、高端玻璃及光伏材料、高端造纸、新能源这五大产业，实施项目建设、补链强链、征地搬迁、营商环境、园区提档、现代物流、能源供应、绿色制造、产业创新、产城融合这十大工程）发展思路真抓实干。会议强调，全区各级党组织要紧扣中心大局，把贯彻大会精神与贯彻党中央、自治区党委和北海市委决策部署结合起来，采取多种形式，迅速掀起党代会精神学习宣传贯彻热潮，在各自岗位上比情怀、比尽责、比担当、比奉献，共同推动全区各项工作再上新台阶。

【巩固脱贫成果后评估暨防贫动态监测工作部署会】 2021 年 11 月 3 日，铁山港区巩固脱贫成果后评估暨防贫动态监测工作部署会在南珠会堂召开。会议传达学习北海市脱贫攻坚总结暨巩固拓展脱贫攻坚成果同乡村振兴有效衔接工作部署大会精神，凝心聚力做好自治区巩固脱贫成果后评估迎检工作。会议指出，全区上下齐心协力、众志成城，确保取得脱贫攻坚战全面胜利。全区上下要提高政治站位，坚决把来之不易的脱贫攻坚成果巩固好、拓展好，以扎实的工作成效和优异的工作成绩迎接脱贫攻坚成果后评估。各级各部门要坚持以问题为导向，加强防止返贫动态监测，落实落细各项帮扶措施，提高驻村帮扶水平，走访摸清摸实民意，及时解决帮扶工作存在的问题，瞄准短板弱项重点突破，推进评估考核指标落实。会议强调，各级各单位要压实工作责任，以强有力的措施、最佳精神状态做好各项迎检准备。要做透群众思想工作、干透帮扶工作、用透帮扶政策，落实“学查比访审改”六字措施，加强单位间的沟通联系，形成“拳头”效应，齐心协力推进脱贫攻坚后评估各项准备工作落实、落细、落地。要严明组织纪律，精准刚性问责，以更加务实的作风、全力以赴的精神面貌做好评估迎检各项工作，严守脱贫攻坚胜利成果。

（王　鹏　黄海鸥）

区委重大决策和工作部署

【党史学习教育】 2021 年，铁山港区严格贯彻落实中共中央总书记习近平系列重要讲话精神和党中央、自治区党委以及北海市委关于党史学习教育的相关部署，按照“学史明理、学史增信、学史崇德、学史力行”的要求，扎实推进党史学习教育。年内，区委坚决履行政治责任，多次组织召开常委会会议、专题学习集中学习会、动员大会，传达学习贯彻党史学习教育相关精神。举办庆祝中国共产党成立 100 周年系列主题活动 148 场，引导党员干部学党史、悟思想、践初心，形成“一级抓一级、层层抓学习”的良好局面。各级党组织结合实际、把握重点，扎实开展“我为群众办实事”实践活动，全年直达基层民生资金支出 1.75 亿元，支持续建教育项目 7 个，建设农村公益事业财政奖补项目84个，解决群众“三事”1826件。广大党员干部坚持加快构建完善向海发展的产业体系、开放体系、生态体系、服务体系以及社会治理体系，推动全区各项事业发展再上新台阶。

【换届选举】 2021年，铁山港区严格落实换届工作主体责任，严把资格关、审核关、程序关，高标准、高质量完成区、镇、村（社区）三级换届选举工作。换届调整后，班子结构进一步优化。村（社区）45岁以下党组织书记占比43.6%，90后村（社区）支书7名；高中（中专）及以上学历干部占比84.6%，90%以上的村（社区）有大专以上学历干部，村（社区）“两委”干部平均年龄为44岁，比上一届降低7岁，43个村（社区）全部实现党组织书记、主任“一肩挑”。3个乡镇党委领导班子平均年龄38.5岁，35岁以下干部接近50%，大学以上学历占86%。2期人大代表选举114个选区全部一次性选举成功，参加选举选民14.92万人，参选率97.67%，排全市第1位。

【平安建设】 2021年，区委坚持以中共中央总书记习近平法治思想为指导，深入学习贯彻中央全面依法治国工作会议精神，把平安建设作为提升群众幸福指数、构建和谐社会民心工程，把确保和谐稳定作为考评各级领导班子的重要政治标准，大力整治突出治安问题，全面化解矛盾纠纷，常态化推进扫黑除恶，持续深入推进政法队伍作风建设。年内，区委全面加强治安管理，实现刑事警情219天零发案。“三调联动”提质增效，矛盾纠纷调处成功率98.5%。各类案件公正办结，结案率93.43%，涉黑涉恶受到严惩，政法队伍教育整顿取得阶段性成效，铁山港区群众满意度居广西和北海市前列，被自治区党委、自治区人民政府评为2019—2020年度平安广西活动先进县（市、区）。

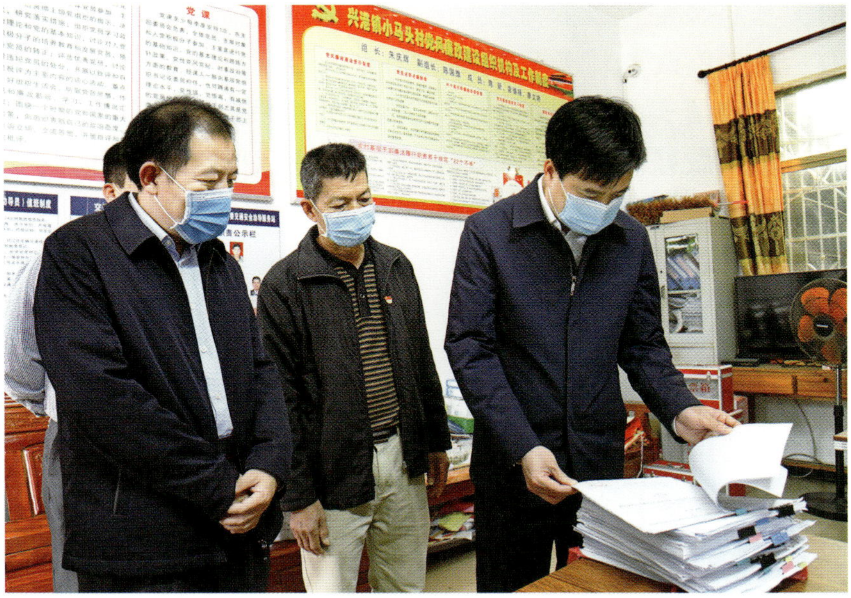

2021年1月21日，北海市委常委、组织部部长蔡立华（右一）在区委书记余兴国（左一）陪同下，到兴港镇小马头村调研指导村（社区）“两委”换届工作　　区委宣传部　供

【创建全国文明城市】 2021年，铁山港区按照北海市委、市政府工作部署，将创建全国文明城市工作作为“一把手”工程来抓。区委领导主动谋划、一线推动，定人员定岗位、定任务定时限、定奖惩定机制，分片分区实施网格化管理，压紧压实创城工作责任。全区各级各部门统一思想，高效履职，完成南康镇城镇污水管网和银丰大道、朝阳大道综合提升工程（一期）等一批基础设施提升工程，重新规划停车位7500余个，夯实创城基础。年内，铁山港区创城工作获得北海市创城办表扬7次。文明村镇、文明单位、文明家庭等基础创建深入推进，群众文明自觉性不断提高，生活品质得到提升。

【巩固拓展脱贫攻坚成果和乡村振兴】 2021年，铁山港区采取有力措施巩固好来之不易的脱贫攻坚成果，谋划推进乡村振兴。

巩固拓展脱贫攻坚成果　年内，铁山港区严格按照“四个不摘”总体要求，完善落实防止返贫动态监测帮扶机制，及时消除返贫致贫风险40户161人。扎实推进巩固拓展脱贫攻坚成果资金项目 59 个，项目建设开工率、竣工率和资金支出率均排北海市县(区)第 1 位、排广西前列。在市(县)党委和政府扶贫开发成效考核中被评为综合评价“好”的等次。

乡村振兴　年内，铁山港区实施旱改水工程超 667 公顷，建成高标准农田 667 公顷，建设设施农业示范基地 2 个，培育现代高标准大棚基地 107 公顷。创建南珠标准化养殖基地，插核育珠 1042 万贝，年产珠约 650 千克。加快金鲳鱼广西现代特色农业优势区建设，全年网箱养殖金鲳鱼产量 3 万吨。南康镇黄丽窝村股份经济合作社等 4 家农村集体股份经济合作社被北海市发展壮大村级集体经济工作领导小组评为市级示范性农村集体经济组织。年内，全区农林牧渔业总产值 51.30 亿元，村集体经济收入 600 余万元。

（陈远天　赖俊林）

全面深化改革工作

【全面深化改革机构和工作概况】 2021 年，中国共产党北海市铁山港区委员会全面深化改革委员会(简称区委深改委)是区委议事协调机构。区委深改委下设办公室(简称区委深改办)在区委办。年内，区委深改委重视铁山港区全面深化改革工作，制定贯彻落实中央、自治区及北海市部署的改革任务 98 项，区委深改委领导领衔推进改革任务 17 项。区委深改办加强统筹协调和上下沟通对接，突出抓好督促落实。认真落实中央第二巡视组巡视广西反馈意见整改工作，牵头制定措施 6 项，细化分解为 20 小项措施，严格按照整改销号机制，完成整改工作。将第六批改革典型经验(激励干部担当作为)与铁山港区实际结合，复制推广工作取得明显成效。改革信息上报工作得到加强，《铁山港区采取“三位一体”办法建强现代农业创业孵化基地》等 2 篇改革典型经验材料在《北海政研》上刊登，其中 1 篇上报自治区党委改革办。参与自治区改革集成试点申报工作。做好自治区改革督察反馈问题的整改工作，制定整改措施，明确整改责任和时限，推动基层整合审批服务执法力量等 3 项改革任务反馈问题的整改落实并取得明显成效。配合做好北海市第十二次党代会报告县域经济发展调研组调研活动。组织开展乡村振兴等专题调研，形成调研报告 3 份。

【五届区委全面深化改革委员会第八次会议】 2021 年 6 月 27 日，区委书记、区委深改委主任龙起云主持召开五届区委全面深化改革委员会第八次会议。会议集中学习中央深改委第十八次会议、自治区党委深改委第十一次会议及北海市委深改委第五次会议精神。会议强调，各部门、各单位要认真学习领会中央、自治区党委、市委关于改革工作的新部署、新要求，结合实际抓好贯彻落实。会议审议通过《铁山港区 2020 年全面深化改革工作总结》《区委全面深化改革委员会 2021 年工作要点》等文件。会议提出，要做到全面对标，以更高站位推进改革，坚定不移把全区全面深化改革向纵深推进；要压实主体责任，以更实作风推进改革，区委深改委定期听取重要改革方案和重大改革事项推进情况汇报，各专项小组要切实发挥统筹协调作用，各牵头部门和责任单位要进一步强化改革工作协同意识、攻坚意识和创新意识，区委深改办要深化改革问题研究，加强统筹协调，加快督促落实；要紧扣发展目标，以更强力度推进改革，在产业、生态、文化、乡村振兴、社会治理等领域探索出一些具有铁山港区特色的管用的改革举措。

【经济体制改革】 2021 年，铁山港区参与建设北海高标准市场体系，推行“7 合 1”秒批系统，实行企业开办“一站式”服务、“一套材料受理全程办理”，企业开办时间压缩到 0.5 个工作日内完成。支持民营企业加快改革发展与转型升级，持续开展解决民营经济突出问题攻坚年行动，发挥商会桥梁纽带服务民营企业发展取得实效。加强基层统计人员配置和培训，提高乡镇统计工作能力。推广应用公共数据开放平台、数据共享交换平台，严格数据安全审查，统筹协调数据安全事件处置。完善土地管理体制，完成2020年度国土变更调查工作。推进建设项目征地前期、用地报批和建设项目用地耕地占补指标保障工作，保障年产795万吨林浆纸等7个重点项目的耕地占补指标。畅通劳动力和人才社会性流动渠道，降低企业用工成本，举办2021年“春风行动”暨“稳就业送温暖”等线上线下招聘会，提供就业岗位1.37万个。

【开放合作体制改革】 2021年，铁山港区主动参与贯彻落实“三大定位”新使命第二阶段行动，全力发展临港产业，积极打造绿色化工、金属新材料及高端设备制造、高端造纸、高端玻璃及光伏材料、新能源五大千亿元产业园和海洋装备、港航物流、加工贸易、表面处理四大百亿元产业“5+4”产业集群，逐步形成多元化产业发展布局。参与西部陆海新通道建设成效显现，港口型国家物流枢纽建设不断推进，国能广投铁路支线前期工作顺利开展，铁路公路网加快完善，智慧口岸建设持续推进，口岸通关便利化水平持续提升。全年完成外贸进出口总额125.43亿元，比上年增长56.16%。

【农业农村改革】 2021年，铁山港区农村产权流转交易市场架构基本建立，区、镇两级农村产权流转交易中心（服务站）先后挂牌成立，职责职能明确，农村产权流转交易正常开展。规范农村新增宅基地审批和建房管理，严格落实“一户一宅”制度，建立区、镇两级农村宅基地审批管理机构。出台《铁山港区巩固拓展脱贫攻坚成效与乡村振兴工作有效衔接工作方案》等文件，落实巩固脱贫攻坚成果接续帮扶机制。同时，推进优势特色农业产业发展，培育发展农产品加工业。

【生态文明体制改革】 2021年，铁山港区印发《关于全面推行林长制的实施办法》等10项制度，设立区、镇、村（社区）三级林长，初步建立完整的林长制组织体系、责任体系。区、镇、村（社区）三级林长办公室挂牌设立，建立健全全区林长制配套制度，制作安装林长公示牌。实行农村垃圾分类投放，垃圾分类、收集、运输、处理等工作逐步规范，实现“村收、镇运、区处理”一条龙服务，农村生活垃圾清运处理率100%，农村人居环境不断改善。

【民主法制领域改革】 2021年，铁山港区制定《铁山港区人民法院民事案件繁简分流和诉调对接工作流程管理规定（试行）》，促进诉调对接实质化，妥善解决矛盾纠纷。启用电子送达平台，改善送达难的问题，缩短办案时长。制订《北海市铁山港区人民法院涉案财物管理工作暂行规定（试行）》，涉案财物处置逐步制度化、规范化。创建“一企一警”工作机制，开展治安消防隐患排查，破获多起涉企故意伤害案件。设立区公共法律服务中心，配备自助服务终端、“互联网+”智能展示平台等，为群众提供法律援助、法律咨询、社区矫正、人民调解等“一站式”综合服务。

【医疗卫生和食品体制改革】 2021年，铁山港区印发《铁山港区师德师风建设年活动方案》，常态化开展师德师风警示教育，师德师风建设得到加强。成立区疾控中心，区人民医院发热门诊项目及2个基层医院发热哨点诊室建成并投用，实行传染病报告首诊负责制，疾病防控能力不断提升。规范各医疗单位绩效工资发放办法，合理确定医务人员收入水平。完善绩效工资制度，建立动态调整机制，多劳多得、优绩优酬，充分调动医护人员工作积极性。强化食品安全监管，做到辖区进口冷链食品流向清晰可查。落实食品生产经营风险分级管理，全区食品生产企业、餐饮服务单位、食品销售者均完成风险分级评定。

【文化建设体制改革】 2021年，铁山港区开展庆祝中国共产党成立100周年系列活动，营造喜庆欢乐祥和的氛围，举办红歌合唱大赛及文艺晚会等全区性重大庆祝活动，其中举办惠民巡回演出6场。创作器乐作品《疍家喜搬迁》，歌曲《爱你风雅》《你是一面旗》，舞蹈作品《一盏红油灯》等一批文艺精品，并选送3个文艺精品参加自治区第九届基层群众文艺会演，均获好评。鼓励和组织"非遗"代表传承人参加高规格的展出活动，《陶瓷茶具——邂逅》《红色密码》2个陶瓷非物质文化遗产作品分别获2021年全国"金凤凰"创新产品设计大赛银奖和广西"八桂天工奖"银奖；组织"非遗"传承人代表参加2021年"文化和自然遗产日""非遗"宣传展示广西主场活动。

【组织建设制度改革】 2021年，铁山港区强化"头雁"建设，提升基层治理水平，制订《2021年铁山港区村（社区）"两委"换届选举工作实施方案》，高质量完成村（社区）"两委"换届工作。健全引进人才培养发展体制机制，科学设立引进人才"编制池"，留出15个编制专门引进高层次人才，为引进人才落地提供空间。制订《铁山港区聘用人员管理方案》，规范聘用人员管理。在营盘镇塘仔村率先实行"党群格"工作模式，将党的组织优势转化为治理优势，把服务触手延伸到细枝末节，"党群格"工作模式取得初步成效。

【纪检监察体制改革】 2021年，铁山港区建立健全党员领导干部监督机制，采取"一结合两谈话三机制"工作模式，推动政治监督与日常监督相融合。扎实开展"交流式"谈心谈话和"批评式"约谈提醒，防微杜渐，做实日常监督。实行"区镇联动+室组联动+组组联手"模式，有针对性地对派驻部门领导班子实施监督，着力构建"大监督"格局。落实自治区关于市（县、区）监委向本级人大常委会报告专项工作的部署和要求，按时间节点和任务要求抓好向本级人大常委会报告专项工作落实。健全检举举报平台应用管理制度，建立办理子平台、来访举报受理系统、处置子平台和平台基层版等检举举报平台，打通检举举报处理工作各个业务环节。

（王　鹏　蔡德裕　杜家兴）

组织工作

【组织工作概况】 2021年，中国共产党北海市铁山港区委员会组织部（简称区委组织部）坚持以习近平新时代中国特色社会主义思想为指导，贯彻落实中共十九大和十九届历次全会精神、习近平在庆祝中国共产党成立100周年大会上的讲话等系列讲话精神，学习领会自治区、北海市第十二次党代会精神和铁山港区第六次党代会精神，深入谋划部署，全力推动落实庆祝中国共产党成立100周年活动、基层党建、干部人才等各项工作，取得新成效。

【换届工作】 2021年，区委组织部压实责任、优化人事结构，完成换届选举"开门红"。铁山港区严格落实换届工作主体责任，对任职资格及任职程序严把审核关，做到督导督查、精准培训、宣传发动全覆盖，确保区、镇、村（社区）三级换届选举工作圆满完成，各级领导班子结构层次优化明显。44个村（社区）全部实现党组织书记、主任"一肩挑"，40岁以下党组织书记占27.2%，高中（中专）及以上学历干部占82.9%，86.3%以上的村（社区）有大专以上学历干部。3个乡镇党政领导班子平均年龄38.5岁，35岁以下干部接近50%，大学以上学历占86%。2期人大代表选举114个选区全部一次性选举成功，参加选举选民14.92万人，参选率97.67%，排全市第1位，创历史新高。

【庆祝中国共产党成立100周年】 2021年，区委组织部深入推进党史学习教育，广泛开展庆祝中国共产党成立100周年"十个一"活动。在企业、村（社区）、机关、学校、社会组织等基层党组织和党员干部中广泛开展“十个一”庆祝中国共产党成立100周年系列活动。慰问党内功勋荣誉党员、生活困难党员、老党员和老干部374人，筹集发放慰问金31.4万元；组织开展参观红色革命遗址活动，红色革命遗址扫管龙村接待支部74个，党员1600余人；开展学党史、讲党史、聆听党课等主题活动，组织党员群众3万余人次观看“党课开讲啦”，开展将“红色传奇”进行到底系列活动5000余场；开展“我为群众办实事”活动，组织逛“解忧超市”、认领群众“微心愿”活动，解决群众“三事”2336件，认领“微心愿”624个，服务群众的长效机制不断完善。

【党建领航行动】 2021年，区委组织部组织实施“党建引领·工业振兴”行动，掀起工业发展“党旗红”活动高潮。聚焦招商引资、项目落地和服务企业，成立区大帮办中心专门负责对接企业，选派17名引进人才加入招商引资研判项目组和项目包装组，选派600余名党员干部参与征地，选派19名干部担任工业振兴特派员，在党建、人才、政策等主要内容上为企业提供资源共享跟踪服务。成立10个征地搬迁工作组临时党支部，开展红旗项目“红旗手”评比活动，按考评结果实行“红旗、蓝旗、白旗”项目公示机制，激励鞭策全区各级领导干部“见红旗就扛、看第一就争”，争当推进项目的“红旗手”，推动企业高质量发展，打响铁山港区“红色工业”品牌。实施“党建引领·基层治理”行动，创建基层治理“党群格”。围绕提升乡村治理“形实魂”，在营盘镇塘仔村率先实行“党群格”工作模式，建立“1+1+N”管理模式，将相邻的10户左右村民作为1个单元建立“党群格”，由1名党建小组长和1名网格长（村民小组长）带领N名网格员，管理所在区域内村民。重新整合建立1个“党群服务中心”，整合纳入挂点镇领导、驻村工作队员、“三官一律”队伍力量，受理群众反馈问题。年内，营盘镇塘仔村建立“党群格”52个，选出党群小组长52名，覆盖全村539户村民，收集并解决村民问题47个，“党群格”工作模式取得初步成效。实施“党建引领·乡村振兴”行动，提供村级发展“源动力”。着重抓好乡镇一把手和基层党组织带头人队伍建设，44个村（社区）全部实现党组织书记、主任“一肩挑”，选派新一批60名工作队员和17名选调生到村任职，聘用50名优秀大学毕业生作为基层组织建设专职人员入驻基层，“头雁”效应初显。

【农村基层党组织建设】 2021年，区委组织部在农村基层党组织中全面推动“自然村达标、行政村建强、整乡推进、整县提升”行动，全区共有示范乡镇1个，达标乡镇1个，星级党组织23个，达标党组织25个，达标屯53个；不断加强和规范基层党组织建设，共排查整顿提升3个软弱涣散（后进）村党组织。

【驻村工作】 2021年，区委组织部选派58名驻村工作队员，确保每个脱贫村均有3名以上工作队员（含第一书记）驻村工作，提拔优秀的驻村工作队员

2021年12月7日，区委书记龙起云（右二）陪同自治区核验组到南康镇火甲村委考察核验星级村建设成效　　区委组织部　供

7名。全区获自治区级表彰优秀第一书记1名，优秀工作队员2名，获北海市年度考核优秀队员29名。投入党组织服务群众专项经费450余万元，建设项目271个，切实提高党组织服务群众水平。

【“两新”组织建设】 2021年，区委组织部扎实推进“百日攻坚”活动，“两新”组织（非公企业党组织和社会组织党组织）覆盖率100%，其中非公企业单独组建率86.43%，比上年提高1.27%，社会组织单独组建率72.34%，比上年提高2.13%。打造完成太阳纸业、南洋船舶等党组织为第五批北海市“两新”党建示范点，全年共打造新鑫能源、信义玻璃及太阳纸业等10个“两新”组织党建示范点。制订《铁山港区在“两新”党组织中开展“三有三送”活动推进工业振兴工作方案》，为新鑫能源、太阳纸业等11家企业150余名党员职工上党课，赠送党建和政治理论书籍121本，协助企业解决生产经营过程中的矛盾纠纷及融资难、用工难等问题，切实当好优化营商环境的服务员、安企惠企助企的施工员和惠企政策的宣传员。

【村级集体经济发展】 2021年，铁山港区推进农村发展集体经济质量、效率和动力“三变革”，全区43个村（社区）共打造56个富民强村集体经济项目，创建“产品小而特、业态精而美、布局聚而合”的“一村一品”示范村，形成一村带数村、多村连成片的发展格局。其中，通过调整农村农业产业结构引进10家非公龙头企业带动34个村（社区）发展村级集体经济项目30个；24个村（社区）通过自主经营、商铺出租等方式发展村级集体经济，实现资源变资产，发掘创收增收新增长点。年内，全区43个村（社区）集体经济收入全部达到6万元以上（含6万元），合计601.06万元。其中，村级集体经济收入超过10万元的村（社区）有23个，超过20万元的有7个，超过50万元的有3个（分别是南康镇南康社区54.5万元，营盘镇鹿塘村51.53万元、盐灶村52.97万元）。

2021年9月13日，兴港镇富屋村村级集体经济项目之发展海上网箱养殖项目丰收场景 区委组织部 供

【干部选拔任用】 2021年，区委组织部坚持好干部标准，始终坚持在一线中培养选拔担当作为干部，结合乡镇换届，选优配强班子，提拔任用年轻干部，区辖各镇党政领导班子平均年龄38.5岁，35岁以下干部占比接近50%。坚持正确的用人导向，全年共提拔任用干部47人，晋升职级干部6人，其中在征地搬迁、项目建设、招商引资、乡村振兴等一线提拔任用干部31人，充分激发干部干事创业活力。大胆启用、有意识培养年轻干部、基层干部，把年轻干部和优秀人才放到招商引资、项目建设、征地搬迁、脱贫攻坚、乡村振兴等急难险重岗位上磨炼。全年选派17名选调生到村任职，17名引进人才加入招商引资研判项目组和项目包装组，19名干部担任工业振兴特派员，11名引进人才到副科级岗位挂职，做到应挂尽挂。

【乡镇干部和人才干部关爱】 2021年，区委组织部坚持严格管理和关心厚爱相结合，提高乡镇工作补贴标准，将全区乡镇工作补贴按照地域差异相应提高到每人每月450元或550元。科学合理设置绩效奖励机制,设置绩效奖励方案重点面向基层一线人员,充分调动乡镇干部干事创业积极性。年内,区委组织部强化人才干部关心关爱,深入开展“组织部长与我说说心里话”活动。出资30万元为人才公寓安装热水器,优化生活配套设施。落实引进人才安家补贴和生活补助,增设人才综合补贴,5年内本科、硕士、博士人才综合补贴比市辖其他县区分别高出11万元、22万元、33万元,全年拨付62.5万元,让人才引得进、用得好、留得住。 （钟东强）

宣传工作

【宣传机构概况】 2021年,中国共产党北海市铁山港区委员会宣传部(简称区委宣传部)是区委主管意识形态工作的职能部门,下设二层机构有北海市铁山港区互联网新闻传播研究中心。北海市铁山港区精神文明建设委员会办公室、中国共产党北海市铁山港区委员会网络安全和信息化委员会办公室、北海市铁山港区人民政府新闻办公室、北海市铁山港区新闻出版局在区委宣传部挂牌,与北海市铁山港区社会科学界联合会合署办公。

【理论武装工作】 2021年,区委宣传部协助区委抓好抓实区委中心组学习,制定下发《关于2021年全区理论学习的通知》和《理论学习中心组列席旁听制度》,提升理论学习质量和效果。全年共安排中心组学习5次,每次自学和集中学习的时间均为3天,学时累计15天。把贯彻落实习近平新时代中国特色社会主义思想作为首要政治任务,坚持读原著、学原文、悟原理,坚持系统学、跟进学、联系实际学,突出理论性、实践性和实效性。高标准完成党史学习教育规定动作和自选动作。广泛开展党史专题学习,区委理论学习中心组带头,举办集中专题学习4次,带动基层党支部利用“三会一课”、党日活动、专题党课等形式组织专题学习100余场次,指定学习材料做到党员人手1套。举办“初心大讲堂”,区委书记带头给广大党员干部上党课,将理论学习转换为促进发展的动力。

【创新理论宣讲】 2021年,区委宣传部围绕党史学习教育、中共十九届六中全会等专题组织百姓宣讲团、青年宣讲团深入革命老区村、企业、学校等地开展党史专题宣讲近20场。邀请专家、教授开展专题培训6场次,组织党员干部走进“红色学堂”现场学习40余场,深入开展“感党恩　跟党走”主题系列活动。依托文明实践平台,组建志愿服务队153个,志愿者2.6万人,开展志愿服务活动250余场次,帮助群众圆梦“微心愿”,传递崇德向善正能量。用好“同心广播”和征地搬迁“天翼喇叭”,实现农村党员、群众、搬迁户在家门口学习党的先进理论。通过多种方式、多种手段不断深化面向基层、入脑入心的思想理论武装,切实用党的创新理论武装干部、教育群众、推动发展、引领风尚。

2021年12月7日,区委书记龙起云(左二)到南康镇滨海社区访“三事”逛“解忧超市”,帮助群众圆梦“微心愿” 区委宣传部 供

【意识形态工作】 2021年，区委书记带头抓意识形态工作，区委专题研究意识形态工作5次，专题督查1次，并向同级和上级党委报告。定期分析研判铁山港区意识形态领域形势，在党内进行通报，举办全区意识形态工作培训班1期。制定《铁山港区重大意识形态领域舆情事件应急处置机制》等制度。利用重大节日开展“扫黄打非”进基层活动，教育群众2万余人次。

【新闻舆论宣传】 2021年，区委宣传部持续输出正面宣传引导舆论走向。以学习宣传贯彻习近平新时代中国特色社会主义思想为首要任务，做好重要会议活动及重大主题的宣传，深入宣传中共十九届历次全会、全国“两会”、自治区“两会”、北海市十二次党代会和区委六次党代会等重要会议精神，做好宣传策划。精心谋划区委全会、铁山港区“两会”等主题宣传，以“短视频”“长图”等互动性强、传播速度快、接收范围广的新媒体形式推出系列报道，引起热烈反响，在朋友圈、微信群刷屏。

【中心主题宣传】 2021年，区委宣传部围绕中心，服务大局，强化党委政府重点主题宣传，紧扣六届区委提出的牢记嘱托勇争先、锚定蓝图谱新篇，奋力打造人民生活更加美好的现代化工业强区这一主题主线，围绕区委“12510”工作思路，紧紧围绕庆祝中国共产党成立100周年、向海经济、疫情防控、乡村振兴等重大主题及区委中心工作，开展全方位、立体化宣传。围绕庆祝中国共产党成立100周年活动，分别在《广西日报》《北海日报》用整版报道铁山港区发展成就，向中国共产党百年华诞献礼；围绕向海经济发展，主动协调邀请《人民日报》记者深入全区一线采访，并在《人民日报》头版上报道。年内，全区在市级及以上新闻媒体刊发稿件615篇，其中国家级30篇，自治区级68篇。经济社会发展成就的文章在《人民日报》《广西日报》等权威媒体上频频刊登。

（效雪梅）

统战工作

【统战工作及机构概况】 2021年，中国共产党北海市铁山港区委员会统一战线工作部（简称区委统战部）围绕区委、区政府中心工作，充分发挥凝心聚力和联系广泛的作用，各项工作取得新成效。9月，北海市委统战部主要领导实地走访调研铁山港区后指出，铁山港区统战工作有特色、有亮点，发挥统战资源优势在推动非公经济发展、服务招商引资等中心工作中起了积极作用，充分凝聚合力彰显统战担当。中国共产党北海市铁山港区委员会台湾工作办公室、北海市铁山港区人民政府台湾事务办公室（简称区台办）、北海市铁山港区民族宗教侨务局（简称区民宗侨务局）在区委统战部挂牌。

【党外代表人士和统战干部队伍建设】

党外干部和统战干部任用 2021年，在区委重视下，党外干部和统战干部队伍建设又有新突破，1名党外正科级干部被重用为区政府工作部门正职领导，2名党外副科级干部转岗到区政府部门担任副职领导。1名统战干部和1名乡镇统战委员获提拔分别担任营盘镇和南康镇人大主席。

统一战线成员教育培训 2021年，区委统战部多形式组织党外代表人士、统战干部开展党史学习教育，参与“我为群众办实事”实践活动、统一战线助力创城志愿服务活动；组织统一战线成员70余人积极参加广西统一战线网络学院学习；11月4日—10日，组织党外干部、非公有制经济人士、民族宗教工作管理人员及统战骨干到柳州市开展教育培训。年内，区委统战部共组织统战系统成员召开专题学习会议8次，开展系列主题活动12次。

汇聚党外人士力量 2021年，区委统战部根据换届后人员变动情况，及时调整区委常委、区政府党员领导与党外代表人士联谊交友名单，推动与党外人士广交朋友。推动开通铁山港区党外人士风采展示平台，宣传报道全区多名优秀党外干部的个人事迹。推动成立铁山港区民主党派活动室，解决基层民主党派日常活动无固定场所问题，增强各民主党派人士的归属感、凝聚力。

【服务党委政府中心工作】

服务招商引资　2021年，区委统战部发挥统战资源优势，密切与广西各省级异地商会和自治区外相关行业商(协)会的联系，与自治区相关部门紧密对接，采取以商(协)会招商、以关联企业招商、以上级资源招商，夯实区委统战部“三线六主动”［找准线，不断线，牵好线；主动联结市外统战资源，主动拜访市级省级重点商会，主动对接省外行业商(协)会，主动上门邀请意向企业来访，主动搭建招商推介平台，主动做好引入项目的跟踪服务］服务招商工作模式。年内，区委统战部主要领导先后拜访全国新能源商会、广东电子信息行业协会等全国知名商(协)会和广西浙江商会、广西江苏商会、广西河北商会、广西重庆商会等10多家广西省级异地商会，走访中国华电集团资本控股有限公司、上海格派镍钴材料股份有限公司、亿利集团、首农集团、鹏辉能源、庞度科技等20多家企业，邀请亿钧耀能新材、迪牧化工、优派特等10多家企业到铁山港区考察，主动对接引入招商签约工业项目计划投资达170多亿元。

服务征地搬迁　2021年，区委统战部一半人员投身征地搬迁工作，以实际行动支持项目落地。区委统战部主要领导担任区第五征地搬迁工作组组长，副部长担任重点项目征地搬迁负责人。区委统战部积极鼓励和动员区内非公经济人士和各商会会员、党外人士、在外经商企业家积极参与或从外围助力政府做好征地搬迁工作。非公经济人士和党外人士在全区各征地搬迁工作组中均发挥了积极作用。

2021年11月16日，区委常委、统战部部长、国能广投500千伏送出线路工程铁山港区段征地工作组组长刘将远(右三)在兴港镇谢家村委油麻山村入户做被征地群众思想工作　区委统战部　供

服务乡村振兴　2021年，区委统战部鼓励并引导辖区民营企业参与乡村振兴工作，动员民营企业家主动参与“广西统一战线助力乡村振兴主题实践行动”，助力广西乡村卫生室提质升级建设。扎实开展“万企兴万村”活动，推动23家民营企业与5个村签约结对帮扶。

【区委统战部民族宗教工作】

2021年，区委统战部、区民宗侨务局举办系列活动，在全区广泛开展民族团结宣传，对促进中华民族大团结、铸牢中华民族共同体意识起到了积极作用；以北海创建全国民族团结进步示范市为契机，结合铁山港区实际，开展民族团结进步示范市创建，扎实做好培育民族团结进步示范单位建设工作。年内，区委统战部、区民宗侨务局健全完善宗教工作机制，推动各有关部门每月走访宗教活动场所、民间信仰活动场所成常态化工作；强化对宗教(民间信仰)活动场所的监管，引导宗教与社会主义相适应。

2021 年 9 月 24 日，北海市委常委、统战部部长陆海生（前排左二）在区委副书记何来（前排左一），区委常委、统战部部长刘将远（左四）的陪同下，到信义玻璃（广西）有限公司调研　　区委统战部　供

【经济领域统战工作】

助推非公经济高质量发展　2021 年，区委统战部以“加强学习教育、加强典型示范、加强合力服务”为抓手，通过组织开展庆祝中国共产党成立 100 周年系列活动学习座谈，商会组织公益光彩活动、先进典型表彰认可等形式，持续推进非公经济人士思想教育和政治引领，助推铁山港区非公经济高质量发展。12 月 20 日，工作经验文章《“三加强”教育引导非公经济人士助推铁山港区非公经济高质量发展》在《北海日报》上刊登。

建立健全非公经济长效发展机制　2021 年，区委统战部根据换届后人员变动情况，及时更新并完善铁山港区 4 家班子领导联系非公经济代表人士和非公企业工作制度。年内，区 4 家班子领导累计走访联系非公企业 106 家次，区委统战部、区工商联组织干部职工走访非公企业 90 多家次。同时，以活动为载体，扎实主动服务好非公企业。全年主要开展解决民营经济突出问题攻坚年、“走企连心解困”“春雨润苗”等专项行动，多形式为非公企业科学发展解难题、办实事，促进非公经济发展制度化，服务非公经济发展常态化。

成立民营中小企业服务中心　2021 年，区委统战部积极为铁山港区民营中小企业搭建政企交流服务平台，并于 5 月 10 日推动成立铁山港区民营中小企业服务中心，扎实开展服务企业工作。

商会凝聚力建设　2021 年，区委统战部以建设好“广西民营经济示范区”为契机，指导区工商联加强对基层商会的指导力度，充分发挥商会的桥梁、纽带和助手作用。区工商联分别被全国工商联、广西工商联认定为 2020—2021 年度“五好”县级工商联；南康镇商会被广西工商联认定为 2021 年度广西工商联诚信建设先行商会优秀商会组织。年内，区委统战部开展商会、非公经济人士助力光彩事业、公益事业、解忧超市等活动 13 次。同时，

2021 年 5 月 10 日，区政协主席彭岳军（左），区委常委、统战部部长刘将远（右）为铁山港区民营中小企业服务中心成立揭牌

区委统战部　供

搭建平台加强新时代民营经济统战工作，推动铁山港临海工业区商会于6月11日成立。

【新的社会阶层人士工作】2021年，区委统战部制定完善党政领导干部联系新的社会阶层人士工作机制，促进联系新的社会阶层人士工作常态化。坚持在服务中做好引导，引导新的社会阶层人士与区委、区政府同心同德。新的社会阶层人士积极主动参与助力乡村振兴等中心工作，自觉参与统战部门组织开展的党史学习教育系列活动。

【区委统战部对台工作】2021年，区委统战部、区台办持续加强与台胞台企的联络联谊，多次深入辖区大顺虾苗场、北海立安陶瓷原料有限公司等台企开展走访台胞台企活动，详细了解企业发展现状及面临的实际困难，并向企业宣传有关涉台政策，着力优化营商环境，确保涉台政策措施在铁山港区落实到位。

【区委统战部服务归侨侨眷工作】2021年，区委统战部、区民宗侨务局热心服务归侨侨眷，认真解答归侨侨眷在侨务政策方面的问题。全年共为“三侨”考生开具证明10余人次。春节前夕，共走访慰问归侨侨眷脱贫户8户，送去慰问金和慰问品约2000元。

（卢　娜）

老干部工作

【老干部工作概况】中国共产党北海市铁山港区委员会老干部局（简称区委老干部局）在区委组织部挂牌。2021年，铁山港区有离休干部1人，退休干部1007人，其中处级干部8人，退休党员394人，退休非党员614人。年内，区委老干部局坚持以习近平新时代中国特色社会主义思想为指导，贯彻落实中共十九大以及十九届历次全会精神，深入谋划部署，推动落实老干部政治、生活待遇，引导老干部为铁山港区建设贡献余热。

【老干部学习】2021年，区委老干部局以庆祝中国共产党成立100周年为契机，采取专题学习、集中研讨、送学上门、集中辅导等形式，为离退休党支部送上“四史”学习书籍20余套。协助颁发“光荣在党50年”纪念章30枚，引导老党员珍惜荣誉、永葆本色；区、镇共组织近100名离退休干部开展“学党史　看变化　话发展”主题活动，参观铁山港区工业、农业生产建设新貌及党史教育图片展，激发老干部发挥特长，为推动全区高质量发展贡献力量。将老干部工作纳入全区组织建设统筹部署，纳入全区2021年党的专项考核，为推动老干部工作融入党的建设大局提供组织保障。每年征订《中国火炬》《老年知音》等党报党刊给老干部阅读，做到老干部学习活动内容充实、具体，富有成效。利用微信公众号、微信群、学习强国等平台为离退休干部提供政治理论学习资料，保证离退休干部及时了解党的路线、方针、政策和国家大事。

【老干部服务】2021年，铁山港区重视走访、慰问老干部工作，在春节、“七一”、“八一”、中秋节等重要节日，区委、区政府主要领导带队开展慰问活动，为生活困难退役军人、老党员、烈士遗属送去慰问品和慰问金，了解他们的身体、生活状况，协调解决实际困难，发扬拥军优属和关心关爱老党员、老干部的优良传统；通过微信工作群、微信公众号等方式，不断拓宽与老干部的沟通渠道；定期走访联系离退休干部，落实离休干部健康休养政策，调整落实离休干部健康休养费。丰富社区活动载体，利用辖区2家医疗机构，2个文化广场，1家老干部活动中心，1个养老院等社区资源，为区内老干部提供“四就近”服务。进一步健全离休干部“三个机制”，全面落实“两费”，全面提高生活完全不能自理的离休干部护理费，落实地方生活补助、特殊困难帮扶等专项支出及离退休干部联系走访制度，在重要节日和特殊时段常态化开展走访慰问，与老干部增强感情交流。

【老干部余热贡献】 2021年，区委组织部通过整合铁山港区资源，引导老干部贡献余热。组建以离退休干部为骨干的社区舞蹈队、社区曲艺团、声乐团、狮龙队、太极操队等10余支老年活动队伍，参加北海市“感党恩、跟党走”故事演讲大赛、北海市离退休干部第四届“海丝秋韵”文化活动月等活动，其中铁山港区“五老”代表队获北海第四届“海丝秋韵”文化活动月广场舞大赛一等奖。开展“百名‘五老’进校园 我为青少年讲党史”主题宣讲活动，铁山港区“‘五老’宣讲团”成员以亲身经历向青少年讲述党的光辉历史，赞颂党的丰功伟绩，教育引导广大青少年通过学党史、知党情、跟党走，培养对党的情感认同，引导青少年坚定理想信念，扣好人生第一粒扣子，努力争当时代新人。全年共开展“‘五老’宣讲团”活动25场，受益师生2000余人次。深入村（社区）中（小）学学校，协助开展“红色传奇”主题团（队）课、“红色画卷”评比、“红色课堂”学习分享等活动，引导和教育广大师生铭记红色历史、传承红色基因、追寻红色足迹、弘扬革命精神，在全区中（小）学学校营造良好的红色教育氛围。发挥老干部政治优势、经验优势、威望优势，协助开展铁山港区2021年村（社区）“两委”换届选举、基层党建“两随机”督查、普法教育宣传等工作，带头传播好声音和正能量，争做助力铁山港区乡村振兴的“践行者”。全年共组织老干部参与各项活动100余人次。 （钟东强）

机关党建工作

【机关党建机构概况】 2021年，中国共产党北海市铁山港区直属机关工作委员会（简称区直属机关工委）下属区税务局机关党委1个和区直属机关单位党（总）支部43个，共有党员614名。

【第一批模范机关示范单位授匾】 2021年5月28日，区直属机关工委召开贯彻落实机关基层组织工作条例暨创建模范机关和党支部标准化规范化建设工作推进会。区人民法院、区税务局、区委组织部、区纪委、区人民检察院5个单位做交流发言；区委统战部、区文旅局、区人大办、区委办、区委政法委、区综合执法局、区财政局、区统计局8个单位做书面经验交流。会上，授予上述13个单位铁山港区第一批创建模范机关示范单位牌匾。

【教育培训】

“不忘初心、牢记使命”理想信念暨党史学习教育培训 2021年10月18日—22日，区直属机关工委到百色学院干部学院举办2021年铁山港区直属机关工委“不忘初心、牢记使命”理想信念暨党史学习教育培训班。培训采取教授讲课与现场体验教学相结合的方式，集中学习党员发展、民族团结、意识形态建设等机关党建工作业务，提高机关党务骨干的业务水平，加强理想信念及党性

2021年10月18日—22日，区直属机关工委在百色学院干部学院举办2021年铁山港区“不忘初心、牢记使命”理想信念暨党史学习教育培训班

区直属机关工委 供

教育。学员心得体会在区行政中心主楼一楼大厅展出，加强交流、共同提高。

机关党务骨干业务培训　2021年11月24日，区直属机关工委在北海市委党校举办铁山港区直属机关党务骨干学习贯彻中共十九届六中全会精神和党支部标准化建设为专题的业务培训班，邀请北海市委党校副教授赖文葵做《认真学习全面领会中共十九届六中全会精神》专题辅导，北海市直属机关工委副书记许荣远做《加强党支部标准化规范化建设，推动机关党建高质量发展》专题辅导。通过学习培训，为铁山港区的机关党建工作划出重点，指出解决难点弱点的办法措施。

党史学习教育　2021年，区直属机关工委结合区委关于"学党史　守初心　强责任"的安排，通过学史明理、学史增信、学史崇德、学史力行，统一党员思想，促进各项工作的开展。同时，积极发动各机关基层党组织订阅党史学习教育相关书籍，指导各支部开展"感党恩　跟党走"党史学习，明确要求各机关党支部9月至11月结合创城工作和为民办实事开展主题党日活动。年内，区直属机关工委结合党史学习教育，制作坚固精美的庆祝中国共产党成立100周年立体模型3个，悬挂横幅50多幅，在机关办公场所营造良好的党史学习教育氛围。

【庆祝中国共产党成立100周年合唱比赛】　2021年6月，区直属机关工委为庆祝中国共产党成立100周年，高规格组队73人参加铁山港区庆祝中国共产党成立100周年"学党史唱红歌跟党走"合唱比赛。合唱歌曲《映山红+中国，中国，鲜红的太阳永不落》获铁山港分赛区金奖，获北海市总决赛优秀奖。

【"感党恩　跟党走"书法比赛】　2021年，区直属机关工委引导铁山港区党政机关、企（事）业单位党员干部职工"学党史、感党恩、跟党走"，继承、弘扬国学精粹，拓宽意识形态工作阵地，培育全区健康文明的精神风貌。5月，区直属机关工委牵头举办全区庆祝中国共产党成立100周年干部职工"感党恩、跟党走"书法比赛，以艺术的形式展现真挚的爱党爱国情怀，展现新时代党员干部职工"感党恩、跟党走"信念。"七一"前夕，书画作品在区行政中心主楼一楼大厅展出，并举行颁发获奖证书仪式。

【党员发展】　2021年，区直属机关工委对照党章党规和《广西发展党员工作手册》，严格按规定程序发展党员。区直属机关工委重视在青年和业务骨干中发展党员，完善入党积极分子和发展对象报备制度、培训测试制度、材料预审制度等。全年审核入党积极分子备案83人，审批确定发展对象17人，审批接收预备党员26人，进一步规范发展党员的程序和每个时间节点的具体工作要求。按时间、按标准做好党费收缴工作，规范党费的使用管理。认真做好机关党员组织关系清查、审核，及时办理党员组织关系转移、接收等工作。

【困难党员和脱贫户慰问】　2021年1月26日，区直属机关工委联合区乡村振兴和水库移民工作局党支部到南康镇黄丽窝村开展"党建促脱贫攻坚暨喜迎中国共产党成立100周年赠春联送温暖"主题党日活动，给支持脱贫攻坚工作的农村党员、脱贫户送上慰问金和慰问品，引导农村党员、脱贫户感党恩、听党话、跟党走。全年共慰问机关困难党员、老党员、患病党员65人次，送出慰问金、慰问品折合4万余元。

【党支部标准化和规范化建设】　2021年，区直属机关工委贯彻落实党支部工作条例，推进党支部标准化、规范化建设，提高基层党支部组织生活质量，做好党支部达标创优工作。把区直属机关党支部标准化、规范化建设工作纳入年度党建工作绩效考评，通过制定考评细则、深入督促指导、每月对主题党日活动定期评比等措施，把日常考评与年度检查有机结合，走深做实党支部创优达标，提高机关党建工作质量。反映区直属机关工委党支部标准化、规范化建设的文章——《做实党支部达标创优工作》刊登在5月20日的《北海日报》上。

（谢文丽）

机构编制工作

【编制管理机构及工作概况】中国共产党北海市铁山港区委员会机构编制委员会办公室（简称区委编办）是区委工作机关，承担区委机构编制委员会日常工作，下辖北海市铁山港区机构编制研究中心。2021年，区委编办认真做好机构编制日常管理、机构改革、事业单位登记管理等工作。

【机构编制日常管理】2021年，区委编办加强机构编制工作法制化和规范化建设，从紧从严控制机构编制，管住管好用活机构编制，不断提升机构编制资源使用效益，共办理人员入编手续215人（其中行政机关63人，群团5人，事业单位147人），销编150人（其中行政机关61人，群团4人，事业单位85人），入编人数比销编人数多65人。年内，区委编办对承担区委、区政府重点工作和教育、卫生等民生事业的单位，适当增加人员编制。设立区第七幼儿园，核定教职工编制控制数22名，后勤服务人员控制数15名；增核区实验学校聘用教师控制数41名，后勤服务人员控制数13名。增核南康镇（1名）、营盘镇（3名）、区医疗保障服务中心（2名）事业编制，完成区疾病预防控制中心30名事业编制及人员的划转。使用“人才编制池”增核区重大项目服务中心等单位3名编制用于引进人才。

2021年10月29日，区委书记、区委编委主任龙起云（正面中）在区政务服务综合楼二楼会议室主持召开区委编委2021年第一次会议

区委编办　供

【机构编制核查】2021年，区委编办按时按质完成第二次全国机构编制核查各项工作任务。根据核查结果，全区共有机构205个，其中机关单位63个（党政机关33个、下设机构7个、设在机构7个、人大政协机关5个、群团机关8个、乡镇3个），事业单位142个（参公单位22个、全额拨款事业单位116个、差额拨款事业单位4个），没有违规设立机构、超限额设置机构或变相增设机构等现象。全区编制总量2812名（含聘用教师、聘用医务人员控制数）；全区实有人员2558人（含人员控制数），各单位机构编制与经批准的相一致，不存在超编进人或未履行编制使用审批程序等违规进人问题，不存在工勤人员占用行政编制等问题。全区核定乡科级领导职数239名，实际配备部门领导183人，领导职数与经批准的相一致，不存在违规核定领导职数以及超规格、超职数配备领导干部等问题。

【乡镇机构改革】2021年，《北海市铁山港区南康镇综合性办事机构和事业单位编制方案》《北海市铁山港区营盘镇综合性办事机构和事业单位编制方案》和《北海市铁山港区兴港镇综合性办事机构和事业单位编制方案》印发实施。撤销原来不核定人员编制、不实际运转的各镇国土规建环保安监站（交通站）、卫生健康服务站、文体广电旅游服务站、退伍军人事务站、农业农村水利站、扶贫工作站等18个事业单位，统筹机构编制资源，归并相近职能单位，重新调整各镇综合性办事机构和事业单位的设置，将原来各镇党政机构和事业站所合并调整为6个综合性办事机构和1个事业单位，即党群工作部、党政综合办公室、政务服务办公室、社会治理办公室、社会事务办公室、乡村振兴办公室和人事服务中心。按照统筹协调、审批、监管、执法、服务等业务环节，合理划分综合性办事机构的职责，对各个机构的主要职责进行规定和明确，核定各个机构的人员编制和领导职数，使之更加切合乡镇实际，更好地与原有管理体制和运行机制相衔接。

【健全综合行政执法体制】2021年，《北海市铁山港区综合行政执法局执法队伍机构编制方案》印发实施。明确区综合行政执法局管理的执法队伍共有6个，即3个执法大队和3个驻镇执法中队。3个执法大队的设置保留原来的3个独立法人，根据自治区改革办〔2019〕1号文件精神，分别更名为区综合行政执法局第一执法大队、第二执法大队、第三执法大队，体现局队合一管理模式。从执法领域、执法区域等维度划分各执法队伍的权和责，规定局派驻执法中队由所驻镇党委、政府管理，明晰镇、局执法职责和权限。对区综合行政执法局内设机构的职责进行调整，把行政执法案件的收集受理、分析研判、监督检查和装备保障等分别划归区综合行政执法局的办公室、法规室、执法监督室和后勤保障室，使各执法队伍能够更好地集中力量做好执法工作。

【事业单位登记管理】2021年，区委编办严格按照《事业单位登记管理暂行条例》《事业单位登记管理暂行条例实施细则》相关规定，做好事业单位登记管理相关工作。年内，区委编办共办理事业单位设立登记6个，变更登记25个，注销3个。认真做好事业单位法人年度报告公示工作，要求全区事业单位按照时间节点及相关要求完成事业单位法人2020年度报告公示。及时准确做好登记公告工作，将设立登记、变更登记、注销登记以及年报合格的事业单位登记管理信息在北海事业单位在线网站及时进行公告，实现登记管理工作信息的公开、透明，自觉接受社会监督。（范先铭）

督查绩效考评

【督查绩效考评概况】2021年，中国共产党北海市铁山港区委员会北海市铁山港区人民政府督查绩效考评办公室（简称区委区政府督查绩效考评办）发挥督查督办"利剑"和绩效考评"指挥棒"作用，全力推动中央、自治区、北海市和区委、区政府重大决策部署落地落实。年度绩效考评工作通过自治区和北海市年终核验，综合得分971.46分，位居北海市辖县（区）第1名，连续7年进入全市绩效考评一等等次行列。

【督查工作】2021年，区委区政府督查绩效考评办把督查落实好各级党委、政府重大决策部署、领导重要指示批示精神及交办事项和中心工作作为重大核心业务来抓，对上级转办领导批示件、督查通知认真组织研究，以"四不两直"（不发通知、不打招呼、不听汇报、不用陪同接待、直奔基层、直插现场）"督考并举"等督查方式予以督促落实办理。全年共组织开展督办督查60余次，发现主要问题（漏洞）46个，编发督查专报8期、有关疫情通报5期，提出意见建议23条，其中督办落实各级领导批示交办事项6件，疫情防控督查40批次，"以督促做"见成效。紧扣区委、区政府工作要点，区委常委会会议、区政府常务会议决定事项加强督促检查，重点对领导批示的道路交通事故情况分析、防范中（小）学学生溺水等重要批示件进行全程跟踪办理，牵头对重大项目攻坚、违规占用耕地、铁山港（临海）工业区及向海大道沿线风貌整治工作、《政府工作报告》重点工作分工、疫情防控、打击“三非”反走私等重点工作开展督查督办，督促各级各部门落实完成各项工作任务，推动产业发展质效齐升，招商引资工作成绩斐然。全年全区引进维美德、华电等22个项目；固定资产投资146.78亿元，比上年增长31.2%，“双百”项目数、投资额均排全市县区第1名；完成征地清场460.27公顷，搬迁711户。统筹督办全区解决群众“三事”1820件，助推全区“十四五”赢得“开门红”，铁山港区首次被评为广西高质量发展进步县区。

【绩效管理与考评】

北海市绩效考评　2021年，北海市对市辖县（区）从职能目标、专项目标、创新目标和满意目标4个维度进行绩效考评，考评结果分为一等、二等、三等和不合格4个等次。区委区政府督查绩效考评办围绕高质量发展要求，着力抓好指标任务的分解落实，在创优争先上再下功夫，推进各项指标高效完成。细化指标任务，及时将北海市下达考核指标量化分解为267项，实行指标进展完成情况“半月一报告一分析一预警”制度，运用工作群实时“微”“零”督导整改监管模式，推动各单位破解难题，确保目标任务达成。实施评价反馈意见立项管理，逐项解决销号，上一年度社会公众提出的11条意见如期整改完成，2021年度民意调查城乡居民满意度达99.75%。着力创优争先，全年共有40项工作创新项目分别获自治区和北海市加分，完成指标超额加分项目38项，工作创新加分再创新高。

区本级绩效考评　2021年，铁山港区将上级下达的目标任务和区委、区政府重大决策部署及各镇、各部门重点职能工作等纳入年度绩效目标管理，牵头制订考评工作方案和编制指标体系及评分细则，采取指标考核、公众评议、领导评价和察访核验等相结合方式，对区辖3个镇实行各有侧重的差异化考评，对区直机关49个部门［含铁山港（临海）工业区管委会］按党政管理类（含法院、检察院）、经济管理类、公共事务管理与执法监管类、党委群团及其他类、单独考核类实行分类考评，对区税务局、区消防救援大队2个驻区单位开展服务经济社会发展绩效评价，考评结果按相应比例划分为一等、二等、三等和不合格4个等次。同时，对党的建设、精神文明建设、平安铁山港建设、民族团结进步和改革创新共5个专项工作，由区委组织部、区委宣传部、区委政法委、区委统战部、区委改革办分别对54个单位［包括驻区单位区税务局、区消防救援大队和铁山港（临海）工业区管委会］进行考评。

绩效考评结果运用　2021年，铁山港区继续强化目标责任管理，建立健全指标超额、工作创新加（扣）分奖惩激励机制，除参照市级标准按计分制确定考核档次外，将巩固脱贫成果、安全生产和区领导干部“亮牌”工作法情况列入一票肯定、提档进位、一票否决考核内容，紧扣干部担当作为、干事创业要求，工作成效显著的给予提档进位直至一票肯定，不讲政治、不讲大局、工作缺位失位的单位给予降低档次，定为三等等次或不合格等次；对承担

2021年11月25日，铁山港区2021年度绩效考评工作攻坚推进会在区政务服务综合楼二楼会议室召开　区委区政府督查绩效考评办　供

自治区、北海市指标任务因主观原因被扣分的牵头单位和责任单位,予以5倍以上扣分;对指标超额完成获加分的,予以1—3倍加分;对经上级绩效部门考评审核获创优争先和表彰奖励加分的,予以5—8倍加分。注重考评结果的运用,把考评结果作为评价各级各部门及其领导班子和领导干部工作实绩、选人用人、廉洁自律、评先评优的重要依据,与行政奖励、行政问责、行政预算和绩效审计相挂钩,从实从严按考评等次兑现奖励。

(陈远会　卢虹杏)

信访工作

【信访工作概况】 2021年,中国共产党北海市铁山港区委员会、北海市铁山港区人民政府信访局(简称区信访局)在区辖3个镇设立群众信访服务站。

【群众来信来访办理】 2021年,区信访局收到群众来信(网信)82件(含上级信访部门从信访信息系统上转交转办的信件,不含中央第二巡视组移交的信访件),其中重复信件20件。接待来访群众123批次745人次(其中集体访54批次594人次,重复访25批次227人次)。中央信访联席办第一批交办9件信访积案全部化解,办结率100%,其中实体性化解4件;10月,中央信访联席办第二批交办5件信访件,年内办结2件,均为实体性办结,其余3件未到办结期限。中央第二巡视组移交的信访事项34件全部按时办结,其中实体性办结9件。

【群众来信来访主要问题】 2021年,铁山港区信访群众反映住房城乡建设问题的来信来访占25.7%,较突出的有临海嘉园违规销售问题。反映国土(林业)、海洋渔业、农水问题的来信来访占20.9%,较突出的有南康镇大山墩村与炭窑岭村土地争议问题。反映征地搬迁问题的来信来访占18.7%,较突出的有营盘镇李某某5兄弟反映征地搬迁问题。反映民办(代课)教师社保问题来信来访占5.1%,原民办(代课)教师上访,要求超龄补缴基本养老保险费。反映支前民工问题的来信来访占4.4%,支前民工上访要求享受参战民兵待遇。反映企业职工待遇问题的来信来访占7.1%,较突出的有区珍珠场事业身份退休职工要求解决生活津贴、补贴问题。反映邻里纠纷问题的来信来访占8.1%,较突出的是宅基地争议问题。反映其他问题的来信来访占10%,较突出的是白龙海域"8·9"排筏侧翻事件死亡人员家属信访。

【矛盾纠纷排查化解】 2021年,铁山港区着力抓好信访源头预防工作,建立"访调"对接工作机制,深入开展矛盾纠纷排查化解,对可能引发群体性事件和非正常上访的苗头隐患、群众关心和反映强烈的热点难点问题,以及相对活跃的重点群体或重点人员,分别建立矛盾纠纷排查化解台账。对排查出信访突出问题和重点人员,按"五个一"(一个问题、一名领导、一个工作专班、一

2021年12月6日,区信访局组织相关部门人员在局会议室,对中央信访联席办交办的梁某某信访积案召开化解协调会　区信访局　供

套化解方案、一包到底)要求,落实“五包”(包掌握情况、包解决问题、包教育转化、包稳控管理、包依法处理)责任制进行调处。加强信访信息收集研判,对可能引发大规模集体上访和群体性事件的苗头性、倾向性的信息,及时分析研判,采取措施,妥善化解,及时把矛盾化解在基层。年内,全区共成功调处矛盾纠纷529件。

【领导干部接访下访】 2021年,铁山港区完善领导干部接访下访机制,区委常委会讨论通过“凡超过19人的集体上访,区分管领导和有关职能部门主要领导必须到场接访”的决议,区信访局制定全国“两会”、庆祝中国共产党成立100周年活动、中共十九届六中全会、广西“两会”、东盟两会等重要节点区领导接访轮值制度,推进领导干部“四访一包”(定点接访、专题接访、重点约访、带案下访、领导包案),促进矛盾纠纷和信访问题的化解。年内,全区正科长级以上领导干部接访下访群众200多批次800多人次,解决和化解信访问题84个。 (裴雪月)

党校工作

【党校机构概况】 中国共产党北海市委党校铁山港区分校(简称市委党校铁山港区分校)位于铁山港区三塘职业学校内,由区委组织部负责日常管理。2021年,市委党校铁山港区分校有电教室、多媒体教室各1间,有铁山港(临海)工业区干部教育基地、营盘镇塘仔村干部教育基地2个现场教学培训基地。

【干部培训】 2021年,市委党校铁山港区分校共开展专题培训105期,培训科级干部947人次,科级以下干部3613人次,企业管理人员246人次,专业技术人员3074人次。通过教育培训,帮助各级党员领导干部提升政治素养,不断打牢理论功底,提高专业技能和业务水平。

【特色教学】 2021年,市委党校铁山港区分校坚持基层导向,干部教育培训大幅度向基层一线倾斜,增加开设征地搬迁、巩固脱贫攻坚成果、乡村振兴等领域专题课程,组织村(社区)干部、乡镇干部、基层一线技术人员参加专题培训,充分发掘干部教育培训实地教学资源,引导领导干部了解基层一线工作;坚持以问题为导向,推动学习培训与实际工作相结合。紧贴工作实际问题,牢固树立“学中干”“干中学”理念,继续深入实施“行动学习应用推广计划”,举办铁山港区“向海大讲堂”系列专题讲座,将行动学习列入主题培训班、重点班次培训方案并组织实施,推动行动学习进支部、进机关、进项目。 (李启方)

北海市铁山港区人民代表大会

人大综述

【人大机构及工作概况】 北海市铁山港区有各级人民代表大会4个，其中区级人民代表大会1个——北海市铁山港区人民代表大会(简称区人大)，镇级人民代表大会3个。2021年是人大换届选举年，北海市铁山港区第五届人民代表大会常务委员会组织开展新一届人大代表的换届选举工作，选出铁山港区第六届人大代表172名；召开北海市铁山港区第六届人民代表大会第一次会议，选举产生北海市铁山港区第六届人民代表大会常务委员会(简称区人大常委会)组成人员27人，其中主任1人，副主任4人，委员22人。北海市铁山港区第六届人民代表大会设监察和司法法律委员会、财政经济委员会2个专门委员会及选举联络工作委员会、教科文卫与民族工作委员会、农业农村与环资城建工作委员会3个工作委员会。

【人大换届选举】 2021年是北海市市、县(区)、乡(镇)各级人大换届选举年。自治区十三届人大常委会第二十二次会议决定北海市铁山港区新一届人大代表名额178名，常委会组成人员25—29名，北海市确定铁山港区人大常委会组成人员27名，北海市铁山港区第五届人民代表大会常务委员会第39次会议确定区新一届各镇人大代表名额：南康镇88名，营盘镇89名，兴港镇83名。年内，区委高度重视全区人大代表换届，召开常委会会议专题研究人大代表换届选举工作，转发《中共北海市铁山港区人大常委会党组关于区、镇两级人民代表大会选举工作安排的意见》，区五届人大常委会任命区、镇选举委员会，选举委员会统筹推进人大代表换届选举工作，研究制订《北海市铁山港区区、镇两级人民代表大会换届选举工作实施方案》，做好宣传发动、代表名额分配、选民登记、提名推荐和确定代表候选人、组织投票选举等工作。区人大加强与区委组织部等部门的会商沟通和协调联动，形成强大工作合力。区委常委和区五届人大常委会领导成员带头到区辖镇开展全过程、全覆盖的换届选举督导工作，推动区、镇两级人大换届选举工作全程

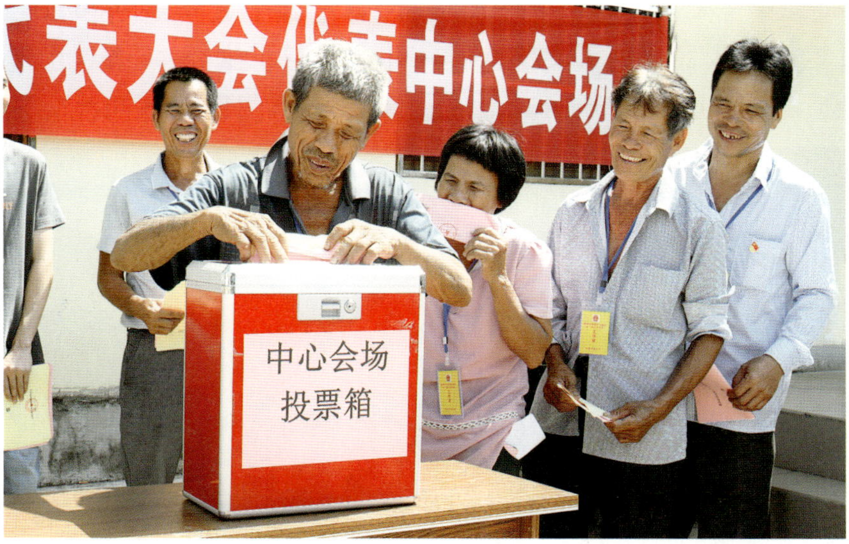

2021年7月13日和7月23日，铁山港区分两期组织选民投票选举。图为7月13日，南康镇扫管龙选区的选民在扫管龙选区中心会场投票选举现场 劳文静 摄

依法有序、风清气正、圆满成功。全区参加选举选民 14.92 万人，参选率 97.67%。依法选举产生铁山港区六届人大代表 172 名，镇人大代表 248 名，代表结构更加合理。

【人大代表履职培训】 2021 年，区人大常委会积极发挥代表主体作用，落实代表培训制度，将代表培训纳入全区干部培训序列，共开展代表集中培训 2 期，培训代表 212 人次。10 月 26 日，铁山港区开展第六届人大代表履职培训，学习中共中央总书记习近平在中央人大工作会上的重要讲话精神，以及人大代表履职知识，并就如何“坚持和完善人民代表大会制度，发展全过程人民民主”进行专题辅导。

2021 年 10 月 26 日，北海市铁山港区第六届人大代表第一期履职学习培训班举办　　区人大办　供

人大重要会议

【区五届人民代表大会第六次会议】 2021 年 5 月 13 日—14 日，北海市铁山港区第五届人民代表大会第六次会议在南珠会堂召开。会议听取和审议铁山港区人民政府代区长莫华福做的铁山港区政府工作报告、区五届人大常委会主任黄小健做的区人大常委会工作报告、区人民法院院长孟繁刚做的区人民法院工作报告和区人民检察院检察长于海做的区人民检察院工作报告；审查和批准铁山港区国民经济和社会发展第十四个五年规划和 2035 年远景目标纲要；审查铁山港区 2020 年国民经济和社会发展计划执行情况与 2021 年国民经济和社会发展计划草案的报告，批准铁山港区 2021 年国民经济和社会发展计划；审查铁山港区 2020 年预算执行情况和 2021 年预算草案的报告，批准铁山港区 2021 年区本级预算，并做出决议；补选莫华福为铁山港区人民政府区长，补选王嘉康为区五届人大常委会委员，表决通过王嘉康为铁山港区第五届人民代表大会监察和司法法律委员会主任委员。

2021 年 5 月 13 日—14 日，北海市铁山港区第五届人民代表大会第六次会议在南珠会堂召开　　区人大办　供

【区六届人民代表大会第一次会议】 2021 年 9 月 6 日—8 日，北海市铁山港区第六届人民代表大会第一次会议在南珠会堂召开。会议听取和审议区人民政府区长莫华福做的铁山港区政府工作报告、区五届人大常委会主任黄小健做的区人大常委会工作报告、区人民法院院长孟繁刚做的区人民法院工作报告和区人民检察院检察长于海做的区人民检察院工作

2021 年 9 月 6 日—8 日，北海市铁山港区第六届人民代表大会第一次会议在南珠会堂召开　　区人大办　供

报告，选举产生区六届人大常委会领导班子、区人民政府领导班子，以及区监察委员会主任、区人民法院院长、区人民检察院检察长、区人大常委会委员和出席北海市第十六届人民代表大会代表。表决通过区六届人大监察和司法法律委员会组成人员、财政经济委员会组成人员。区委书记龙起云出席会议并讲话。

【区五届人大常委会会议】2021 年，区五届人大常委会共召开常委会会议 8 次。

五届人大常委会第 35 次会议　1 月 21 日召开。会议听取铁山港生态环境局局长吴子乐受区人民政府委托做的《北海市铁山港区人民政府关于 2020 年环境状况和环境保护工作情况的报告》；听取区人大常委会副主任、代表资格审查委员会主任委员王才儒做的《代表资格审查委员会关于个别代表的代表资格审查情况报告》；听取区扶贫开发和水库移民工作局局长刘忠华做的履职情况报告；审议区人大代表资格审查委员会组成人员调整名单；审议有关人事任免事项。

五届人大常委会第 36 次会议　1 月 26 日召开。会议审议有关人事任免事项。

五届人大常委会第 37 次会议　3 月 29 日召开。会议传达学习十三届全国人大四次会议精神；会议听取区司法局局长吴礼有受区人民政府委托做的《北海市铁山港区人民政府关于法治政府建设工作情况报告》；听取区应急管理局局长叶晓龙受区人民政府委托做的《北海市铁山港区人民政府关于 2020 年安全生产工作情况报告》；听取区医疗保障局局长叶晓文做的履职情况报告；审议通过铁山港区 2020 年人大代表履职“双百双星”评定名单；审议有关人事任免事项。

五届人大常委会第 38 次会议　5 月 10 日召开。会议听取和审议通过区人大常委会副主任、代表资格审查委员会主任委员王才儒做的区人大常委会代表资格审查委员会关于个别代表的代表资格审查情况的报告；听取区人大常委会办公室主任杨中敏汇报区五届人大六次会议筹备情况；审议通过关于召开区五届人大六次会议的决定（草案）；审议区五届人大六次会议议程（草案）和日程（草案）；审议区五届人大六次会议主席团和秘书长、主席团常务主席、主席团执行主席分组、大会副秘书长等建议名单（草案）；审议区五届人大六次会议关于大会表决办法的决定（草案）；审议区五届人大六次会议代表、列席人员分组和各代表团召集人名单（草案）；审议区五届人大六次会议议案审查委员会主任委员、委员名单（草案）；审议区五届人大六次会议议案办法（草案）；审议区五届人大六次会议关于代表提出议案截止时间的决定（草案）；审议区五届人大六次会议选举办法（草案）；审议区五届人大六次会议列席人员名单（草案），并做出决定；审议并原则通过区人大常委会工作报告；审议有关人事任免事项。

五届人大常委会第 39 次会议　5 月 31 日召开。会议审议区人大常委会办公室主任杨中敏做的《北海市铁山港区人大常委会 2021 年工作要点（草案）》；听取和审议区财政局局长张祖钊受区人民政府委托做的《北海市铁山港区人民政府关于2020年度国有资产管理情况的综合报告》;审议设立区、镇选举委员会,区辖镇新一届代表名额,区、镇两级人大代表选举时间的决议等换届选举相关材料;审议有关人事任免事项。

五届人大常委会第40次会议 6月28日召开。会议传达学习中共中央总书记习近平考察广西时的重要讲话精神;审议调整部分选区区、镇人大代表选举日决定的议案;审议有关人事任免事项。

五届人大常委会第41次会议 8月17日召开。会议听取和审议区审计局局长莫深伟受区人民政府委托做的《北海市铁山港区人民政府关于2020年度区本级财政预算执行和其他财政收支情况的审计工作报告》;听取和审查批准区财政局局长张祖钊受区人民政府委托做的《北海市铁山港区人民政府关于2020年铁山港区财政决算的报告》,并做出决议;审议有关人事任免事项。

五届人大常委会第42次会议 9月1日召开。会议听取和审议通过区人大常委会副主任、代表资格审查委员会主任委员王才儒做的区人大常委会代表资格审查委员会关于区六届人大代表资格审查情况的报告;听取区人大常委会办公室主任杨中敏汇报区六届人大一次会议筹备情况;审议通过关于召开区六届人大一次会议的决定(草案);审议区六届人大一次会议议程(草案)和日程(草案);审议区六届人大一次会议主席团和秘书长、主席团常务主席、主席团执行主席分组、大会副秘书长等建议名单(草案);审议区六届人大一次会议关于大会表决办法的决定(草案);审议区六届人大一次会议列席人员名单(草案),并做出决定;审议区六届人大一次会议代表、列席人员分组和各代表团召集人名单(草案);审议区六届人大一次会议代表十人联名提出候选人截止时间的决定(草案);审议区六届人大一次会议选举办法(草案);审议并原则通过区人大常委会工作报告;审议有关人事任免事项。

【区六届人大常委会会议】 2021年,区六届人大常委会共召开常委会会议2次。

六届人大常委会第1次会议 11月5日召开。会议传达学习中央人大工作会议精神;听取和审议区监察委主任叶艳做的《北海市铁山港区监察委开展重大项目建设监察监督工作情况的报告》;听取区农业农村和水利局局长黄家琳受区人民政府委托做的《关于巩固脱贫攻坚成果同乡村振兴有效衔接工作情况的报告》;听取区卫健局局长庞海峰受区人民政府委托做的《关于铁山港区公共卫生服务体系和应急救治体系建设情况的报告》;听取和审议区委常委、区政府副区长沈飞代表区人民政府做的《北海市铁山港区人民政府关于2021年上半年铁山港区国民经济与社会发展计划执行情况的报告》、区财政局局长张祖钊受区人民政府委托做的《北海市铁山港区人民政府关于2021年上半年全区财政预算执行情况的报告》;听取和审查批准铁山港区人民政府关于2021年全区财政预算调整方案;审议有关人事任免事项。

六届人大常委会第2次会议 11月5日召开。会议听取铁山港公安分局副局长肖峰代表铁山港公安分局做的《北海市公安局铁山港分局关于打击防范电信网络诈骗工作情况的报告》;听取区审计局局长莫深伟受区人民政府委托做的《北海市铁山港区人民政府关于2020年区本级预算执行和其他财政收支情况的审计发现问题整改落实情况的报告》;听取和审议区人民政府副区长罗虹代表区人民政府做的《北海市铁山港区人民政府关于代表建议办理情况的报告》;听取区财政局局长张祖钊受区人民政府委托做的《北海市铁山港区人民政府对乡村振兴财政投入情况的报告》;审议通过《关于设立区六届人大常委会代表资格审查委员会的议案》,并做出决定;审议有关人事任免事项。

人大监督工作

【社会民生监督】 2021年，区人大常委会紧紧围绕区委打造人民生活更加美好的现代化工业强区的目标任务，听取区人民政府关于为民办实事项目情况汇报，对区人民医院发热门诊项目和铁山港区（临海）工业区人民医院进行专题调研；调研督办全区幼儿园项目建设情况；结合乡村振兴工作，开展对乡村旅游情况的专题调研；听取区人民政府关于全区卫生服务体系和应急救治体系建设情况报告，协助市人大外侨委对铁山港区归侨安置情况进行调研。对在调研督办，听取报告等工作中发现的问题，及时提出建议并助推区政府有关部门抓好落实，解决一批与人民群众生产生活息息相关的民生问题，群众获得感和幸福感持续提升。

【计划和财政监督】 2021年，区人大常委会将财政监督贯穿到预算管理的事前、事中、事后各个环节，审议和批准2020年财政预算执行情况和2021年财政预算草案；审议和批准2020年国民经济和社会发展计划执行情况及2021年国民经济和社会发展计划草案；听取和审议2020年财政预算执行情况和财政决算报告；听取和审议2021年上半年国民经济和社会发展计划、财政预算执行情况等报告的跟踪监督；听取和审议区人民政府关于全区国有资产管理情况综合报告，推进国有资产管理监督深化拓展、提质增效。

【法律监督】 2021年，区人大常委会听取区人民政府关于法治政府建设工作情况报告，督促区人民政府始终把法治政府建设贯穿于全区改革发展稳定各个方面，不断推动法治政府建设进程。首次听取区监察委员会关于开展重大项目建设监察监督工作情况的报告，有序开展“七五”普法调研，对《基本农田保护条例》和《中华人民共和国未成年人保护法》贯彻执行等工作情况开展执法检查；积极支持“两院”工作，选派人大代表对庭审进行旁听，依法监督司法部门依法履职、公正办案，维护公平正义；切实做好群众来信到访工作，全年共处理群众来信到访事件6件，维护群众合法权益。

人大代表工作

【人大代表履职平台建设】 2021年，区人大常委会继续加强全区人大代表履职平台建设，共投入10.46万元，推动区辖镇3个代表履职活动中心和44个人大代表联络站的升级更新工作，配齐履职活动中心和代表联络站工作人员，落实站长和联络员的职责。完成418名五级人大代表的编组进站和结对联系等工作，推动代表履职实现网格化管理，为代表进站开展活动提供有力保证。创新管理办法，推行“双百双星”管理和激励制度，授予铁山港（临海）工业区人大代表联络站等11个代表联络站为星级联络站，对在履职活动中表现突

2021年12月9日，自治区党委组织部常务副部长莫诗浦（前排右三）以人大代表身份到铁山港（临海）工业区人大代表联络站，参加“改善城乡人居环境，提高人民生活品质”主题活动　　区人大办　供

出的20名人大代表授予代表履职之星称号。

【人大代表活动】

社情民意反映　2021年，区人大常委会开展“民有所呼，我有所应”系列活动，通过走访人大代表、与选民面对面交谈等方式，认真倾听人大代表和选民意见，共收集意见、建议22件，对人大代表和选民反映的热点、焦点问题，及时转交有关部门办理，并做好跟踪落实。

打造“联络站+”模式　2021年，铁山港区44个人大代表联络站开展“改善城乡人居环境，提高人民生活品质”的主题活动，参加主题活动代表391人，参加率为93.5%，共收到各代表联络站提出的建议95件，其中重点建议62件；对《广西壮族自治区固体废物污染环境防治条例（草案）》进行讨论，共收集修改建议、意见11条；对2020年重点建议和联络站活动分别开展满意度测评，满意率均为100%。“双联”活动共联系代表及选民104人，50名区人大常委会组成人员和人大代表分别到区辖3镇共29个选区向选民报告履职情况。

人大代表视察活动　2021年，区人大常委会组织驻区的市级人大代表和区人大代表开展集中视察活动，共同视察广西太阳纸业350万吨林浆纸一体化项目、国能广投北海能源基地项目、北海市德智现代农业开发有限公司、北海金不换水产有限公司等工农业生产项目，为重大项目发展出谋划策。

【人大代表建议办理】　2021年，区人大常委会坚持区人大常委会领导督办、政府领导领办工作机制，召开代表建议集中交办会，将代表建议转交区相关部门办理，召开常委会听取代表建议、批评和意见办理情况的报告，形成建议交办、督办审议良性循环，有效解决一批事关人民群众切身利益的民生问题。年内，人大代表提出建议102件，其中区五届人大六次会议人大代表提出建议72件，区六届人大一次会议代表提出建议30件，全部办结，反馈率100%，满意率100%。

2021年12月17日，区人大常委会组织驻区的市级人大代表和区人大代表视察广西太阳纸业350万吨林浆纸一体化项目

区委宣传部　供

人大各专门委员会和工作委员会工作

【区人大监察和司法法律委员会工作】　2021年，区人大监察和司法法律委员会协助区人大常委会听取区人民政府关于法治政府建设工作情况报告，听取铁山港公安分局关于打击防范电信网络诈骗工作情况的报告，不断推动法治建设进程；组织开展“七五”普法工作的调研，提高全民的法律素质；依法开展《基本农田保护条例》《中华人民共和国未成年人保护法》的执法检查，推动法律实施；组织开展对全区扫黑除恶工作成果调研，扎实推进扫黑除恶专项工作；积极支持“两院”工作，选派人大代表对庭审进行旁听，依法监督司法部门依法履职、公正办案，维护公平正义。

【区人大财政经济委员会工作】　2021年，区人大财政经济委员会认真落实人大预算审查监督工作改革要求，将财政监督贯穿到预算管理的事前、事中、事后各个环节，协助区人大常委会审议和批准铁山港区2020年财政预算执行情况和2021年财政预算草案，审议和批准铁山港区2020年国民经济和社会发展计划执行情况及2021年国民经济和社会发展计划草案，听取和审议区人民政府关于全区国有资产管理情况的综合报告，听取和审议区人民政府关于2020年区本级财政预算执行及其他财政收支情况的审计报告，听取和审查批准区人民政府关于2020年区本级财政决算报告，并做出决议，听取和审议区人民政府关于2021年上半年全区国民经济与社会发展计划和财政预算执行情况的报告，听取和审查批准区人民政府关于2021年区本级财政预算调整方案并做出决议；组织开展财政预算绩效管理工作情况的专题调研，对存在的问题提出合理建议，形成调研报告，为稳定经济运行发挥人大监督作用。

【区人大常委会教科文卫与民族工作委员会工作】 2021年，区人大常委会教科文卫与民族工作委员会聚焦乡村振兴、医疗卫生、教育、文化惠民等领域。协助区人大常委会听取区人民政府关于铁山港区公共卫生服务体系和应急救治体系建设情况的报告，对全区疾病预防控制中心机构和建设项目推进情况进行督查，调研督办全区幼儿园项目建设情况，开展对教育系统后勤控制数使用情况的调研，开展对全区文化惠民情况进行专题调研。协助北海市人大外侨委对区内归侨安置情况进行调研。结合乡村振兴工作，开展对乡村旅游情况的专题调研。对在调研督办，听取报告等工作中发现的问题，提出意见建议，为区人民政府开展科技、教育、卫生、文化旅游等各项工作提供参考。

【区人大常委会选举联络工作委员会工作】 2021年是市、县、乡人大换届年，为顺利完成换届选举工作，区人大常委会选举联络工作委员会对选民登记、提名推荐候选人、投票选举3个环节进行精准培训，协调开展换届选举相关工作，完成人大换届选举工作任务。扎实推进各级人大代表“混合编组、多级联动、履职为民”工作，积极组织开展以“改善城乡人居环境，提高人民生活品质”为主题的进站履职活动；创新管理办法，推行“双百双星”管理和激励制度，组织驻区市人大代表和区人大代表集中视察工（农）业生产项目1次，对代表建议办理情况进行跟踪督办，协助区人大常委会听取区人民政府关于代表建议办理的情况汇报，推进建议办理进度，提高意见办理成效；协助区人大常委会依法任免国家机关工作人员88人（次），补选市、区两级人大代表7名。

【区人大常委会农业农村与环资城建工作委员会工作】 2021年，区农业农村与环资城建工作委员会积极推动打好蓝天、碧水、净土保卫战。针对粮食生产安全，协助区人大常委会开展粮食生产督办和专题调研，督促农业农村部门抓好粮食生产；针对农村饮用水安全和环境保护问题，协助区人大常委会听取区人民政府关于水资源的利用和保护情况及农村饮用水安全汇报、区人民政府关于2020年全区环境状况和环境保护工作情况的报告，促使区人民政府及有关部门进一步强化责任意识，着力解决环境突出问题，补齐生态文明建设短板，推动生态环境不断改善。

（梁婷婷）

北海市铁山港区人民政府

政府综述

【区政府工作概况】 2021年，北海市铁山港区人民政府（简称区政府）坚持以习近平新时代中国特色社会主义思想为指导，全面贯彻落实中共十九大和十九届历次全会精神，深入贯彻落实中共中央总书记习近平两次考察广西的重要讲话和对广西工作系列重要指示精神，认真贯彻落实自治区和北海市决策部署，按照区委“12510”发展思路，全面贯彻新发展理念，主动服务和融入新发展格局，巩固拓展疫情防控和经济社会发展成果，高质量发展行稳致远，民生持续改善，社会和谐稳定，为“十四五”赢得了“开门红”。年内，全区实现地区生产总值411.68亿元，比上年增长13.7%，高于全市4.9个百分点；规模以上工业总产值1343.24亿元，比上年增长38.8%；税收收入129.57亿元，比上年增长57.33%，占全市64.44%；财政收入53.98亿元，比上年增长66.38%，首次突破50亿元大关。以上4项主要经济指标均排全市县（区）第1名；城镇居民人均可支配收入40041元，比上年增长7.3%；农村居民人均可支配收入19269元，比上年增长9.6%。年内，铁山港区首次被自治区党委、自治区人民政府评为广西高质量发展进步县区。

【向海经济发展】

招商引资工作　2021年，铁山港区围绕五大主导产业成立5个产业招商小组，开展补链强链延链专项招商。全年引进维美德、华电等22个创新能力强、投资规模大、产业层次高、带动潜力足的项目，计划投资523.06亿元。实现到位资金136亿元，商务口径实际利用外资1.11亿美元，均排全市县（区）第1名。

工业经济发展　2021年，铁山港区绿色化工、金属新材料及高端设备制造、高端造纸、高端玻璃及光伏材料、新能源五大主导产业持续壮大，占全区规模以上工业总产值93.88%。绿色产业加快发展，全区列入全国屋顶分布式光伏发电开发试点县区。规模以上企业单位工业增加值能耗强度

2021年7月23日，区长莫华福（正面中）在区行政中心主楼二楼会议室主持召开铁山港（临海）工业区重点产业项目“两高”审议专题会议

区政府办　供

2021年7月26日，副区长陈晓华（左二）组织有关部门人员在区政府行政中心办公室研究项目推进工作　　区政府办　供

下降10.1%，降幅高出全市5个百分点。工业区规模以上工业总产值1336.43亿元，在广西千亿元产业园区中排第2名，被评为自治区级经济开发区龙虎榜第2名，并获最佳税收贡献奖、最佳吸引外资奖、外贸表现突出奖。全区工业产值占全市63%，拉动全市经济增长22.7个百分点，继续领跑全市。

重大项目建设　2021年，铁山港区完成固定资产投资146.78亿元，比上年增长31.2%，其中工业完成投资138.66亿元，占全市57%，比上年增长56.5%。项目推进强劲有力。年内，全区重点推进产业项目48个，总投资5344亿元。其中，纳入市级落地攻坚行动重点工业项目22个，占全市56.4%；列入自治区“双百双新”项目11个，总投资1026.5亿元；“双百”项目数、投资额均排全市县（区）第1名。

【乡村振兴】　2021年，铁山港区严格落实巩固脱贫成效“两不愁三保障”和“四不摘”的总体要求，健全防止返贫动态监测和帮扶机制，及时消除41户165人致贫返贫风险。统筹管理使用5929万元，实施巩固拓展脱贫攻坚成果资金项目59个，项目建设的开工率、竣工率和资金支出率均排全市县（区）第1位、广西前列。在市县党委和政府扶贫开发工作成效考核中获得综合评价“好”的等次。乡村建设有力推进，积极打造营盘镇青山头村、塘仔村2个乡村振兴示范点。投入4900万元，完成“两高两道”沿线农房特色风貌塑造。投入5056万元，完成南康—婆围、南康—江仄等10个农村公路路面改造和提升工程。特色农业加快发展，扎实推进农田水利基础设施大会战，实施旱改水面积超667公顷，建成高标准农田667公顷，复耕撂荒耕地112公顷，新增土地流转151.93公顷。培育设施农业示范基地2个，建设现代高标准大棚106.67公顷，年产值5600万元。创建南珠标准化养殖基地，完成插核1042万贝，年产珍珠超650千克。金鲳鱼广西现代特色农业优势区加快创建，年产金鲳鱼3万吨。全区农林牧渔业总产值51.30亿元。

2021年11月27日，副区长余军远（左二）到南康镇夏塘村委督查巩固脱贫成果后评估交叉检查准备工作　　区政府办　供

【民生事业】 2021年，铁山港区民生事业支出10.24亿元，占一般公共预算支出81%以上。

教育事业 年内，铁山港区教育事业优质均衡发展，印发实施《铁山港区中小学幼儿园布局规划(2021—2030年)》和《铁山港区中小学幼儿园基本建设发展规划(2021—2025年)》。投入5494万元，建成4所公办幼儿园和南康镇第一小学新教学综合楼等3个乡村振兴教育项目，增加学前教育和义务教育学位1800个。学前教育毛入园率、义务教育毛入学率和义务教育巩固率分别达91.2%、100%、99.36%，创历史最好水平。

医疗卫生 年内，铁山港区投入2400余万元，采购一批医疗设备，铁山港区工业区人民医院已具备门诊、疫苗接种、核酸采样等硬件条件。投入1386万元，建成区人民医院发热门诊项目主体大楼。加快推进区中医医院、区疾控中心、区人民医院新院区、区妇幼保健院易地搬迁等项目前期工作。全区首个体育公园前期工作加快推进。“广电云”安装完成率居全市首位，行政村“一村一屏”覆盖率100%。

社会保障 年内，铁山港区投入980余万元，大力开展职业技能培训，落实各项就业激励政策，城镇新增就业1072人。大力实施全民参保计划，基本养老保险、医疗保险均100%完成目标任务，基本医疗统筹基金报销金额7100余万元。建立健全社会保障体系，全年发放低保金、供养金、养老金等困难群众救助补助资金1.25亿元。落实农民工工资支付保障制度，帮助872人追回被拖欠工资1207万元。

【城乡建设】 2021年，铁山港区不断完善城镇功能，港产城融合建设加快推进。新城建设紧锣密鼓，投入专项债等资金4.1亿元，加快推进行政中心片区市政道路等基础设施建设。玖龙纸业生活区抓紧建设，污水处理厂、中心广场等10个项目前期工作加快推进。城镇建设统筹推进，投入3419万元，全面推进南康特色小镇基础设施建设，城镇道路提升工程竣工并交付使用。北海渔港经济区营盘中心渔港核心区加快建设，兴港镇行政中心规划加快推进。港航物流有力提升，玉林—铁山港铁路、铁山港进港专用线成为广西首条铁路与港口电气化直通的组合线路，每趟列车最高可压缩25%的运输时间。石头埠作业区23号泊位、北暮作业区7号—10号4个15万吨级泊位、北暮作业区南7号—10号4个5万吨级泊位开工建设，铁山港30万吨级进港航道及码头加快建设，疏运能力明显提升。

【生态文明建设】 2021年，铁山港区坚持绿水青山就是金山银山发展理念，不断改善城乡环境面貌。全区投入近8000万元开展全国文明城市创建活动，10个“三无”小区全部完成整治，重新规划停车位7500多个，获得北海市创城办表扬7次。改造提升南康镇和营盘镇的污水管网等一批基础设施，城镇生活垃圾无害化处理率100%。坚决打好蓝天、碧水、净土保卫战，生态环境持续改善。全年空气质量优良率

2021年9月3日，区委常委、副区长沈飞(右二)带队到铁山港四号路调研创城工作 区政府办 供

97.5%；大力推进南康江水环境综合整治、近岸海域环境综合整治及海域清理等工作，清理近海岸无证养殖面积219.5公顷；深入开展矿产资源整治专项行动，严厉查处非法开采行为71起。全面落实中央生态环境保护督察反馈问题整改。

区政府重要会议

【区政府常务会议】 2021年，区政府召开常务会议11次。

区五届人民政府第51次常务会议 2021年3月24日，区长龙起云主持召开。会议传达学习全国、北海市“两会”精神，学习贯彻中共中央总书记习近平在全国“两会”期间发表的一系列重要讲话精神，为在新发展阶段做好各项工作指明前进方向、提供了根本遵循。

区五届人民政府第52次常务会议 2021年4月25日，区长龙起云主持召开。会议听取区应急管理局2020年全年和2021年第一季度安全生产工作情况汇报，并研究部署下阶段工作等。

区五届人民政府第53次常务会议 2021年5月21日，区长莫华福主持召开。会议传达学习中共中央总书记习近平考察广西时的重要讲话精神，并研究部署落实措施。

区五届人民政府第54次常务会议 2021年6月9日，区长莫华福主持召开。会议传达学习《领导干部干预司法活动、插手具体案件处理的记录、通报和责任追究规定》《司法机关内部人员过问案件记录和追究责任规定》《关于进一步规范司法人员和当事人、律师、特殊关系人、中介组织接触交往行为的若干规定》等防止干预司法“三个规定”。

区五届人民政府第55次常务会议 2021年7月16日，区长莫华福主持召开。会议传达学习中国共产党广西壮族自治区第十一届委员会第十次全体(扩大)会议精神等。会议强调，各镇、各部门、各单位要把贯彻落实自治区第十一届委员会第十次全体(扩大)会议作为首要政治任务，切实把思想和行动统一到自治区党委决策部署上来。

区五届人民政府第56次常务会议 2021年7月19日，区长莫华福主持召开。会议审议并原则通过区财政局拟订的《北海市铁山港区关于进一步加强预算资金管理的通知(送审稿)》等。

区五届人民政府第57次常务会议 2021年8月25日，区长莫华福主持召开。会议传达学习中共中央总书记习近平对防汛救灾工作的重要批示精神，并研究贯彻落实措施。会议强调，各镇、各有关部门要认真学习贯彻落实中共中央总书记习近平对防汛救灾工作的重要批示精神，增强做好防汛救灾工作的责任感、紧迫感，把人民群众生命财产安全放在第一位，强化组织领导，落细落实防汛防台风各项工作措施，提高防汛抗灾能力，切实保障人民群众生命财产安全。

区六届人民政府第1次常务会议 2021年9月30日，区长莫华福主持召开。会议传达学习自治区疫情防控视频调度会议精神。会议要求，各有关单位要高度重视疫情防控工作，统筹调配疫情防控力量，严格落实值班值守，扎实做好疫苗接种等各项工作，制订疫情防控方案，严格做好境外回国人员、国内中高风险地区人群、国内中高风险地区的密切接触者、货运司机、港口工作人员、海上非法营运人员6类重点人员的管控和隔离工作，防范输入风险。

区六届人民政府第2次常务会议 2021年10月22日，区长莫华福主持召开。会议集中学习中共中央总书记习近平在中央民族工作会议上的重要讲话精神，并研究部署全区民族宗教工作。会议要求，各镇、各部门要提高政治站位，学习领会习近平重要讲话精神，切实把思想和行动统一到党中央决策部署上来，关心和爱护少数民族干部群众，支持少数民族群众生产生活。区民宗局要对照标准，建立完善工作台账，扎实做好民族团结进步示范区创建各项工作，并按要求做好辖区宗教安全管理工作，维护全区宗教领域和谐稳定。

区六届人民政府第3次常务会议 2021年11月18日，区长莫华福主持召开。会议集中学习中共十九届六中全会精神，并研究贯彻落实措施。会议要求全区各级领导干部要把握中共十九届六中全会精神，全力统筹推进各项重点工作，确保实现全年经济社会发展目标。

区六届人民政府第4次常务会议 2021年12月30日，区长莫华福主持召开。会议集中学习中央经济工作会议和自治区党委十二届二次全会暨经济工作会议精神，并研究贯彻落实措施。会议要求，全区各镇、各部门要正确理解和领会中央、自治区党委对经济形势的判断，抓好当前各项工作，精心谋划2022年工作思路，切实把党中央、自治区确定的各项重点工作贯穿到全区工作各领域、各方面，推动全区经济实现质的稳步提升和量的合理增长，积极争取自治区能耗指标评估和上级资金支持，加快全区项目建设和重点工作的开展。

2021年12月2日，副区长罗虹（左四）到南康镇龙门村委检查新冠疫情防控工作 区政府办 供

【新冠肺炎疫情防控工作会议】 2021年1月7日和1月21日，铁山港区分别召开2次新冠肺炎疫情防控工作会议，传达学习国务院、自治区疫情防控有关文件精神和北海市防控指挥部部署迎接国务院联防联控机制督察组督查工作会议精神等。区长龙起云出席会议并讲话。龙起云指出，各级、各部门要克服麻痹思想和侥幸心理，要严格防控措施，强化网格化管理，加强值班监测预警；加强对超市、农贸市场、酒吧、KTV、学校等人员密集场所的管控，严格执行自治区下发的九项“十严格”，压紧压实“属地、部门、单位、个人”四方责任，严防死守，决不能让疫情防控留有死角；要做好应急准备，有关部门要备好配齐口罩、消毒液、核酸检测试剂等防控物资，并建立应急响应机制，做好应急演练，确保疫情输入时快速有效处置；要做好外防输入工作，加强对到桂返桂人员的登记和排查，特别是中（高）风险地区来桂返桂人员登记和排查，加强港口、码头等涉外场所的管控，做到及时发现，及时报告，及时管控。

【中央巡视组巡视广西反馈意见铁山港区整改工作推进会暨区整改工作领导小组第一次会议】 2021年3月24日，区委副书记陈文初主持召开。区委常委、区纪委书记、区监委主任、区整改办主任叶艳传达中央巡视组巡视广西反馈意见北海市整改工作推进会暨市整改工作领导小组第一次会议精神，并部署下一阶段整改工作。区长、区整改工作领导小组副组长龙起云出席会议并讲话。龙起云指出，抓好巡视整改工作是一项重大的政治任务，是检验增强“四个意识”、坚定“四个自信”、做到“两个维护”的重要标尺。各级、各部门要进一步提高政治站位，不折不扣抓好巡视反馈意见的整改落实。龙起云要求，全区要切实加强组织领导，层层压紧压实责任，加强统筹督导，形成整体联动的合力，确保整改工作无阻力高效推进。

【铁山港区经济工作专题会】 2021年3月30日，区长龙起云主持召开。会议学习贯彻全市经济工作专题会议精神，研究部署铁山港区2021年第一季度主要经济指标工作。龙起云要求，各级、各部门要提高思想认识，紧盯第一季度目标任务，密切配合，共同推动各项工作有序有效开展；要高度重视经济运行统计工作，认真做好各项经济指标统计上报工作，切实做到应报尽报、应统尽统；要转变发展观念，大力发展新产业、新业态，培育新增长点，促进供应链不断优化；进一步优化审批流程，提高审批效率，节省企业时间成本，及时了解、帮助解决企业运行中存在的困难；要及时跟进项目推进情况，全面梳理解决项目建设的堵点、痛点、难点问题，加快项目建设进度，推动项目早投产、早出效益，全力为北海市经济发展做贡献。

【铁山港区第二轮中央生态环境保护督察反馈意见整改工作推进会】 2021年10月11日召开，区长莫华福出席会议并讲话。莫华福指出，中央生态环境保护督察是中共中央总书记习近平亲自倡导、亲自推动的重大改革举措，各有关部门要提高政治站位，坚决贯彻落实习近平生态文明思想，严格落实“党政同责、一岗双责”责任制，推进生态文明建设，切实增强抓好中央生态环境保护督察反馈意见整改的使命感、责任感和紧迫感，持续深入地做好整改工作。莫华福强调，各级、各部门首先要紧紧围绕督察组反馈的各项问题，逐条逐项分析研究，要全面排查全区环境保护工作存在的问题，严格做到老问题得到整改、新问题得到预防，确保整改落实取得明显成效；要加大宣传力度，广泛发动群众，形成“人人参与环保，人人重视生态环境建设”的良好氛围。

【铁山港区2021年第四季度防范重特大安全事故工作会议】 2021年10月18日，区委常委、副区长沈飞主持召开。会议贯彻落实自治区、北海市第四季度防范重特大安全事故电视电话会议精神，总结全区前三季度安全生产工作，研究部署第四季度安全生产工作。区长莫华福出席会议并讲话。莫华福强调，各级、各部门、各企业要切实提高政治站位，要从讲政治和讲大局的高度，加大隐患排查整改力度，坚决杜绝重特大事故的发生，确保安全生产形势稳定。莫华福要求，各单位要聚焦行业领域，突出重点，强化重点行业领域安全隐患排查治理；要加强道路和水上交通、建筑施工及工贸行业安全的专项整治；要加强民爆器材、危险化学品、特种设备、旅游、卫生、学校等重点行业、重点场所安全的专项整治；要加强食品安全专项整治；要切实做好秋冬季森林防火工作，加强应急准备，及时科学处置突发事故。

【铁山港区打击治理电信网络新型违法犯罪专项行动工作动员部署会】 2021年12月9日，区委常委、政法委书记叶长军主持召开。副区长、铁山港公安分局局长裴强昌通报全年全区打击治理电信网络诈骗相关情况，并宣读《北海市打击治理电信网络新型违法犯罪专项行动“十个工作机制”》。区长莫华福出席会议并讲话。莫华福

2021年8月17日，副区长、铁山港公安分局局长裴强昌（右三）到铁山港码头检查安全生产工作　　区政府办　供

强调，全区各级、各部门切实把思想和行动统一到党中央、自治区、北海市的决策部署上来，加强反诈宣传，加强源头管控，加强守土尽责，加强组织领导，各单位通力协作、齐抓共管，确保全区打击治理电信网络诈骗犯罪工作取得实效。

【2021 年北海市铁山港区总河长会议】 2021 年 10 月 11 日，区委常委、副区长沈飞主持会议召开。会议贯彻落实中央、自治区及北海市关于强化河长制工作的部署要求，总结铁山港区 2020—2021 年落实河长制工作开展情况，并研究部署下一阶段工作。区长莫华福出席会议并讲话。莫华福指出，全区各级、各部门贯彻落实北海市第十二次党代会和“两会”精神，认真落实河长制工作要求，努力开创河长制工作新局面。莫华福要求，全区各级、各有关部门要深入学习贯彻习近平生态文明思想和习近平考察广西时的重要讲话和重要指示精神，以更高的政治站位、更强的使命担当，不折不扣落实好河长制各项任务，提高河湖管理保护水平。要加强组织领导，以河长制工作为抓手，压紧压实责任，加强督查考核奖惩，加快推动河(湖)长制向“有能”“有效”转变，确保河长制工作决策部署落实到位、落地见效。

(钟　伟　蔡德裕　满增强　杨家梅　陈祥康)

后勤服务

【后勤服务机构概况】 北海市铁山港区机关后勤服务中心(简称区机关后勤服务中心)挂北海市铁山港区接待办公室牌子。2021 年，区机关后勤服务中心协助开展区本级的办公用房、国有资产、公务用车、公共机构节能等行政管理工作，负责区直部分机关单位账务核算、后勤综合服务等后勤管理服务工作，为党政机关高效运行提供保障。年内，区机关后勤服务中心被自治区机关事务管理局评为 2021 年度公共机构节能工作成绩突出的集体，并获通报表扬。

【行政管理服务】 2021 年，区机关后勤服务中心行政管理服务主要内容有：公共机构节能管理、办公用房管理、公务用车管理等。

公共机构节能管理　年内，区机关后勤服务中心对铁山港区能源数据指标进行总结，召开能源数据质量分析会，进行节能新系统更新工作，报送 4 个季度的公共机构节能数据；开展铁山港区区直 13 家单位节约型机关创建工作，下发节约用电方案，进行多次节约用电督查；开展节水宣传周活动及节能宣传周活动，通过悬挂宣传横幅、印发节水海报、制作节能展板、多媒体平台开展垃圾分类知识测试等方式，在全区营造良好的节能节水氛围。广西电视台到区机关后勤服务中心进行国家级 2019—2020 年节约型公共机构示范单位采访拍摄新闻专题片，并在广西电视台新闻频道《八桂新风采》栏目播出。推进全区公共机构生活垃圾分类工作，开展公共机构垃圾分类宣传进校园、公共机构垃圾分类督查活动，强化垃圾分类工作。开展充电桩建设行动，新装充电桩 10 个。

办公用房管理　年内，区机关后勤服务中心严格按照标准安排使用办公用房，将办公用房规范管理工作推进至乡镇。持续推进办公用房调配、统计工作，协调解决办公用房及干部职工周转房安排调配问题，落实办公室调整搬迁、腾退移交工作，完善周转房处级领导宿舍配置搬迁工作。

公务用车管理　年内，区机关后勤服务中心完善区公务用车管理信息平台运用工作，通过智能管理系统将车辆调度、轨迹监控等公务用车环节全程信息化，科学、合理调配车辆，杜绝“公车私用”。同时，提高车辆运行效率，确保交通费用节约可控，实现监管问责科学有效。在公务车辆数量有限的情况下，尽全力保障全区干部、职工公务出行。全年累计派车 1.18 万次，行驶里程 43.11 万千米，日常公务出行基本得到保障。车辆加油实行一车一卡，定点加油、定点维修、定点保养，严格按程序对公务用车进行检修，有效控制车辆运行成本，保障公务车管理公开化、透明化。强化绿色出行意识，探索绿色环保、节约高效的公务出行保障之路，筹措资金采购3台新能源汽车并投入使用。

【后勤保障服务】 2021年，区机关后勤服务中心后勤保障服务主要内容有：财务管理、饮食服务、周转房服务、会务服务、安保建设保障、基建维修保障、环卫绿化等。

财务管理　年内，区机关后勤服务中心财务室承担全区32个单位的财务核算和2个单位的出纳工作；完成以上单位按时序进度请款、用款，对各类支出票据审核、把关，及时报支各项费用，并妥善保存票据、单证，完成编制年度经费预（决）算等工作；完成机关国有资产登记管理、统计报表填报工作。

饮食服务　年内，区机关后勤服务中心做好机关食堂的饮食服务，广泛听取干部、职工意见，坚持做到营养上求充足、花样上求新颖、口味上求最佳，加强对食品在采购、储存、加工、剩菜剩饭处理等环节的安全管控，加大对操作间、炊具、餐具的清洁消毒力度，多措并举改善就餐环境，确保饮食安全。遵守接待规范和工作纪律，做到从优从简不超标，实行一餐一单，绝不铺张浪费。参与消费扶贫工作，多次在政府采购贫困地区农副产品网络销售平台等官方平台上购买花生油、大米等扶贫产品，全年采购扶贫产品20万元，超额完成年度消费扶贫任务。做好“厉行节约　反对浪费”宣传工作，大力开展光盘行动。

周转房服务　年内，区机关后勤服务中心共办理干部、职工住宿申请62次，在条件有限的情况下尽全力进行宿舍资源整合，安排62人入住，入住率100%。

会务服务　年内，区机关后勤服务中心全面提升会议服务水平及质量。采用全方位服务原则，做好各类会议服务工作，加强会场布置、保洁、茶水服务和会议室桌椅、灯光、音响等设施设备的检修维护，开展会议室及休息室沙发皮革维护更新，确保各类会议顺利召开。全年协助完成会务服务工作455次。

安保建设保障　年内，区机关后勤服务中心与北海兴邦保安服务有限公司铁山港分公司签订合同，保安人员在铁山港区行政中心及南珠会堂范围24小时轮流值班巡逻，开展常态化管理；安装电动伸缩门和车辆出入信息自动记录系统，加强门卫管控和院内管控，严格执行来访登记、值班巡查制度，在区政务中心和区综合楼入口处均设置来访登记岗，落实机关大院“二码”联查工作，及时排除安全隐患，配合区公安、信访部门劝阻多起群访事件。开展机关大院内道路行车标识更新和单行线指示牌安装工作，持续推进大院车辆行驶停放秩序整治。

基础设施建设维修保障　年内，区机关后勤服务中心安排专人专职负责各项基础设施建设日常维修维护任务及巡查，做到有条不紊、及时高效，日夜值守、随报随办。持续推

2021年，区机关后勤服务中心完成南珠会堂外立面改造及防水维修。图为改造后的南珠会堂外景　黄　静　摄

进完善基础设施建设，改善区行政中心办公环境、生活质量。完成配电房至区信访局和门口平房电线、电缆更换，做好干部职工周转房专变配电工程建设，进一步保障用电安全。推进南珠会堂外立面改造及防水维修，宿舍楼及办公楼门窗外墙修缮、楼道修补、走廊优化美化、热水器安装排气管等工作，进一步改善办公住宿环境。进行大院内道路维修、道路铺设生态砖、停车位规划和停车场建设工作，规范车辆停放、缓解车位紧缺问题。

环卫绿化　年内，区机关后勤服务中心坚持对职责区域进行每日清扫、全天候保洁，对大院绿化进行定期养护修剪，每月进行1次消毒及杀虫、灭鼠工作，定期对区行政中心办公楼室内外卫生和周边绿化进行督促检查，对责任范围内路段进行绿化整治。　（杨之逸）

政务服务

【政务服务中心机构概况】北海市铁山港区政务服务中心（简称区政务服务中心）是区政府办直属财政全额拨款事业单位，办公地址位于南康镇朝阳大道南172号。区政务服务中心建筑面积2500多平方米，设公共服务大厅、社保经办专区、企业开办专区3个相对独立区域，设窗口23个，入驻单位28个，进驻工作人员68人。2021年，铁山港区乡镇政务服务体系建设基本完成，南康镇、营盘镇、兴港镇分别成立镇级政务服务中心，全区43个村（社区）成立村级政务服务中心，实现区、镇、村（社区）3级政务服务体系建设全覆盖。12月20日，区政务服务中心被中共北海市委员会、北海市人民政府评为北海市精神文明建设贡献奖先进集体文明行业创建；12月24日，被北海市铁山港区精神文明建设委员会评为北海市铁山港区精神文明建设工作文明单位。

【行政审批制度改革】2021年，区政务服务中心坚持放管结合，持续深化行政审批制度改革，着力推进简政放权，按照“应进必进”原则，大力推进行政审批“三集中三到位”（行政审批部门的审批机构、审批事项、审批人员向政务服务中心集中，审批事项进驻落实到位、授权到位、电子监察到位），强化规范办理行政审批，不断优化行政审批流程，及时对进驻区政务服务中心的单位和政务事项进行调整，实行动态管理，及时更新行政审批事项和办事指南，对审批事项、法律依据、所需资料、办理流程、收费标准、办结时限、投诉电话等进行明确，并在广西数字政务一体化平台面向社会公开，接受社会各界监督，以优质高效服务提升群众获得感和满意度。

【行政审批流程优化】2021年，区政务服务中心加大力度优化行政审批流程，压缩项目审批时间，精简项目申报材料，推行容缺办理承诺制，将全区177项行政许可事项平均法定时间从20天压缩至3.8天，提速率81%，政务服务即办事项比例40.45%，企业开办实现0.5

2021年12月20日，区政务服务中心被中共北海市委员会、北海市人民政府评为“北海市精神文明建设贡献奖先进集体文明行业创建”

区政务服务中心　供

2021 年 1 月 5 日，区政务服务大厅珠城通·异地办综合窗口一角

区政务服务中心　供

个工作日办结。结合国务院第八次大督查，全面梳理全区行政权力和公共服务事项清单，对广西政务一体化平台事项要素进行细致检查，提高国家基本目录符合率，确保实施清单一致率达到 100%。重新编制“一次性告知(限时办结)”“最多跑一次”“一次不用跑”等清单，减少群众查询环节，争取做到群众办理事项全部零跑腿。年内，全区政务服务事项零跑腿 1699 项，占 80.31%。动态管理容缺受理事项清单(可容缺受理事项 150 项，可容缺受理的申请材料数量 228 项)，不断扩大容缺受理范围，拓宽材料后补的途径和方式，为群众提供更便捷的服务。大力推进“一件事套餐”(通过梳理整合、流程再造、跨部门信息共享，将原先需要跑多个部门办理的事项转变为一个窗口统一办理，实现一次告知、一套材料、一窗受理、一次联办、一口出件，极大地压缩了办理时限，提升了办事效率，形成个性化、集成化、便民化的新型政务服务模式)的配置工作，并进行推广和使用，统计编入“一件事套餐”事项有 781 项，占 35.07%。开展“减证便民”自查自纠，全面排查各部门涉及“证明”的事项，依照法律法规严格规范对群众办事需要提供的材料(凡是国家、自治区人民政府已明确取消的材料，部门不得再列为业务办理时的必交材料；能通过电子证照共享获取的政府核发证照类材料，不得强制要求群众提交纸质材料)，清理烦扰群众的各类无谓“证明”，让群众办事少跑腿。大力推动政务服务“全城通办”，实现基层政务服务“就近能办、异地可办”，打破地域限制，方便快捷服务群众。

【政务服务信息化建设】 2021 年，区政务服务中心提高广西数字政务一体化平台用户使用度，全力推进政务服务事项网上办理，引导群众使用广西数字政务一体化平台、“智桂通”App、“壮掌桂”微信小程序、广西政务 App、“爱广西”App 等进行线上业务办理，推进“智桂通”“健康码”等终端注册用户数与统一身份认

2021 年 12 月 2 日，区政务服务中心大厅企业开办专区工作人员为群众办理业务

区政务服务中心　供

证融合。持续推进电子印章和电子证照使用，加快推进电子印章系统在区公安、市场监管、教育、医疗、住房、社保、民政、交通、税务等重点部门的应用，依托电子印章系统争取逐步实现政务服务办理结果全面电子化；加快推进电子证照在政务服务中的应用，完善配置证照目录、证照类型与信息，面向区辖部门提供统一的电子证照生成、管理、共享和应用服务。年内，铁山港区在广西数字政务一体化平台上的政务事项网办率为100%，完成自治区下达网办率不低于90%的目标任务，切实做到"让数据多跑路，让群众办事少跑腿、甚至不跑腿"。

【政务服务质量监督】 2021年，区政务服务中心大厅实行日常巡查制度，强化对窗口的规范化管理。严格执行《北海市铁山港区政务服务中心窗口工作人员考勤管理办法》《北海市铁山港区政务服务中心窗口工作人员行为规范》等制度，实行每天4次不定时窗口巡查，运用行政效能视频监控手段，全面加强对政务服务大厅（专区）的管理，加强对窗口人员礼仪、纪律和服务态度等方面的督查，做到接待群众精神饱满、礼貌热情。通过"好差评"评价系统、服务投诉电话，严格落实投诉举报快速反应机制，定期核查已评价的政务服务"好差评"情况，在规定时限内完成"差评"问题整改，确保存量"差评"100%整改。年内，全区实现政务服务"差评"回复率、"差评"回访整改率均达到100%，"好评"率达到100%。定期对到区政务服务中心办事的群众进行电话回访，定期将各窗口人员纪律情况向所属单位通报，督促窗口人员改进工作作风，优化政务服务，全面治理推诿扯皮、故意刁难等"不作为""慢作为""乱作为"行为，以高质量服务为引领，以群众满意为准则，打造一流政务服务环境，营造文明服务的良好氛围。

【政务服务助推创城工作】 2021年，区政务服务中心以北海市创城活动为契机，把创城工作和业务工作紧密结合，一手抓综合素养的提升，一手抓硬件设施的提升，多措并举助力创城活动。多形式营造创城氛围，利用LED显示屏、宣传展板、固化海报等多种方式，向工作人员和到访办事群众宣传全国文明城市创建、社会主义核心价值观、诚信建设、未成年人保护、"文明健康 有你有我"等知识。倡导"树文明新风、投创城事业"，增强市民主人翁意识。制定轮班值守制度，安排人员对南康镇车站南路包保区域进行值守，按照"门前三包"要求，动员周边责任业主参与创城行动，形成人人参与创城，创城人人有责的良好氛围。

【政务便民服务】 2021年，区政务服务中心在政务服务大厅设置"学雷锋志愿服务站"，配备青年志愿者、咨询引导员，方便办事群众；提供自助打印复印、冷（热）饮用水、休闲阅读、爱心雨伞、急救箱、残疾人专用轮椅等便民服务用品，设置母婴室、无障碍通道和无障碍卫生间；在各出口及残疾人通道处张贴求助电话；在便民服务区配置公用电脑、自助查询机、打印机、复印机、饮水机等自助便民设备；为办事群众提供周到的服务，营造温馨的服务环境。区政务服务中心对照行业标准，坚持制度上墙，在大厅显著位置公示政务服务行业规范，并将办事指南、一次性告知、"八公开"、操作流程图等材料摆放在窗口供群众查阅。设立投诉室并公布投诉电话，制定《北海市铁山港区政务服务中心投诉处理工作制度》并上墙，建立高效的投诉处理机制，维护办事群众的合法权益。

【新冠疫情防控】 2021年，区政务服务中心严格落实新冠疫情防控各项措施，确保政务服务安全运行。成立区政务服务中心新冠肺炎疫情防控工作领导小组，压实工作责任，细化责任分工。利用电子显示屏不间断滚动播放疫情防控知识，在志愿服务站发放疫情防控宣传手册，在区政务服务中心周边悬挂宣传横幅2幅，摆放疫情防控宣传牌3块，加大对工作人员和办事群众的疫情防控宣传教育。在区政务服务大厅2个入口设立“哨点”，配备专人严格落实“戴口罩、扫码、测温、登记、一米线”等疫情防控措施，严守进门防控第一关。加强公共区域消毒，安排专人严格做好消杀工作，每天不少于2次对大厅公共区域进行消毒，对窗口前台、厕所等重点区域加大消毒频次，每天累计消毒面积近800平方米。为不会使用智能手机或未携带手机等不能提供健康码的办事群众，安排专人通过短信等方式帮助查询健康码。引导群众通过广西政务一体化平台和“广西政务”App办理业务，控制大厅人员流动数量，降低新冠疫情传播风险。（张春波）

土地房屋征收

【土地房屋征收工作概况】 2021年，北海市铁山港区人民政府土地房屋征收中心（简称区土地房屋征收中心）完成征地清场460.27公顷，搬迁711户，迁坟4109座，征地搬迁工作成效明显。

【征地搬迁成效】 2021年，区土地房屋征收中心协助区委、区政府制订《北海市铁山港区2021—2022年重点项目、重点片区征地搬迁工作方案》，在北海市重点项目、重点片区第十九征地搬迁工作组的领导下，开展辖区重点项目、重点片区征地搬迁工作。年内，区土地房屋征收中心围绕项目落地需求，按照“五个一”（一个片区、一名领导、一支队伍、一样标准、一包到底）工作思路，落实“一二三四五”（建强一支队伍、狠抓两项纪律、坚持“三管齐下”、协同四方发力、创新五项措施）工作措施，落实“一张表”管理制度，明确“三节点”，实行挂图作战制，建立项目调度会议制，调整优化项目审批，竭力推动重大项目建设。根据项目建设需求，全区划分九大片区共组织开展32个项目的征地搬迁工作，突出重点、统筹谋划。年内，区土地房屋征收中心完成太阳纸业项目征地清场42.73公顷，搬迁343户，保障太阳纸业项目文化纸、卫生纸、白卡纸、化学浆4条生产线的建成投产。玖龙纸业项目完成征地清场176.27公顷，如期交付项目一期用地并于11月9日正式开工建设。年产50万吨硝酸和20万吨环保处理液项目、中挪年产30万吨高塔造粒生态复合肥项目完成全部征地搬迁工作；三聚环保100万吨生物液体燃料项目、瑞和强一生物制柴油项目、精典化工年产300万吨超低甲醛释放脲醛树脂项目均基本完成征地任务；石化产业园项目严格贯彻落实市、区两级政府工作部署，迅速组建工作队伍进场开展工作，完成前期摸底调查工作。

【项目征地报批】 2021年，区土地房屋征收中心配合区重点项目、重点片区征地工作指挥部做好征地报批工作，组建技术报批股，落实征地报批工作任务，项目征地报批工作取得突破性进展。年内，区土地房屋征收中心上报年产50万吨新型生态肥料项目、年产50万吨硝酸和20万吨环保处理液项目、铁山港临港产业园搬迁回建区（二期）项目、铁山港100万吨重油改质和综合利用项目、铁山港工业区新材料深加工产业园项目、铁山港工业区新材料深加工产业园项目（道路用地）、350万吨林浆纸一体化项目（S3、S4地块20.32公顷）、铁山港储能电池材料制造项目、铁山港航标应急反应及维护基地项目、铁山港区纬三路以南和经二路以西1.93公顷收储用地项目、铁山港区年产50万吨超低甲醛释放脲醛树脂项目、年产795万吨林浆纸一体化项目（S7地块，即原S8地块）等14个项目征地报批，收到项目征地批复9个。

【业务培训】 2021年，区土地房屋征收中心加强团队建设，强化干部职工业务能力培养，全面提升征地搬迁技术服务水平。7月2日—5日，在桂林市全州县举办“学党史　感

2021 年 7 月 2 日—5 日，区土地房屋征收中心在桂林市全州县举办“学党史　感党恩　跟党走”党史教育暨业务培训班

区土地房屋征收中心　供

党恩　跟党走”党史教育暨业务培训班。参训工作人员系统学习了现行征地搬迁相关政策，进一步掌握征地搬迁知识，更加熟悉资金使用等工作流程，增强工作人员的程序意识和综合业务水平，全面提升工作人员的业务能力。同时，将征地搬迁业务和党史学习教育结合起来，激励、引导干部职工筑牢初心，厚植使命，把党委、政府惠及民生的好事办好，发挥党建引领助推征地拆迁工作，充分发挥党员干部在征地拆迁工作中的先锋模范作用。

【征地信访化解】 2021 年，区土地房屋征收中心及时处理征地搬迁工作领域信访事项，避免因征地搬迁工作引发影响社会不稳定事件。铁山港区涉及征地搬迁的信访事项主要集中在征地补偿款发放、被征地农民养老保险办理、征地程序规范及告知等方面，区土地房屋征收中心执行“谁经办谁解答”的受访工作模式，采取个别受理、个别核查、个别解答的点对点工作方式，及时解答群众信访问题，做好上访群众安抚工作，维护群众合法权益。做到以人为本、民生优先、阳光征收、和谐征收，出现矛盾及时化解，给征地搬迁后续工作提供保障。年内，区土地房屋征收中心共收到并按时答复信访件 14 份，承办“人民 e 眼”信访系统信访事项 20 件。全力化解信访积案，用心解决合理诉求。坚守法律政策底线，依法按政策办事，用法治方式解决问题、化解矛盾，提升信访工作规范化、法治化水平。

【征地搬迁宣传】 2021 年，区土地房屋征收中心和项目工作组悬挂征地搬迁宣传横幅 12 条，加强征地搬迁宣传工作。12 月 8 日，区土地房屋征收中心党员干部和其他干部职工到兴港镇南乐社区开展征地搬迁法制宣传活动，通过现场答疑和发放《广西壮族自治区信访条例》等相关法律法规宣传手册，提高群众知法、学法、守法、用法意识，遵守信访规定，合法表达诉求，助推征地搬迁工作顺利开展。（林海华）

2021 年 12 月 8 日，区土地房屋征收中心工作人员在兴港镇南乐社区开展征地搬迁法制宣传活动

区土地房屋征收中心　供

民政工作

【民政工作概况】 北海市铁山港区民政局(简称区民政局)主要负责统筹推进社会救助,提升困难群众基本生活保障,落实城乡特困供养人员救助供养政策,强化专项社会事务管理和社会福利工作,加强基层政权社会治理体系,推进婚姻管理及殡葬改革,完成行政区域界线界桩联检以及加强地名规范管理。2021年,区民政局贯彻落实中共中央总书记习近平对民政工作关于"聚焦脱贫攻坚、聚焦特殊群体、聚焦群众关切"重要批示精神,找差距、补短板、强弱项、提质量,全面履行民生保障、基层社会治理、基本社会服务等职责,扎实推进各项民政工作,为全区经济建设和社会稳定做出贡献。

【城乡低保工作】 2021年,区民政局落实提高城乡低保补助标准工作。4月1日起,全区城市最低生活保障标准是每人每月1000元;农村低保保障标准是每人每年6800元。实行分档发放城市低保,按照群众的困难程度进行分类施保。7月起,全区城市低保实行分类施保分档发放。A类标准每人每月550元,B类标准每人每月450元,C类标准每人每月380元。年内,全区纳入城市居民最低生活保障234户434人,共发放低保资金286.47万元,累计受益5229人次。农村低保对象2300户5368人,共发放低保资金1504.54万元,累计受益5.96万人次。

【临时救助工作】 2021年,区民政局扎实开展临时救助工作,缓解城乡困难群众医疗负担和家庭遭遇重大变故带来的生活压力。全年发放临时救助金23.65万元,救助困难群众66户249人,保障因突发性、临时性原因造成基本生活暂时困难群众的基本生活,维护社会和谐、稳定。

【特困人员供养】 2021年,区民政局稳步推进城乡特困供养人员工作,累计为城市特困供养人员23人发放城市特困人员供养金31.26万元,为农村特困供养人员675人发放农村特困人员供养金673.10万元。对特别困难的特困供养对象进行慰问,体现党委政府对特困人员的关爱。2月,区民政局经区政府批准,为全区714名五保户、特困群众发放慰问物资共计12.5万元,确保困难群众安全过冬、温暖过年。

【地名规范管理】 2021年,区民政局在北海市民政局的指导下顺利完成"合浦县—银海区—铁山港区"毗邻县区边界联检和平安边界创建工作。认真开展地名标志排查和完善道路地名信息工作,推进地名标准化建设,清理整治不规范地名,按时按质录入地名信息政务管理平台。

【基层政权社会治理】 2021年,区民政局完成43个村(社区)"两委"换届选举工作,产生村(社区)"两委"班子成员

2021年12月10日,区民政局组织干部职工到文化广场开展铁山港区社会救助政策宣传活动

区民政局 供

2021 年 6 月 16 日，区民政局工作队员在铁山港区与银海区界线交汇点开展行政区域界线界桩检查　　区民政局　供

2021 年 10 月 28 日，区民政局在区退役军人事务局一楼会议室举行铁山港区村(居)务监督委员会主任培训　　区民政局　供

310 人，其中村(社区)党组织班子成员 241 人。同时，区民政局组织各村(居)务监督委员会主任开展培训，充分发挥村(居)务监督委员会的作用，为推动党建引领基层治理，提升群众自治能力提供人才支持。

【滨海社区民政服务中心建设】 2021 年，区民政局积极推进南康镇滨海社区民政服务中心建设工作，完成投资 56.88 万元，建成南康镇滨海社区民政服务中心。

【民政公共服务】 2021 年，铁山港区共有登记成立的社会组织 52 个，其中民办非企业单位 36 个，社会团体 16 个。年内，区民政局严格按照审批程序，依法开展对社会组织进行审查、核准、颁证、公告等工作，认真做好社会组织年检及登记管理、强化执法监督。

（唐文媛）

应急管理

【应急管理概况】 2021 年，北海市铁山港区应急管理局(简称区应急管理局)负责铁山港区安全生产、防汛减灾、应急救援等管理工作。年内，全区共发生生产安全事故 18 起，比上年下降 14.29%；事故死亡 11 人，比上年下降 31.25%；事故受伤 10 人，比上年下降 52.38%。三项控制指标呈现“三下降”趋势；全年没有发生较大及以上级别生产安全事故。

【安全生产专项整治三年行动集中攻坚】 2021 年，铁山港区印发实施《北海市铁山港区安全生产专项整治三年行动集中攻坚总体实施方案》，从铁山港(临海)工业区石化产业园安全、道路交通安全、火灾防治安全、危险废物安全和中小学生防溺水 5 个重点行业领域入手，细化分解措施，明确职责分工，开展安全生产专项整治三年行动集中攻坚工作。年内，铁山港区共排查安全隐患 3661 处，其中一般隐患 3649 处，重大隐患 12 处，均完成整改。自查发现突出问题 9 个，制定制度、措施17项(条)。各级有关单位共成立检查组238个,开展督导检查919次,检查单位2542家次,督导发现问题2410个,约谈警示企业8家;行政处罚162次,行政罚款59.11万元。年内,铁山港区安全生产专项整治三年行动集中攻坚主要做法在北海市现场会上做经验交流。

【专家指导服务检查】 2021年,区应急管理局开展专家指导服务检查6次,指导服务企业71家次,其中危险化学品企业37家次,检查发现问题765个,均下达责令整改通知。对每次指导服务均邀请专家复查,检查前期隐患整治情况,并排查其他安全生产风险隐患点,全面“把脉”安全生产工作;经复查,全年专家指导服务发现的765个问题完成整改740个。

【安全生产执法检查】 2021年,区应急管理局对企业开展现场执法检查260次,其中日常检查173次,复查87次。现场执法检查安全生产监管重点生产经营单位54个,查处安全生产违法违规行为1394项,完成整改1026项。行政处罚罚款11.8万元,事故罚款300.4万元。全年下达执法文书567份,进一步严格安全生产执法工作。

【安全生产宣传和培训】 2021年,区应急管理局扎实开展安全生产宣传和培训工作。参加在北部湾广场举办的“6·16”安全宣传咨询日活动,通过宣传展板、宣传横幅和发放宣传单等形式,向群众宣传安全生产知识。举办全区安全生产与消防培训班1期,重点培训危化品企业安全生产应急管理知识、消防救援实操常识等。12月11日,举办新《中华人民共和国安全生产法》培训1期,邀请广西应急管理协会会长、自治区应急管理厅原副厅长叶建进对新《中华人民共和国安全生产法》修订内容和企业落实安全生产主体责任进行系统讲解。在北海LNG公司“11·2”较大失火事故发生1周年之际,召集重点企业负责人,聆听该事故企业技术人员剖析事故发生的原因,深刻认识企业在安全生产方面管理的短板和薄弱环节,对照检查、整改,提高警惕,杜绝危化品行业安全生产事故。组织各镇、各部门、各企业参加“应安联杯”新《中华人民共和国安全生产法》知识竞赛,让安全生产法律法规入脑入心。此外,组织开展铁山港区危化品车辆泄漏事故应急演练,提高全区应急力量和辖区企业在紧急事故发生时的综合应急响应能力。

【烟花爆竹安全监管】 2021年,区应急管理局核准烟花爆竹零售点30个。为确保安全,区应急管理局下属执法大队严格按照相关法律法规对30个零售点的外围条件、安全距离、专店专柜、经营面积等进行实地检查、评估,并督促零售点负责人严格落实安全管理制度,做好警示标识上墙、安全通道通畅、消防灭火器械维护等工作。年内,区应急管理局加强对各烟花爆竹零售点的执法检查,发出现场检查记录35份、责令整改文书4份、复查意见书4份;行政处罚3起,处罚金额3000元。 (李祥光)

2021年8月16日,区委书记龙起云(右二)到南康镇检查安全生产和消防安全工作

区应急管理局 供

消防救援

【消防救援概况】 2021年,北海市铁山港区消防救援大队(简称区消防救援大队)下辖消防救援站3个(南康消防救援站、金港消防救援站、兴港消防救援站)、专职消防队1个(营盘镇政府专职消防队),有执勤消防车辆21辆、消防宣传车1辆。主要负责营盘镇、南康镇、兴港镇3个镇的防火、应急救援工作。年内,区消防救援大队坚持以中共中央总书记习近平系列重要讲话和训词精神为指引,贯彻落实中共十九大和十九届历次全会精神,立足改革大局,重践履、务实行,积极突破创新、补短强能、提质增效,消防工作和队伍建设取得丰硕成果,火灾形势和队伍管理实现"两个稳定"。年内,区消防救援大队1人获广西消防救援总队嘉奖;14人获北海市消防救援支队表彰,南康消防救援站被评为珠城先锋站。

【灭火救援】 2021年,区消防救援大队建设危化品事故处置、石化火灾灭火救援、远程供水保障等专业队伍,先后承担广西消防救援总队2021年化工灭火救援技术暨消防救援站第三期安全员培训班示范教学任务、化工灭火救援编队实战效能测试及北海市消防救援支队油池火灾真火扑救测试。年内,区消防救援大队1人代表广西消防救援总队参加全国消防职业技能大赛,获消防装备维护员全国第15名;1人获广西消防接警员岗位比武竞赛总分第1名、"迅捷利鹰"称誉优秀接警员称号,1人获广西"极速飞鹰"称誉优秀驾驶员称号;在北海市乡镇、企业专职消防队和微型消防站业务比武竞赛中,指导辖区2支企业专职消防队、1个微型消防站分别获得企业专职消防队组第1名、第2名及微型消防站组第3名。年内,区消防救援大队共出警223起(不含公务执勤等),出动队伍244队次,共出动车辆465辆次,出动人员2838人次。

2021年11月5日,区消防救援大队在玖龙纸业(北海)林浆纸一体化项目工地开展化工灭火救援编队实战效能测试

区消防救援大队 供

【火灾防控】 2021年,区消防救援大队全力打造全区平安消防环境。

责任体系完善 年内,铁山港区委、区政府主要领导、分管领导多次听取消防工作汇报并率队检查消防工作,大力支持破解消防安全难题;区消防安全委员会办公室实体化运行,每季度召开消防联席会议;区政府挂牌督办并整改销案重大火灾隐患2处。推动行业部门强化消防监管,联合区文旅、教育、宗教等行业主管部门开展集中行动30余次,推进行业消防安全标准化建设;深化3镇消防网格治理,借助综治平台,发挥群防群治效能,实施消防网格闭环管理。

治理能力提高 年内,区消防救援大队瞄准重点高危行业领域和场所,"清单式"推进消防安全专项整治三年行动,开展石化企业、危化品运输、电动车充电、消防通道、集贸市场、居民自建房、民宿、高层建筑、渔港、人员密集场所等治理行动，结合“双随机一公开”消防监管，常态化开展火灾隐患排查整治，保持高压执法态势。全年共检查单位1040家，发现隐患1540处，督改隐患1289处，下发责令改正通知书539份，责令“三停”单位3家，行政处罚7起，罚款2.65万元，有效杜绝消防违法行为。

宣传教育　年内，区消防救援大队大力推广全民消防学习云平台、中国消防志愿者注册管理平台，建设白龙村、南康历史文化街区2个消防宣传体验区，建成南康、营盘2个消防安全应急体验中心。每半年组织网格员业务培训，每月向公众开放消防科普教育馆2次以上，每月开展消防宣传“五进”“千屏万幕”“消防宣传车”等宣传活动。成立消防安全讲师团，重点聚焦低幼龄儿童、紧盯老年人群体进行消防安全宣传教育。年内，共开展消防安全宣传教育140余次，发放宣传资料1.4万份，悬挂宣传横幅120余条，发送消防安全提示短信1.2万条。

【基础建设】 2021年，区消防救援大队消防业务经费到位1098.02万元。按照“建强中心站、建密小型站”的思路，全力配合支队推进消防培训基地、铁山港（临海）工业区特勤消防站建设；积极向区委、区政府汇报，与乡镇政府沟通，推动建设南康、石头埠小型消防站。建立完善部门联动、社会参与、网格协同、双重预防、信用管理等机制，将消防安全大数据纳入“智慧城市”建设，1家企业接入城市消防远程监控系统，推广安装独立式感烟火灾探测报警器300个、简易喷淋消防设施10套。

【队伍管理】 2021年，区消防救援大队党委始终以中共中央总书记习近平训词精神为指引，践行训词精神进思想、进决策、进工作，以党建统领业务，以业务检验党建。推进党史学习教育、“牢记领袖训词、永做忠诚卫士”教育、庆祝中国共产党成立100周年、中共中央总书记习近平授旗训词3周年纪念等活动。全面深化推进正规化建设，落实“两严两准”（严肃的纪律、严密的组织、准现役、准军事化）纪律队伍建设标准，鼓励消防救援人员多渠道参加在职教育，1人被中国消防救援学院录取。　（石　丽）

人力资源和社会保障工作

【人力资源和社会保障工作概况】 北海市铁山港区人力资源和社会保障局（简称区人社局）是区政府工作部门。2021年，区人社局贯彻落实国家有关方针、政策和上级人力资源和社会保障部门的工作部署，坚持稳定和扩大就业，继续抓好创业扶持，实施创业带动就业；扎实推进社保体系建设，努力构建和谐劳动关系，贯彻落实农民工工资保证金制度；积极健全人才体制建设，规范人事制度管理。完成2021年全区事业单位在职人员的年度考核工资的晋级晋档、奖励性绩效工资、物业补贴、乡镇补贴等事项审批工作；承办区政府行政任免有关事项并完成区委、区政府和上级主管部门交办的其他任务。

【就业创业工作】 2021年，区人社局积极搭建沟通平台，畅通群众求职渠道，稳定和扩大就业，牵头举办2021年“春风行动”暨“稳就业送温暖”线上招聘会、民营企业招聘月线上招聘会、脱贫劳动力就业双选会和铁山港区2021年退役士兵金秋专场招聘会4场专项招聘会，组织67家企（事）业单位参加，提供就业岗位1.37万个，涵盖普工、技术人员、管理人员等岗位类型100余种，初步达成就业意向约1490人。年内，区人社局通过“企业招工在线”持续发布招聘信息，共发布企业招聘信息25次，切实增加群众就业机会。年内，全区城镇共新增就业人数1072人，完成全年目标任务950人的112.84%；城镇登记失业人员再就业139人，完成全年目标任务40人的347.50%；就业困难人员再就业105人，完成全年目标任务20人的525%；农村劳动力新增外出务工人数1445

人；城镇登记失业率为2.40%，控制在目标任务4%以内。

【职业技能培训】 2021年，区人社局在抓好新冠疫情防控的基础上，引导北海市定点培训机构进村，利用农闲、夜间等群众空闲时间，开展职业技能培训，提升群众职业技能。年内，全区共组织职业技能培训班27期，培训返乡农民工等重点群体1060人次，其中培训脱贫劳动力99人次。发放职业技能培训补贴81.51万元、职业技能鉴定补贴11.18万元（其中脱贫劳动力培训补贴和鉴定补贴共35.48万元），发放职业技能培训生活费（含交通费）补贴18.27万元（其中脱贫劳动力补贴18.17万元）。

【就业帮扶政策落实】 2021年，区人社局针对辖区就业困难人员年龄大、学历低、技能缺乏等特点，加强与辖区机关事业单位沟通，大力开发公益性岗位，严格落实岗位补贴和社保补贴，支持就业困难人员实现再就业。年内，全区开发城镇公益性岗位38个，安置就业困难人员38人，落实城镇公益性岗位补贴173.28万元、社保补贴70.30万元。发放就业困难人员社会保险补贴5.59万元，惠及77人。开发乡村公益性岗位21个，安置脱贫劳动力21人，岗位总数达到126个，保持就业补助资金开发的乡村公益性岗位规模总体稳定，落实乡村公益性岗位补贴122.04万元，增加脱贫劳动力工资性收入。发放带动就业补贴6.4万元，鼓励信义玻璃（广西）有限公司、广西北港新材料有限公司等企业吸纳脱贫劳动力，帮助32名脱贫劳动力就业。继续抓好创业扶持，实施创业带动就业。继续支持北海市铁山港区现代农业创业孵化基地和北海市铁山港区黄丽窝现代农业创业孵化基地开展创业孵化，为入驻的群众提供免费政策咨询、项目开发、创业培训、创业指导、跟踪服务等“一条龙”创业扶持服务。严格落实创业奖补、场地和水电补贴，支持群众创业。全年共为入驻孵化基地的223名创业者发放场地和水电补贴201万元；为111名农民工发放农民工创业奖补49.7万元。

【社会保障工作】 2021年，区人社局扎实推进社保体系建设，全区应参加基本养老保险13.30万人，实际参加基本养老保险12.55万人，基本养老保险入库参保率94.33%；符合条件参保人员应补助2.73万人，已补助2.73万人，补助率100%，缴费补助金额148.51万元。按时足额为符合条件的参保人员发放养老金，累计发放24.75万人次，共发放养老金3268.77万元，发放率100%。按规定发放丧葬补助金，发放丧葬补助金30.42万元，丧葬补助507人，补助率100%。机关、事业单位退休人员养老保险共发放1.16万人次，发放退休金6083万元；社会保障卡累计发放15.57万张，上传至卡管系统制卡数据16.08万条信息数据。

【人事人才工作】 2021年，区人社局健全人事人才体制，规范人事管理。年内，全区事业单位公开招聘65人；教育系统第二次教师公开招聘27人；审核铁山港区审计中心等55个

2021年11月8日，铁山港区社会保险经办中心到南康市场设点开展北海市铁山港区2021年度社会保障卡服务季宣传活动

区人社局 供

事业单位岗位设置方案；审核办结事业单位工作人员调动26人，其中区内调动15人，调出区外9人，从区外调入2人；完成2019年随军家属定向安置2人。做好职称评审工作，推送区教育系列323人（副高274人，中级49人）、卫生系列22人（副高22人）、工程系列6人（中级5人，初级1人）到北海市参加评审；首次开展铁山港区中（小）学教师系列初级职称评审工作，全年全区中（小）学教师初级职称评审人员报名72人，按95%的比例共评定68人。

【薪资福利工作】 2021年，区人社局完成铁山港区事业单位在职人员的年度考核工资的晋级晋档、奖励性绩效工资的审批、物业补贴、乡镇补贴的审批工作。年内，全区事业单位1792人完成考核薪级晋升，总增资额14.56万元，人均月增资81.26元；977人参加岗位竞聘。完成事业单位退休人员工资审批23人。落实全区义务教育教师工资随当地公务员待遇调整联动机制各项工作。完成全区事业单位乡镇补贴的审批。上半年，乡镇补贴按旧标准（一档每月400元、二档每月450元）审核发放；下半年完成乡镇补贴调整金额77.07万元，其中一档标准由每月400元调至450元，二档标准由每月450元调至550元，审核完成人数共1283人。

【劳动关系工作】

劳动用工检查 2021年，铁山港区根治欠薪工作领导小组办公室统筹协调，与区综合行政执法局、区住建局、区交通运输局、区农水局、铁山港公安分局、区总工会等单位，对各类用人单位劳动用工开展日常巡查48次，随机抽查区内用人单位17家，检查6个在建工程项目，审查用人单位规章制度18条，解答劳动合同30份，指导5家企业单位建立工资支付制度，规范2家企业招工用工行为。

劳动保障法律法规宣传培训 2021年，区人社局深入到太阳纸业、信义玻璃等在建工程项目进行宣传，共发放宣传资料200余份，现场咨询10批次。通过“春雷行动”集中宣传活动，对8个在建工程项目进行劳动保障法律法规和《保障农民工工资支付条例》的宣传，发放宣传资料1300余份，悬挂宣传横幅16条。选派2名工作人员参加自治区人社厅办公室举办的2021年新入职劳动保障监察员培训。

规范劳动用工行为 2021年，区人社局共出具12份农民工工资保证金预存通知书，签订22份三方监管协议，缴纳农民工工资保障金671.08万元。全区共有18家企业完成企业薪酬调查工作。全区“两网化”信息采集覆盖150家企业，录入150条信息。此外，铁山港区接收到93条欠薪线索，核查处置率100%。

劳动仲裁 2021年，铁山港区劳动人事争议仲裁院共接待来电、来访380余人次，接收劳动仲裁申请94件，立案受理58件，结案54件，在办4件，涉案金额453.39万元，为劳动者追回各种款项121.76万元，其中仲裁调解案件8件；铁山港区劳动人事争议仲裁院共收到劳动者申请案前调解82件，成功调解案件47件，为劳动者追回款项37.62万元。

（黄 宇）

2021年12月13日，铁山港区劳动人事争议仲裁院工作人员认真开展案件梳理和调解工作 区人社局 供

综合行政执法

【综合行政执法概况】 2021年,北海市铁山港区综合行政执法局(简称区综合行政执法局)主要职能是:行使全区住房和城乡建设、自然资源、交通运输、工业和信息化、旅游文体广电、商务、人力资源和社会保障等领域法律、法规、规章规定的行政处罚权、行政强制权,行使对重大案件和特定案件的查处及跨县(区)执法的组织协调,对各镇派驻执法队伍的业务指导和部门沟通协调工作。年内,区综合行政执法局承担权力清单884项,其中行政处罚865项,行政强制19项。

【依法行政】 2021年,区综合行政执法局严把案件审核关,不断提升办案质量。年内,区综合行政执法局各执法领域共办理行政处罚案件271件,完成矿产品堆场拍卖3起。规范管理执法证使用,组织完成57名干部职工换证工作;组织从事行政执法工作的15名工作人员参加行政执法人员资格(续职)培训考试,完成20名执法人员考试报名工作,确保执法人员全员持证上岗。

【助力乡村振兴】 2021年,区综合行政执法局组织全体帮扶人员助力乡村振兴工作。年内,区综合行政执法局帮扶人员向脱贫户宣传小额贷款政策,引导脱贫户购买医疗保险;开展春节、中秋节慰问脱贫户、挂点村干部、特困干部活动2次,帮助解决定点帮扶村——营盘镇火禄村委换届选举经费2.1万元,购买、种植30多棵树木美化村庄环境,帮助改善村委办公条件、基础设施,丰富群众生活;在北海线上消费商城、政采云扶贫馆、扶贫832平台购买扶贫消费产品4.04万元,助力消费扶贫。

【交通运输执法】 2021年,区综合行政执法局加强组织领导,明确工作责任,治理车辆超限超载取得成效。通过悬挂横幅、发放宣传资料、出动宣传车辆等方式,宣传交通运输安全相关法律法规,并与源头企业签订《严禁超限超载车辆运输承诺书》20余份;联合执法与日常执法相结合,全年共出动1704人次,检查车辆2524辆次;查获违章车辆262辆(其中查处超载车辆137辆,查处没有采取必要措施车辆80辆,查处非法改装车辆45辆),扣车53辆,扣证420本。11月底,区综合行政执法局根据新冠疫情防控的新要求,迅速派出16人次参与陆路打击“三非”(非法入境、非法居留、非法就业)人员检查点检查,累计检查车辆1万辆次,做到不遗漏一车、一人,践行守土有责、守土负责、守土尽责,守好交通“入关口”。年内,区综合行政执法局开展成品油非法经营专项整治行动,检查危化品车辆63辆,调查危化品源头运输企业11家;依法查处普通厢式货车非法加装储油罐2起,非法成品油运输营运行为1起,查处非法储存停车场点2个,推进成品油市场有序、规范发展。

【住房和城乡建设执法】

乡村风貌整治　2021年,区综合行政执法局组织力量严肃查处违建、抢建等违法行为,维护环境整洁与乡村风貌。联合多部门开展违法建设专项整治行动,出动执法人员4140余人次,执法车辆776辆次,钩机580余辆次,查处违法建筑物1787处,拆除违章构建构筑物1025处,11.76万平方米。其中,向海大道风貌提升整治行动,拆除违法建筑铁架棚635个共2.63万平方米,拆除违章建筑61处共6931平方米,向海大道沿线风貌得到提升。

创建全国文明城市整治　2021年,区综合行政执法局以北海市创建全国文明城市行动为契机,及时查处乱搭乱建、占道经营等违法行为,共出动执法人员1.6万人次,车辆2300余辆车次,发放创建全国文明城市宣传材料等1886份,签订《“门前三包”责任书》1500余份,清理横幅1200余条、小广告2000余处、灯箱及广告牌870余处;拆除乱搭乱建铁棚900余处、2.99万平方米;拆除四脚遮阳棚(太阳伞)、拉挂遮雨、遮阳篷布3191个;规范店外经营等约3530处;整治车辆无序停放1.3万辆次;查处流动摊点、临街商铺跨门槛经营2.35万处;教育违法行为相对人5800余人次。

城市“顽疾”整治　2021年,区综合行政执法局开展整治城市“顽疾”,拆除三塘市场周边、长安街、大米市场9间危房和20余个占道经营铁棚,畅通出行道路,为群众营造整洁、通畅的生活环境。

【自然资源执法】　2021年,区综合行政执法局开展联合整治非法开采矿产资源专项行动。组织开展整治自然资源领域违法行为,处理投诉48件,查处非法开采矿产资源行为71起,自然资源领域立案29件,查扣非法作业机械56台,对依法没收、无人认领的堆场依法进行拍卖。严厉惩治海砂陆路非法运输行为,以整治非法超限超载运输为契机,将打击非法运输海砂行为工作常态化,在区域范围内进行监督管理,查处涉嫌超限超载运输海砂车辆38辆,扣证12本。

【人力资源和社会保障执法】　2021年,区综合行政执法局执法人员深入工地向农民工发放《保障农民工工资支付条例》200余份,并面对面讲解《保障农民工工资支付条例》内容,有效引导和规范农民工依法开展维权行为;开展秋风专项检查行动2次,到企业开展用工规范和台账检查,促进企业规范用工,检查用人单位40余家,查处欠薪违法违规行为,向公安机关移交涉嫌犯罪的拖欠薪资案件1件;处理突发事件10余件;健全劳动保障监察投诉举报制度,对涉及拖欠农民工工资的投诉案件,做到专人负责、申诉有门、处理及时。年内,收到欠薪信访件4件,办结率100%;收到并及时处理欠薪投诉件265件,帮助1332人追回劳动报酬1746万余元。全年没有发生因欠薪导致的重大群体性事件。

【安全生产执法检查】　2021年,区综合行政执法局开展道路运输交通安全执法检查,多次联合职能部门对20余家危化品企业、物流公司开展安全督促检查6次,督促企业进一步落实安全生产主体责任。开展联合执法整治行动,每月与区交警大队、区交通运输局等职能部门定期开展“肩并肩”联合执法行动,在各乡镇主要出入口及街口,对无牌、无证、报废的摩托车、电动车进行集中整治。节假日不定期巡查烟花爆竹禁放区域,对30余个烟花爆竹零售点进行安全生产执法检查,规范全区烟花爆竹市场的经营秩序。联合相关部门多次深入太阳纸业项目、神华国投、幼儿园、中(小)学校、消防站等建筑工地开展建筑安全执法检查行动。

【其他工作】

法治宣传　2021年,区综合行政执法局开展法治宣传教育,增强群众法治意识和法治观念,以“八五”普法工作为抓手,严格落实“谁执法谁普法”普法责任制,全年开展集中宣传活动7次,发放宣传资料3400余份。

教育培训　2021年,区综合行政执法局开展政治学习教

2021年8月27日,区综合行政执法局开展“让党史深入人心　让红色永耀北海”主题教育活动　区综合行政执法局　供

育和“让党史深入人心 让红色永耀北海”主题教育活动，提高执法队伍政治思想素质。组织完成22名执法辅助人员招聘工作，并开展岗前业务培训，让执法辅助人员熟悉执法业务知识。组织全体执法人员开展业务执法集中培训3次，提高执法人员的业务水平。组织全部干部职工参加2021年度北海市国家工作人员学法用法学习考试，参考率和合格率均是100%。

廉政建设 2021年，区综合行政执法局开展“弘扬清正文化 传承廉洁家风”为主题的“清廉家风进家园”活动，加强工作纪律督查检查，每月开展纪律督查、重大案件督办等工作，及时指出纪律、重大专项工作等方面存在的问题，按时高质量完成每月执法工作通报，确保廉洁自律。

2021年11月26日，区综合行政执法局开展以“弘扬清正文化 传承廉洁家风”为主题的“清廉家风进家园”活动

区综合行政执法局 供

投诉信访处理 2021年，区综合行政执法局共收到“12345”市民服务热线转办工单投诉420件，办结372件，满意度94%；收到信访件8件，全部办结，满意度100%。

（林荣凤）

中国人民政治协商会议北海市铁山港区委员会

区政协综述

【区政协工作概况】 2021年，中国人民政治协商会议北海市铁山港区委员会(简称区政协)及其常委会深入贯彻落实习近平新时代中国特色社会主义思想和中共十九大及十九届历次全会精神，按照北海市第十二次党代会和区第六次党代会部署要求，团结带领广大政协委员和社会各界人士，以打造全区人民生活更加美好的现代化工业强区为目标，主动服务大局，强化责任担当，认真履行职能，为铁山港区经济社会发展和实现"十四五"良好开局做出贡献。年内，区政协召开全体委员会议2次，常务委员会议4次，党组(扩大)会议、主席会议及座谈会议50次；举办新一届政协委员履职培训班2期；精心组织党史学习教育；扎实做好政协换届工作；开展专题协商4次、专题调研3次；征集提案67件，立案57件，提案办复率、满意率均为100%；报送社情民意信息32篇，被全国政协采用1篇、自治区政协采用1篇、北海市政协采用23篇。

【换届选举】 2021年，区政协按照区委关于政协换届选举工作部署和关于政协换届选举有关人事安排问题的相关文件精神，经遵循程序、协商推荐确定政协第五届北海市铁山港区委员会委员总名额126名，与政协第四届北海市铁山港区委员会委员总名额持平。政协第五届北海市铁山港区委员会第一次会议安排委员121名(保留机动名额5名)，设为21个界别。其中中共界别27名，民盟界别3名，农工党界别3名，无党派界别15名，共青团界别2名，总工会界别2名，妇联界别2名，工商联界别12名，科协界别1名，台联界别1名，侨联界别2名，文化艺术界别3名，科学技术界别3名，经济界别20名，农业界别4名，教育界别8名，体育界别1名，新闻出版界别2名，医药卫生界别6名，少数民族界别2名，宗教界别2名。121名委员中，男92名，占76%；中共党员委员47名，占38.8%，符合上级有关规定。继续提名45名，占37.2%；具有大专以上文化程度111名，占91.7%，比上届增长12%；具有中(高)级职称47名，占38.8%。委员平均年龄43.6岁。9月6日—7日，政协第五届北海市铁山港区委员会第一次会议召开，完成换届选举各项工作。会议选举产生政协第五届北海市铁山港区委员会领导班子，选举彭岳军为政协主席，陈德萍、陈旭昌、邓明仪、杨晓峰为政协副主席，王功海为政协秘书长，陈凯华、吴轶、陈锋、陈丽艳、谢余红、梁统军、赖培锋、李学武、廖园、谢元芹、罗志强、程龙洋、杨志斌、何开辉、黄若恒、李海文、吴文邓为政协常务委员。

【党史学习教育】 2021年3月，成立区政协党史学习教育领导小组及其办公室，制定《北海市铁山港区政协开展党史学习教育实施方案》《铁山港区政协党史学习教育专题学习工作安排》，推动党史学习教育扎实开展。围绕"学党史、悟思想、办实事、开新局"的总要求，先后召开党史学习教育专题研讨会5次，组织党员干部深入学习中共中央总书记习近平关于党史学习教育的一系列重要

2021 年 6 月 24 日，区政协组织机关干部及部分政协委员到南山革命老区开展党史学习教育“接受红色洗礼，弘扬红色精神”暨“书香政协”活动　　区政协办　供

讲话精神和习近平《论中国共产党历史》等著作，深入学习习近平新时代中国特色社会主义思想和中共十九大及十九届历次全会精神，深刻领悟“两个确立”的决定性意义，切实增强“四个意识”、坚定“四个自信”、做到“两个维护”。开展庆祝中国共产党成立 100 周年活动。组织党史学习教育异地现场学、“学党史增动力　凝心聚力发展向海经济”等系列主题活动，开展“我为群众办实事”实践活动，深入挂点村、委员企业开展党史学习宣讲 15 批次，为 200 多名生活困难的群众送上棉被、食用油、大米等慰问物资，组织政协委员和机关干部为群众解决“三事”150 多件，切实做到学史力行，知行合一。

【自身建设】 2021 年，区政协始终坚持把加强党的建设作为首要政治任务，自觉接受党的领导，全面贯彻落实中共中央、自治区党委、北海市委、区委各项决策部署，切实把党的领导和党的建设落实到区政协工作各方面和全过程。切实加强自身建设，建立健全区政协党建工作制度，规范党内政治生活，严格落实“三会一课”、民主生活会制度。7 月，制定并印发《北海市铁山港区政协落实全面从严治党监督责任清单（试行）》，推动政协党的组织和党的工作全覆盖。通过中心组学习、上党课、外出培训学习等多种形式，组织委员学习贯彻中共十九大精神和习近平新时代中国特色社会主义思想，准确把握中央关于加强和改进人民政协工作的新思想、新部署、新要求，不断加深政协委员对人民政协的理解和认识。

【巡察问题整改】 2021 年，区政协重视区委第七轮巡察第一巡察组巡察区政协机关反馈意见整改工作，成立区政协巡察整改工作领导小组，召开专题会议进行研究部署。印发《关于落实区委第七轮巡察第一巡察组巡察区政协机关反馈意见整改方案》，列出任务清单、措施清单、责任清单。定期听取

2021 年 8 月 6 日，区政协机关领导干部到北海博物馆参观北海市党史学习教育图片展　　区政协办　供

2021 年 10 月 22 日，区政协在区政务服务综合楼五楼会议室举办 2021 年度政协委员履职能力培训班　　区政协办　供

汇报、督促落实，统筹推进区委第七轮巡察反馈问题整改见底到位，并取得明显成效。

【委员履职培训】 2021 年，区政协扎实推进学习型政协建设，举办新一届政协委员履职能力提升专题研修班 2 期，选派委员参加市级以上政协系统举办的业务培训班 2 期，引导新一届委员将学习理论与政协工作相结合，增强新一届政协委员的思想素质和履职能力。

【委员履职服务】 2021 年，区政协完善政协委员管理服务，建立委员"一人一卡"履职档案，将委员参与区委中心工作，参加会议、研讨、协商、视察、考察、培训，撰写提案、信息等履职情况建档立卡，激励全体政协委员更加自觉、主动、积极履职，为推动全区经济社会高质量发展出力献策。

区政协重要会议

【区政协四届六次会议】 2021 年 5 月 12 日—13 日，中国人民政治协商会议第四届北海市铁山港区委员会第六次会议在南珠会堂召开，应出席委员 111 人，实到委员 96 人。区政协主席彭岳军向大会做常委会工作报告，区政协副主席邓明仪做提案工作报告。会议审议通过政协第四届北海市铁山港区委员会第六次会议关于常务委员会工作报告的决议、提案审查情况的报告、政治决议等。会议期间，全体委员列席区五届人大六次会议，听取并讨论政府工作报告和其他报告。区委书记龙起云出席大会并在开幕大会上讲话。

【区政协五届一次会议】 2021 年 9 月 5 日—7 日，中国人民政治协商会议第五届北海市铁山港区委员会第一次会议在南珠会堂召开，应出席委员 121 人，实到委员 118 人。彭岳军代表政协第四届铁山港区委员会常务委员会向大会做工作报告，邓明仪做提案工作报告。

2021 年 5 月 12 日—13 日，中国人民政治协商会议第四届北海市铁山港区委员会第六次会议在南珠会堂召开。图为 5 月 12 日开幕会　　区委宣传部　供

2021 年 9 月 5 日—7 日，中国人民政治协商会议第五届北海市铁山港区委员会第一次会议在南珠会堂召开。图为 9 月 7 日闭幕会

区委宣传部　供

会议审议通过大会各项决议，选举政协第五届北海市铁山港区委员会主席、副主席、秘书长、常务委员。会议期间，全体委员列席区六届人大一次会议，听取并讨论政府工作报告和其他报告。区委书记龙起云出席大会并在开幕大会上讲话。

【区政协常委会会议】

四届十七次常委会会议　2021 年 5 月 7 日，区政协主席彭岳军在区政协常委会议室主持召开。会议讨论区政协 2021 年重点调研课题、协商议题、民主监督计划议题和委员人事问题；审议通过关于召开政协第四届北海市铁山港区委员会第六次会议的决定和议程日程安排，《政协第四届北海市铁山港区委员会常务委员会工作报告》《关于政协四届五次会议以来提案工作情况的报告》，政协第四届北海市铁山港区委员会第六次会议秘书长名单、编组办法及各小组组长名单，区政协表彰四届五次会议优秀提案和先进承办单位名单，区政协表彰 2020 年度社情民意信息先进个人名单等；听取副区长罗虹代表区人民政府做关于区政协四届五次会议提案办理情况的汇报，并对提案办理工作进行民主评议和测评。

四届十八次常委会会议　2021 年 5 月 13 日，区政协主席彭岳军在南珠会堂讨论室主持召开。会议听取各委员小组组长汇报四届六次大会期间各小组讨论情况，审议通过《政协第四届铁山港区委员会常务委员会第六次会议政治决议》、《政协第四届铁山港区委员会常务委员会第六次会议常务委员会工作报告决议》、区政协四届六次会议提案审查情况的报告(草案)。

四届十九次常委会会议　2021 年 8 月 27 日，区政协主席彭岳军在区政协常委会议室主持召开。会议听取区委组织部副部长包德芳对政协第五届北海市铁山港区委员会委员人选名单的汇报，审议通过区委《关于政协第五届北海市铁山港区委员会委员人选名单》及关于召开政协第五届北海市铁山港区委员会第一次会议的决

2021 年 8 月 27 日，区政协主席彭岳军(正面中)在区政协常委会议室主持召开政协第四届北海市铁山港区委员会常务委员会第十九次会议

区政协办　供

2021年11月5日，区政协主席彭岳军（正面中）在区政协常委会议室主持召开政协第五届北海市铁山港区委员会常务委员会第一次会议　　区政协办　供

定和议程日程安排、政协第五届北海市铁山港区委员会换届筹备工作的情况报告、《政协第四届北海市铁山港区委员会常务委员会工作报告》、《关于政协四届会议以来提案工作情况的报告》和政协第五届北海市铁山港区委员会第一次会议编组名单，审议区政协五届一次会议选举办法（草案）、政协五届一次会议主席团和秘书长建议名单、政协五届一次会议特邀嘉宾及列席人员名单。

五届一次常委会会议　2021年11月5日，区政协主席彭岳军在区政协常委会议室主持召开。会议传达学习北海市第十二次党代会精神、北海市“两会”精神、自治区政协十二届十七次常委会会议精神、自治区政协系统党的建设工作经验交流会精神和北海市政协十一届一次常委会会议精神，审议通过区政协提案法制委、区政协科教文卫委、区政协经济联谊委干部人事任免事项。

区政协重要活动

【提案办理】　2021年，区政协委员围绕区委、区政府中心工作和人民群众普遍关心的问题，深入开展调研并积极建言献策，共提出提案67件。经审查，立案57件。截至11月月底，立案的57件提案均办复。从办复情况看，提案所提问题解决或采纳的31件，占办理的54.39%；还在解决或列入计划解决的21件，占办理的36.84%；超越职能范围不能解决的5件，占办理的8.77%。共收到委员反馈的征询意见表77份，从反馈意见情况看，委员对提案反馈率100%，对提案办理满意率100%，其中很满意占77.9%，满意占22.1%。

【提案督办】　2021年，区委、区政府、区政协领导牵头督办重点提案20件，发挥以督促办、示范引领的作用。区委书记龙起云督办《关于建设铁山港（临海）工业区危化品停车场的建议》的提案，亲自主持

2021年11月4日，区政协副主席邓明仪（右一）带队到兴港镇兴港小区督办重点提案　　区政协办　供

2021 年 11 月 19 日，区政协副主席陈旭昌（左五）带队到白龙珍珠城开展白龙珍珠城管理保护工作专题协商　　区政协办　供

召开相关部门协调会议，协调推进危化品停车场规划选址，督促建立“港区 + 园区 + 线上线下”一体化管理监控体系。10 月 15 日至 11 月 15 日，区政协领导领衔现场督办《关于为我区中小学校配备专职安保人员的建议》《关于加强回建区公租房管理的建议》等 20 件提案，委员提案中反映的一些突出问题通过办理得到有效解决。

【民主协商】

乡村公路管理工作协商　2021 年 11 月 19 日，区政协副主席陈德萍就铁山港区乡村公路管理情况带队到南康镇龙门、陂塘等村委开展实地调研，察看村级公路现状，了解管理情况，查找存在问题。11 月 24 日，召开专题协商会议，听取区交通运输局、区财政局、区交警大队等部门及区辖各镇相关情况介绍，并就解决存在的问题开展协商并形成协商意见。

白龙珍珠城管理保护工作专题协商　2021 年 11 月 19 日，区政协副主席陈旭昌带队，组织部分委员实地调研白龙珍珠城。通过实地走访白龙珍珠城及附近的村庄、调阅白龙古城的历史文化资料以及组织有关部门及单位现场开展协商，听取白龙珍珠城管理保护工作的主要情况和存在问题，并就进一步加强白龙珍珠城管理保护工作提出协商意见。

被征地搬迁农民养老保险情况协商　2021 年，区政协将铁山港区被征地搬迁农民养老保险情况纳入重点协商议题。10 月，区政协副主席邓明仪带队，组织部分委员走访相关部门，并组织相关职能部门及单位就全区被征地搬迁农民养老保险情况召开协商座谈会，全面了解被征地搬迁农民养老保险情况和存在的问题，协商提出推进全区被征地搬迁农民养老保险工作意见。

农村宅基地管理工作协商　2021 年 11 月 3 日，区政协副主席杨晓峰率领部分委员实地考察南康镇秋风塘村委简屋村、兴港镇小马头村委下坎头村和营盘镇塘仔村、能村等村，并邀请委员及有关部门及单位召开协商座谈会，听取全区农村宅基地管理工作的主要情况和存在问题，并就如何进一步推进全区农村宅基地管理情况提出协商意见。

2021 年 11 月 3 日，区政协副主席杨晓峰（右三）带队到兴港镇小马头村委下坎头村调研农村宅基地管理工作　　区政协办　供

【专题调研】

公共卫生防疫工作专题调研 2021年6月，区政协科教文卫委成立公共卫生防疫工作重点课题调研组，对全区公共卫生防疫工作情况进行专题调研。调研组先后考察南康镇三塘村市场、众选土鸡生态养殖基地、营盘中学食堂等地。6月17日，组织与区卫健局、区市场监督管理局、区农业农村和水利局等部门召开座谈会，交流分析全区公共卫生防疫工作存在的主要问题，进一步掌握全区公共卫生防疫工作的基本情况，形成《关于铁山港区公共卫生防疫工作情况的调研报告》。

深海养殖情况专题调研 2021年6月，区政协经济联谊委成立调研组，到乃志海洋科技有限公司、丰顺养殖有限公司开展深海养殖情况专题调研并听取部分养殖户的意见和建议。6月24日，调研组组织区海洋局、区科商工信局、区财政局等部门召开专题座谈会，听取区海洋局关于深海养殖工作汇报，进一步了解全区深海养殖总体发展情况，分析深海养殖产业存在的主要问题，形成《关于铁山港区深海养殖情况的调研报告》。

农村宅基地管理情况专题调研 2021年11月，区政协提案法制委成立调研组，先后到南康镇秋风塘村委简屋村、兴港镇小马头村委下坎头村和营盘镇塘仔村委塘仔村等自然村开展农村宅基地管理情况专题调研。11月4日，调研组召开座谈会，听取相关部门和群众的意见建议，深入了解全区农村宅基地管理工作的基本情况，分析存在的主要问题，形成《关于铁山港区农村宅基地管理情况的调研报告》。

表2 **2021年北海市铁山港区政协四届六次全会重点提案目录一览表**

提案号	案　题	提案者
202101	关于尽快建设铁山港(临海)工业区危化品停车场的建议	陈世彬　郑开伦
202105	关于为我区中小学校配备专职安保人员的建议	叶逢强　缪永有
202106	关于“整合资源，把南康镇扫管龙爱国主义教育基地打造成红色旅游景区”的建议	叶逢强
202108	关于定期举办铁山港区文体活动会，加深群众交流的建议	叶培高　陈梅娟
202111	关于拓宽向海大道三塘十字路口，增设转向车道的建议	钟　伟　李子忠　赖培锋
202112	关于尽快解决铁山港区政府大院停车难问题的建议	陈海英
202116	关于加大铁山港区公用码头对外开放开发力度的建议	李尤敏
202118	关于加强我区乡村振兴人才队伍建设的几点建议	林世南
202122	关于规范统一各单位聘用人员工资、津贴及年终绩效的建议	肖慧敏
202124	关于做好脱贫攻坚与乡村振兴有效衔接的建议	陈振明　吴明华　朱喜新
202129	关于治理沿海大米草的建议	刘宗琪
202130	关于加快南珠新城建设的提案	罗世斌
202132	关于设立反家暴庇护救助中心构建全方位多层次家暴社会化防控体系的建议	叶　艺
202133	关于妥善处理铁山港区营盘镇塘仔村委土地纠纷问题的建议	占源林
202134	关于实施铁山港区空气质量与地下水体监测的建议	占源林
202140	关于加快太阳纸业项目回建宅基地交付搬迁农户建房的提案	梁武诚
202141	关于加强乡镇校园冬季安全管理的几点建议	廖　园
202142	关于加强回建区公租房管理的建议	廖　园　李学武
202148	关于加强铁山港工业园区危险品运输车辆管理的建议	谢元芹
202149	关于尽快建设生猪屠宰场，解决群众“卖猪难”问题的建议	郑日维

【反映社情民意】 2021年，区政协结合党史学习教育“我为群众办实事”活动，聚焦全区经济社会高质量发展的重点、难点问题以及群众关心关注的热点、焦点问题，扎实推进社情民意信息工作提质增效。充分发挥政协委员联系面广、视野开阔、思维敏捷的优势，组织委员深入一线、深入群众，了解群众需求、倾听群众心声，及时反映接地气、顺民意的意见建议，主动发挥“消息树”“直通车”作用。全年共收到区政协委员反映社情民意信息51篇，报送信息32篇，被北海市政协采用25篇，其中《ETC业务办理注销难问题应引起重视》信息被全国政协《每日社情》采用。2020年，区政协委员廖园反映的信息《适度提高广西高温津贴标准》获得自治区领导批示，2021年自治区相关部门调高自治区夏季高温作业津贴标准。2018年—2021年，区政协连续4年被评为市级反映社情民意信息报送先进单位。

【专项民主监督】 2021年，区政协落实中共中央总书记习近平关于发挥人民政协“重要阵地”“重要平台”“重要渠道”作用的要求，树立“一线思维”、强化“双向发力”，探索协商式监督新形式，探索实践在协商中推动监督、在监督中开展协商。年内，区政协组织政协委员参加政法队伍教育整顿专题民主监督，选派政协委员列席区政府常务会议、监督经营许可抽签仪式、旁听案件审理、社会治安满意度测评等监督活动，组织政协委员120余人次参与组织部门满意度测评、绩效考评社会评价测评等民主评议活动。12月20日，区政协副主席陈德萍、杨晓峰一行到区法院开展民主监督工作，协商听取区法院审理扫黑除恶案件情况，在实地查看、听取汇报、座谈协商的基础上，形成民主监督意见。

2021年12月20日，区政协副主席陈德萍(左四)、杨晓峰(左一)带队到区法院开展民主监督工作　　区政协办　供

区政协各专门委员会工作

【区政协提案法制委】 2021年，区政协提案法制委按照“围绕中心、服务大局、提高质量、讲求实效”的方针，狠抓提案质量，强化督办，优化服务，促进提案工作取得新成效。组织提案知识培训。年内，收到提案67件，立案57件，分别交给26个单位办理，提案答复率100%，委员满意率100%。遴选20件事关全局、针对性强、建议比较具体的提案作为重点提案，开展重点提案督办，实施区督办领导签字提交制度，由区政协副主席带队实地督办，成效明显。组织开展铁山港区农村宅基地管理情况的调研并形成调研报告。

【区政协科教文卫委】 2021年，区政协科教文卫委按照“围绕中心、服务大局、关注民生、创新发展”的思路，认真开展调研工作，积极建言献策。组织开展关于铁山港区公共卫生防疫情况的调研，并协助做好关于铁山港区深海养殖情况的调研、关于铁山港区农村宅基地管理情况的调研等3个重点调研课题活动。坚持把反映社情民意信息作为工作的重点，共征集委员信息来稿51篇，区政协采用32篇；报北海市政协31篇，采用25篇；报自治区政协8篇，采用1篇；报全国政协7篇，采用1篇。

【区政协经济联谊委】 2021年，区政协经济联谊委发挥团结联谊作用，围绕区委、区政府的中心工作，聚焦经济社会发展的重大问题以及群众普遍关心的热点、难点问题，精心组织开展对关于铁山港区深海养殖情况的调研，开展被征地农民参加基本养老保险的情况专题协商，提出协商意见报区政府，有效助推全区征地搬迁工作。年内，组织举办2期新一届政协委员履职能力提升专题研修班，邀请专家讲授政协发展历程、履职等知识，提高新一届政协委员的思想认识和履职能力。 （骆家权）

纪检监察·巡察工作

纪检监察综述

【纪检监察机构概况】 2021年，中国共产党北海市铁山港区纪律检查委员会与北海市铁山港区监察委员会合署办公(简称区纪委监委)，履行纪检、监察两项职能。下辖事业单位北海市铁山港区纪检监察信息中心。区纪委监委派驻纪检监察组2个，乡镇纪检监察机构3个。2月7日，中国共产党北海市铁山港区第五届纪律检查委员会第六次全体会议在铁山港区行政中心召开。7月26日，中国共产党北海市铁山港区第六届纪律检查委员会第一次全体会议召开。会议选举产生中国共产党北海市铁山港区第六届纪律检查委员会常务委员会委员、书记、副书记，并报铁山港区第六届委员会通过。

【从严治党】 2021年，区纪委监委以党史学习教育为契机，深入学习中共十九届六中全会精神和中共中央总书记习近平关于党史学习教育的重要论述、在庆祝中国共产党成立100周年大会上的重要讲话，到横县会议纪念馆、北海市摄影展示基地等地开展“学党史、知党恩、跟党走”系列主题党日活动12次，组织参加全市诵读金句比赛和铁山港区庆祝中国共产党成立100周年文艺晚会等系列活动，在党史学习教育中提高明史增信，挺纪在前的政治自觉，增强全面从严治党的信心。深入开展“以谈明责，以访促廉”活动，推动落实全面从严治党政治责任，引导干部及家属注重廉政建设、家风家教建设，为建设清廉铁山港打造忠诚担当、遵纪守法、清正廉洁的纪检监察铁军。

2021年2月7日，中国共产党北海市铁山港区第五届纪律检查委员会第六次全体会议在铁山港区行政中心召开　　冯新毅　摄

【体制改革】 2021年，区纪委监委坚定不移推进监察工作向乡镇延伸，北海市铁山港区监察委员会(简称区监委)分别向区辖3个镇派出监察办公室，并于2021年2月挂牌成立，乡镇纪委与乡镇监察办公室合署办公，实现基层监察全覆盖，打通监察监督的“最后一公里”。区监委不折不扣执行《中华人民共和国宪法》《中华人民共和国监察法》《〈中华人民共和国监察法〉实施条例》，正确行使监察权，结合全区建设工业强区实际，以重大项目建设监察监督情况为主题，首次向区人大常委会报告专项工作。深

2021 年 2 月 9 日，北海市铁山港区监察委员会派出兴港镇监察办公室挂牌成立　　欧　凝　摄

2021 年 11 月 5 日，北海市铁山港区监察委员会以重大项目建设监察监督情况为主题，首次向区人大常委会报告专项工作　　刘　玲　摄

入推进《〈中华人民共和国监察法〉实施条例》宣传，举办专题培训班向全区各部门党政主要领导宣传解读条例，发放条例读本 200 余册，督促党员领导干部知纪明规懂法，接受监督。

【能力提升】 2021 年，区纪委监委围绕锻造新时代纪检监察铁军目标，深化全员培训强化能力建设，着力提升纪检监察干部政治素质、专业水平、办案能力和综合素养，组织举办纪检监察系统专项培训班 3 期，统筹全区纪检监察干部参加各级培训班 196 人次。打造监督检查、审查调查、宣传信息“三专团队”，通过实践教学、教师点评、传授经验等方式帮助纪检监察干部快速成长。年内，区纪委监委 2 人被自治区纪检监察系统表彰；1 人参与办理的案件被评为自治区纪委监委精品案件。

党风廉政建设

【政治监督】 2021 年，区纪委监委强化对“一把手”和领导班子的日常监督，区委书记带头开展“书记点题谈”、任职谈话、电视访谈等活动，推动区、镇、村（社区）三级党组织共开展“书记点题谈”活动 39 场，开展提醒约谈、专题约谈、廉政谈心共 923 人次，开展廉政家访 52 次，共解决问题 78 个，及时纠正在贯彻落实党中央方针政策和工作部署中存在的政治偏差，持续传导反腐高压态势。始终坚持党中央重大决策部署到哪里，监督检查就跟进到哪里，深入贯彻落实习近平考察广西及北海重要讲话精神和对广西工作系列重要指示、批示精神，围绕北海市第十二次党代会和铁山港区第六次党代会目标任务，制订“十三项重点任务”分解表，推进 44 项任务落实到位。专题汇报党风廉政建设和反腐败斗争工作情况 9 次，推动生态环境、疫情防控等重大决策落地见效。组织全区 103 个单位 2739 名党员干部开展“政治体检”，持续坚定政治立场、政治方向、政治原则。深入贯彻习近平关于加强和改进民族工作的重要思想，深入推进民族团结进步创建工作。

【专项治理】 2021 年，区纪委监委整合监督力量形成“区镇联动 + 室组联合 + 单位联席”专项监督机制，突出监督重点，紧扣现代化建设大局，围绕巩固拓展脱贫攻坚成果同乡村振兴有效衔接、落实生态环境保护责任、农村乱占耕地建房、政法队伍教育整顿、文明城市创建等中心工作开展 5 个专项监督，共组织监督检查 57 次，发出监督提醒函、纪检监察建议书 10 份，督促整改问题 94 个。紧盯疫情防控、换届风气、安全生产等常规性工作，通过实地走访、发出提醒函等监督方式压实相关部门工作责任。年内，区纪委监委共开展疫情防控监督检查 74 次，提出意见建议 122 条，督促整改问题 182 个。严格换届政策和制度规定执行情况监督，开展监督检查 114 次，访谈村干部、群众 179 人，发现问题 70 个并督促立行立改；严格对区、镇、村（社区）三级换届人选进行资格审查 2565 人次，提出暂缓意见 10 人次；及时处置问题线索 220 件，比上年上升 57.1%，多举措保证换届选举风清气正、依法有序进行。

【作风建设】 2021 年，区纪委监委落实中央八项规定精神，从严开展“四风”问题问责追责，不断释放“越往后执纪越严、处理越重”的强烈信号，坚决查处违反中央八项规定精神问题案件 12 件，给予党纪政务处分 9 人。加强节日期间廉政提醒和监督检查，发出廉洁短信 22 条，组织 47 批 134 人次检查场所 156 个，发现问题 18 个并督促立行立改。把整治“指尖上的形式主义”作为基层减负的重要政治任务来抓，组织开展监督检查 17 次，撤并工作群 153 个，督促整治工作群过多过滥问题 47 个。聚焦重大项目招商、审批、建设等重点环节跟进监督，对营商环境专项巡察发现的“慢作为、不作为”等 117 个问题督促相关部门落实整改。深入开展违规吃喝和违规发放津贴、补贴问题专项整治“回头看”，督促区辖 3 个镇和区直 48 个单位（含区直属事业单位）按照“回头看”整治清单，重点对 2017 年以来违规吃喝和违规发放津贴、补贴问题开展“回头看”工作。其中 49 个单位“零报告”，2 个单位自查发现问题并整改落实，锲而不舍纠治“四风”老问题、新动向。

【整改落实中央巡视组反馈意见】 2021 年，区纪委监委深入有序抓好中央巡视组反馈意见整改，坚守政治巡察职能定位，全力配合、自觉接受中央第二巡视组和第八巡视指导督导组开展巡察监督和指导督导，对中央巡视反馈意见逐条逐项整改落实。

案件查处

【执纪审查】 2021 年，区纪委监委精准有力惩治腐败，释放不敢腐的强烈信号。全区纪检监察机关接受群众信访举报 92 件次，其中检举控告 65 件次，占 70.6%；立案 65 件，结案 63 件，办理留置案件 2 件，给予党纪政务处分 58 人，移送检察机关审查起诉 2 人。全面助力政法队伍教育整顿，54 名政法干警在政法队伍教育整顿中主动说明问题，立案查办 7 人。从严从快查处黄某某涉及征地搬迁、矿产资源等领域的贪污受贿案，法院做出一审判决判处有期徒刑 6 年，实现政治效果、纪法效果和社会效果有机统一。贯通运用监督执纪“四种形态”（第一种：党内关系要正常化，批评和自我批评要经常开展，让咬耳扯袖、红脸出汗成为常态。第二种：党纪轻处分和组织处理要成为大多数。第三种：对严重违纪的重处分、做出重大职务调整应当是少数。第四种：而严重违纪涉嫌违法立案审查的只能是极少数），不断深化标本兼治，持续营造不敢、知止的氛围，确保反腐败斗争力度不减、节奏不变，批评教育帮助和处理 166 人，其中第一、二、三、四种形态占比分别为 69.9%、26.5%、1.8%、1.8%。全面落实“三个区分开来”要求，为2名受到不实举报的基层干部澄清正名，切实为担当者担当，为干事者撑腰，推动实现政治效果、纪法效果和社会效果的融合和最大化，不断提高监督治理效能。

2021年9月22日，北海市铁山港区领导干部观看庭审直播暨“以案促改”警示教育大会在铁山港区行政中心召开　　冯新毅　摄

【以案促改】 2021年，区纪委监委深化以案为鉴、以案促改，扎实做好查办案件“后半篇文章”，及时通报曝光8件典型案例，组织收看直播庭审5场，向涉案单位下发《纪律检查建议书》或《监察建议书》，督促兴港镇党委、兴港镇政府以黄某某案为反面教材开展以案促改专题民主生活会，查摆问题51个，制订整改措施53条。开展教育回访63次，加强对受处分人员的日常教育、监督管理和关心关爱，着力实现宣传发动、案件剖析、教育警示、问题整改、建章立制和监督检查无缝衔接、常态推进，切实做到查处一案、震慑一片、教育一方的良好效果。

【基层反腐】 2021年，区纪委监委持续整治群众身边腐败和作风问题，不断增强群众获得感、幸福感、安全感。坚持以人民为中心的发展思想，深入开展巩固拓展脱贫攻坚成果同乡村振兴有效衔接专项监督，共立案查办7人；开展农村乱占耕地建房及违建别墅专项督查53人次，发出监督工作函4份，立案查处4人。大力推进粮食购销领域腐败问题专项整治和医疗卫生领域群众身边腐败和作风问题专项整治工作，组织签订《领导干部不违规插手干预建设承诺书》174份，扎实开展信访积案化解专项工作。持续涵养为民办实事初心，深入开展“四访”解“三事”活动，通过“开门接访、协调化访、带案下访和重点约访”的形式，共接待群众来访64批72人次，带案下访7次，重点约访6次，解决群众“三事”问题18个，以正风肃纪反腐之势着力解决群众“急难愁盼”问题，进一步凝聚党心民心。

廉洁宣传教育

【宣传教育形式】 2021年，区纪委监委积极开创“云直播”旁听庭审，创新拓展教育形式，组织全区近百名征地搬迁党员干部旁听黄某某贪污、受贿案的庭审，召开专题大会开展警示教育。以《领导干部家风不正典型案件警示录专题片》《零容忍》等系列警示教育片组织全区干部开展线上廉洁教育，持续筑牢党员干部思想防线。

【廉政文化建设】 2021年，区纪委监委以清帆廉政文化园为依托，组织全区各级党员干部参观学习、接受教育34批次1395人次，持续为各级领导干部敲响“廉政警钟”。区纪委监委主要领导带领班子成员为全区政法干警作廉政教育专题报告5场，助力政法队伍教育整顿警示，引导进一步严明政治纪律和政治规矩。深入开展“以谈明责，以访促廉”活动，建立家庭与单位廉洁互动提醒机制，各级领导班子开展廉政家访52次，全面推进清廉家风建设，促进党风政风持续向上向善。

【信息宣传报道】 2021年，区纪委监委严格落实意识形态工作责任制，将落实意识形态工作纳入监督的主要内容，组织做好涉纪涉腐网络舆情的收集、分析、研判，注重引导舆论导向。加大信息宣传报道力度，积极对外宣传全区党风廉政建设新成果，共报送信息442篇，各级媒体采用103篇。其中，市级以上纪检监察网采用92篇，其他新闻媒体采用11篇，为巩固发展反腐败斗争压倒性胜利营造氛围。 （王成良）

巡察工作

【巡察工作概况】 中国共产党北海市铁山港区委员会巡察工作办公室（简称区委巡察办）设在区纪委监委，主要工作职责是完成每年巡察任务、组织开展相关培训、拓宽宣传渠道、创新管理方式、督查指导巡察工作、进行巡察情况通报等。

【年度巡察】 2021年，区委巡察办组织2轮巡察，巡察党组织30个。其中开展优化营商环境专项巡察+巡察“回头看”工作1轮，巡察党组织28个，发现在优化营商环境工作中存在的“置若罔闻、推诿扯皮、冷漠懈怠、拖拉疲沓、枉法谋私”等方面的问题167个（其中立行立改问题9个）；按照自治区党委巡视工作统一部署，开展铁山港区六届区委第一轮巡察和涉粮问题专项巡察，巡察党组织2个，延伸巡察基层粮所1个，其中涉粮专项巡察发现问题13个，移交线索5条。

【巡视整改】 2021年，区委巡察办认真贯彻中共中央总书记习近平关于巡视巡察工作的重要指示精神，认真协助区委落实中央第二巡视组巡视广西反馈意见和中央第八巡视指导督导组巡视广西党委巡视机构反馈意见整改工作，按照应销尽销，能销快销的原则，统筹推进整改销号工作。在集中整改期内，中央第二巡视组反馈问题整改销号率达到95.04%，中央第八巡视指导督导组反馈问题整体销号率达到96.1%，各项整改工作均按时按质完成。

【巡察监督】 2021年，区委巡察办按照区委部署，组建3个巡察组，对全区28个承担有优化营商环境职责的责任单位开展为期2个月的优化营商环境专项巡察+巡察“回头看”工作。为真实了解商家、企业存在的痛点难点，区委巡察办联合铁管委、区非公办等相关部门分别于6月4日、8日组织召开2次征求意见座谈会，面对面听取企业代表对铁山港区在优化营商环境工作中存在的问题和不足。收集到涉及企业建设用地、配套基础设施、企业发展政策扶持、优化简化办事流程等方面23个具体问题，经区委巡察工作领导小组研究，将上述问题分类移交各归口部门处理，对群众反映强烈、问题突出、可以即时解决的，巡察组坚决立即交办，督促立行立改，确保巡察发现问题整改取得实效。

【巡察培训】 2021年4月，区委巡察办专门组织参加优化营商环境专项巡察+巡察“回头看”的3个巡察组全体人员开

2021年10月11日，六届铁山港区委第一轮巡察动员部署会在区政务服务综合楼五楼会议室召开

区委巡察办　供

2021 年 4 月 28 日，五届铁山港区委优化营商环境专项巡察 + 巡察“回头看”工作动员部署暨业务培训会在区政务服务综合楼五楼会议室召开　　区委巡察办　供

展巡察培训工作。巡察组成员基本掌握从巡察与纪检工作实现无缝对接、线索移交材料处理、如何发现有效线索等方面技能。9 月，区委巡察办在南宁市组织为期 1 周的“强化坚定理想信念，提高巡察业务能力”培训班，安排 46 名巡察干部参加培训，重点围绕在巡察中精准发现问题，做好政治巡察等内容，邀请自治区党委巡视办、巡视组领导专题授课，并到广西革命博物馆开展现场教学，努力提升巡察干部队伍的业务水平和整体素质，保障巡察质量。

【包干督导】 2021 年，区委巡察办建立区纪委书记、副书记 3 人分别包干督导巡察组的督导制度，各包干领导认真抓好前期的工作指导和后期的工作把关，每轮巡察到点督导 2 次以上，通过巡中座谈、巡中督导推动问题解决，提高巡察质量。在六届区委第一轮巡察、涉粮问题专项巡察、优化营商环境专项巡察 + 巡察“回头看”工作中，各巡察组均已分别向包干领导汇报巡察工作进展情况，包干领导及时到巡察组进行指导督导，破解巡察过程中遇到的难题。

【协作配合】 2021 年，区委巡察办认真谋划《中共北海市铁山港区委员会巡察工作规划(2022—2026 年)》《区委巡察机构与区纪检监察机关、区委组织部、区委政法委协作配合的实施意见》，从制度上理清工作思路，明确工作要求，细化工作措施，落实工作责任，建立健全区纪委监委、区委组织部、区委政法委、区委宣传部等相关单位在巡前、巡中、巡后协同合作机制，形成联合培训、联合督导、联合整改的工作格局，促进全区巡察监督工作整体联动。

（梁宗宝）

群众团体

北海市铁山港区总工会

【区总工会工作概况】 北海市铁山港区总工会(简称区总工会)坚持以习近平新时代中国特色社会主义思想为指引,深入贯彻中共十九大及十九届历次全会精神,主动开展工会服务工作。全力推进乡村振兴,率先成立北海市铁山港区乡村振兴稳进合作社工会委员会;加强基层组织建设,扩大工会组织有效覆盖面,增强职工归属感、认同感;扎实做好职工互助保障工作,提高职工互助保障水平;加大困难职工帮扶力度,全力推进解困脱困工作;助推"我为职工办实事"实践活动走深走实,彰显娘家人的关怀;加强职工思想引领,弘扬劳模精神,推进党史学习教育活动再上新台阶;促进和谐劳动关系,维护职工合法权益。

【基层组织建设】 2021年,区总工会筑牢组织基础,推动组建工作再上新台阶。全年指导建立4家基层工会组织,发展新会员1380人。发挥工会职能作用,巩固脱贫成果,助力乡村振兴,选取南康镇大塘村村民合作社为试点单位,组建北海市铁山港区乡村振兴稳进合作社工会委员会,以点带面,凝聚工会的力量,全面助推乡村振兴出实效。以服务大项目为要务,指导组建太阳纸业有限公司工会委员会,争取上级总工会"八桂入企业"职工之家建设资金50万元,完成服务设施;实地走访玖龙纸业项目、新材料深加工产业园和川桂化工重大项目,了解项目的落户实际经营情况,做到成熟一个组建一个。加强党建引领,发挥工会组织优势,组建北海市铁山港区委区政府督查绩效考评办公室工会、北海市铁山港区医疗保障局工会委员会2家基层工会,做到党组织到哪里,工会组建到哪里。突破难点,全力推进新就业形态群体(八大群体)工会的组建工作,优化完善1家货运司机联合工会,整合12家企业集中入会。

2021年11月23日,区委副书记何来(左三)在北海市铁山港区乡村振兴稳进合作社工会"爱心驿站"揭牌仪式上致辞　　区总工会　供

【服务一线劳动者】 2021年,区总工会竭诚服务一线职工,巩固政府与职工的桥梁。着力推动"工会进万家,我为职工办实事"实践活动落地见效,深入走访慰问,紧密联系一线职工(农民工),想职工之所想,急职工之所急,将工会的关怀

送到职工心坎。年内，区总工会开展元旦春节送温暖、六一儿童节关爱慰问、“工会进万家”慰问、“送清凉”慰问和夏送公益关爱慰问5次，共慰问1490人次，发放慰问金18.31万元；开展为职工（农民工）送健康体检活动，惠及太阳纸业有限公司150名职工。组织一线优秀职工分批次参加疗养、休养活动，全年安排40名优秀职工参与疗养、休养。用心用情做好志愿服务，联合团区委开展“弘扬雷锋精神，共创文明城市”主题志愿服务活动，为30余人提供职工维权、困难职工帮扶救助等相关知识咨询，为30余人提供免费理发、免费诊疗活动。

2021年8月25日，区总工会联合中国移动铁山港公司开展“学党史、强信念、跟党走、为职工办实事”夏送清凉公益关爱慰问活动。图为慰问新奥华恒货车司机　　区总工会　供

【职工队伍素质提升】 2021年，区总工会着力开展送岗位稳就业创业活动，大力提升职工队伍素质。联合区人社局启动“送培创工程”，开设有中式面点师、电工、中式烹调师等培训班，针对在岗一线职工、下岗职工、困难职工、农民工等人员的特点，因材施教，开展培训，共举办培训4期，培训107人，获得职业资格证书68人。联合区人社局等部门开展“春风行动”现场招聘会，有31家企业参加招聘会，1326人参加面试，706人被录用，有效缓解企业用工难的问题。进一步丰富职工文化生活，联合团区委和区文体广电旅游局举办2021年铁山港区“移动5G杯”青年职工气排球赛，有16支球队160余人参加32场比赛。协助北海市总工会举办2021年北海市临海工业职工职业技能大赛。120名选手参加电工、焊工、钳工、桥式起重装卸机械操作4个比赛项目的比赛。发挥劳动模范和先进工作者的示范作用，做好五一劳动奖章和工人先锋号的推荐评选工作；结合党史学习教育活动，大力弘扬劳模精神，加强劳模精神引领，推动劳模宣讲进企业，组织2名劳模开展宣讲活动。

2021年9月11日，区总工会在太阳纸业有限公司开展送健康体检活动　　区总工会　供

【职工帮扶工作】 2021年，区总工会对标对表，精准施策，用心用情帮扶困难职工，成效明显。多部门联动，完善机制，对照“六条保障线”和“两个全覆盖”的要求，把符合纳入低保条件的工会在档困难职工1户4人，按要求申请纳入低保；1名在校学生享受学校困难学生助

学补助，1 名大学生享受计划生育家庭奖励。贯彻落实困难职工常态化帮扶工作机制，年内全区有在档困难职工 4 户，获得生活救助金 3.59 万元，还为其中 2 户困难职工的 3 个子女发放助学救助金 1.50 万元。动员社会力量参与困难职工帮扶活动，动员各界爱心人士积极参与困难职工微心愿认领，彭某球等 4 人的微心愿得到认领和实现。推动职工医疗互助保障工作，开展职工医疗互助保障活动补助申报，完成 92 人次申请，申报金额 9.65 万元；推进广西职工医疗互助保障参（续）保，提前完成 4200 人参保任务，完成 2022 年职工医疗互助保障活动参保目标任务的 102.52%。

【维权机制建设】 2021 年，区总工会构建和谐劳动关系，维权成效明显。在广西科清环保公司建立和谐劳动关系示范点，引领全区和谐劳动关系构建，提升和谐劳动关系工作实效。充分发挥“法院 + 工会”劳动争议调解工作室作用，全年共调解劳动纠纷争议案件 17 件，调解金额 91 万元。加强劳动领域维护政治安全工作，构建和谐稳定的劳动关系。年内，全区共有 16 个基层工会与区总工会签订《责任书》。开展工资集体协商“要约行动季”活动，确保工会建会企业的集体协商建制率动态保持在 90% 以上。（陈紫玲）

中国共产主义青年团北海市铁山港区委员会

【团区委机构概况】 2021 年，中国共产主义青年团北海市铁山港区委员会（简称团区委）直辖 4 个团委、1 个团工委、1 个团总支部、9 个团支部，共有团员 2920 名。

【思想政治引领】 2021 年，团区委开展形式多样的党史学习教育活动。继续动员团员青年积极参与“青年大学习 · 一起学党史”系列网上主题团课，开展“百年光辉历程　全面建成小康”讲故事大赛、“感党恩 跟党走”党史知识竞赛、“讲党史故事　促青年担当”微党课比赛、寻访革命老战士、《长津湖》集体观影等活动，引导全区青少年学史明理、学史增信、学史崇德、学史力行。团区委运用主题队课、实践教育、比赛争优等多种形式，组织少年儿童开展“扣好人生第一粒扣子”“争做新时代好少年”等活动，在少先队中广泛开展“请党放心，强国有我”主题队会，积极组织“红领巾心向党　争做新时代好队员”纪念中国少年先锋队建队 72 周年主题队日活动，学习中共中央总书记习近平“七一”重要讲话精神，少先队员绘出红色画卷、写下祝福献语、演讲革命故事、歌唱美丽祖国，充分激发青少年的爱国热情。组建“学党史　诵金句”青年宣讲团。全区选出一批素质优良、技能过硬的青年干部，到企业、学校等场所开展形式多样的宣讲活动，在全区范围内营造“学党史、诵金句、强信念、跟党走”的浓厚氛围。“五四”期间，团区委组织召开 2021 年铁山港区“学百年党史　展青年担当”暨青年助力全区中心工作座谈会，号召广大青年坚定理想信念，为推动铁山港区打造向海经济、成为广西第一工业强区贡献力量。

【基层组织建设】 2021 年，铁山港区新发展学校领域和社会领域共青团员 300 名，均按规定录入“智慧团建”系统。抓好基层团组织和少先队推优评先工作，通过基层团组织的“两红两优”、少先队的“三优”评选，提升基层团组织和少先队荣誉感。扩大“两新”组织团组织覆盖面，压实责任，认真组织摸底排查，全年新成立“两新”团组织 134 个，其中非公企业 103 个，社会组织 31 个。大力推进北海市铁山港区青年志愿者协会成立工作，12 月 13 日，北海市铁山港区青年志愿者协会第一次会员大会在区政府政务大楼召开，区委副书记何来出席大会，铁山港区青年志愿者协会会员 60 人参加会议；积极与区内的企（事）业单位沟通，争取支持，动员符合条件的青年志愿组织及个人加入，壮大志愿者队伍。完成区青少年工作委员会换届工作，召开区第三次少先队代表大会，按要求明确区青少年工作委员会名誉主任及政府联系领导，实现“双主任”，配备挂(兼)职副主任。

【青少年服务】 2021 年，团区委利用铁山港区少先队校外实践教育基地、青少年活动中心等阵地，针对少年儿童不同年龄段特性开展系列实践教育活动 83 场，依托“北海市关心下一代党史国史教育基地——扫管龙村南康武工队旧址”开展爱国主义教育 15 场。深入推进未成年人保护工作，通过开展防溺水、防性侵、防诈骗、中(高)考心理减压、禁毒宣讲等活动，不断提高青少年儿童的自护能力。开展关心关爱困难留守儿童行动，在春节、“六一”期间，认领青少年微心愿 12 个，深入区辖 3 个镇走访慰问困难留守儿童 20 人。

2021 年 12 月 13 日，北海市铁山港区青年志愿者协会第一次会员大会在区政府政务大楼召开　　团区委　供

【青少年建功立业】 2021 年，团区委引领青年助力创城，组织青年志愿者 300 余人多次开展打扫环境卫生、清理街道“牛皮癣”、交通文明劝导、入户走访发放创城宣传资料等活动，科学引领辖区广大青年在创城活动中发挥模范作用。团区委引领青年助力乡村振兴，扎实做好定点帮扶工作，开展乡村振兴青年行动；呼吁全区爱心人士认购区内果农的滞销水果，携手助力乡村产业振兴；组织青年参加“领头雁”“青春引擎”等素质培训，引领青年志愿为民办实事。积极发动组织青年志愿者开展植树、义诊、普法宣传、免费理发、助力新冠疫苗接种等便民活动，将党和政府的关爱送到群众心中。

（李　璇）

2021 年 3 月 5 日，团区委联合区委宣传部等单位组织 150 名青年志愿者，开展志愿奉献铁山港文明传递助创城 2021 年北海市铁山港区“学雷锋”文明实践志愿活动　　团区委　供

北海市铁山港区妇女联合会

【区妇联机构概况】 2021 年，北海市铁山港区妇女联合会(简称区妇联)辖乡镇妇联 3 个，社区妇联 6 个，村妇联 37 个。年内，区妇联被自治区妇联、中国人寿广西分公司评为 2018—2020 年度广西关爱女性健康保险工作优秀基层单位；时任区妇联主席陈丽艳、南康镇社内村妇联主席陈耀珍被

自治区妇联评为2021年广西最美基层妇联干部。

【思想政治引领】 2021年，区妇联不断强化妇女思想政治引领，深入宣传党的创新理论和方针政策，推动党史学习教育走深走实。开展“巾帼学党史　奋斗新征程”系列活动，在南康镇滨海社区举办“南康地区地下党的斗争历史”专题讲座，组织妇联干部到扫管龙村爱国主义教育基地开展红色教育主题活动。在区征地搬迁工作指挥部开展以“学党史、比能力，征地搬迁、我顶半边天”为主题的党史学习教育活动，带领征地搬迁女干部唱响红色歌曲，现场开展党史知识问答，营造人人参与党史学习教育的良好氛围。在村级“儿童之家”组织开展“童心向党　学党史”系列主题活动9场，让广大少年儿童了解党的辉煌历程，传承红色基因，发扬红色精神。开展“桂姐姐”党史宣讲活动50余场，深入村（社区）宣讲中共十九大和十九届历次全会精神，宣讲中共中央总书记习近平两次考察广西重要讲话精神和“七一”重要讲话精神，宣讲广西妇女十四大会议精神，引领广大妇女厚植家国情怀。区妇联组织妇女干部到崇左市开展“学党史　忆先烈　担使命　开新局”现场教学活动，追寻革命先烈足迹，重温红色峥嵘岁月。开展“庆祝中国共产党成立100周年”主题党日活动，给退休党员送去慰问金和党史书籍；到基层党支部联系点——区第二幼儿园开展“童心向党　留夏童年”主题活动，共同庆祝中国共产党成立100周年。

【妇联换届】 2021年，区妇联选优配强基层妇联干部队伍，着力提升妇联干部综合素质，引领广大妇女建功新征程。年内，完成全区43个村（社区）妇联组织换届选举工作，共选举产生村（社区）妇联主席43人、副主席172人、执委473人，实现村（社区）妇联主席全部进入村（社区）“两委”班子的目标，进一步健全和夯实基层妇联组织。

2021年12月13日，北海市铁山港区妇联学习贯彻中共十九届六中全会精神宣讲会在区乡村振兴巾帼示范基地——北海市稳进种养农民专业合作社召开　　区妇联　供

【能力提升】 2021年，区妇联举办“领头雁”素质能力提升培训班1期，区、镇、村（社区）三级妇联执委、干部共55人参加，通过培训进一步提升妇联干部的党性修养、理论素质和业务能力。

【示范引领】 2021年，区妇联积极培育巾帼示范基地，发挥模范引领作用，带动妇女创业致富，北海市旺海海洋科技有限公司被全国妇联办公厅认定为“全国巾帼现代农业科技示范基地”；北海市稳进种养农民专业合作社、北海茂叶生态农业有限公司和北海市铁山港区绿桂园农产品专业合作社3个基地被北海市妇联认定为北海市“巾帼科技示范基地”。

【妇女儿童权益维护】 2021年，区妇联深入开展关爱服务，切实维护妇女儿童合法权益，不断提升妇女儿童的获得感、幸福感、安全感。在春节、“六一”国际儿童节等节日期间，慰问困难妇女儿童63名，并送上慰问金和慰问品。到各社区“解忧超市”认领群众“微心愿”，给群众送去一批价值2.5万元的书籍、棉被和鱼饲料，捐赠一批血压仪给区解忧仓库。深入各村（社区）开展妇女“两癌”防治知识宣传活动15场，获得全国妇联“低收入妇女‘两癌’救助专项基金（中央专项彩票公益金）”10万元，用于资助10名家庭困难的患病妇女。新建“儿童之家”10所，在全区村级“儿童之家”开展丰富多彩的主题活动共65场。参与婚姻家庭案件调解，采取“妇联＋法官＋心理咨询师”的多元调解模式，成功调解多起婚姻家庭纠纷案件。

【家庭文明建设】 2021年，区妇联深入推进家庭文明建设，推动形成爱国爱家、向上向善、共建共享的社会主义家庭文明新风尚。组织开展“讲党史话家风　共抒家国情怀”儿童少年故事大赛，来自全区各学校共32名选手参加，共评选出一等奖6名，二等奖11名，三等奖15名。举办“传红色基因，承优良家风”道德讲堂活动1期，教育引导广大干部传承良好家风家教，弘扬优秀传统文化。深入开展寻找“最美家庭”活动，倡导文明新风，杨立家庭被自治区妇联、自治区文明办、自治区总工会、自治区教育厅评为广西“最美家庭”，邓小军、黄伟金、庞瑞荣、石耀权4户家庭被北海市妇联、市文明办、市总工会、市教育局评为北海市“最美家庭”。　　（黄启莉）

北海市铁山港区科学技术协会

【区科协机构概况】 2021年，北海市铁山港区科学技术协会（简称区科协）是区委领导的独立设置的群众团体。

【技术培训】 2021年，区科协助力铁山港区发展蔬菜产业，帮助农户掌握多种蔬菜种植、管理技术，提高蔬菜管理技术含量，促进农民增产增收。年内，区科协在南康镇滨海社区举办科普服务乡村振兴助力精准扶贫工程——滨海社区蔬菜综合生产技术培训2期，培训人员123人次。

【科普活动】 2021年，区科协践行科普惠民职责，积极联合区直多个部门宣传、普及相关专业知识。

应急救护科普　年内，区

2021年11月19日，科普服务乡村振兴助力精准扶贫工程——滨海社区蔬菜综合生产技术培训在南康镇滨海社区举行　　陈翠华　摄

2021年9月30日，铁山港区科协全国科普日活动——应急救护科普志愿服务活动（第三期）在南康镇政府举办　　陈翠华　摄

科协联合北海市科协、市红十字会、区教育局、南康镇政府、营盘镇政府等部门举办铁山港区应急救护科普志愿服务活动3期，共培训各中(小)学、幼儿园教师89人，区直部门及两镇干部职工59人。保证全区每个学校均有1名以上教师掌握应急救护技能，提高学生安全保障水平。

2021年4月6日，区科协联合北海市科协、市爱尔眼科、区教育局、区青少年活动中心在南康中学举办“加强思想道德建设，呵护青少年健康成长”视力健康科普志愿服务活动　　陈翠华　摄

文明、健康生活科普　年内，区科协联合区文明办、区应急管理局、区科商工信局、区卫健局、肥佬种养基地等单位组织开展文明实践科普志愿活动11场，发放宣传资料5000余份，宣传疫情防控、灾害自救、卫生健康、环境保护等方面知识，帮助群众养成健康科学的生活理念，提升科学素质，助力创城活动开展。

科普知识网络竞赛　年内，区科协动员组织辖区居民踊跃参加北海市科普知识网络竞赛活动。在北海市科普知识网络竞赛中，全区参赛4132人，占全市37.3%，有5人进入个人排名全市前10名，参赛人数和获奖人数均排名全市第1名。

【青少年科普】 2021年，区科协重视青少年科普工作，多次联合相关部门对青少年学生开展多项科学常识普及活动。

爱眼护眼科普　年内，区科协联合北海市科协、市爱尔眼科、区教育局、区青少年活动中心开展视力健康科普志愿服务活动1期，组织300名学生参加科普讲座和视力检查，使学生懂得科学用眼护眼，呵护青少年健康成长。

能源安全知识科普　年内，区科协联合区教育局，组织铁山港区实验学校、兴港镇中心小学开展“中国石化公众开放日”科普研学活动2期，共100名学生参加活动。参加人员学习到能源安全、生态环保等方面的知识，见识最新的科学技术，开阔视野，树立远大理想。

科普大篷车进校园　年内，区科协联合北海市科协、市气象局、区委统战部、区妇联在营盘镇中心小学、兴港镇中心小学开展“科普大篷车进校园”活动2期，让青少年学生近距离学习科学知识，体验科学乐趣，培养创新精神。活动还给

2021年5月31日，区科协组织兴港镇中心小学学生代表(含留守儿童)到中国石化北海炼化有限责任公司开展“2021年北海市铁山港区庆‘六·一’‘中国石化公众开放日’科普研学活动”　　陈翠华　摄

留守儿童、孤儿、单亲家庭儿童赠送学习和体育运动用品。

（陈翠华）

北海市铁山港区工商业联合会

【区工商联工作概况】 2021年，北海市铁山港区工商业联合会（简称区工商联）团结和带领全区民营经济人士在助力招商引资、服务征地搬迁、助力乡村振兴、参政议政、帮扶解困等方面做出积极贡献。11月10日，区工商联被自治区工商联评为2020—2021年广西"五好"县级工商联；12月27日，区工商联被中华全国工商业联合会评为全国"五好"县级工商联。

【政治引领】 2021年，区工商联强化政治引领作用，以召开党组会议、主席办公会议、常委会议、执委会议等契机，向全体干部职工、民营经济人士传达学习贯彻习近平新时代中国特色社会主义思想和中共十九届五中、六中全会精神，传达学习贯彻中共中央总书记习近平在民营企业座谈会上的重要讲话精神、习近平对做好新时代民营经济统战工作的重要指示精神，筑牢思想根基，广泛凝聚共识。按照"学史明理、学史增信、学史崇德、学史力行"的要求，推动全区民营经济人士党史学习教育走深走实。通过举办党史学习教育专题辅导讲座，开展铁山港区民营经济人士素质能力提升培训班等活动，把党史学习教育贯穿到各项工作当中，激励和引导广大民营经济人士牢记使命、听党话、跟党走，切实做好政治引领工作，促进"两个健康"建设。

【商会发展】 2021年6月，区工商联在区委统战部的支持下，全力推动北海市铁山港区临海工业园区企业联合会正式成立，吸纳南宁青秀区铁山港商会作为区工商联团体会员。年内，区工商联所属商会增加到8个，商会队伍和商会组织覆盖面进一步扩大。

【服务企业】 2021年6月，区工商联与区税务局联合开展"春雨润苗"专项行动，建立专项工作联动机制，让各项税费支持政策和创新服务举措及时惠及小微企业。7月，积极构建"万所联万会"机制，所属5家商会与律师事务所结对，为民营经济健康发展和民营经济人士社会活动提供优质法律服务和法治环境。

【社会公益】 2021年，区工商联引导民营企业参与光彩事业、社会公益活动。助力搭建"解忧仓库"活动，19家会员企业积极认领群众"微心愿"，捐助轮椅、棉被、电饭煲、米、油等物品，折合人民币3万余元。助力乡村振兴工作，会员积极参与"统一战线助力村卫生室提质升级行动"，捐款2.5万元；11月，区工商联牵头开展铁山港区"万企兴万村"行动，引导南康镇黄丽窝村、水鸭塘村，营盘镇盐灶村、青山头村，兴港镇粟山村分别与23家民营企业签约，开展村企结对共建活动，促进乡村产业更兴旺，农民生活更富裕。

【参政议政】 2021年7月，区工商联积极配合区委统战部做好民营经济人士政治活动安排工作，推荐一批政治素养好，参政议政能力强的民营经济人士

2021年6月11日，北海市铁山港区临海工业园区企业联合会成立

李尤敏　摄

2021 年 11 月 30 日，北海市铁山港区“万企兴万村”行动启动大会在区政务服务综合楼五楼会议室召开　　李丽菁　摄

为人大代表、政协委员。年内，区工商联会员中有区人大代表 2 名，区政协委员 23 名。各人大代表和政协委员围绕社情民意参政议政，提交《关于加强我区乡村振兴人才队伍建设的几点建议》《关于实施铁山港区空气质量与地下水监测的建议》《关于治理沿海大米草的建议》等 13 件建议、提案，为全区经济社会发展积极建言献策，发挥民主监督作用。

（李丽菁）

北海市铁山港区残疾人联合会

【区残联机构概况】 2021 年，北海市铁山港区残疾人联合会（简称区残联）为正科级群团组织，下设铁山港区残疾人综合服务中心。年内，区残联执行“十四五”残疾人保障和发展规划，在扶持残疾人就业、残疾人托养服务、残疾人实用技术培训等工作取得新的成绩。

【扶持残疾人就业】 2021 年，区残联在新冠疫情防控期间，与区人社部门协作，举办“稳就业　送温暖”线上招聘会，满足残疾人求职需求。做好高校残疾人毕业生就业服务，向有需求的用工单位推荐合适人选，努力帮助毕业生找到适合的岗位，推动按比例安排残疾人就业。稳定发展残疾人辅助性就业，保障在辅助性就业爱心车间就业的残疾人不因疫情影响而失业。鼓励残疾人自主创业，给予 6 名符合条件的残疾人每人一次性 5000 元的资金扶持；5 名残疾人获得个体工商户和灵活就业残疾人参加职工基本养老保险补贴。

【残疾人托养服务】 2021 年，区残联为巩固残疾人脱贫攻坚成果，推动残疾人托养服务工作，持续抓好重度残疾人集中托养基地建设，集中托养建档立卡脱贫重度残疾人 8 名。同时，采用购买社会服务的形式，为 132 名无自理能力、家庭有照料条件、适合在家庭托养的智力、精神、重度肢体残疾人，定期上门提供基本生活照料和护理、生活自理能力训练、社会适应能力辅导、职业康复和运动功能训练等方面社会服务，帮助残疾人更好

2021 年 9 月 24 日，北海市残联党组书记孔凡（右二）和北海市残联理事长李东霞（右一）到区残联调研“十四五”残疾人保障和发展规划工作　　区残联　供

实现幸福美好生活，有效减轻残疾人家庭托养照护负担。

【残疾人实用技术培训】 2021年，区残联根据残疾人自身条件需求，选定豇豆（豆角）种植技术和生猪养殖技术培训项目，投入1.5万元通过购买服务的形式与培训机构签订协议，为30名符合条件的农村残疾人开展培训，使参加培训的残疾人掌握一定生产技能，提高生产效益，达到促进残疾人增收和增强自我发展能力的目的。（吴伟霞）

北海市铁山港区社会科学界联合会

【区社科联机构概况】 2021年，北海市铁山港区社会科学界联合会（简称区社科联）由1名专职副主席和4名兼职副主席组成常务委员会，共有委员18人。

【理论学习】 2021年，区社科联协助组织全年区委中心组理论学习。根据《中国共产党党委（党组）理论学习中心组学习规则》，制定下发《关于2021年全区理论学习的通知》。全年安排6次中心组学习（其中4次党史学习教育专题），每次自学和集中学习时间均为3天，学时累计18天。

【党史学习教育】 2021年，区社科联配合区委党史学习教育领导小组做好党史学习教育工作的启动和引导工作，在区政务服务中心和三塘小区举办党史教育板报展览。编写小册子《如何学好党史》近2万字，共印发100余本，提供给区主要领导和各部门学习参考。主要内容有中共中央总书记习近平关于党史学习教育的重要讲话精神、紧跟习近平的足迹学习党史等。印发《党史学习教育笔记本》300余本发给党史学习人员。认真编写中国共产党的大事年表，制订党史教育学习方案。年内，区社科联广泛动员各镇、各部门征订指定学习材料：习近平《论中国共产党历史》《毛泽东、邓小平、江泽民、胡锦涛关于中国共产党历史论述摘编》《习近平新时代中国特色社会主义思想学习问答》《中国共产党简史》；同时，动员各镇、各部门征订重要学习参考材料：《中国共产党的一百年》《中华人民共和国简史》《改革开放简史》《社会主义发展简史》《中国共产党在广西》《中国共产党广西历史》（第一、二卷）和《中国共产党北海历史》（第一、二卷）等，确保党史学习教育走深走实。

【社会科普】 2021年，区社科联按照北海市社科联《关于印发北海市社会科学界联合会2021年社会科学普及下基层展览活动方案》的要求，以庆祝中国共产党成立100周年为契机，结合疫情防控形势及基层群众需求，开展社会科学普及下基层展览活动3场，深入基层普及社会科学知识。9月，区社科联在兴港镇举办实施乡村振兴战略，全面建设小康社会板报展览，助力美好幸福乡村和工业强区建设。

【助力创城】 2021年，区社科联全员出动，配合区辖3个镇

2021年12月14日，区社科联联合北海市社科联等单位举办北部湾讲坛——学习贯彻自治区第十二次党代会精神。图为社科专家谭伟强（主席台）在做题为“面朝大海 向海图强”的宣讲　区社科联 供

部署创城攻坚行动各项工作，进一步细化村级“两委”成员创城攻坚行动责任包干方案，全体村干部网格化管理，在村域内重要路段及显目位置增设创城公益广告牌及标语；发动新时代文明志愿者配合村干部开展入户分发移风易俗和创城应知应会知识宣传单，营造创城舆论氛围，提高村民对创城工作的知晓率、参与率，引导村民自觉参与创城工作。

【理论宣讲】 2021 年，区社科联联合北海市社科联等单位举办北部湾讲坛，邀请社科专家谭伟强做题为“面朝大海 向海图强”的宣讲和学习贯彻自治区第十二次党代会精神。全区各单位负责宣传、思想及文化工作的负责人 100 余人参加。

【巩固脱贫效果】 2021 年，区社科联全体工作人员入户帮护慰问脱贫户 8 次以上，为脱贫户发展进行务工帮护、落实奖补项目等措施。部分干部个人出资为脱贫户购买医保、年节慰问品等。（欧作合）

法　治

政法委及综治

【政法机构及工作概况】 中国共产党北海市铁山港区委员会政法委员会（简称区委政法委）是区委领导管理全区政法工作的职能部门。2021年，区委政法委做好社会稳定维护、社会治安治理、反诈骗工作、市域综合治理创新、营商环境优化、新冠疫情防控、政法工作会议召开等工作，全力维护全区社会大局持续稳定，实现“党委满意、群众满意”“公众安全感提升、执法公信力提升”的“双满意、双提升”工作质效。

【社会稳定维护】 2021年，铁山港区排查敏感人员32人，敏感群体28个，敏感案（事）件7件。推动“一村（社区）一法官”“一村（社区）一法律顾问”落到实处，将矛盾纠纷及时就地化解在基层，解决在萌芽状态，使不和谐因素不断减少，社会和谐不断增进。全年全区没有发生重大的影响社会稳定的事件，在庆祝中国共产党成立100周年、新中国成立72周年等重要节庆和敏感时期社会稳定。

【纠纷化解】 2021年，铁山港区接待群众到访150批次1110人次，其中集体访65批次929人次，个人访85批次181人次；重访31批次284人次；共调处各类矛盾纠纷537件，调解成功529件，调解成功率98.5%，提前完成市级重大涉稳问题化解2件。积极推广“枫桥经验”，全面推行人民调解、行政调解、司法调解有机衔接的“三调联动”机制。

【社会治安治理】 2021年，铁山港区公安机关立刑事案件504件，比上年469件上升7.5%；破案315件，比上年192件上升64.1%。治安案件发案508件，比上年586件下降13.3%；受理298件，比上年333件下降10.5%。抢劫案件立案零件。抢夺案件立案零件。盗窃案件立案108件，比上年131件下降17.6%；破案73件，比上年31件上升135.5%。诈骗案件立案204件，比上年164件上升24.4%（其中电信诈骗案件立案130件，比上年80件上升62.5%）；破案66件，比上年37件上升78.4%（其中电信诈骗案件破案57件，比上年28件上升103.6%）。毒品案件立案45件，比上年36件上升

2021年7月16日，2021年度平安铁山港建设工作会议暨铁山港区政法工作会议在区政务服务综合楼五楼会议室召开　　杜有源　摄

25%；破案46件，比上年35件上升31.4%。执行逮捕280人，比上年162人上升72.8%；刑事拘留620人，比上年622人下降0.32%；抓获693人，比上年641人上升8.1%。年内，全区扫黑除恶专项斗争得分97.6分，排广西第32名，排北海市第3名；铁山港区2021年度执法满意度得分93.6分，排广西第33名，排北海市第2名。

【反诈骗工作】 2021年，铁山港区严厉惩治电信诈骗违法犯罪行为，刑事拘留涉诈骗人员87人，逮捕39人，缴获银行卡80余张，手机80余台；开展反诈骗宣传讲座30余次，反诈骗宣传80余次，发放宣传单1万份，覆盖人群2万余人，动员1.77万人安装国家反诈中心App。

【市域综合治理创新】 2021年，区委政法委以提升辖区群众安全感为切入点，不断完善区、镇、村（社区）综治中心建设，加快综治中心实体化运转。加大“微连心”推广力度，动员辖区群众1.83万人关注“微连心”小程序，通过“微连心”小程序受理群众诉求21件，办结21件，办结率100%。创新网格化管理机制，不断加强网格员日常巡查、社情民意收集、治安协防、公共安全隐患排查、矛盾纠纷化解、特殊人群服务管理等信息搜集和化解工作，基层社会治理网络信息化应用能力和水平明显提高。1—11月，广西综合治理信息系统新增事件956件，核查5件，流转上报处理17件，办结956件，办结率100%。全区2021年度群众安全感满意度得分98.90分，比上年度提高0.43分，排广西第23名，排北海市第1名。

【营商环境优化】 2021年，铁山港区积极组织开展“走企护商除乱”活动，领导干部发挥示范带头作用，采取“大数据+脚板”模式，全面走访辖区企业特别是铁山港（临海）工业区大企业和重大项目建设区，积极为企业和项目业主排忧解难。年内，区委政法委解决铁山港（临海）工业区大企业斯道拉恩索林纸一体化公司施工受阻问题获赠锦旗感谢。公安机关创建“一企一警”工作机制，积极推行警企共建。1—11月，领导干部深入企业走访调研245次，解决企业纠纷73件次，指导侦破涉企案件20余件。政法系统各单位开展“送法进企业”系列活动109次，增强企业反电信诈骗、反邪教等法律意识。政法机关大力推进各项“放管服”改革，畅通企业涉诉纠纷“绿色通道”，对困难企业依法落实缓减免交诉讼费，推进提升依法护企，为打造良好营商环境贡献政法力量。

【新冠疫情防控】 2021年，铁山港区政法队伍积极投入新冠疫情防控工作，强化“大数据+网格化”管理，充分利用四大片区2475个网格和公安大数据技术手段对辖区重点人员和线上相关人员进行网格化、地毯式排查，实行网格管理，全程跟踪管控，做到“见人、见号码、见体温，见地址”，确保“人在网格走，人在网格控”。坚持每日研判制度和适时调度制度，及时根据疫情政策要求，动态调整防控措施，确保新冠疫情防控各项工作严格按政策要求精

2021年11月24日，区委常委、政法委书记叶长军（右三）到铁山港公用码头检查督导新冠疫情防控工作　　杜有源　摄

细落实。全年全区保持新冠病毒零感染工作目标。

【政法队伍教育整顿】 2021年,铁山港区持续开展政法队伍教育整顿,政法系统各单位结合党史教育持续开展政治教育、警示教育、英模教育。全区有54名干警主动说明问题,运用“四种形态”处理53人,排查出“6+N”顽瘴痼疾问题142个。政法各单位认真梳理分析顽瘴痼疾堵点痛点,对照中央督导组、指导组反馈的问题,同步制定和完善《进一步加强政法队伍作风建设若干规定》等46项规章制度。 (杜有源)

法治政府建设

【法治宣传教育】 2021年是“八五”普法的开官之年,区司法局聚焦提高全民法律意识,推进依法治区进程,深入开展法治社会宣传教育。发挥法律顾问作用,开展法治宣传。区司法局组织开展“送法进乡村(社区)”活动,组织村(社区)法律顾问通过解答法律咨询问题、举办法治讲座等方式,向群众宣传《中华人民共和国民法典》等与生产生活密切相关的法律知识。3月至4月,区司法局联合区妇联分别到南康镇南康社区、营盘镇石村村委以法治讲座的方式开展送法活动,为100多名妇女群众上法律课,提高妇女的法律知识。年内,区司法局贯彻落实区委、区政府关于校园安全工作的各项决策部署,推动“护苗攻坚行动”全面落实,保障青少年健康成长。从6月开始,通过“送法进校园”活动开展青少年普法宣传,组织村(社区)法律顾问到辖区各中(小)学举办“护苗攻坚行动”专题法律讲座6场,向青少年学生讲解防范校园欺凌、防拐骗、防性侵等法律知识,引导青少年增强安全防范意识,学会用法律武器来保护自身的权益。

【依法行政】 2021年,区司法局坚持落实上级有关法治政府建设的各项工作任务,制定《2021年全区法治政府建设工作要点》,对区政府的重大决策进行合法性审查,推动全区政府各部门依法行政,依法决策。

文件合法性清理和审查 年内,区司法局联合区自然资源局、区农水局、辖区各镇政府对照修订后的《中华人民共和国动物防疫法》,对有关野生动物保护领域的文件开展规范性清理。对相关单位报送的《北海市铁山港区危化品道路运输安全管理“黑名单”制度暂行规定(试行)》加强合法性审查,针对审查中发现的问题,通过面对面座谈方式与报送单位沟通,督促报送单位修改完善,确保文件合法性。共审核修改项目建设合同115份,避免法律风险。

行政行为合法性审查 年内,区司法局对相关行政行为出具36份法律意见书,为区政府、铁管委以及区直各部门处理有关法律事务以及行政决策提供法律支持。

行政执法监督 年内,区司法局持续推进行政裁量权基准制度制定与清理,开展自查自纠,全面落实、更新行政裁量权基准制度,确保行政机关依

2021年12月3日,北海市铁山港区“12·4”国家宪法日集中法律宣传活动在南康镇开展
区司法局 供

法行权、依法决策。加强行政执法监督，开展行政执法案卷现场评查工作，促进执法公正文明、严格规范。

行政执法培训　年内，区司法局组织全区各行政执法部门 118 人参加行政执法人员资格（续职）培训考试，提高行政执法人员的综合法律知识和增强行政执法工作能力。

【行政争议化解】 2021 年，区司法局着力化解区内行政争议事件，在涉诉涉法事件中，积极组织律师开展化解工作，力求事件最小化。年内，全区共办理行政复议案件 3 件，行政诉讼案件 3 件，均按时提交答复书、答辩状和相关证据材料，认真履行行政复议和应诉职责。持续推进行政复议体制改革，整合行政复议职责，畅通行政复议渠道，不断完善行政复议工作体制，促进法治政府建设。

（欧　萍）

公　安

【公安工作概况】 2021 年，北海市公安局铁山港分局（简称铁山港公安分局）扎实开展政治思想学习和公安队伍教育整顿，以“争创一流业绩、锻造一流队伍”为目标，统筹新冠疫情防控和维护稳定两个战场，尽职工作。年内，铁山港区被评为全市唯一“建设平安广西活动先进县（区）”；群众安全感满意度位列广西第一方阵，在北海市排名第 1 名；公安业务绩效进入北海市公安局第一等次。

【维护社会稳定】 2021 年，铁山港公安分局采取切实可行的措施维护社会大局稳定。

反恐反邪教维稳　年内，铁山港公安分局坚持总体国家安全观，把防范政治安全风险置于首位，严密防范和严厉打击敌对势力渗透颠覆、捣乱破坏活动。深入开展“4·15”国家安全日宣传活动，积极动员部署辖区的安全检查、网上侦控和情报收集各项工作。全年辖区没有发生邪教组织违法犯罪案件。

安保维稳　年内，铁山港公安分局在全国“两会”、庆祝中国共产党成立 100 周年、中共十九届六中全会等重要节点执行安保维稳任务。

维稳工作　年内，铁山港公安分局落实领导包案，成立工作专班，对积案深入开展化解工作，全年共接收各类纠纷矛盾案件 27 件，比上年下降 28.9%；“12345”政府服务热线（人民 e 眼）收件 106 件，办结率均为 100%；中央联席办、公安部积案化解率 100%；全区涉法涉诉信访形势持续好转。

【惩治违法犯罪】 2021 年，铁山港公安分局以“亮剑 2021· 六打”系列专项行动为抓手，坚持大案快破、小案多破，重拳打击、防范为要，全力破案、竭力追赃。全年破刑事案件 315 件，比上年破刑事案件 192 件上升 64.1%；抓获 693 人，比上年抓获 641 人上升 8.1%；刑事拘留 620 人，比上年 622 人下降 0.32%；执行逮捕 280 人，比上年 162 人上升 72.8%。

2021 年 12 月 13 日，南康派出所民警到金谷园酒店开展治安隐患大排查

铁山港公安分局　供

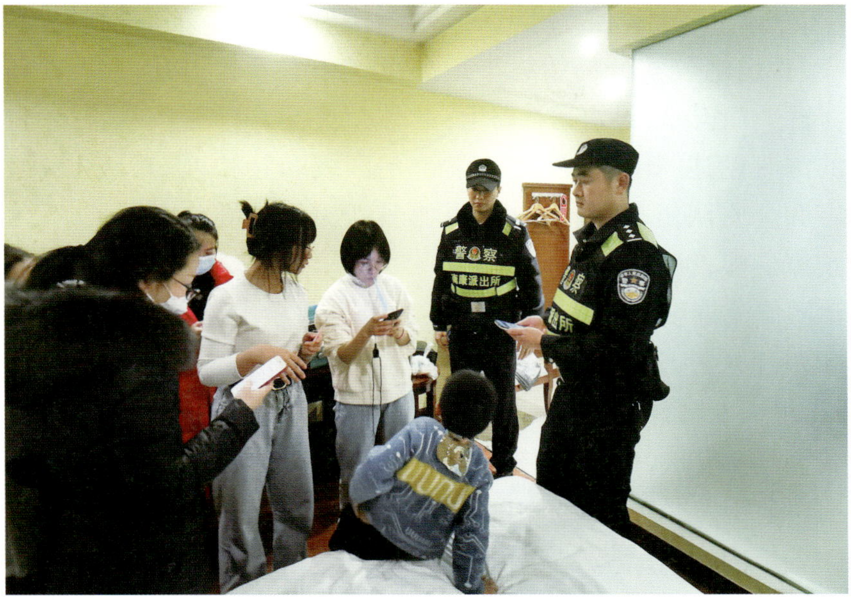

2021 年 12 月 27 日,南康派出所民警对酒店住宿人员进行例行检查　　铁山港公安分局　供

【服务经济发展】 2021 年,铁山港公安分局高效护航经济发展,在前期开展"基层党建 + 企业 +N"治理的基础上,创建"一企一警"工作机制。

警企联合巡防机制　年内,铁山港公安分局组建以公安民警为核心、处突大队为辅助、企业内保人员为补充的警企巡防队,织就立体式、网格化的治安大联防体系,全年共开展治安消防隐患排查 60 余次,反恐演练 6 次,企业周边日常巡逻 300 余次,让企业周边更安全。

矛盾纠纷联调机制　年内,铁山港公安分局对矛盾纠纷按照危害程度实行分级管控,努力实现"小事不出企,大事不出区"的目标。全年共为企业化解各类矛盾纠纷 50 余起,成功处置多起非法阻拦企业正常施工事件。

"放管服"上门机制　年内,铁山港公安分局继续推行"放管服"改革,采取主动上门、窗口前移工作方式,出动警力 180 余人次,走访企业 73 家,解决企业实际困难。开展便民宣传 50 余次,登记外来员工 300 余人次,收集信息 50 余条,让外来员工办事更加便捷。在铁山港(临海)工业区"职工之家"安装自助办理户籍业务机器 1 台,惠及员工 250 余人次。

涉企犯罪快侦快破机制　年内,铁山港公安分局破获多起涉企故意伤害案件,破获 2 个暴力虚开增值税发票的窝点,抓获犯罪嫌疑人 7 名,涉案金额 3.2 亿余元,让"护企安企"更高效。

【基层基础建设】 2021 年,铁山港区坚持大抓基层、大抓基础导向,公安基层基础建设有条不紊开展,公安工作根基更加坚实。不断提升警务实战后勤保障水平。

推进重点项目建设　年内,营盘派出所易地搬迁项目已完成立项,铁山港公安分局备勤楼进入申报立项阶段。投入 180 万元用于辖区天网补点工程,投资 150 万元对兴港派出所办案区进行改造。拨付 21 万元,全力支持南康派出所创建全国"枫桥式派出所"。

生活条件改善　年内,铁山港公安分局投入专项经费 5 万余元,对基层派出所小食堂

2021 年 9 月 24 日,铁山港公安分局组织警企巡防队在企业周边开展武装巡逻　　铁山港公安分局　供

提档升级，用餐环境焕然一新。统筹安排民（辅）警伙食补助经费，派出所人均伙食补助得到提高，机关饭堂伙食得到改善。

破解车辆、装备不足难题 年内，铁山港公安分局投入28万元，租赁7座新能源汽车9辆，破解执法、执勤车辆不足的难题。推进4个派出所装备室建设，购置装备柜、储物架及配备相应的单警装备、执法记录仪等急需装备，逐步完善警务装备配备，破解警务装备配备不足的难题。

档案规范管理 年内，铁山港公安分局聘请专业档案管理公司，对铁山港公安分局2019—2021年的档案进行整理归档，档案管理更加专业规范。

【执法规范化建设】 2021年，铁山港公安分局恪守公平正义价值准则，不断提高公安机关执法公信力，努力让人民群众在司法案件中感受到公平正义。从上年公安办案中心建成启用后，全区办案硬件、软件不断完善，程序更加规范，办案效率和办案质量明显提升，执法规范化建设效果明显。全年没有检察机关绝对不诉案件、没有法院做出无罪判决案件和冤假错案，执法公信力持续提升。认真抓好案件执法质量考评，以评促改，案件进行考评，督促案件整改落实，确保执法办案规范化。组织全分局民警参加执法资格考试，提高民警执法水平。

【公安队伍教育整顿】 2021年，铁山港公安分局始终牢记习近平“作风建设永远在路上”的深刻论述，扎实开展政治学习和公安队伍教育整顿，狠纠顽瘴痼疾，彻底肃清孙力军政治团伙流毒影响。以身边民警涉嫌违法违纪事件为反面教材，组织专题警示教育，锻造忠诚警魂。完成制度机制建设6项。全年为群众办实事100余件。年内，铁山港公安分局3人获（参）评自治区以上荣誉，23人被评为北海市公安局每月警星。（卓 文）

检 察

【检察机构及工作概况】 2021年，北海市铁山港区人民检察院（简称区检察院）以高度的政治自觉、法治自觉、检察自觉担当作为，各项检察工作在稳进、落实中有新的提升，个人或集体荣获各类奖项34项，其中自治区级以上17项、市级12项、县（区）级5项。

【政治建检】 2021年，区检察院开展党史学习教育，将红色基因融入检察工作，体现检察队伍政治忠诚。年内组织政治教育、警示教育、英模教育共15次，受教育人员276人次。把“检察为民办实事”作为检验党史学习教育成效的“试金石”，着力解决群众“急难愁盼”问题，为群众办实事、做好事50件。

【服务经济社会】 2021年，区检察院主动向区委、区委政法委汇报工作，积极宣讲《中共中央关于加强新时代检察机关法律监督工作的意见》，推动工作落实。努力争取区委、

2021年4月12日，自治区人民检察院检察长茅仲华（前排左二），在北海市委书记蔡锦军（前排左三）、铁山港区检察院检察长于海（左一）陪同下，到区检察院调研 潘远镇 摄

区政府支持,解决办案经费、“12309”检察服务中心项目经费等,办公、办案条件明显改善,干警安身安心安业。落实区委工作部署,组建党员志愿者服务队,在做好新冠疫情防控、创建全国文明城市、社会综合治理、巩固脱贫攻坚成果与乡村振兴有效衔接等工作中彰显检察作为。

维护金融秩序稳定　年内,区检察院依法惩治非法吸收公众存款、集资诈骗、强迫交易,组织、领导传销活动等涉众型经济犯罪,共批准逮捕 11 件 23 人,起诉 13 件 29 人。积极参与“断卡”行动,起诉诈骗罪 17 件 39 人;起诉侵犯公民个人信息罪 2 件 3 人;起诉帮助信息网络犯罪活动罪 7 件 27 人;起诉开设赌场罪 20 件 76 人,其中刘某某等人特大跨国网络赌博案,涉案金额达 5 亿元。维护金融秩序稳定和群众财产安全。

保护生态环境　年内,区检察院共办理各类环境资源类刑事案件 14 件 20 人、生态领域公益诉讼案件 9 件,向违法行为人主张环境损害赔偿金、治理修复费用 9.5 万元。与铁山港区河长制办公室签订《“河长 + 检察长”工作协作机制》,筑起环境保护司法屏障。区检察院利用创新建成的公益诉讼暨环境保护教育基地,开展公益诉讼、环境保护、法治教育、廉政教育、警示教育一体化多功能法治宣传。

2021 年 5 月 31 日,北海市委书记蔡锦军(左排左二),北海市委常委、政法委书记李伟章(左排左三),北海市检察院检察长戴丽萍(左排左一)指导中共北海市铁山港区人民检察院党组政法队伍教育整顿专题民主生活会

潘远镇　摄

以“守护海洋”检察公益诉讼专项监督工作为抓手,保护南珠养殖生态环境,为南珠振兴贡献检察力量。

护航企业发展　年内,区检察院围绕北海市委“一号改革工程”部署,推动优化营商环境的政治要求与执法办案深度融合。坚持“少捕慎诉慎押”司法理念,依法对涉企犯罪人员不起诉 1 人。在办理李某某聚众扰乱社会秩序一案中,充分释法说理,促使村民不再阻工,企业得以复工复产,如期完成全部林木采伐作业。同时,依法对李某某等人变更强制措施为取保候审,适用认罪认罚从宽制度,提出适用缓刑量刑建议,获法院判决支持,实现案结事了,该案被评为广西检察机关“化解社会矛盾精品刑事案件”。年内,区检察院充分发挥好“12309”检察服务平台作用,开辟办理民营企业信访“绿色通道”。带案走访川化天禾钾肥公司、广西太阳纸业、斯道拉恩索(广西)浆纸有限公司等临海工业重点项目,努力为企业经济平稳快速增长保驾护航。

【社会治理】

平安铁山港建设　2021 年,区检察院突出保障群众财产安全,起诉盗窃、诈骗等多发性侵财犯罪 26 人。依法维护群众出行安全,起诉危险驾驶、交通肇事犯罪 36 人。深入推进禁毒斗争,起诉毒品犯罪 20 人。扎实推进反腐败斗争,起诉职务犯罪 1 件 2 人。推动扫黑除恶专项斗争常态化,批准逮捕涉恶案件 1 件 6 人,起诉 1 件 6 人。

信访工作　2021 年,区检察院做到“群众信访件件有回复”，共受理群众来信、来访 16 件，其中刑事案件申诉类信访件 1 件、民行申诉信访件 3 件。

【普法宣传】 2021 年，区检察院认真落实“谁执法谁普法”要求，组织送法进机关、进社区、进农村、进企业等行动 29 次，覆盖近 2000 人，推进全民学法知法守法，1 人被评为 2016 年—2020 年全区普法先进个人。

【司法救助】 2021 年，区检察院深化和拓展国家司法救助工作，向 2 名刑事被害人发放司法救助金 8 万元。针对办案中发现的基层组织建设、行业领域制度、社会治安管理等方面的问题和漏洞，发出检察建议 3 份，推动社会治理取得实效。

【未成年人保护】 2021 年，区检察院批准逮捕涉未成年人案件 7 件 10 人，不批准逮捕 4 件 6 人；提起公诉涉未成年人案件 9 件 10 人，不起诉 3 件 4 人。召开首例未成年人附条件不起诉案件不公开听证会。探索“临界预防”新机制，组织多方对多次参与盗窃的 3 名未达刑事责任年龄未成年人训诫教育，体现对未成年人犯罪既依法惩戒，更要教育帮扶，重在转化的保护意识。将未成年人的保护从刑事检察拓展到民事行政检察，支持北海市首例检察机关起诉撤销监护权案。年内，区检察院领导带头担任辖区中（小）学法制副校长，开展法治进校园活动 10 次，受教育 4200 余人。

【刑事诉讼监督】 2021 年，区检察院强化刑事立案、侦查和审判监督，全年监督立案 2 件 3 人，监督撤案 6 件 6 人。纠正漏捕 5 人，纠正移送起诉遗漏罪行 4 件，纠正遗漏同案犯 10 人。对取证不规范的行为，发出侦查活动纠正违法通知书 12 份。

【刑事执行监督】 2021 年，区检察院深化刑事执行检察监督。在铁山港公安分局设立派驻检察室，制定《派驻检察室管理规定》，成立北海基层检察院首个侦查监督和协作配合办公室，检、警两家共同构建规范高效的执法司法制约监督体系。办理羁押必要性审查 40 人，建议被采纳予以释放或变更强制措施 16 人；对刑事执行活动违法提出书面纠正意见 5 份。对辖区剥夺政治权利的执行情况开展专项检察监督，共排查在册剥夺政治权利罪犯 245 人，发出检察建议 1 份。

【民事行政监督】 2021 年，区检察院受理民事监督类案件 8 件，比上年上升 500%，发出检察建议 2 份，均获采纳。受理行政检察案件 2 件，发出检察建议 1 份，开展公开听证 1 件。通过梳理 2019—2021 年拒不支付劳动报酬案件，摸排行政案件线索 1 条，并发出检察建议，消除行政案件空白记录。

【公益诉讼检察】 2021 年，区检察院共立公益诉讼案件 21 件，其中行政公益诉讼案件 15 件，刑事附带民事公益诉讼案件 6 件。办理的潘某某刑事附带民事公益诉讼案件被评为广西检察机关优秀民事公益诉讼案件。在北海市率先设立公益诉讼赔偿金专门账户，规范化监管、使用公益诉讼赔偿金，打通公益保护“最后一公里”。

【接受监督】 2021 年，区检察院自觉接受区人大的法律监督和工作监督，接受区政协的民主监督和人民群众的社会监督。完善联络机制，每年向铁山港区级人大代表赠阅《公诉人》《检察日报》《人民监督》等资料，走访人大代表、政协委员，通报检察工作开展情况，广泛征求意见建议，及时改进检察工作。邀请人大代表、政协委员参与案件公开听证会 14 次，以检察听证深化司法公开。全面深化检务公开工作，通过“12309”中国检察网管理平台发布案件程序性信息 451 条、重要案件信息 57 条，公开法律文书 102 份，在政府门户网站、“两微一端”推送文章 1393 篇，自觉接受社会监督。

【从严治检】 2021 年，区检察院纵深推进政法队伍教育整顿，全年共排查顽瘴痼疾 16

个，谈话提醒7人次，提醒谈话1人次，免予政务处分1人，政务警告处分1人。持续巩固深化教育整顿成果，坚决肃清流毒影响。严格落实《关于过问或干预插手办案纪律报告制度》，共记录防止干预司法“三个规定”重大事项40件，比上年上升471.4%，做到应报尽报。认真落实意识形态工作责任制，确保管好导向、管好阵地、管好队伍。

【素能提升】 2021年，区检察院优化人才资源配置，组织或派员参加各类培训25人次，队伍素质能力得到提升。1人入选自治区检察研究人才库、民事检察人才库，并入选最高检全国检察教育培训讲师团（广西唯一）；1人被评为自治区十佳检察官；2人被评为北海最美政法人。3篇理论成果文章发表在《广西法治日报》上，5篇论文在自治区级理论成果评选中获奖。 （赖小梅）

法　院

【审判工作概况】 2021年，北海市铁山港区人民法院（简称区法院）共受理各类案件1673件，审（执）结1563件，结案率93.42%，收案和审（执）结案分别比上年上升25.60%和23.85%，案件结收比105.32%；员额法官人均审结案195.4件，比上年提高23.83%。年内，区法院先后被评为北海市先进基层党组织、北海市首批创建模范机关示范单位，区法院综合审判庭荣获第五批自治区级妇女儿童维权岗称号，立案庭荣立北海市法院系统集体三等功；涌现出“北海市最美政法人”李其靖等一批先进个人。

【刑事审判】 2021年，区法院共受理刑事案件178件，结案171件，结案率96.07%。注重抓住工作重点，落实扫黑除恶常态化治理，重点惩处破坏环境资源类犯罪、电信网络诈骗、“黄赌毒”和传销等违法犯罪，审结电信网络诈骗、帮助信息网络犯罪活动罪案件13件35人，涉案金额6398.3万元；审结刘某某等特大跨境网络赌博案件11件49人，涉案金额5亿余元，没收违法所得133万余元，判处罚金968.5万元；审结非法经营、运输假冒香烟、非法出版物等案件6件7人，涉案金额690万余元，判处罚金22万元；注重打击与宣教并举，与区纪委监委联合组织开展庭审观摩，严惩被告人黄某明等人贪污、受贿案件，对惩治腐败保持高压态势；注重强化生态司法保护，探索构建“生态修复+绿色矫正”审判工作机制，审结3件非法捕捞水产品生态损害赔偿公益诉讼案；注重加大人权司法保障，适用认罪认罚结案157件；为被告人指定辩护律师77人次；帮教未成年罪犯3名并封存犯罪记录。

【民（商）事审判】 2021年，区法院共受理各类民（商）事案件840件，审结776件，结案率92.38%，当场立案率100%。区法院通过提升办案速度、降低诉讼成本、增加司法便利等措施，为打造公开透明可预期的营商环境和服务经济社会高质量发展不断注入新动能。主动

2021年5月12日，区法院公开开庭审理被告人刘某某等22人涉嫌开设赌场案　　区法院　供

搭建与企业沟通的平台，在广西投资集团北海发电有限公司成立铁山港区青年法官法治宣讲团法律服务工作站和“党建＋诉源治理”工作站，积极服务工业区经济发展；扎实开展“走企护商除乱”活动，通过对辖区重点企业开展走访、座谈等方式，调研企业司法需求；稳步提升司法效能，依法审结各类合同纠纷案83件，一审案件平均用时60天，位居北海市法院前列；强化司法人文关怀，将“说情＋说法”的方式融入到家事纠纷解决中，审结婚姻家庭案件122件，在促进家庭和睦和引领良好家风方面取得明显成效。审理的林某玉与黄某娟变更监护人一案，在广西电视台综艺旅游频道《大家说法》栏目以《谁做孩子的监护人》为标题播出，并通过筛选和初评入选2021年度新时代推动法治进程十大案件的网络投票环节。

【案件执行】 2021年，区法院共受理执行案件655件，收案数比上年上升21.75%，结案616件，结案率94.05%，结案数比上年上升22.71%。4个核心指标均已达标，结案率、执行完毕率、执行标的到位率等关键指标均位居北海市法院前列，且超出自治区法院平均值。结案金额1.1亿元，实际执行到位金额4290万余元，实际执行到位率35.14%。依法保障胜诉当事人及时实现合法权益，持续巩固拓展“基本解决执行难”成果，向着“切实解决执行难”目标不断迈进。加大对涉黑恶案件财产刑的执行力度，对生效的1件10人涉恶案件，财产刑执行到位42.77万元，实现黑财清底、案件清零常态化。加大执行案款清理力度，组织力量集中清理不明款项162笔，并实行专人管理和日通报预警制度，实现清零目标，杜绝边清边积现象的发生。加大司法网络拍卖力度，挂网拍卖93件次，处置房屋9套、机动车9辆和手机（电脑）等47台，拍卖成交金额477万余元，案拍比和标的物成交率均位居北海市法院前列。加大司法救助力度，争取区委政法委支持，强化政府、法院联动，司法救助成效明显，为15件案件31名生活困难当事人申报司法救助金48万余元，救助人数及救助金额均创历史新高。

【司法为民】 2021年，区法院顺应社会主要矛盾新变化，创新司法为民、便民、利民新举措，发挥“一站式”诉讼服务体系功能作用，大力推行跨域立案、网上立案、网上开庭系统，启用电子送达平台，构建线上、线下立体化诉讼服务格局。全年共办理网上立案418件，在线调解案件118件，电子送达3327次；推动依法治访，全面评查和整改13件信访案件，不断提升信访工作效果；加大案件繁简分流力度，共分流民事案件840件，分流率82.51%。诉讼服务“两个一站式”建设取得显著成效，考评得分在北海市法院排名第1名，在自治区法院排名第3名。加强民生司法权益保障。开展“一村一法官”活动，助力“无讼社区（村）”创建工作；通过“法院＋工会”劳动争议诉调对接工作室开展两级法院联动调解，成功化解营盘林场职工劳动争议系列案件18件；积极探索推行“调解员＋法官”调解模式，开展诉前调解，促进案件纠纷快速解决，全年诉前化解纠纷212件，增强群众的司法获得感。

【法治宣传】 2021年，区法院加强法治社会建设，不断提升宣传教育成效。以青年法官法治宣讲团和法治教育基地为载体，结合“国际禁毒日”“宪法宣传周”等活动，深入开展送法进校园、进乡村、进社区活动，选派优秀干警兼任中（小）学法制副校长，大力营造法治宣传的浓厚氛围；加强以案释法，选择有典型性和普遍教育意义的案件，弘扬社会主义法治精神；加强微博、微信、官网等宣传阵地建设，司法日益公开透明，通过互联网直播庭审452场，裁判文书公开上网1236篇，微博、微信、官网宣传共发稿件113篇，被自治区级以上媒体刊用稿件22篇。

【政治强警】 2021年，区法院坚持党对法院工作的绝对领导，全面落实从严治党主体责任，立足基层创先争优，不断深化和探索基层党建工作的新路子。

党建引领　年内，区法院注重强化党建引领，筑牢思想根基。通过组织3194人次参加法官职业精神和业务技能教育培训，提升干警思想境界，增强凝聚力和向心力；注重实施党建护航，充分发挥党员干警的示范引领作用，积极参与疫情防控、乡村振兴、创建全国文明城市等工作，助力全区法治政府建设、平安城市创建工作顺利开展；注重培育办案先锋，提升审判质效和司法研究的能力，其中1篇案例入选《中国法院2021年度案例》，1场庭审被评为全区法院"十佳百优庭审"，群众对法院队伍的满意度得到提升。

教育整顿　年内，区法院通过开展党史学习教育和政法队伍教育整顿的政治教育、英模教育、警示教育，激励干警政治忠诚。抓好建章立制，制定9项管理制度，以制度堵塞问题漏洞，确保取得实效长效。通过学习教育和教育整顿，全院干警理论武装得到强化，极大激发干事创业热情，在办案质效、争先创优等方面均有良好表现。加强党风廉政建设，落实"一岗双责"，对履职不到位和存在纪律作风苗头性问题的干警进行约谈，共谈话提醒52人次。开展"我为群众办实事"实践活动，共为群众办实事103件，涉及群众212人，企业6家。

2021年3月23日，自治区政法队伍教育整顿第五驻点指导组法院专班负责人刘晓东（左排左二）一行到区法院调研指导法院政法队伍教育整顿工作，区委常委、政法委书记庞富国（右排右四）及区法院全体班子成员参加座谈　　区法院　供

【接受监督】　2021年，区法院坚持重大事项请示报告制度，主动向区委、区人大及其常委会报告工作。自觉接受人大监督，重视政协民主监督。落实人大代表、政协委员联络制度，主动上门听取意见和建议。专题向区人大常委会报告审判监督工作，对区人大常委会提出的意见和建议制订整改措施。办结区人大办转交信访案件1件。依法接受检察机关法律监督。支持、配合检察机关履行监督职责，认真对待检察建议，共同维护司法公正。广泛接受社会各界监督。邀请人民陪审员参与庭审案件331件，组织召开人大代表、政协委员、律师代表征求意见座谈会3场。公布各类生效法律文书1236份，庭审直播452次。通过法院"一网两微"发布法院信息113条，畅通民意沟通渠道，广泛听取意见建议，积极采纳各方面意见，不断加强和改进工作。

（廖仁英）

司法行政

【司法行政工作概况】　2021年，北海市铁山港区司法局（简称区司法局）以政法队伍教育整顿为契机，加强司法行政队伍教育，履行司法行政服务宗旨，营造良好的法治环境，推进法治铁山港建设，促进全区经济稳步发展。

【人民调解】　2021年，区司法局注重矛盾纠纷的排查化解，维护社会和谐稳定，开展矛盾纠纷集中排查化解专项活动，用心为民办实事，取得较好效果。

社会矛盾纠纷集中排查　年内，区司法局组织各司法所和基层人民调解委员会，采取普遍排查和重点排查相结合，定期排查和专项排查相结合，坚持以块为主、条块结合方式，认真开展对社会矛盾纠纷的排查。村（居）委、乡镇人民调解委员会负责排查各自辖区范围内的矛盾纠纷和隐患，行业性、专业性人民调解委员会排查各自行业或专业领域的矛盾纠纷和隐患，形成全覆盖、无盲区的网格化大排查工作格局。对发现和排查出的矛盾纠纷进行深入分析原因，深入细致地做好疏导化解工作，着力解决实际问题，切实减少对立情绪，坚决避免矛盾激化。对疑难复杂的矛盾纠纷，形成领导包案制，由专人负责，明确分工，做好群众的疏导和稳控工作，避免矛盾纠纷激化。

矛盾纠纷专项化解　年内，区司法局结合政法队伍教育整顿，组织开展矛盾纠纷专项化解活动，为群众排难解忧。区司法局和各镇司法所分别制订切实可行的矛盾纠纷化解方案。积极开展“走企护商”活动，排查化解企业矛盾纠纷，主要是开展林浆纸厂的林地采伐纠纷化解，营造良好的营商环境。各镇司法所结合自身实际，开展矛盾纠纷化解活动，其中南康司法所开展“人民调解护航春耕生产”专项矛盾纠纷化解活动，兴港司法所开展“人民调解护航企业项目建设”专项矛盾纠纷化解活动，营盘司法所开展“春耕”“清明”专项矛盾纠纷化解活动，切实为群众排忧解难。年内，全区共调处各类矛盾纠纷 448 件，调解成功 445 件，调解成功率 99%，有效维护社会稳定。

“三大纠纷”调处　年内，区司法局注重在“三大纠纷”（单位之间、个人之间、单位与个人之间发生的土地、山林、水利所有权或使用权争议纠纷）多发时段加强排查，及时掌握当事人的诉求和动态，做到底数清、情况明，妥善应对。对排查出的纠纷分类施策，符合立案条件的事件及时制订方案，按照“属地管理，分级负责，归口处置”的原则落实到有关责任人，对不符合立案条件的事件则做好群众的思想工作，引导纠纷当事人通过法律途径解决纠纷。年内，全区受理“三大纠纷”案件 4 件，调处结案 4 件，做到不发生因“三大纠纷”调处不力而引发严重危害社会稳定的重大群体性事件，不发生因“三大纠纷”调处不力致使纠纷转化为恶性刑事案件，确保全区社会稳定。

2021 年 3 月 22 日，自治区政法队伍教育整顿第五驻点指导组到铁山港区司法局召开下沉指导会　　区司法局　供

【社区矫正】 2021 年，区司法局采取多种社区矫正监管措施管理教育社区矫正对象。结合新冠疫情防控要求，科学统筹安排社区矫正对象日常报告、个别教育学习，落实个人防控措施，做好场所灭菌消杀，筑牢抵抗病毒“防火墙”。严格落实社区矫正对象外出、进入特定场所、执行地变更等审批制度，严禁社区矫正对象前往疫情中、高风险地区。加大人员排查力度，将排查出存在婚姻感情纠纷的廖某（已解矫）纳入个人极端案事件风险隐患管控对象，落实严管措施。对违法违规的社区矫正对象依法给予惩处，及时消除苗头性违法犯罪。充分发挥“智慧矫正”作用，及时制止违规越界行为。深入开展查纠整改，结合政法队伍教

育整顿工作要求，开展重点案件评查和社区矫正智能化数据排查，对照查摆问题，落实整改措施，建立健全《铁山港区司法局社区矫正档案管理制度》《铁山港区司法局社区矫正工作纪律》，推动全区社区矫正工作制度化、规范化开展。年内，全区共接收社区矫正对象38人，解除矫正11人，在管51人基本管教稳控到位，未发生影响社会稳定的重大事件。

2021年9月23日，北海市委政法委、广西黎塘监狱、区司法局等单位联合开展“为民办实事　连线到家门”活动，解决新冠疫情防控期间服刑人员家属探监难问题　　区司法局　供

【安置帮教】 2021年，区司法局注重刑满释放人员安置帮教工作，预防和减少刑满释放人员重新违法犯罪。

做好衔接配合工作　年内，区司法局履行安置帮教工作职责，提高安置帮教工作质量，加强与监狱、看守所的沟通，加强解除社区矫正对象转为安置帮教的衔接工作，确保刑满释放人员和解除社区矫正人员衔接、安置到位。全年共接收安置帮教对象101人，安置101人，帮教101人，10名重点对象必接必送率达100%。

做好人员走访排查　年内，区司法局对辖区内安置帮教期内的刑满释放人员进行一次深入、全面、细致的摸排，对重点对象进行实地走访和约谈，做到对重点刑满释放人员底数清、情况明、去向准，如实掌握其思想动态和生活状况等。

做好适应性帮扶　年内，区司法局协调相关单位，组织开展帮扶活动，积极帮助贫困安置帮教对象解决生产、生活和就业中的实际困难。为有就业意愿的安置帮教对象协调相关部门提供就业咨询、就业培训等就业援助，联合就业部门举办职业技能培训班，提供免费的职业技能培训服务，促进安置帮教对象回归社会。

【法律援助】 2021年，区司法局积极开展法律援助工作，充分发挥法律援助专职人员和志愿律师、基层法律工作者的作用，实行工作日律师值班制度，安排志愿律师和法律顾问值班，接访来访群众，耐心解答法律咨询，引导符合法律援助条件的群众申请法律援助，努力解决弱势群体诉讼难的问题，切实维护弱势群体合法权益。年内，全区共受理法律援助案件159件，有效维护弱势群体的合法权益。　（欧　萍）

军 事

中国人民解放军广西北海市铁山港区人民武装部

【区人武部机构概况】 中国人民解放军广西北海市铁山港区人民武装部（简称区人武部）主要职责是负责铁山港区民兵建设、兵役登记和征兵工作，组织民兵完成战备执勤任务，配合公安部门维护社会稳定，会同有关部门做好国防动员、国防教育、退役军人保障和拥军优属工作。

【政治建设】 2021年，区人武部坚定不移将政治建军放在首位，加强党的建设，坚持强军固魂，强化党管武装，把牢思想政治根基。抓住举旗铸魂这个根本，聚焦国防动员主责主业，增强理想信念和思想追随。深入学习贯彻习近平新时代中国特色社会主义思想，学习贯彻中共十九届五中、六中全会精神和中共中央总书记、国家主席、中央军委主席习近平在庆祝中国共产党成立100周年大会上的重要讲话精神。深入开展党史、军史和光荣传统教育，不断强化政治认同和思想追随。

【备战练兵】 2021年，区人武部扎实组织开展民兵军事训练，完成年度军事训练任务的88%，多名民兵骨干在广西军区组织的民兵岗位练兵大比武活动中受到表彰。注重在训用结合、立足实战中锤炼队伍，先后组织民兵参加上级的演练活动。区人武部落实党委议战议训制度，强化值班制度落实；结合辖区实际，组织修订完善日常战备、国防动员总体方案以及非战争军事行动方案，确保方案修订及时，实用能用。参加上级首长机关训练和业务集训，推进落实军事职业教育，官兵军事理论素养得到较大的提升。

【后备力量建设】 2021年，区人武部扎实开展国防动员潜力统计调查和民兵调整改革工作，掌握潜力实力，编实建强队伍，按照属地化、精准化要求，所有专业分队已落实属地化编组，党员、退伍军人、新质力量占比率和民兵分队专业化程度、技术含量以及人装结合匹配率均得到提升。通过走访调查、座谈协商、优化布局，实现“专业对口、人装结合”的编组要求，对所有编组民兵建档立卡，进一步规范民兵编组工作。落实装备储备，完成民兵训练，抓实战备执勤，持续推进后备力量建设。

【征兵工作】 2021年，区人武部针对首次实行“一年两征”的实际情况，及时调整区征兵工作领导小组及办公室成员，先后3次召开征兵工作推进会议，压实各成员单位工作责任。区人武部筹备专项经费用于征兵工作宣传，提报区政府出台《北海市铁山港区人民政府关于实施我区参军入伍人员激励措施》，进一步加大对入伍大学毕业生奖励力度。开通兵役登记“一站式”服务，开设征兵咨询热线，组织村委新任民兵干部开展征兵业务集训，召开大学毕业生座谈会，采取进村入户精准宣传发动方式，大学毕业生征集工作取得较好成效，大学生及大学毕业生征集率分别达到91.11%和40%。坚持把严肃纪律规矩贯穿征兵工作始终，通过建强廉洁征兵监督员队伍，落实“零报告”制度，严把体格检查、政治考核、审批定兵等关键环节，全年无举报、无违规、无退兵现象，完成上级赋予铁山港区的兵员征集任务。

【基层基础建设】 2021年，区人武部贯彻上级有关“四个秩序”规范建设要求，基本完成军综网学习室和互联网学习室建设。抓好基础性工作落实，逐步规范各项工作秩序和登记制度。对电子显示屏、电视电话系统、规章制度牌、营盘国防民兵哨所高清监控等设施设备进行升级更新，按编制储备补充配齐应急装备物资。

【“双拥”共建】 2021年，区人武部持续推进军人荣誉体系建设，提报区政府出台拥军优抚政策，增强军人荣誉感。协调解决部队官兵家庭困难、协助疫区部队对休假战士进行体能考核、受理部队来函来电事项11件。支持并参加地方重点工作，组织参训民兵和预定新兵参加辖区创建全国文明城市活动；履行营盘镇能村后盾单位和帮扶人职责，派出工作人员72人次，投入4.2万元，持续巩固脱贫攻坚成效，防止脱贫人口返贫。 （段 航）

【国防动员】 2021年，区人武部落实北海市、铁山港区两级国防动员委员会工作部署，遵循“平战结合、军民兼容、快速转换、持续高效”的原则，开展国防动员各项工作，健全和完善国防动员管理机构，召开国防动员潜力动员部署会，做好组织协调和细化分解。统筹抓好全民国防教育，通过开展国防教育进校园、为立功官兵家庭送喜报、公祭日祭扫革命英烈等活动，发放国防宣传册5000余份，进一步增强全区干部群众国防意识。年内，区人武部抓好国防动员数据统计工作，明确职责分工，形成“国动委协调主导，行业主管部门按职负责”的工作机制，进一步推动统计工作规范化、制度化。强化数据统计，通过电话了解和实地走访等方式，对辖区国防动员数据进行统计，认真校对，使数据逐步由粗放统计向精准统计转变，由定期统计向实时统计转变，为精准动员工作奠定基础。此外，统筹抓好全民国防教育，进一步增强干部、群众的国防意识。 （段 航）

人民防空和海防工作

【人防海防工作机构概况】 2021年，北海市铁山港区人民防空和海防工作办公室（简称区人防海防办）在铁山港区住房和城乡建设局挂牌。

【人防海防工作宣传】 2021年，区人防海防办加强对人民防空的宣传教育力度，开展人民防空知识进校园活动，在全区中（小）学进行人民防空知识教育宣传，发放宣传资料1100份。

【海防基础设施管护】 2021年，区人防海防办加强对全区所有海防执勤路日常养护及海防监控设施的检查和维护管理，确保海防基础设施完好。 （符元菊）

退役军人事务

【退役军人事务概况】 2021年，北海市铁山港区退役军人事务局（简称区退役军人事务局）主要负责对军属、退役军人和其他优抚对象优待抚恤工作；负责退役军人权益维护、帮扶援助，自主就业职业技能教育培训，重点优抚对象医疗保障、社会保险等。年内，区退役军人事务局贯彻落实中共中央总书记习近平在广西考察时指示精神，加强全区退役军人服务保障体系建设，进一步提高服务保障能力。11月2日，铁山港区被自治区人民政府补充认定为革命老区。12月6日，铁山港区辖3个镇退役军人服务站通过自治区退役军人领导小组办公室验收，成为全国示范型退役军人服务站。

【“双拥”工作】 2021年，区退役军人事务局完成义务兵家属优待金、优抚对象补助金、退役士兵自主就业创业金和入伍大学生一次性奖励金的发放工作。全年发放义务兵家属优待金 413.31 万元，发放退役士兵自主就业创业金 58.28 万元，发放入伍大学生一次性奖励金 25.4 万元。组织召开退役士兵欢迎会、就业推荐会，开展职业技能培训，投入经费 5.22 万元。落实《关于规范北海市优抚对象购买人身意外伤害保险工作方案》精神，为 632 名优抚对象投保每人 120 元的人身意外伤害保险，提供意外伤害保障。在春节、“七一”、“八一”等节日期间开展慰问驻市部队、驻区部队、退役军人、现役军人、海（边）防官兵家庭工作，支出慰问金 37.5 万元；结合庆祝中国共产党成立 100 周年和党史学习教育活动，开展“老兵永远跟党走·把党的关爱送到老兵心中”主题慰问活动，为退役军人办实事，慰问“最美退役军人”、生活困难退役军人党员、退役军人老党员、烈士遗属和困难企业军转干部等 139 人，送去慰问金和慰问品价值共 6.95 万元，让被慰问人员感受到党和政府的关爱。

2021 年 7 月 28 日，铁山港区四家班子领导开展走访慰问驻市部队活动　　区退役军人事务局　供

【困难帮扶和医疗救助】 2021 年，区退役军人事务局开展对退役军人和其他优抚对象困难帮扶和医疗救助工作。精准识别生活困难的退役军人和其他优抚对象家庭，建立困难家庭个性化帮扶机制，叠加各种普惠与优待政策措施，加大对遇到特殊困难的退役军人和其他优抚对象帮扶关爱力度，确保困难退役军人和其他优抚对象家庭生活水平稳步提升。年内，筹措资金 15.47 万元，对困难军转干部、困难退役军人和烈属进行困难帮扶与医疗救助。

2021 年 9 月 30 日，铁山港区干部群众在南康烈士陵园烈士纪念碑前举行烈士纪念活动　　区退役军人事务局　供

【烈士纪念活动】 2021 年 9 月 30 日，区委书记龙起云带领四家班子领导，各部门、辖区 3 个镇及社会各界干部群众代表 255 人，到南康烈士陵园烈士纪念碑前举行纪念活动。区长莫华福主持。年内，对烈士纪念设施进行登记管理，确认全区有烈士陵园 1 座——南康烈士陵园，零散烈士墓 7 座，组织对南康烈士陵园进行整修，征求家属意愿对零散烈士墓进行修缮。开展辖区抗美援朝烈士寻

踪活动，经多方努力，确认辖区烈士王朝兴墓地在朝鲜的具体位置。

【国防教育】 2021 年，区退役军人事务局引导退役军人增强听党话、跟党走的行动自觉，认真开展国防教育宣传。6 月，联合区人武部、区委宣传部举办“追溯光辉历程、共筑强大国防”国防教育专题晚会，现场发放国防教育宣传资料 300 份，并举办国防教育知识有奖问答、为立功官兵家庭送喜报和颁发奖金等活动。（林 洪）

2021 年 6 月 9 日，区退役军人事务局联合区人武部、区委宣传部举办“追溯光辉历程、共筑强大国防”国防教育专题晚会

区退役军人事务局 供

工 业

工业综述

【工业概况】 2021年，北海市铁山港区科技商务和工业信息化局（简称区科商工信局）贯彻落实自治区和北海市工业振兴会议精神，按照高质量发展要求，应对经济下行压力。年内，区科商工信局按照全区工业发展的总体部署，围绕绿色化工、金属新材料、高端造纸、高端玻璃及光伏材料、新能源五大产业大力推进工业建设、招商引资等重点工作，五大主导产业持续壮大，占全区规模以上工业总产值93.88%。全年全区实现规模以上工业总产值1343.24亿元，比上年增长38.8%；完成工业增加值增长18.8%，工业经济呈现良好的发展态势。

【规模以上工业企业】 2021年，铁山港区规模以上工业企业的支柱作用增强，亿元以上工业企业的带动作用突出。年内，全区有年产值超过1亿元的工业企业23家，占全区规模以上工业企业的62.16%，比上年增加4家；完成产值1337.24亿元，占全区规模以上工业企业总产值的99.55%。其中，年产值超过5亿元的工业企业17家，占全区规模以上工业企业的45.95%，比上年增加6家；完成产值1323.82亿元，占全区规模以上工业总产值的98.55%。

【工业投资】 2021年，铁山港区工业投资146.78亿元，比上年增长31.2%，其中技术改革投资138.66亿元，占全市57%，比上年增长56.5%。

【项目建设】 2021年，铁山港区重点推进产业项目48个，总投资5344亿元。其中，纳入市级落地攻坚行动重点工业项目22个，占全市56.4%；列入自治区"双百双新"项目11个，总投资1026.5亿元，"双百"项目数、投资额均排全市县（区）第1位。太阳纸业一期、太阳纸业二期等5个项目建成投产，国能广投北海能源基地、信义玻璃产业园二期等9个续建项目加快推进，玖龙纸业、广燃LNG三期、顺应储能、百福硝酸等7个项目开工建设，川桂绿色化工产业园、国家管网LNG二期、唐山迪牧、浙江巍翔等27个项目开展前期工作。

2021年5月25日，区科商工信局组织相关部门人员走访和源石化企业

区科商工信局 供

2021年11月18日，区科商工信局工作人员到太阳纸业指导工作
区科商工信局 供

【项目服务和保障】

项目服务 2021年，铁山港区发挥区大帮办中心作用，实行项目精细化管理，从项目签约、规划选址、开工建设等全链条提供“一对一”跟踪服务，实现各环节无缝对接，为企业提供优质高效的服务。大力解决土地报批、环评、能评等关键环节、关键问题，谋划开辟“双百双新”等重大项目审批快车道，严格按照“四定”办法推进项目建设，对在建项目实行“一张表”跟踪销号管理。全力推进总投资4789亿元的59个重点项目建设，推动国能广投、百福硝酸、施罗泰生态肥等一批在建项目早日建成投产，优派特、浙江巍翔、东升造纸助剂等早日开工建设。

用地保障 2021年，铁山港区抽调680多名党员干部组成8个片区23个专项小组，规范高效推进32个项目的征地搬迁，全年完成征地清场460.27公顷，搬迁711户，保障项目用地。

水电设施保障 2021年，铁山港区筹措专项债资金10.2亿元，完善提升铁山港（临海）工业区基础设施，启动智慧园区建设。铁山变至太阳纸业220千伏线路工程顺利通电，盐田变至太阳纸业220千伏、川江变外线110千伏等线路加快建设。投入1.87亿元，新建供水管网22.4千米，铁山港区原输水管道改扩建工程建成后供水达每日45万吨。A5深海排放管网加快建设，累计建成污水收集管网110千米。

营商环境优化 2021年，铁山港区围绕项目建设和企业生产经营，全力强化服务职能，构建上下畅通、纵横成网、全面覆盖的服务体系。按照“三个零”（零花费、零见面、零纸张）、“五个一”（一个项目、一个团队、一份办证程序、一份材料清单、一份编制单位库）服务理念，以“马上落实、马上就办”的工作干劲，全方位为企业提供“一站式”“保姆式”服务，做到“网上事情网上办”“一次办”，真正把“店小二”的服务精神落实到具体工作中。

【能耗“双控”】 2021年，铁山港区严格执行“四个最”的标准，坚决舍弃金山化工、北部湾镍铁加工等7个不符合

2021年9月1日，区科商工信局工作人员到北海市铁山港区创惠农电子商务有限公司指导做好电商工作 区科商工信局 供

能耗“双控”（能耗总量控制和强度控制）要求的项目，支持中石化北海炼化、北港新材料等9家企业对现有的工艺装备提质改造升级。绿色产业加快发展，铁山港区被列入全国屋顶分布式光伏开发试点县（区）。规模以上单位工业增加值能耗强度下降10.1%，降幅高出全市5个百分点。（申东烈）

2021年9月1日，区科商工信局工作人员到中粮北海糖业有限公司了解生产情况　　区科商工信局　供

制糖工业

【制糖工业概况】 2021年，铁山港区唯一制糖企业——中粮屯河北海糖业有限公司（简称中粮北海糖业有限公司）是中粮糖业的全资子公司，位于南康镇富康路166号，占地面积10公顷。主要生产白砂糖、赤砂糖、糖蜜、蔗渣等产品，曾先后获得广西“守合同重信用”公示企业、广西工业企业质量管理标杆、北海市农业产业化重点龙头企业、北海市纳税增长大户、北海市市长质量奖等荣誉称号。2021/2022年榨季从2021年11月25日开榨至2022年3月10日收榨，历时106天，主营业务为甘蔗糖生产加工。年内，中粮北海糖业有限公司日处理甘蔗能力7000吨，2021/2022年榨季处理甘蔗量73.41万吨，平均日榨量7361吨，甘蔗蔗糖分13.31%；白砂糖优一级品率99.08%，百吨蔗耗标准煤3.70吨。

【企业节能减排】 2021/2022年榨季，中粮北海糖业有限公司没有发生人身安全事故，环保零投诉。环保外排废水COD平均含量24.7毫克/升，优于国家一级标准。年内，中粮北海糖业有限公司吨蔗耗新鲜水量0.10立方米/吨，达到清洁生产一级水平；水重复利用率98%，达到国家清洁生产标准一级标准；吨蔗废水产生量0.45立方米/吨。产品质量获得好评。

【蔗区原料蔗订单合同管理】 2021/2022榨季，中粮北海糖业有限公司严格按照政府相关文件精神，按照政府核定版本与所有蔗农签订糖料蔗购销合同，并在北海市4家糖业企业中第一个上报各级政府备案；动员蔗农与糖业企业签订订单合同，做好新植蔗补贴申报工作，维护和巩固糖业企业与蔗农“手心手背”关系，提高服务蔗农意识和服务质量，减少甘蔗外流，保证蔗源充足。2021/2022榨季期间，原料蔗收购按照签订的原料蔗收购合同执行，有力地维护蔗农利益，促进蔗区管理。

【原料蔗砍运】 2021/2022榨季，中粮北海糖业有限公司为做好蔗区管理，蔗区原料蔗砍运实施签号轮砍进厂办法，即将蔗区蔗农按照村队分组，各组蔗农按照原料蔗合同签订量确定签数，蔗农在该组内抽签确定签号，按照签号顺序安排原料蔗砍运。

【蔗款兑现】 2021/2022榨季，中粮北海糖业有限公司为保障蔗农利益，促进蔗区原料蔗种植及销售的良性循环，蔗农销售的原料蔗均严格按照合同约定在原料蔗进厂72小时内兑现蔗款,得到蔗农好评。

【原料蔗生产机械化】 2021/2022榨季,中粮北海糖业有限公司大力扶持、推进甘蔗种植机械化工作。年内,中粮北海糖业有限公司对原料蔗从机耕、机种、机械化中耕培土、机械化土地整合、机械喷药防草、机械剥叶6个项目进行补贴扶持,对稳定蔗区蔗源面积,增加蔗农收益,提高蔗农种蔗积极性,实现糖业企业可持续发展意义重大。

【企业技术改造】 2021年,中粮北海糖业有限公司通过对生产线薄弱环节进行技术改造,日均榨蔗量及产品质量均有所提升。2021/2022年榨季日均榨蔗量7361吨/日,比上个榨季提高100吨/日;优一级白砂糖产出率99.08%,比上个榨季提高0.28%。通过节能技术的改造,2021/2022年榨季百吨蔗耗标准煤3.70吨,比上个榨季百吨蔗耗标煤3.85吨下降0.15%。 (申东烈)

冶金工业

【冶金工业概况】 广西北港新材料有限公司(简称北港新材料公司)是广西北部湾国际港务集团有限公司旗下全资子公司,位于广西北海市铁山港(临海)工业园区,占地240余公顷,有员工4100余人。2021年,北港新材料公司具备年产340万吨镍铬合金板坯、300万吨热轧板卷、300万吨固溶板卷和120万吨冷轧板卷生产能力,是一家从红土镍矿冶炼到镍铬合金宽板冷轧成品全流程覆盖的不锈钢企业。已形成流程复合、产品多元、成本集约、高附加值的镍铬合金产业链,拥有200系、300系、400系、TN系和S系等生产线,产品涵盖工业、军工和食品等多领域高端系列不锈钢产品。生产规模在中国不锈钢企业中排行前列。年内,北港新材料公司在限电限产、"能耗双控"(能耗总量和能耗强度双控)、遏制"两高"(高耗能、高排放)项目及新冠肺炎疫情等影响下,围绕"高效生产、协同合作、精益管理"经营主题,持续发挥科技创新引领作用,科技创新成果再上新台阶,生产经营稳中向好,企业高质量发展之路的步伐更加稳健。年内,北港新材料公司产值712亿元,上缴税收5.64亿元。

【科技创新】 2021年,北港新材料公司坚持科学发展,推进科技创新,促进创新成果转化。自主研发成功厚度仅为50μ(0.05毫米)的"手撕钢",填补广西不锈钢精密领域空白;完成F500、GN550等5种产品研发及试制,可应用到光伏支架、压力容器、高速护栏等领域,实现一系列关键工艺及生产制造技术的重大突破;申报专利7项,1项发明专利获得授权;申

2021年,北港新材料公司全景 刘臣东 摄

报科技项目75项，其中"不锈钢智慧轧制关键技术开发及应用""广西高端特钢新材料科技成果转化中试研究基地"获批；"广西不锈钢有限公司智能工厂建设项目"通过自治区工信厅2021年广西智能工厂示范企业和数字化车间认证；检测中心获CNAS国家实验室认证；与中南大学、北京科技大学、武汉科技大学等高校及科研院所合作，共同建立"海洋工程用钢研发基地""钢铁新技术研究院"等平台；成功举办2021（第二届）中国不锈钢及特种合金新材料产业高端论坛，加深行业交流；举办科技周活动，全年完成4期《北部湾科技》出版，发表科技论文超60篇，其中外部发表优秀论文18篇。

【安全生产】 2021年，北港新材料公司坚持安全生产常抓不懈，压紧压实安全责任。组织专题学习"生命重于泰山——学习习近平总书记关于安全生产重要论述"电视专题片，每月组织开展安全联合大检查；深入全面开展安全培训教育，新员工培训1440人，特种作业人员作业取证培训1098人，举办安全、消防知识、职业健康管理培训330余次；开展北港新材料公司安全消防、应急演练，组织职业健康岗中体检；强化安全生产标准化和"双体系"建设；开展法制教育宣传、防诈骗教育。全年安全生产总体可控，未发生重大交通事故，未发现职业病新增病例。

【企业环保】 2021年，北港新材料公司成立环境监察工作组，督促责任单位按要求限时整改。环保设施与主体设备同步运行率达100%，环境质量显著改善；优化升级废水、废气、废渣环保设施设备，有效规避无组织排放风险，最大限度加大环境治理力度；落实厂区道路白改黑工程、安装太阳能路灯等亮化工程，全面改善厂区环境；推进直还原窑危废处置项目，实现对鸡公山废水渣100%规范处置；推行环保保护考核评分制度，各个单位管理水平都在持续改进和提升。全年未发生一般及以上环境污染责任事故。

【经营管理】 2021年，北港新材料公司坚持效益优先，以市场为导向，强化产供销协同提升经济效益。大力推进生产工艺改造和升级，优化炉料配方，在产量和技术上成绩显著，工序亮点纷呈，指标创佳绩；规范仓储物流管理，保障生产物资供应；深入采购合作，强化保供能力，平均采购时长从68个工作日缩短至32个工作日，采购效率提高50%。拓宽销售渠道，延伸下游产业链，在华东、华南、西南地区开展直销业务，拓展海外市场，向东盟、欧洲、美洲等国家出口，其中首次向南美洲出口热轧平板，弥补以往出口钢种单一性。全年出口比上年增长41.8%。

【质量管理】 2021年，北港新材料公司坚持全员参与，加强全流程质量管理，持续提升产品质量。北港新材料公司检测中心以新产品开发为导向，具备矿物、合金化学成分、金属材料性能、失效分析等检测能力，涉及16项物理、200多项化学检测项目。1月，北港新

2021年，北港新材料公司轧机外观　　刘臣东　摄

材料公司检测中心获CNAS国家实验室认证。年内，北港新材料公司产品持续获得CPR（305/2011/EU建筑产品法规指令）、PED（2014/68/EU压力设备指令）2项欧盟认证。围绕客户需求开展质量改进攻关，开展QC质量攻关群众性质量活动，提升全员质量意识。

【新冠疫情防控】 2021年，北港新材料公司坚持主体责任落实，筑牢新冠疫情防线，严格按区新冠疫情防控指挥部的要求落实各项常态化疫情防控措施，坚决阻止疫情在北港新材料公司内传播。年内，北港新材料公司疫情防控实现"三零"（零输入、零感染、零扩散）目标，不含禁忌症的新冠疫苗接种覆盖率达100%。

【党建工作】 2021年，北港新材料公司打造"红炉炼新材 铁肩担使命"等一批特色鲜明的党建品牌项目。在党支部星级评定中，申报的党支部全部达四星级以上，五星级党支部占比26%。完成庆祝中国共产党成立100周年、党史学习教育各项任务，完成"我为群众办实事"清单任务21项，组织党员开展党史学习教育培训、红色歌曲大合唱比赛等系列活动32场次，开展"四史"（党史、新中国史、改革开放史、社会主义发展史）专题学习65场次，"我的红色故土"党史学习教育主题党日活动被自治区国资委官网刊登。年内，北港新材料公司落实《广西北港新材料有限公司党委"抓书记、书记抓"工作方案》，强化干部监督管理，持续推进党风廉政建设。

【助力乡村振兴】 2021年，北港新材料公司选派驻村第一书记到防城港市上思县公正乡枯蒌村接力乡村振兴工作，因户因村多渠道实施乡村振兴项目，主要包括24公顷桑叶种植项目、光伏发电、8.67公顷山油茶种植项目、旱鸭养殖、产业路建设等，持续增强乡村振兴集体经济"造血"功能。全年该村无返贫户，年人均纯收入比上年增加4000元。

【企业荣誉】 2021年12月20日，北港新材料公司被中共北海市委员会、北海市人民政府评为北海市精神文明建设贡献奖先进集体文明单位；职工潘料庭被中共北海市委员会、北海市人民政府评为北海市精神文明建设贡献奖先进个人道德模范。年内，北港新材料公司获自治区级工会系统荣誉2项；获市级以上团委集体荣誉6项，个人荣誉6个；青年大学习在北海市所有团组织中全年保持第1名。高质量承办北海市临海职工职业技能大赛，荣获"优秀组织奖"；12名参赛选手获得名次，其中2名获北海市技术能手称号。

（周湛汉　覃　英）

浆纸工业

【浆纸工业概况】 斯道拉恩索（Stora Enso）是一家可再生材料公司，是全球领先的包装、生物质材料、木制建材和纸张等可再生解决方案提供商，也是全球最大的私有林拥有者之一。在全球有2.2万名员工，斯道拉恩索在赫尔辛基（STEAV，STERV）和斯德哥尔摩（STEA，STE R）证券交易所上市。斯道拉恩索在广西的经营包括桉树人工林原料基地及高档包装纸板厂，是北欧国家在中国的最大单体投资项目。2016年5月，斯道拉恩索北海工厂开机投产，是国家级绿色工厂、自治区级绿色工厂、广西节水型示范企业及广西工业龙头企业。2021年，斯道拉恩索（广西）浆纸有限公司（简称斯道拉恩索公司）产值31.64亿元，比上年增长23.11%，上缴税金4064万元。

【原材料供应】 2021年，斯道拉恩索公司在广西租赁林地7.7万公顷用于人工林种植，其中5.36万公顷从国有林场租赁，其余2.34万公顷向村集体、个人或农场租赁的社会林地。斯道拉恩索公司在广西的桉树人工林每年能吸收约50万吨二氧化碳，所有人工林均已获得FSC®和CFCC™（与PEFC™互认）的森林经营认证。斯道拉恩索公司在广西实行可持续的林业管理,为斯道拉恩索北海工厂提供源源不断的可再生原材料。斯道拉恩索公司共设置30个林地采样点,定期监控业务发展对生物多样性、土壤、水资源、社区参与等方面的影响。

【生产运营】 2021年,斯道拉恩索北海工厂主要纸板产品为餐饮专用卡纸、食品级涂布牛卡、食品级白卡、液体包装纸板。年内,斯道拉恩索北海工厂的实际产能提升到每年54万吨,远超设计产能每年45万吨。5月,斯道拉恩索北海工厂举办投产5周年庆祝活动,并取得建厂以来首个200万吨净可销售产量的好成绩。纸机设备总效益(OEE)持续稳步提升,在斯道拉恩索公司同类纸机11条生产线中名列前茅。斯道拉恩索北海工厂节能工作进一步提升,每吨纸板综合能耗197千克标准煤,每吨纸浆综合能耗152千克标准煤,吨产品综合能耗量远远低于国际先进水平和行业水平的指标要求。节能项目推进落实,纸板生产从多方面节能增效,单位产品电耗比上年降低3.7%。斯道拉恩索高度重视食品安全,斯道拉恩索北海工厂的每一款纸板产品都同时满足中国、欧盟及美国三大标准,真正做到"食品级"安全。

【安全生产】 2021年,斯道拉恩索北海工厂以实现安全管理"零事故"为工作目标,健全职业健康安全管理体系,提高安全管理水平,全年共审查更新签发安全管理制度36项,进一步强化安全生产规章制度的执行。年内,斯道拉恩索北海工厂认真开展多种形式的隐患排查,包括管理层安全巡视、部门经理级安全检查、班组级安全检查、员工雷达活动、月度专项安全检查等;各部门积极开展应急演练38次,报告安全观察2.3万个,提出安全改进建议4598条;共进行29个类别的安全培训,包括《中华人民共和国安全生产法》、有限空间作业、叉车安全等;11月8日—14日,斯道拉恩索北海工厂开展主题为"安全始于我"的安全周活动。

【节能减排】 2021年,斯道拉恩索北海工厂继续开展多项节能项目以提高能源利用率,减少浪费和排放。年内,斯道拉恩索北海工厂使用核电和掺烧外购生物质燃料,在总产量上升的同时,碳排放量比上年减少3.5万吨。年内,斯道拉恩索北海工厂自建的光伏发电站累计发电3.65万千瓦时。水循环利用率95%以上,年回收利用蒸汽冷凝水90万立方米以上。践行循环经济,一般固体废弃物的综合利用率在99%以上。全年节约用电3158兆瓦时;节省热量2828吨标准煤。年内,斯道拉恩索北海工厂凭借出色的环保绩效及举措,通过"清洁生产审核"。斯道拉恩索北海工厂利用内部可回收生物质燃料(损纸、纸管芯纸边、树皮、木屑等废弃物)替代煤炭发电,可替代约2万吨标准煤,单位产品碳排放强度比上年减少19.8%。26个已落地或正在推进的节能项目覆盖纸板机生产线、浆包车间、化机浆生产线、淋膜生产线及电厂等全部运营部门。

【产品研发】 2021年,斯道拉恩索北海工厂全系列产品累计净产量198万吨,形成由液体包装纸板、食品级白卡、涂布牛卡及餐饮类高档纸板4大类产品系列构成的优势组合。向市场推出的Sky Guard ™天卫™、Arctic Clam ™北极贝™、Arctic Deer ™北极鹿™和Karneoli ™玛瑙™等多个明星品牌广泛应用于食品、饮料、药品和化妆品包装及儿童图书印刷等领域,深受客户及消费者喜爱。

【成果及荣誉】 2021年7月,斯道拉恩索包装材料中国区芬兰籍高级副总裁Pentti Ilmasti(中文名:叶万霆),在自治区党委、自治区政府在南宁召开的广西科学技术奖励大会上,被授予2020年度广西"金绣球友谊奖"。7月,斯道拉恩索当选全国工商联纸业商会绿色包装专业委员会的绿色包装专业委员会主任单位。10月,玛瑙™食品级涂布牛卡获得"第12届中国包装创新及可持续发展论坛·2021年中国包装创新及可持续发展大奖"。11月,斯道拉恩索公司在广西森林消防大比武中勇夺亚军。12月，斯道拉恩索凭借在可持续领导力与可持续商业治理上的卓越表现，获“第一财经·中国企业社会责任榜·商业治理贡献奖”。

【服务社会】 2021年，斯道拉恩索公司和斯道拉恩索北海工厂共支持26个社区帮扶项目(其中斯道拉恩索公司支持23个，斯道拉恩索北海工厂支持5个)。年内，斯道拉恩索北海工厂为广西6所盲校捐赠盲文练习纸5万余张，为工厂周边的川江社区1千米路段捐赠太阳能路灯20盏;2次组织员工志愿者清理铁山港沿岸海洋垃圾9.5吨。全年用于帮扶项目总金额12.3万元，受益人数1.24万人。3月，斯道拉恩索与北海滨海国家湿地公园携手，在退化的湿地上复种红树林幼苗，共为北海湿地捐赠补种1500余棵秋茄、白骨壤、木榄等品种的红树林幼苗。

(朱伟言 邹一平 纪洪涛 吕丹丹 林小丽 劳玉丽 张乐强 刘念皖)

电力工业

·南方电网广西北海供电局铁山港供电分局·

【铁山港供电分局概况】 2021年，南方电网广西北海供电局铁山港供电分局(简称铁山港供电分局)主要承担南康镇、营盘镇、兴港镇3个乡镇、45个村(社区)、434个自然村的电力供应及用电服务，供电区域面积394平方千米，用电人口18.45万人，直供用电户数6.40万户。辖区内共有变电站6座，容量584.8兆伏安，其中220千伏变电站2座，110千伏变电站1座，35千伏变电站3座。辖区共有公变631台，专变590台;有10千伏配电线路39回，线路长度674.2千米。

【电网建设】 2021年，铁山港供电分局深入开展涉电公共安全专项治理，强化政企联动、警企联动工作，制订专项设备运维工作方案，加快推进电网建设。年内，铁山港供电分局投运41个中低压项目，项目共新建(更换)10千伏线路211.45千米，投运台变总容量1.05万千伏安，新建(更换)246.58千米低压线路，供电可靠性大幅提高。

【用电服务】 2021年，铁山港区用电需求继续保持较快增长态势，全社会用电量42.74亿千瓦时，铁山港供电分局加强电力供需形势分析，全力确保电力供应。持续开展优化电力营商环境工作，与地方政府、铁山港(临海)工业区管委会建立用电需求前期对接机制，一对一跟踪服务企业用电报装，新装工商业用户273户，新增容量2.1万千伏安，助力太阳纸业、广西川化天禾钾肥有限责任公司等一批“双百双新”项目投产。持续开展配网树障清理，结合配电线路及台区巡视记录，按线路、台区做好树障清理，完成39条线路3134处隐患点的清理，清理树木1.73万株。大力实施“振兴乡村”战略，优化农业用电报装环节与流程服务，新装农业生产用电2400余户，促成南康镇扫管龙村股份经济合作社、营盘镇白龙社区居民委员会用电安装。

(梁泽均 郑月琪)

2021年7月2日傍晚，铁山港供电分局抢修人员分段查找故障，快速恢复受台风影响线路供电 铁山港供电分局 供

·广西投资集团北海发电有限公司·

【广投北海发电概况】2021年，广西投资集团北海发电有限公司（简称广投北海发电）完成发电量33.39亿千瓦时，发电利用小时数5218小时，供电煤耗319.89克每千瓦时；完成生产厂用电率为6.19%；完成供热量36.05万吨，比上年增加1.81万吨。年内，广投北海发电被自治区应急管理厅评为自治区安全文化建设示范企业，被自治区工信厅评为自治区级企业技术中心，被自治区总工会评为全区模范职工之家，被南方电网控制调度中心评为南方电网系统运行及调度工作先进集体；职工张旭被中华全国总工会授予全国五一劳动奖章。

【经营管理】2021年，广投北海发电树立全员“会计思维”，充分发挥经营“指挥棒”作用。坚持“抓两头、控中间”的经营理念，面对复杂的电、煤市场，以“经营—会计”双向互通的经营管理思路，形成“经营管理统筹、营销+生产+燃料”协同联动的经营工作机制，实现效益最大化。广投北海发电物资采购、工程建设严格执行招投标制度，全年完成招投标（含询比价）199项，项目估算金额1.08亿元，成交金额9945万元，节约采购成本909万元，综合节支率8.37%。

【电煤采购】2021年，广投北海发电紧跟燃煤市场，面对严峻的经营形势，成立电煤保供小组，积极研判国家发改委燃料保供控价、煤机电价疏导等相关政策。结合国内、国际煤炭产量、政策、天气、疫情等因素，充分利用进口煤、长协煤和现货煤存在的“价格差”与“时间差”关系，迅速调整采购策略。全年采购到厂原煤163.45万吨，节约采购成本1.76亿元。

2021年9月1日，广投北海发电2号机组在回装发电机转子

广投北海发电　供

【燃煤掺烧】2021年，广投北海发电坚持“热值跟着负荷走”的掺烧原则，根据电网需求、燃煤库存结构等进行动态掺配、精准卡仓位，不断提升掺烧灵活性。组织成立“W型锅炉低负荷100%单烧印尼煤”技术攻关小组，解决输煤系统自燃、制粉系统爆炸、锅炉管壁超温、锅炉结焦等难题，并成功实现W型锅炉中低负荷100%单烧褐煤的重大突破。全年掺烧俄罗斯煤、印尼煤54.08万吨，节约燃煤成本5750万元。

【市场营销】2021年，广投北海发电在市场营销方面，完成营销电量31.38亿千瓦时，综合平均含税电价0.4457元每千瓦时，综合电价在广西主要火力发电企业中排名第1位。财政补贴和减税降费方面，全年获批各类补贴5095.93万元，大大增强公司盈利能力。

【热电联产】2021年，广投北海发电下属企业——北海市鑫源热电有限公司保障铁山港区7家热用户安全生产用热，全年累计供应蒸汽36.05万吨，比上年增加1.81万吨，增长5.02%。同时，主动参与广西电力市场改革，优质高效为铁山港区乃至广西26家用电企业代理购售电业务，全年累计完

2021年10月27日，自治区副主席费志荣（左三）到广投北海发电调研电力保供情况　　广投北海发电　供

成代理电量5.5亿千瓦时，彰显国企社会责任。

【助力乡村振兴】 2021年，广投北海发电对26名结对帮扶对象发放慰问物资1.01万元；协助申报7户脱贫户9名学生落实“雨露计划”政策，为脱贫户学生获得资助金额1.8万元；多次组织帮扶联系人、村“两委”干部和驻村工作队员帮助10户脱贫户验收“产业以奖代补”项目，获得奖补5.85万元；协助2户脱贫户办理小额信贷，落实贷款资金10万元；协助新增办理2户6人享受C类低保补助；为合浦县石康镇瓜山村脱贫户争取到各类惠农资金，帮助脱贫户解决资金困难问题。广投北海发电“春苗计划”爱心支教项目以“筑梦乡村支教，助力乡村振兴”为主题，定期组织志愿者到石康镇瓜山村开展爱心支教工作，帮助该村留守儿童开拓视野，树立追逐梦想的信心。

【广投北海发电北海电厂二期（2×660兆瓦）扩建工程项目】 项目规划建设2台660兆瓦超超临界机组，项目动态投资约48亿元。机组纯凝工况发电煤耗262.94克/千瓦时，供热工况发电煤耗251.74克/千瓦时，年发电量70亿千瓦时，年供热量943.98万吉焦。截至2021年年底，项目完成年度桩基项目施工进度、合同招标采购，重新修订工程造价管理制度，规范基建采购流程，启动三大主机重新招标工作。

（吴　觊）

·国能广投北海发电有限公司·

【国能广投北海电厂概况】 国能广投北海发电有限公司（简称国能广投北海电厂）成立于2012年1月31日，由中国神华能源股份有限公司和广西投资集团有限公司分别按52%和48%的比例投资组建。2021年，国能北海电厂工程包括2×1000兆瓦超超临界二次再热燃煤发电机组、2个10万吨级码头和1个1000万吨级煤炭储运配运中心（含配煤堆场、铁路专用线），资产总额61.46亿元。

【项目建设】

项目前期工作　2021年，国能广投北海电厂取得国家发改委批复中央预算内资金补贴6500万元，成为广西唯一、国家能源集团仅2家的中央煤炭储备项目；取得电厂配套用海不动产证（取、排水口及3号码头用海）的批复；获得国家能源集团立项批复，同意开展入股广投新鑫供热公司前期工作，进到对广投新鑫供热公司的尽职调查阶段；落实外部铁路的投资主体，由国能广投北海电厂投资建设；与区政府签订50万千瓦的光伏项目（水光互补）开发投资协议。

工程建设　2021年，国能广投北海电厂重要工程节点共8项，完成6项，完成率75%，剩余2项（主厂房封闭、集控楼交付安装）通过工序调整，未影响后续施工进度；一级网络进度共37项，按时完成29项，完成率78.38%；完成汽机基座浇筑、主厂房结顶、汽机房屋面断水、生产运营管理中心、集控楼、电控楼、GIS及继电器楼、全厂供气中心、灰库等附属建筑结构封顶，1号锅炉水压、1号发电机定子就位提前完成，脱硫、燃

2021 年 4 月 29 日，国能北海电厂 1 号锅炉首根大板梁顺利吊装就位　马嘉鸿　摄

煤、水务中心等辅助工程全面展开。5 月 28 日，1 号炉受热面开始安装；6 月 1 日，码头工程地基处理施工开始；7 月 1 日，送出工程正式开工；7 月 4 日，2 号炉受热面开始安装；8 月 30 日，烟囱筒身结顶；10 月 16 日，主厂房结顶；10 月 31 日，1 号汽轮机轴承座就位；12 月 11 日，2 号机组汽轮发电机定子就位。

【安全生产】 2021 年，国能广投北海电厂贯彻国家能源集团、上级公司安全生产环保 1 号文件精神，“安健环”（安全、健康、环境）管理体系建设落实主体责任，全面开展风险隐患排查双重机制，本着“高细严实勤”的工作作风，较好完成全年安全生产环保各项工作任务。年内，国能广投北海电厂没有发生任何安全事故和生态环境事件；没有挂牌督办的重大安全隐患，在建工程安全设施能够保证与主体工程同时设计、同时施工，工程建设完毕试运行后经过验收投入生产使用；没有出现新冠肺炎病例和没有新增职业病例。

【质量管理】 2021 年，国能广投北海电厂组织开展“质量季”“质量综合大检查”等活动 6 次；组织邀请国家能源集团、行业及中电建协专家对达标投产和创建国家优质工程、精细化管理和洁净化安装、档案管理、质量评价等方面进行宣传贯彻、培训和学习 4 次。全年先后完成地基处理和主厂房主体结构施工前的 3 次质量监督检查工作，检查出问题 254 项，全部完成闭环整改，并取得转序通知单。全年没有发生任何安全、质量事故，质量体系运作正常，质量可控、在控、受控。

【财务管理】

资金节本增效　2021 年，国能广投北海电厂多渠道筹集项目资金，落实项目建设信用贷款 82.58 亿元，保障项目建设资金链安全；积极与银行谈判，通过直接降低存量贷款利率、低利率贷款置换高利率贷款等方式，年节约利息费用 974.5 万元；主动争取并积极协调有关部门，成功获得“桂惠贷”财政贴息 500 万元。

税收优惠　2021 年，国能广投北海电厂积极与区税务局协调取得增值税退税款 2175.8 万元。实现土地使用税、资本金印花税减免 163.78 万元；筹划、签订和执行 3.29 亿元施工类暂列金分包合同平移协议，为广投北海发电公司多抵减增值税及相关附加费用 1931 万元。

【企业管理】 2021 年，国能广投北海电厂制订印发《百年初心争先锋　牢记使命创一流党建系列主题实践活动实施方案》，抓好进度管理、安全质量管理和基建管控体系运作，加强基建期的生产技术管理、疫情防控和安全监督力度。“智能协同工作组”和“高达标、争金奖项目组”分别获得国家能源集团“奋进十四五”党员先锋队、党员示范岗命名挂牌。

从严治企　2021 年，国能广投北海电厂不断严明党内纪律，纪委参与人事任免酝酿要求得到全面执行。持续深入落实上级党组织重要部署，加强重点领域、关键环节的日常监督和专项监督检查，深化推进系列工作，排查整理工程建设廉政风险点393个，制定预防措施223条；开展专项监督检查15次，划出工程建设涉法涉诉风险“红线”65项。同时强化落实巡察整改工作，巡察反馈问题整改措施阶段性完成率95.1%。坚持严管与厚爱并重，确保监督执纪的准确性，全年共对19人次运用“第一形态”进行监督执纪。

青年队伍管理　2021年，国能广投北海电厂开展公司安全生产月系列活动，组织开展师带徒、参加地区技能比赛等活动，同时把团组织建设纳入同级党的建设总体规划，结合庆祝中国共产党成立100周年，开展“青春向党·奋斗强国”为主题的系列活动，打造青年志愿服务的品牌。继续通过在外培训的团员青年开展“一团一品”活动，打造一支强有力的青年队伍。

（杨　帆）

北海市铁山港（临海）工业区

【铁山港（临海）工业区概况】北海市铁山港（临海）工业区管理委员会［简称铁山港（临海）工业区管委会］是北海市铁山港（临海）工业区［简称铁山港（临海）工业区］的管理机构。2021年，铁山港（临海）工业区实现规模以上工业总产值1336.43亿元，占北海市的63.1%，比上年增长39.2%；完成工业增加值351.7亿元，比上年增长19%；固定资产投资146.8亿元，比上年增长31.2%；完成税收127.27亿元，比上年增长59.14%；外贸进出口额125.4亿元，比上年增长56.2%。年内，铁山港（临海）工业区在广西千亿元产业园区中排名第2名，被评为自治区级经开区龙虎榜第2名，获最佳税收贡献奖、最佳吸引外资奖、外贸表现突出奖，成为广西最具活力的工业园区之一。年内，铁山港（临海）工业区共有104家企业入驻，入驻企业比上年增长31.65%，其中规模以上企业33家。铁山港（临海）工业区内重点企业有中石化北海炼化有限责任公司、广西北港新材料有限公司、斯道拉恩索（广西）浆纸有限公司、信义玻璃（广西）有限公司、广西渤海农业发展有限公司、国家管网集团北海液化天然气有限责任公司、北部湾港北海码头有限公司、广西投资集团北海发电有限公司等。

【铁山港（临海）工业区产业发展】2021年，铁山港（临海）工业区发挥临港区位优势，以推动高质量发展为主题，按照“壮大五大集群，拓展千亿产业”的发展思路，继续深入实施向海经济发展战略和工业强区战略，以最高端的设备、最先进的工艺和最小的能耗实现最大的产值为标准，培植“工业树”，繁茂“产业林”，坚定不移发展壮大绿色化工、金属新材料、高端造纸、高端玻璃及光伏材料、新能源五大工业产业集群，努力建成全球最大的高端玻璃及光伏材料、高端造纸两大产品生产基地，全力建设更高品质、更具魅力的现代化工业强区，持续打造“向海经济”，推动临港产业集群发展。

绿色化工产业　年内，铁山港（临海）工业区绿色化工产业实现产值426.45亿元，比上年增长80.3%。龙头企业中石化北海炼化实现产值383.08亿元，比上年增长78.3%；上缴税金117.75亿元，比上年增长49.84%。绿色化工产业以市场需求为导向，以轻烃原料为基础，打造精细化学品、化工新材料、合成新材料等高端化工核心产业，带动发展精细化工、医药化工、电子化工等关联产业，打造生态链条强韧、绿色安全、价值高端的绿色化工产业集群。

金属新材料产业　年内，铁山港（临海）工业区金属新材料及高端设备制造产业实现产值727.9亿元，比上年增长19.09%。坚持打造以北港新材料、顺应储能为龙头的金属新材料产业集群，支持北港新材料革新技术、转型升级，引进一批下游不锈钢制品企业，发展不锈钢建材装饰、焊管、制品管等关联产业，延长不锈钢产业链条，打造一流全产业链不锈钢新材料基地。推进高纯度镍、钴、钪等金属新材料项目建设，加快推动广投临港循环经济产业园等项目建设，打造产业新增长点。

高端造纸产业　年内，铁山港（临海）工业区高端造纸产业实现产值44.49亿元，比上年增长71%。以玖龙纸业、太阳纸业等企业为龙头，以文化用纸、高档生活用纸、包装用纸、特种纸等为重点发展方向，引进下游关联的产业项目，加快形成制浆造纸及配套深加工相结合的产业集群，打造超千亿元产业园，力争建成全球规模最大、品类最齐全的高端造纸全产业链基地，实现“世界纸业看北海”的目标。

高端玻璃及光伏材料产业　年内，铁山港（临海）工业区高端玻璃及光伏材料产业实现产值53.8亿元，比上年增长166.6%。大力引进高端玻璃制造等基础原料及其下游衍生品项目，带动玻璃新材料产业上下游环节集聚发展，延伸产业链条，发展玻璃加工一体化，促进玻璃行业结构调整和产品升级换代。推动建设光伏组件标准厂房，为高质量完成屋顶分布式光伏发电试点任务及光伏产业下游发展奠定基础，不断延长、补强光伏产业链，创建光伏玻璃及硅基新材料产业示范基地。

新能源产业　年内，铁山港（临海）工业区新能源产业产值13.6亿元，比上年增长16.7%。新能源产业聚焦光伏发电、天然气领域，推动能源开发与产业发展相互促进。推进LNG二期、LNG三期项目建设，加快构建区域储气库群，建成全国最大LNG接收存储基地。布局分布式光伏发电、风力发电等绿色能源项目，把握该次入选整县（市、区）屋顶分布式光伏开发试点契机，大力推广屋顶分布式光伏发电，着力降低全区能源消耗量。发展储能产业，加快构建现代化能源循环利用产业体系，建成广西重要的新能源产业基地、新能源创新发展示范基地，为全社会节能减排贡献铁山港区力量。

2021年9月25日，太阳纸业深加工产业园项目建设现场一角

铁山港（临海）工业区管委会　供

【铁山港（临海）工业区项目建设】 2021年，铁山港（临海）工业区实行项目建设“一张表”制度，严格按照“四定”办法高效推进项目建设。年内，铁山港（临海）工业区重点推进产业项目48个，总投资5344亿元，达产后年新增产值6835亿元、新增税收638亿元，其中列入自治区“双百双新”项目11个，总投资1026.5亿元，达产后年新增产值1306亿元、新增税收92亿元。年内，玖龙纸业、太阳纸业深加工产业园双氧水、百福硝酸、广投临港循环经济产业园电厂二期、LNG三期、施罗泰生态肥、天向新材料7个项目相继开工建设。4月22日，中石化北海炼化结构调整改造项目举行全面建成中交仪式，项目建成投产后，可优化北海炼化总体流程及化工产品结构，进一步发挥在绿色化工产业的龙头作用，推动北海经济高质量发展。9月26日，太阳纸业350万吨林浆纸一体化项目文化纸生产线建成投产，项目采用数字化、智能化、集约化新兴技术，建成后将成为全世界产品涵盖全系列的最大单体生产工厂区。

【铁山港（临海）工业区招商引资】 2021年，铁山港（临海）

工业区以“投资促进年”为抓手，按“强龙头、补链条、聚集群”的产业发展要求，全方位、多渠道开展产业树精准招商。全年签约项目13个，合同投资额517.2亿元。其中，总投资100亿元及以上的项目3个，分别为：桂冠新能源产业园项目、北京京能清洁能源电力股份有限公司北海天然气发电项目、格派新能源电池材料产业园基地项目；总投资10亿元—100亿元的项目6个，分别为：华电福新清洁能源项目、海南华竹北海市铁山港1吉瓦光伏发电项目、中海石油气电集团有限责任公司北海天然气发电项目、唐山迪牧化工有限公司30万吨苯加氢及配套装置项目、广东南祥造船有限公司船舶建造项目、浙江巍翔科技集团有限公司北海化工新材料智慧产业园项目；总投资1亿元—10亿元的项目3个，分别为：广东佛山市晾盼科技有限公司高新精密贵金属生产项目、广西盛昌隆新材料公司不锈钢加工项目、维美德北海高端制浆造纸机械制造及维保项目；总投资不足1亿元的项目1个，为信义石英砂矿开采及加工项目。

【铁山港（临海）工业区营商环境优化】　2021年，铁山港（临海）工业区实行“三个零”（零花费，零见面，零纸张在线完成对企业指导、解答和填表工作）、“五个一”（一个项目、一个团队、一份办证程序、一份材料清单、一份编制单位库）的服务理念，进入全程无纸化办理，做到“网上事情网上办”“一次办”。为16家新入园企业提供住所证明等工商营业执照及税务登记前期手续服务。为铁山港（临海）工业区12家10千伏用电企业参与电力市场交易总量9210万千瓦时，合计减免电费454万元。

【港口运行】　2021年，北海港铁山港作业区3号、4号泊位获批作为新建码头对外启用，铁山港累计对外开放泊位4个，为促进铁山港临港产业的集群发展，推进西部陆海新通道、北部湾国际枢纽海港的建设打下坚实基础。年内，北海港铁山港作业区货物吞吐量累计完成2683.94万吨，比上年增长37.77%。其中，集装箱吞吐量40.92万标准箱，比上年增长27.76%；外贸货物吞吐量934.39万吨，比上年增长23.07%。　（李承敏）

2021年4月22日，中石化北海炼化结构调整改造项目全面建成中交仪式举行

铁山港（临海）工业区管委会　供

农业农村·水利

农业综述

【农业概况】 2021年，北海市铁山港区农业农村和水利局（简称区农水局）落实上级关于“三农”（农业、农村、农民）工作的战略部署和重大决策，推进农村集体产权制度改革，稳定粮油生产，发展高效果蔬设施产业，加强农产品质量安全监管，抓好畜牧产业稳步回升，巩固提升农村人饮工程，全面推行河长制工作，组织开展农业和水利行政执法，推动南康供水、南康江治理等重大项目建设。年内，铁山港区农业产值8.49亿元，比上年增长3.71%；农村居民人均可支配收入19269元，比上年增长9.6%。年底，2020年在区农水局成立的北海市铁山港区乡村振兴指挥部移到北海市铁山港区乡村振兴和水库移民工作局，负责全区乡村振兴日常工作。（蓝新禄）

【现代特色农业】 2021年，铁山港区有创建并认定的现代特色农业示范区（园、点）43个，其中自治区三星级示范区2个、县级示范区6个、乡镇级示范园8个、村级示范点27个。年内，全区扶持培育和待认定自治区级（核心）示范区2个，分别是铁山港区设施蔬菜产业（核心）示范区、铁山港区国联对虾产业（核心）示范区。全区现代特色农业示范园（区）培育工作取得显著成效，每个镇均成功创建1个或1个以上镇级示范园，现代特色农业示范点覆盖全区37个行政村。

【农产品网上流通体系】 2021年，铁山港区通过37个行政村“益农社”标准站运营和“创惠农”电子商务服务，电子商务服务中心共销售农（海）产品195吨，金额28.04万元；代缴电费701笔，金额4.63万元；代缴通信费1919笔，金额5.76万元；金融存取款998笔，金额115.98万元；物流快递196.1万票，金额100.62万元；对推动当地农产品的销售和发挥电商进农村有着较大的促进作用。（梁统模）

【农业产业化建设】 2021年，铁山港区共培育自治区级农业龙头企业2家、市级农业龙头企业1家。在工商部门注册登记的农民专业合作社153家，其中北海市级农民专业合作社示范社2家、县（区）级农民专业合作社示范社4家、镇级农民专业合作社示范社15家。年内，全区有在工商部门注册登记的家庭农场36家，在全国家庭农场名录系统录入家庭农场总数379家，其中自治区级示范家庭农场2家，市级示范家庭农场3家，县（区）级示范家庭农场4家，镇级示范家庭农场11家。

【惠农政策落实】 2021年，铁山港区抓好惠农政策落实，做好2021年耕地地力保护补贴登记、录入培训工作，指导乡镇做好补贴面积的登记、审核等工作，发放全年全区耕地地力保护补贴资金2086.56万元，补贴农户3.37万户，补贴面积13469.57公顷（含农场），每公顷补贴1549.2元。

【农村综合改革】 2021年11月，铁山港区农村集体产权制度改革工作完成。全区939个清产核资单位按照《农村集体资产清产核资办法》进行资产清查，清产核资核实集体总资产44462.73万元，其中经营性资产6849.74万元，非经营性资产37612.99万元，集体土地总面积1.81万公顷。完成农村集体经济成员身份确认界定成员人数17.96万人。12月16日，区农水局向营盘镇塘仔村颁发铁山港区第一批股份经济合作社股权证书500余本。

（巫媛婷）

农业科技

【科技培训】 2021年，铁山港区大力提高农民综合素质，加大农村实用人才培训力度。年内，全区开展农民技能培训3330人次，其中特色产业技术培训2460人次，农村党员专题大培训364人次，其他农业科技培训506人次。此外，全年全区举办高素质农民培育134人，农村实用人才中等职业教育招生培训100人。

【农业良种良法推广】 2021年，区农水局围绕特色产业高质量发展，在粮食安全生产、高效果蔬产业规模发展上，加大良种良法的推广力度。水稻推广“深优1618”“乐两优1173”“川种优3877”等优良品种，玉米推广“先锋508”“桂单102”“迪卡008”“先单23”“青青700”“天贵糯932”等优良品种，红薯推广“桂经8号”“西瓜红”“北京红”等优良品种；经济作物推广“火焱焱308”“万家欢”“战斧”等指天椒优良品种和“粤秀3号”“天美8号”“翠绿王”等豇豆优良品种。甘蔗推广“桂糖42号”“桂柳05/136”等优良品种。木薯推广“南植199”木薯等等优良品种。种植技术推广以化肥农药减量增效为目标，加大力度推广测土配方技术施肥和绿色植保技术，全年累计推广测土配方施肥技术1.41万公顷、绿色植保技术8500公顷。

【农作物主要病虫害防治】 2021年，铁山港区主要农作物有害生物发生总体属中等偏重年份。病、虫、草、鼠害发生面积1.96万公顷次。其中，发生病害7400公顷次、虫害8700公顷次、农田草害2300公顷次、鼠害900公顷次。防治面积3.01万公顷次，共挽回作物损失1.36万吨，实际损失437.06吨。重大病、虫害发生概况为：草地贪夜蛾在玉米生产上零星发生，水稻“两迁”害虫全年中等发生，水稻橙叶病在辖区首次发现并零星发生，水稻根结线虫病在干旱地区中等偏轻发生，水稻南方黑条矮缩病中等偏轻发生；甘蔗螟虫中等偏轻发生。

（梁统模）

2021年11月3日，区农水局联合中教教育集团举办北海市铁山港区2021年高素质农民教育培训蔬菜种植班　　区农水局　供

种植业

【粮食生产】 2021年，铁山港区粮食作物种植面积8.38万亩，产量2.43万吨。其中，水稻种植面积3.79万亩，产量1.15万吨；玉米种植面积2.87万亩，产量9699.83吨；豆类种植面积534.15亩，产量60.52吨；薯类种植面积1.67万亩，产量（折粮）3097.26吨。

【油料生产】 2021年，铁山港区油料作物只有花生，种植面积3.81万亩，产量7770.51吨。

【甘蔗生产】 2021年，铁山港区甘蔗种植面积6.42万亩，比上年增长2.28%，产量28.38万吨，比上年增长3.63%。

【蔬菜生产】 2021年，铁山港区蔬菜(含食用菌)种植面积8.25万亩，比上年增长5.32%，总产量12.54万吨，比上年增长9.18%。西(甜)瓜种植面积1.09万亩，比上年增长5.52%，总产量1.71万吨，比上年增长4.36%。

【水果生产】 2021年，铁山港区水果种植面积0.68万亩，产量9472.3吨，产值5684万元，农民人均水果种植收入304元。

（梁统模）

2021年，北海市小凰佳生态农业科技有限公司养鸡场一角

区农水局 供

畜牧业

【畜牧业概况】 2021年，铁山港区畜禽肉类总产量10671.46吨。其中，生猪出栏7.52万头，肉产量6370.23吨；肉牛出栏1567头，肉产量182.26吨；肉羊出栏4001头，肉产量59.63吨；家禽出栏252.31万羽，肉产量3950.24吨(鸡出栏152.58万羽，肉产量2202.51吨；鸭出栏99.11万羽，肉产量1721.69吨；鹅出栏0.62万羽，肉产量26.04吨)；其他肉产量109.10吨。

【重大动物疫病防控】 2021年，铁山港区对高致病性禽流感和家畜口蹄疫等一类动物传染病实行强制免疫，做到应免尽免不留空挡。全区家畜口蹄疫免疫19.87万头次，家禽高致病性禽流感累计免疫90.57万羽次，羊小反刍兽疫免疫5000只次，犬猫狂犬病免疫3210只次，牛结节性皮肤炎免疫9330头次，对猪瘟、猪蓝耳、鸡新城疫开展全面免疫，常年免疫密度达到90%以上，群体免疫率达到100%。开展动物疫病检测工作，重点对高致病性禽流感、"非洲猪瘟"等重大动物疫病疫情开展主动排查和采样检测。年内，区兽医实验室检测样品1739份，经检测未发现重大动物疫病阳性病例，"非洲猪瘟"病毒核酸零检出。全年累计发放消毒药品2吨余，用于

表3　2021年北海市铁山港区畜牧业主要生产指标统计一览表

产业名称	出栏数(万头、万羽)	比上年增长(%)	产量(吨)	比上年增长(%)
肉类总产量			10671.46	2.83
生猪	7.52	11.96	6370.23	13.22
家禽	252.31	−5.66	3950.24	−10.26
肉牛	0.16	1.29	182.26	6.23
肉羊	0.40	6.21	59.63	−3.06
其他肉			109.10	−6.11

养殖环境消毒灭源;通过落实免疫、检测、排查、消毒等疫病防控措施,有效防范疫情风险,全区全年无重大动物疫病疫情发生。 (郑日维)

【畜牧产品质量安全监管】 2021年,铁山港区畜牧主管部门加强畜牧产品质量安全监管,组织开展对养殖环节的饲料、兽药是否含有违禁品及动物产品的药物残留监督检查,全年累计开展专项整治和执法监管行动79次,检查生产经营企业50家次,检查养殖场112场次。加强"瘦肉精"等违禁药物监管,全年开展"瘦肉精"采样监测122份次,"氟喹诺酮类"采样监测20份次,未发现使用违禁药品等违法行为。

(陈海萍)

【动物卫生监督】 2021年,铁山港区兽医主管部门加大动物卫生监管力度,抓好动物检疫工作,实施产地检疫生猪2.96万头。落实好养殖环节病死猪无害化处理工作,全年无害化处理病死猪6259头。加强动物卫生监督执法工作,全年立案查处违法违规案件1件,结案1件。加强生猪调运监管,全年备案生猪运输车辆12辆。

(黄少东)

【家畜保险和信贷工作】 2021年,铁山港区开展生猪保险以及生猪生产贷款财政贴息政策的宣传,不断提高覆盖面,鼓励符合条件的养殖场申报,提高养殖户复产信心。镇畜牧兽医站、片区村级防治员分别到区内43个村(社区)张贴生猪购买保险通知。全年推动3.47万头肥育猪参保,落实政策性保费补贴166.34万元;推动1143头能繁母猪参保,落实政策性保费补贴6.86万元;推动肉牛1596头参保,落实政策性保费补贴44.69万元。落实国家支农惠农政策,提高养殖户积极性,保障和促进养殖业持续健康发展。

【畜禽粪污治理】 2021年,铁山港区12家登记在册的规模养殖场均进行粪污资源利用设施配套,规模养殖场的粪污资源利用设施设备配套率100%。年内,全区畜禽粪污产生总量19.85万吨(规模养殖场粪污产生量1.01万吨,规模以下养殖场的粪污产生量18.84万吨),资源化利用量17.92万吨,全区畜禽粪污综合利用率90.24%。年内,根据国家、自治区以及北海市《关于进一步规范畜禽养殖禁养区划定和管理促进生猪生产发展的通知》精神,开展禁养区划定情况排查,在南康江沿岸不定期巡查,未发现有新增的养殖粪污直接或者间接污染南康江。发现2020年整改的1家养猪户粪污设施中的粪污有溢出现象,发放1份整改通知书并监督完成整改。

(注:以上农业类目数字由区农水局提供)

(罗春媚)

水　利

【水利工程管理】 2021年,铁山港区有海河堤防137千米,其中海堤39千米,包括青山头海堤、白龙海堤、火禄港海堤、粟山海堤、雷田海堤、下担海堤等;河堤98千米,包括南康江河堤、火禄江河堤、谢家河河堤等;有堤围38个,其中万亩以上堤围1个,千亩以上堤围9个(不含万亩以上),千亩以下堤围28个;有农村供水工程85处;主要灌溉渠系有南康东干渠(37.00千米)、南康西干渠(12.95千米)、南康西干渠南康分干渠(15.23千米)、南康西干渠营盘分干渠(20.30千米),4条干渠总长度85.48千米,构成铁山港区相对完备的防洪、防潮减灾体系。全区全年农田有效灌溉利用系数0.505,有效提高铁山港区农业灌溉用水的利用效率与效益,提高农业抗御自然灾害能力,为促进全区农村经济发展和社会的稳定发挥重大作用。

【水利工程建设】 2021年,铁山港区共实施水利项目4个,其中中小河流治理项目1个,饮水安全巩固提升工程项目2个,大型供水项目1个,总投资约3590万元。

中小河流治理项目　年内,铁山港区投资2000多万

2021年12月9日，建设完工的营盘镇白龙社区人饮巩固提升工程外景　　区农水局　供

元，建设南康江排筏河段综合治理工程，进一步加强防洪防汛减灾体系建设，防洪能力得到提高，保障人民群众生命财产安全。

饮水安全巩固提升工程　年内，铁山港区投资约90万元，建设营盘镇白龙社区、兴港镇粟山村农村饮水安全巩固提升工程，巩固提升约4000人的饮水安全。

大型供水项目　年内，铁山港区投资1500多万元，开工建设南康镇供水工程（一期），进一步巩固提升南康镇饮水安全。　　（黄丽勤）

【水土保持工作】 2021年，铁山港区切实抓好水土保持工作，共审批水土保持方案5个，监督生产建设项目业主落实防治水土流失的主体责任。完成水土流失治理面积1.5平方千米，征收水土保持补偿费243.35万元。采取多种方式对生产建设项目水土保持情况进行检查，累计开展实地监督检查36次，召开专题会议检查6次，电话询查18次，共检查项目20个。对未按批复的水土保持方案实施的行为及时制止并限期整改，有效遏制建设过程中造成的水土流失。全面完成对辖区内29个扰动图斑现场复核工作。　　（张婉莹）

【河长制工作】 2021年，铁山港区河长办全面推行河长制工作。各级河长切实履职尽责，完成巡河任务，区、镇、村三级河长年度巡河任务完成率均达100%以上。区级4名河长年度巡河任务数40次，开展巡河44次，巡河完成率110%；镇级14名河长年度巡河任务数448次，开展巡河470次，巡河完成率105%；村级33名河长年度巡河任务数1584次，开展巡河1663次，巡河完成率105%。年内，全区自查摸排发现河湖“四乱”问题6个，已销号6个，销号率100%。年内，铁山港区完成4条区级河流的河湖管理范围划定任务，完成10条镇级河流管理范围划定任务，河湖管理范围划定率100%。

（庞书任）

2021年6月，广西太阳纸业尾水深海排放管道工程水土保持方案评审会在广西北海水电勘测设计院召开　　区农水局　供

林　业

【林业概况】 北海市铁山港区自然资源局（简称区自然资源局）负责全区林业生产和林业资源管理工作。2021年，铁山港区林地面积7382公顷，完成林业总产值61.94亿元，其中林下经济产值1840万元（其中林下养殖收入1550万元，森林旅游收入290万元）；植树造林总面积146.66公顷，完成任务的110%，义务植树40万株，中幼林抚育1000公顷，均完成上级主管部门下达的目标任务。根据《广西壮族自治区林业局关于印发2021年度森林覆盖率监测结果的通知》数据资料，全区全年森林覆盖率19.38%。区自然资源局管护公益林总面积208.23公顷，其中国家级公益林145.35公顷，自治区级公益林62.88公顷。

【林政管理】 2021年，铁山港区森林督查图斑105个，其中合法图斑3个，行政案件图斑55个（结案44个，不予立案9个，处理中2个），行政案件查结率96.36%，刑事案件图斑47个，均移交相关部门处理。年内，铁山港区精心组织，动员全区各部门、镇、村（社区）全面推行林长制各项工作，加大管理力度，夯实林业发展根基。

【森林防火】 2021年，区自然资源局全面落实森林防火工作职责，开展形式多样的森林防火宣传教育，发放《致全民的一封公开信》等宣传资料9000份，在林区重点部位悬挂宣传横幅250余条。发挥斯道拉恩索公司森林防火宣传和火源管控人员和资源优势，政企联合，共同做好全区的森林防火宣传工作。

【林业有害生物防控】 2021年，铁山港区开展松材线虫病疫情调查，同时对区内木材加工厂进行检查，未发现松材线虫病流入。年内，全区林业有害生物应实施监测面积9.53万公顷，实际监测面积9.53万公顷，监测率100%，未发现病虫害。区自然资源局严格按照自治区林业局规定，强化行政执法和管理职能，强化服务意识，严格开展产地检疫、调运检疫和复检工作，强化松木、其他木材及林产品运输检疫管理，严格实行检疫审批制度。全年全区开展苗木产地检疫108.21万株，种苗产地检疫率100%；开展木材和木材制品调运检疫5.39万立方米，调运检疫率100%。

【油茶“双千”计划推进】 2021年，铁山港区继续推进自治区油茶“双千”（到2022年，全自治区油茶种植面积突破1000万亩；到2025年，全自治区油茶产业年综合产值增加到1000亿元以上）计划，丰健生态农业发展有限公司油茶种植面积23.33公顷，根据自治区验收标准，区自然资源局设立0.67公顷样地进行调查。经检查统计、推算和汇总，全年全区种植油茶项目油茶种植完成面积23.33公顷，核实面积23.33公顷，面积核实率100%；合格面积23.33公顷，面积合格率100%；任务完成率100%。

2021年7月23日，区自然资源局召开铁山港区全面推行林长制工作动员会。
区自然资源局　供

【林地审批】 2021年，区自然资源局严格执行林地定额管理，全力保障建设项目用林需求，完成铁山港区2021年林地报批项目13个，涉及林地总面积77.91公顷。

【林木采伐】 2021年，自治区下达铁山港区林木采伐限额7.24万立方米，全区共发放林木采伐许可证1780份，共计林木采伐蓄积7.24万立方米(根据区自然资源局统计口径)，其中使用限额采伐5.98万立方米，不占限额采伐1.26万立方米。

【森林生态效益补偿金兑付】 2021年，铁山港区公益林总面积208.23公顷，分布在南康、营盘、兴港3个镇。年内，全区森林生态效益补偿金兑付金额4.83万元，区自然资源局按有关规定制订实施方案，并组织技术人员对所有要补偿的生态公益林进行检查验收，按规定拨付资金。

【沿海防护林保护】 2021年，区自然资源局加强对沿海红树林管护宣传，组织工作人员粘贴、分发宣传材料1000余份，悬挂宣传横幅60条，在白龙古城港沿岸红海榄自然保护小区搭建大型宣传牌3个，在各镇沿海红树林区域周边树立小型宣传牌24个，提高群众对红树林保护的认识。为更好管护红树林，全区将林地范围内的红树林纳入公益林管理，落实专项经费，聘请专门护林员进行巡查管护，确保实时掌握红树林生长情况。 （曾　芹）

乡村振兴工作

【巩固拓展脱贫攻坚成果】 2021年，铁山港区严格落实“四个不摘”要求，建立健全易致贫人口快速发现和响应机制，及时认定监测对象137户546人，针对性落实帮扶政策，实现41户165人消除致贫返贫风险。大力实施工业反哺农业举措，协调辖区47家企(事)业单位提供6500多个就业岗位，全年新增1450名农村人口就业。财政全年衔接推进乡村振兴补助资金5929万元，其中产业项目资金3454.28万元，占58.26%。发放产业以奖代补409.90万元，实现符合奖补条件的脱贫不稳定户、边缘易致贫户和2016—2020年脱贫户应补尽补。开展到学校宣传政策、印发宣传海报等方式让脱贫户学生充分了解雨露计划相关政策，共受理雨露计划职业学历补助申请667人次，发放资金95.85万元。

2021年3月22日，区自然资源局召开森林资源管护专题会议
区自然资源局　供

【乡村产业发展】 2021年，铁山港区大力发展蔬菜大棚种植、豇豆规模种植、海洋养殖等主导特色产业，实现特色产业全覆盖。新增营盘镇盐灶村山东寿光大棚示范基地、南康镇陂塘村设施果蔬产业示范基地2个设施农业示范基地，全区共有现代特色农业示范区37个，大棚果蔬种植面积280公顷。按照合作社组织力、科技支撑力、脱贫户内生动力“三力”同向的要求，支持豇豆产业做大做强。年内，全区发展豇豆种植1173.33公顷，总产量2.37万吨，产值9552万元。大力拓展海洋养殖空间，往深海要产量产值，发展深水网箱养殖、底播养殖和海洋牧场建设。全年全

2021 年 10 月 19 日，区委书记龙起云（正面中）主持召开铁山港区农村工作（乡村振兴）领导小组工作部署会议　　区农水局　供

区海洋养殖面积超过 40 万平方米，拥有深水抗风浪网箱 330 余口，产量超 3 万吨，年产值 6 亿元。同时，调优养殖品种，扩大对虾、青蟹等优质品种的养殖规模；振兴南珠产业，建成标准化南珠生态养殖示范基地 13 个，累计完成珠贝插核 1042 万贝，预计采珠 650 千克。持续壮大村级集体经济收入，实现村集体经济收入 600 余万元，43 个村（社区）平均超过 10 万元；有农民专业合作社 146 家，市级以上重点农业龙头企业 4 家，集体经济产业从“壮大”迈向“规模化”。积极引导农民依法、自愿、有偿、有序流转土地，实现土地“小块并大块”。全年共流转土地面积 151.95 公顷（其中流入方为村集体、流转时间 10 年以上的 139.55 公顷）。2017—2021 年土地流转累计完成 3129.84 公顷，占全区土地确权面积 1.21 万公顷的 25.87%。

【人居环境整治】 2021 年，铁山港区人居环境整治成效显著。

农村厕所革命排查工作　年内，铁山港区按照自治区农村改厕问题大排查、大整改工作方案要求，区农水局在全区 43 个村（社区）开展农村厕所革命现状底数目标任务建设进展等情况的排查工作。

镇、村污水处理整治　年内，铁山港区实现乡镇污水处理设施全覆盖，有城镇污水处理厂 4 座，其中工业区生活污水处理厂 1 座（设计污水处理能力每天 2 万吨），覆盖兴港镇范围生活污水处理，南康镇污水处理厂 2 座（设计污水处理能力每天 2000 吨），营盘镇污水处理厂 1 座（设计污水处理能力每天 1000 吨）。年内，铁山港区建设完成营盘镇塘仔村、大王岭村和兴港镇木头田村、下坎头村 4 套农村生活污水处理设施，农村生活污水乱排乱放得到有效管控。此外，铁山港区建设完成并运营南康镇扫管龙村、营盘镇新基寮村的污水处理项目，1062 人受益。

生活垃圾处置　年内，铁山港区积极推进城乡一体化，稳步推进环境卫生综合治理。完善机制，加强指导，制订印发铁山港区生活垃圾分类实施方案，指导规范垃圾分类、收集、运输、处理等工作。完善垃圾分类设施，在区辖 416 个自然村共投放分类垃圾桶 1.2 万个，实行农村垃圾分类投放。全区 43 个村（社区）生活垃圾全部收集、运输处理，清运处理率 100%。

村庄整治　年内，铁山港区完成“三清三拆”村庄 345 个，竣工率 100%，高质量完成 20 个设施完善型村庄任务。贯彻落实自治区以“两高两道”（高速公路、高速铁路和国道、省道）沿线重点示范带动整体风貌提升的工作部署，扎实推进“两高两道”沿线农房风貌改造，“两高两道”沿线 413 栋房屋已褪旧装，展新貌。全力推进向海大道沿线房屋风貌提升工程，完成 315 栋房屋“穿衣戴帽”风貌提升。

【平安乡村建设】 2021 年，铁山港区积极推广“枫桥经验”，全面推行人民调解、行政调解、司法调解有机衔接的“三调联动”。推动“一村（社区）一法官”“一村（社区）一法律顾问”落到实处，将矛盾纠纷及时就地化解在基层，解决在萌芽状态，不断减少不和谐因素，增进社会和谐。全年共调处各类矛盾纠纷 537 件，调解成功529件，调解成功率98.5%，提前完成化解市级重大涉稳问题2个、自治区级重大涉稳问题2个，群众安全感满意度得分98.90分，在广西111个县（区）排第23名。对涉邪教人员和严重精神障碍患者等特殊人群和重点人员开展服务管理工作，依法加大对农村邪教活动打击力度。进机关、企业、乡村、社区、校园、宗教场所开展反邪教宣传累计30次，新闻报道上国家级新媒体1次，上自治区级传统媒体2次，上自治区级新媒体1次，上市级传统媒体3次。常态化开展扫黑除恶专项斗争，全区开展严厉打击涉黑涉恶行为，信息网络秩序和四大重点行业领域乱象得到有效整治。年内，全区公安机关共出动警力450余人次，侦办非法采矿案3起，刑事拘留12人，提请逮捕10人；严厉打击电信诈骗违法犯罪行为，刑拘涉诈人员87人，提请逮捕39人，缴获银行卡80余张，手机80余台。（郭志丽）

脱贫攻坚同乡村振兴衔接工作

【脱贫攻坚同乡村振兴衔接工作概况】2021年6月3日，北海市铁山港区扶贫开发和水库移民工作局重组成北海市铁山港区乡村振兴和水库移民工作局（简称区乡村振兴局），为区政府正科级工作部门，由区农水局统一领导和管理。2021年年底，2020年在区农水局成立的北海市铁山港区乡村振兴指挥部移到区乡村振兴局，负责全区乡村振兴日常工作。2021年，铁山港区共有建档立卡脱贫户2170户8867人，其中2016年以来精准识别脱贫户1864户7554人，2014年和2015年退出户共306户1313人。监测对象137户545人，未消除风险的监测户96户380人，已经消除风险的监测户41户165人。脱贫村4个，分别是南康镇夏塘村、黄丽窝村，营盘镇盐灶村，兴港镇粟山村。经过5年的精准帮扶，4个贫困村已全部脱贫摘帽，贫困发生率从2016年的4.77%下降至2021年的零。

【“两不愁三保障”工作】2021年，铁山港区始终把“两不愁三保障”工作作为巩固脱贫成果工作的核心要点和底线，瞄准重点区域和重点人群，做好常态化监测。教育保障方面，铁山港区严格落实控辍保学“双线四包”责任，持续实现“双清零”的目标。全年义务教育家庭经济困难学生生活补助共发放6768人次，金额334.35万元。医疗保障方面，符合参保条件的脱贫人口、农村低收入人口和监测对象，基本医疗保险参保率100%；应签约脱贫人口和监测对象已全部签约，签约率100%，并全部按要求开展随访工作。住房安全保障方面，对全区农户的住房开展全面排查整改，对住房因自然灾害影响变为危房的或原来通过租（借）方式解决住房，有建房需求的住房困难户，通过申请上级住建部门安排指标进行危房改造42户，其中脱贫户和监测户18户，其他低收入人群户24户。

【饮水安全保障工作】2021年，铁山港区扎实做好饮水安全保障工作。年内，全区81个集中式供水工程，按要求落实运行管理人员、建立相关台账并对81个集中式供水工程进行水质监测；全区脱贫人口2170户8867人和供水易反复137户545人全部达到饮水安全标准。

【精准帮扶工作】2021年，铁山港区落实干部精准结对帮扶工作机制，落实1556名干部结对帮扶2170户脱贫户，确保脱贫户“一帮一联”结对帮扶工作全覆盖，及时缓解脱贫户生活、生产困难。落实58名驻村工作队员（含第一书记）和53个定点帮扶单位到41个有扶贫任务的村（社区）开展精准帮扶工作。

【防贫监测工作】2021年，铁山港区为进一步巩固脱贫成果，防止返贫和新增致贫人口，针对“返贫隐患户”“致贫风险户”开展认定工作，及时找准风险隐患，及时开展帮扶，有效预防返贫和新的贫困发生。年内，全区共认定监测对象138户551人，及时纳入防贫监测对象管理，经落实针对性帮扶政策，其中44户176人致贫返贫风险得到消除。

【小额信贷工作】 2021年，铁山港区组织驻村工作队员、帮扶人等，对脱贫户和边缘易致贫户开展贷款需求的调查摸底、宣传动员，全力满足符合贷款条件、有贷款意愿的脱贫户和边缘易致贫户的贷款需求。全年发放新增贷款194户728.5万元，做到“应贷尽贷”，支持脱贫人口发展生产，实现稳定增收。年内，铁山港区按时完成自治区“保30亿争50亿”的新增贷款任务目标。

【产业帮扶工作】 2021年，铁山港区因地制宜选定“5+2”（糖料蔗、油料类、优质稻、根茎薯芋类、豆类5个主导产业，茄果类、鸡2个自选产业）和发展脱贫村“3”（每个脱贫村3个产业）特色产业，引导脱贫户因地制宜发展高效特色产业。培育具有带动力的农民专业合作社，全区4个脱贫村均培育1个具有带动作用的农民专业合作社，共有社员1081人，带动759户脱贫户发展特色产业。印发《北海市铁山港区2021年巩固拓展脱贫攻坚成果产业以奖代补有关事项的通知》，对全区发展花生、茄果

2021年8月2日，区乡村振兴局工作人员在南康镇夏塘村开展防返贫大督查
区乡村振兴局 供

2021年8月24日，铁山港区帮扶人在兴港镇谢家村委向脱贫户宣传小额信贷政策
区乡村振兴局 供

2021年，广西北海市椿丰农业科技有限公司工人在大棚内管护蔬菜
区乡村振兴局 供

2021 年 3 月 31 日，区人社局、区乡村振兴局等单位在原三塘中学校园内举办北海市铁山港区 2021 年脱贫劳动力就业双选会

区乡村振兴局　供

类、豆类、根茎薯芋类、鸡等特色产业的脱贫不稳定户、边缘易致贫户、2016—2020 年脱贫户进行产业奖补，用奖补政策鼓励发展农业产业，促进经济收入，确保收入可持续，全年共发放奖补资金 409.90 万元，惠及脱贫不稳定户、边缘易致贫户 1168 户。

【就业帮扶工作】 2021 年，铁山港区依托政府门户网站举办 2021 年“春风行动”暨“稳就业送温暖”线上招聘会，组织区内外企（事）业单位开展网络招聘，宣传动员脱贫劳动力积极应聘。有 31 家企（事）业单位参加网上招聘，提供就业岗位 3868 个。3 月 31 日，举办 2021 年脱贫劳动力就业双选会，组织 12 家企（事）业单位参加，提供就业岗位 1232 个。通过线上线下招聘活动，促进脱贫劳动力就业。此外，为鼓励企业积极吸纳脱贫劳动力就业，给相关企业发放脱贫劳动力社会保险补贴 5.04 万元。

【集体经济发展】 2021 年，铁山港区推进农村发展集体经济质量、效率和动力“三变革”，全区 43 个村（社区）共打造 57 个富民强村集体经济项目，创建“产品小而特、业态精而美、布局聚而合”的“一村一品”示范村，形成一村带数村、多村连成片的发展格局。其中，通过调整农村农业产业结构引进 10 家非公龙头企业带动 34 个村发展村级集体经济项目 30 个；24 个村（社区）通过自主经营、商铺出租等方式发展集体经济，实现资源变资产、创收增收新增长点。年内，全区 43 个村（社区）村集体经济收入全部达到 6 万元以上（含 6 万元），合计 601.06 万元。其中，有 23 个村（社区）集体经济收入超过 10 万元，7 个村（社区）集体经济收入超过 20 万元，3 个村（社区）集体经济收入超过 50 万元（南康镇南康社区 54.5 万元，营盘镇鹿塘村 51.53 万元、盐灶村 52.97 万元）。

（黄业栋）

2021 年，兴港镇富屋村村集体经济海上网箱养鱼项目获得丰收

区乡村振兴局　供

水库移民工作

【水库移民工作概况】 2021年，北海市铁山港区乡村振兴和水库移民工作局（简称区乡村振兴局）是负责全区水库移民工作的职能部门。年内，铁山港区有水库移民村33个，移民村小组206个，大（中）型水库移民1257户4416人。移民劳动力人口2377人，其中劳动力输出人数733人；移民人均可支配收入18699元，移民人均可支配收入高于该区农村居民人均可支配收入的有2532人；移民人均耕地面积0.08公顷；人均住房面积37平方米；参加新型农村合作医疗4416人；参加新型农村养老保险3313人。移民后期扶持总人数4416人，全部采取直补到人的方式，扶持资金267.44万元。全年移民项目总投资694万元。其中，基础设施项目投资686万元，建设移民安置区道路11.90千米；劳动力技能培训和职业教育投资8万元，培训劳动力47人次。

【水库移民后期扶持】 2021年，铁山港区从人口动态管理、政策宣传、直补资金发放三方面开展水库移民后期扶持工作。

后期扶持人口动态管理 年内，区乡村振兴局落实自治区发改委、自治区水库移民局、自治区财政厅《关于印发广西壮族自治区大中型水库移民后期扶持人口自然减员管理暂行办法的通知》文件精神，开展大中型水库移民后期扶持人口自然减员核定登记工作，自然减员人口核定登记成果报区政府审定，审定文件报北海市水库移民工作管理部门备案。年内，区乡村振兴局在第1季度开始实施大中型水库移民后期扶持人口动态管理，开展并完成年度后期扶持人口自然减员核定工作，共减员47人，停止发放自然减员后期扶持人口的后期扶持直补资金。

后期扶持政策宣传 年内，区乡村振兴局组织干部职工深入库区，进村入户宣传《国务院关于完善大中型水库移民后期扶持政策的意见》等水库移民后期扶持政策文件精神，宣传水库移民后期扶持资金发放的方式，让移民群众知晓后期扶持资金发放的时间段，了解大（中）型水库移民后期扶持政策。

后期扶持直补资金发放 年内，区乡村振兴局按照自治区相关文件“在每季度收到上级拨付的后期扶持资金20天内或季度终了20天内全部兑现到户或到村民小组”的规定，全年共发放大（中）型水库移民后期扶持直补资金267.44万元，惠及移民4416人。

【水库移民生产道路建设】 2021年，区乡村振兴局积极开展水库移民增收项目建设。在南康镇夏塘村、龙门村、高田村、滨海农场二工区的水库移民安置区建设大（中）型水库移民产业配套基础设施项目8个，共投资571.92万元，修建生产道路10.02千米。项目建成使用后，解决当地发展高效农业的交通困难问题，受益农田面积178.2公顷，受益村民631户2862人（其中水库移民137户512人），改善水库移民村组农业生产基础设施条件，促进农业产业结构优化，增加移民村组村民收入，社会效益和经济效益显著，助力安置区移民村乡村振兴。

【水库移民“美丽家园”项目建设】 2021年，区乡村振兴局结合乡村振兴规划，开展移民村屯美丽家园建设，加快改善移民安置区村组人居环境。在南康镇夏塘村委小崩塘村、滨海农场二工区十队建设大（中）型水库移民“美丽家园”项目2个，共投资114.08万元，修建村屯道路1.89千米。项目建成使用，改变原来的交通落后局面，使当地硬化道路连成网络，道路等级明显提高，加快当地农业产业开发，促进经济快速发展，受益村民118户569人，其中移民21户82人。

【水库移民致富技术培训】 2021年，区乡村振兴局依托广西梧州农业学校、广西玉林农业学校等师资、教学有保障的专业院校举办水库移民技术培训班2期，培训水库移民47人次。教学内容：围绕安置区农业产业发展开展实用技术技能培训，传授新技术，培育新观念，提供新信息，助力安置区农业产业发展和移民增收；围绕安置区移民外出务工需求开展就业技能培训，帮助移民通过考试获得国家职业技能证书，助力移民劳动力就业创业。

2021年6月8日，广西梧州农业学校2021年第5期水库移民培训开班仪式举行　　区乡村振兴局　供

【后期扶持监测评估】 2021年，自治区移民部门对铁山港区2021年评估周期内水库移民“美丽家园”建设、产业增收、水库移民脱贫成果巩固、移民创业就业技能培训等后期扶持政策实施工作开展情况进行监测评估，及时发现后期扶持政策实施工作中的困难和问题，研究提出解决问题的意见和建议。后期扶持监测评估主要内容包括后期扶持政策实施情况、后期扶持资金使用管理情况、后期扶持政策实施效果等。经自治区监测评估小组核查评定，铁山港区2021年评估周期内水库移民政策实施工作情况表现为：铁山港区认真贯彻落实《国务院关于完善大中型水库移民后期扶持政策的意见》文件精神，开展水库移民后期扶持工作，移民生产生活水平不断提升，基础设施条件明显完善，社会大局总体稳定。移民后期扶持政策实施工作逐步走上规范化、制度化、常态化管理轨道，保证库区和移民安置区总体稳定。具体表现为：组织机构健全，工作保障有力；按要求开展人口更新，人口动态管理常态化；直补资金发放程序规范；项目实施效果良好；资金管理较规范，资金拨付进度较快；移民收入水平不断提高；安置区总体稳定，移民满意度较高。（黄业栋）

渔　业

渔业综述

【渔业概况】 2021年，北海市铁山港区海洋局（简称区海洋局）管理海岸线81.82千米，其中人工海岸线57.16千米，沿海滩涂自东向西延伸面积2.57万公顷，海水可养殖面积1.33万公顷，海水养殖已利用面积6216公顷，全区涉渔乡镇3个，渔业村委（社区）20个，渔业人口4.9万人，渔业从业人员2万人，渔业船只保有量4025艘。

【渔业经济】 2021年，区海洋局认真贯彻落实中共中央总书记习近平考察广西重要讲话精神，紧扣发展现代渔业、建设海洋强区和振兴南珠产业目标，坚持科学发展观，开拓创新，大力发展向海经济，加快推动渔牧业转型升级，推动全区农业经济平稳健康发展。年内，全区水产品总产量19.91万吨，比上年增长3.20%。其中，海洋捕捞5.20万吨，比上年下降0.09%；海水养殖14.19万吨，比上年增长6.18%；淡水养殖5260吨，比上年下降27.87%。

水产养殖业

【水产养殖业概况】 2021年，铁山港区水产养殖业持续稳步发展。全区水产养殖面积6386公顷，养殖总产量14.72万吨，比上年增长4.42%，产值37.10亿元。水产养殖主要方式有池塘养殖、网箱养殖、浅海滩涂养殖等，主要养殖品种有南珠、南美白对虾、金鲳鱼、象鼻螺、文蛤、方格星虫（沙虫）等。对虾养殖面积953.33公顷，象鼻螺养殖面积1953.33公顷，鱼类养殖面积1013.33公顷，马氏珠母贝养殖面积673.67公顷。年内，全区共有水产苗种场13家，水产养殖农民专业合作社15家。

【传统网箱养殖】 2021年，铁山港区传统网箱养殖主要分布在兴港镇石头埠海域，共有养殖户308户，养殖面积34万平方米，有4680余口网箱，年产金鲳鱼、石斑鱼、鲈鱼等超2万吨，年产值超4亿元，铁山港区已发展为广西最大的网箱养殖基地。传统网箱养殖产品主要销往广东、福建、上海等地，以加工销售为主，占60%，冰鲜鱼销售占30%，活鲜鱼销售占10%。养殖的金鲳鱼连续3年出口到欧洲，连续18年出口到美国。

【深水抗风浪网箱养殖】 2021年，铁山港区加快发展深水抗风浪网箱养殖，带动传统网箱养殖向离岸养殖的转型升级，引进北海市铁山港区石头埠丰顺养殖有限公司、北海市建良水产养殖有限公司、北海乃志海洋科技有限公司、北海市铁山港区嘉晟农民种养专业合作社、北海市铁山港区翔久农民种养专业合作社、广西海顺水产养殖有限公司等企业发展深水抗风浪网箱养殖，发展网箱多层次生态养殖。年内，全区深水抗风浪养殖网箱有353口，年产金鲳鱼超1.5万吨。

【水域和滩涂养殖证核发】 2021年，铁山港区核发水域、滩涂养殖许可证18本，确权水域、滩涂面积431.3公顷。

海洋捕捞业

【海洋捕捞业概况】 2021年，铁山港区有持证渔船3940艘，总吨位2.01万吨，总功率4.28万千瓦。海洋捕捞产量5.20万吨，比上年减少0.09%，产值10.63亿元。铁山港区籍渔船主要从事近海捕捞作业，主要作业区域有北部湾北部海区、北部湾中南部至湾口海区、海南东部近海和粤西近海海区、南海北部大陆架边缘海区及南沙海区，主要的作业类型有拖网、刺网等，主要渔获种类有鱼类、虾蟹类、贝类等。

【渔港码头建设】 2021年，铁山港区营盘中心渔港一期工程完工，将建设防波堤等二期工程并引进相关企业入驻，完善配套设施，推动渔港发展。

【外海远洋渔业】 2021年，铁山港区积极发展外海远洋渔业，拓宽海洋捕捞空间，缓解近海捕捞压力。全年全区到南沙生产的渔船33艘次，捕捞产量300吨，总产值300万元。

南珠产业

【南珠产业概况】 北海南珠久享盛名。近年来，南珠由于受珠贝种质退化、技术落后和销售市场混乱等原因，南珠产业逐年衰落。2017年，为加快南珠产业的振兴，北海市成立北海市振兴南珠产业领导小组，北海市委、市政府印发《关于印发保障南珠养殖用海指导意见的通知》《关于振兴南珠产业扶持和奖励措施的实施意见》《关于金融支持南珠养殖业发展的实施意见》等一系列重振南珠产业政策性文件，以政策措施着力解决南珠产业发展振兴的瓶颈问题，坚定振兴南珠产业的信心，作为南珠主产地的铁山港区遇到千载难逢的发展良机。2018年，北海市人民政府办公室印发《关于修订振兴南珠产业扶持和奖励措施的实施意见部分条款的通知》，南珠产业振兴走上快车道。铁山港区积极落实市委、市政府关于振兴南珠产业发展的要求，在上级业务部门的大力支持下，主动承担南珠产业发展的责任，推动南珠产业加快发展。2021年，铁山港区南珠产业取得良好的成效。

【南珠专属海域划定】 2021年，铁山港区落实北海市政府《北海市南珠养殖用海规划方案》，结合铁山港区养殖功能区划，划定1.47万公顷南珠养殖专属海域，在专属海域中拟挂牌出让826.67公顷海域供发展南珠养殖。

【南珠养殖环境整治】 2021年，铁山港区加大对南珠养殖专属海区海岸生态保护力度，为南珠养殖提供良好的海洋环境。加强海区海岸300米范围的海域滩涂的日常巡查监管，确保该区域无违法抢建、电炸毒等危害南珠养殖现象；清理整治海区非法占海设施，年内共清理拆除50所围箔，清理恢复海域滩涂866.67公顷；清理铁山港湾非法养殖设施886

2021年12月21日，铁山港区珍珠养殖户刚采收的珍珠
区海洋局　供

个，清理海域 673.33 公顷。投入财政资金 30 万元实施南珠湾南珠养殖海域安保制度，安装南珠养殖远程监控信息化管养系统设施 6 套。

【南珠养殖重点企业培育】2021 年，铁山港区培育以旺海、精工、铭美、祥瑞等为重点的养殖企业 26 家（户），养殖用海 826.67 公顷，投放珍珠贝苗 3 亿粒，插核珠贝 1042 万贝，珍珠贝生长情况良好。年内，全区收获南珠 495 千克。

【南珠养殖技术培训】2021 年，铁山港区先后组织举办 4 期南珠养殖技术培训班，培训插核、切片、管养等技术人员 180 余人，参与 2021 年北海市铁山港区农民丰收节等各项活动，掀起钻研南珠养殖技术热潮。

海洋资源管理

【海洋资源管理概况】2021 年，区海洋局严格管控用海审批，严守海洋生态红线，依法依规组织开展海域使用权出让活动，加强海域动态监管，促进海域资源科学合理开发利用，保障海水养殖产业与涉海项目健康可持续发展。

【养殖用海管理】2021 年，铁山港区共完成 10 宗海域使用权续期办理工作，完成 9 宗南珠养殖用海出让前期工作，总面积 150 公顷。

2021 年 12 月 21 日，北海市铁山港区庆祝中国农民丰收节暨现场采珠活动在营盘镇青山头村举行　　区海洋局　供

【项目用海审批】2021 年，区海洋局完成 500 千伏输送电路的用海和神华国华新建电厂码头及取（排）水口项目用海审批手续，助推电力能源发展；服务涉海企业，推进落实 LNG（液化天然气）三期工程、四川能源投资集团、航道三期三标段疏浚工程和九龙纸业配套码头的前期工作，提高全区企业海上交通运输能力。

【近岸环境治理】2021 年，铁山港区开展近岸海域环境整治，共清理废弃船、“僵尸船”106 艘，清理海面漂浮垃圾 1870 吨，运输垃圾 1324 车次，清理卫生死角 280 处，清理积砂（淤泥）14 立方米，清理杂草 3213 平方米，清理沿岸围塘养殖尾水 10 处，保洁海岸线 170.27 千米。保护白龙古城沿岸红海榄自然保护小区红树林生存海域环境，出动人员 156 人次、钩机 5 台次、垃圾运输车 96 辆次，清理海岸线 3.63 千米，清理海域面积 31.93 公顷，清理垃圾 144 吨；保护兴港镇符屋村附近红树林区域海域环境，共清理海洋垃圾 21.5 吨，运输垃圾 20 车次，清洁卫生死角 10 处，清理积砂 1 立方米，清理杂草面积 1050 平方米，保洁海岸线累计 2.65 千米。

渔业行政管理

【伏季休渔】2021 年，南海伏季休渔时间为 5 月 1 日 12 时至 8 月 16 日 12 时，除钓业外的所有作业类型渔船及为捕捞渔船配套服务的捕捞辅助船同步休渔。伏季休渔期间，铁山港区共悬挂安全宣传横幅 35 条，制作安全宣传栏 12 个，休渔值班制度及工作须知板报 12 板，安装渔港宣传广播设备 3 套，配备灭火器40个,发放宣传资料1500份。其间,区海洋局和区海洋与渔业综合执法大队结合实际,定期或不定期开展执法工作,共立案12件,结案11件,罚款14.9万元,起到强烈的震慑作用,有效控制非法捕捞行为。

【渔业用油补贴】 2021年,区海洋局落实好惠农政策,组织申报及发放1575艘捕捞渔船2018年度、2019年度海洋捕捞渔船国内渔业油价补助资金共计2133.06万元,确保惠农政策落到实处。

【水产品质量安全监管】 2021年,区海洋局组织实施例行监测抽检样品18个,承检单位是广西渔业检测中心;组织实施快速检测共抽样20个,承检单位是北海市铁山港区海洋与渔业综合执法大队。全年全区开展风险检测配合抽样11个,组织实施单位是北海市海洋与渔业综合执法支队,承检单位是广西渔业检测中心;区海洋局配合农业农村部、自治区农业农村厅和北海市食品质量安全监管部门完成目标任务监测抽样58个。所有检测产品样品合格率100%。

海洋监察

【非法用海清理】 2021年,区海洋局联合区辖相关乡镇、区直相关部门开展营盘镇营盘社区海域清理整治行动,共出动干部职工300余人次,清理整治浅海滩涂面积213.33公顷,拆除木桩2000根以上,有效遏制非法用海行为,维护正常用海秩序,切实做到"还海于民"。

【浅海禁养区无证养殖清理】 2021年,区海洋局持续推进浅海禁养区无证养殖整治,清理铁山港湾29户非法养殖,涉海面积21.87公顷(其中蚝排30组);清理白龙港海域涉及非法养殖3户,共33组蚝排,涉海面积11.54公顷。

【海上非法捕捞打击】 2021年,区海洋局采取定期或不定期开展执法巡查,查处渔业违规违法行为,共出动执法人员836人次,开展海上执法112次,航程2650海里;出动人员30人次,与上级海洋与渔业执法部门开展联合执法1次,检查渔船、机动竹(木)排筏1499艘次;联合中国渔政45012、45013和北海市海洋与渔业综合执法支队一大队开展执法行动,共协助查扣非法捕捞船只3艘。全年全区办结行政执法案件36件(其中3件没收),罚没收入27.98万元。公开销毁涉渔"三无"船舶23艘;拆除销毁电鱼工具3套,没收电鱼工具(电缆)200米、高压水枪30套,有效控制非法捕捞行为。

【海上非法采砂打击】 2021年,铁山港区海洋与渔业综合执法大队在打击非法抽砂中共出动执法快艇巡查83次、出动执法人员570人次;对辖区各涉海、涉砂项目业主进行提醒谈话16次;联合相关海上执法部门开展专项行动31次,出动执法快艇巡查26艘次,出动执法人员214人次,检查涉砂船舶23艘,驱离各种施工船只6艘,移送海事部门1艘。

(程戈夫)

2021年4月,区政府组织相关单位对铁山港湾无证养殖进行清理整治 区海洋局 供

交通运输·邮政

交通综述

【交通运输机构及工作概况】 2021年，北海市铁山港区交通运输局（简称区交通运输局）下设北海市铁山港区公路发展服务中心、北海市铁山港区道路运输服务和信息中心、北海市铁山港区水路运输发展服务中心3个事业单位。全区境内公路总里程612.96千米，其中农村公路里程487.88千米，高速路21千米，普通国省道104.08千米。农村公路中县道59.03千米、乡道152.70千米、村道276.15千米。年内，区交通运输局坚持以习近平新时代中国特色社会主义思想为指导，扎实推进“四好”农村路高质量发展，“建、管、护、运”取得丰硕成果，走好“十四五”开局的第一步。

【公路承载体普查】 2021年，铁山港区完成公路承载体普查任务，共普查公路288条，总里程412.21千米。其中国道18.7千米，县道59.03千米，乡道159.76千米、村道174.72千米，普查桥梁信息29座。经普查，全区境内公路承灾体综合风险点共5处，其中1处沉陷与塌陷，4处水毁，三级风险点2处，四级风险点3处。普查发现风险点的共同特点是：土体基本位于临河、临水路段上，水的潜蚀作用影响到土体中有效力分布、土体的结构特征和强度，导致路基发生不均匀沉降或冲毁。

【道路运输管理】 2021年，区交通运输局牵头制订《北海市铁山港区2021年货运装载源头和公路违法超限超载治理工作实施方案》，坚持“依法严管、标本兼治、立足源头、长效治理”的原则，进一步完善辖区货车违法超限超载治理长效机制。年内，全区共出动执法人员4020人次，检查车辆3958辆次，查处违法违章行为车辆333辆次（其中超限超载183辆次，非法改装50辆次，其他违章100辆次）；暂扣车辆22辆、相关证件416本，依法做出行政处罚233起，并将所有案件上传至广西治超联网管理信息系统，有效保护公路基础设施，保障运输出行安全。

货运装载源头治理　年内，全区在货运装载源头治理工作中，共走访巡查源头货物装载企业22家次，检查货运企业45家次、约谈企业负责人25人次，与运输企业和装载源头单位签订合法运输承诺书18份。同时加强对维修企业的检查和监管力度，严厉打击车辆非法改装违法行为。

道路运输治超　年内，区交通运输局履行职责，推进道路运输治超工作。结合实际开展日常路面执法，坚持每月逢“5”日或不定期与交警部门开展治超联合执法。采取流动巡查，日间检查和夜间突击相结合的方式进行路面执法。主要在辖区主干道、工业园区、铁山港码头、诚德钢厂路口、石化厂路口等重点区域和路段进行治超执法，同时加强对“危化品”运输车辆的安全检查。年内，全区组织开展成品油非法经营整治专项行动，同时增加治超执法队伍力量，成立以交通执法为主的多部门联合执法队伍，在持续开展成品油非法经营整治专项行动的同时进一步整治车辆超限超载违法行为。

对辖区高速公路入口路段实行24小时严防死守，有效管控高速入口超限率，实现高速入口超载率控制在0.5%以内的整治目标。

道路运输宣传　年内，区交通运输局出动执法人员20人、宣传车辆5辆，开展“路政宣传月”活动，宣传普及路政法律法规，通过发放宣传资料、走访货场负责人、现场答疑、实地查看货源地等方式开展活动。在铁山港四号路、七号路悬挂宣传横幅10条，发放宣传资料350份，现场为车主解读政策法规20余人次。

农村道路运输管理　2021年，铁山港区共有3个乡镇37个行政村，实现通车率达100%的工作目标。全区“村村通”客车以农村客运班车为主，预约响应车为辅的方式，村民可以实现电话预约车辆，真正实现“村”到“村”的通车形式。辖区南康镇雷田村委、黄丽窝村委、大塘村委通过电话预约响应车模式解决群众出行难问题。

【交通运输安全】2021年，区交通运输局始终贯彻落实上级党委、政府关于安全生产指示精神和区委、区政府关于安全生产工作部署，全面深入开展交通行业安全生产专项行动，防范化解安全风险，确保全区交通运输行业安全形势平稳。

“危化品”运输车辆整治　根据区委、区政府安全工作会议工作部署要求，为解决辖区内“危化品”运输车辆乱停乱放，造成交通堵塞，影响群众出行，存在安全隐患的现象，6月17日和18日，区综合行政执法局联合区应急管理局、区住建局、区交通运输局到川化天禾公司、和源石化有限公司开展“危化品”运输车辆安全整治检查行动，落实交通运输安全责任。

“两客一危”重点运输企业安全生产大排查　年内，区交通运输局按照三年行动集中攻坚阶段的工作要求，印发《北海市铁山港区交通运输局关于开展交通运输安全生产大排查大整治的通知》。6月21日起，区交通运输局对辖区内重点危货企业安全生产工作进行大排查大整治。年内，共出动3组13人次检查辖区内广西皖能运输有限公司、北海汉立运输有限公司、广西新昊物流有限责任公司等11家次危货企业，下发整改通知书6份，发现问题22个，已全部整改完成。

汽车维修企业安全生产大检查　7月2日，区交通运输局局长带队开展全区道路运输行业安全生产大排查、大整治专项行动，检查北海恒汇汽车维修有限公司、北海市铁山港区沿海汽车服务有限公司、北海市铁山港区国辉汽车修配中心等5家企业，发现问题22个，下发整改通知书6份，大部分问题完成整改。

道路、桥梁安全检查　年内，区交通运输局对青山头—中坑、竹仔塘—企岭、赤江—葛麻山3条公路和案塘桥、陂塘桥、南康江桥3座桥梁进行隐患排查，共排查公路里程15.82千米，发现公路隐患4项、桥梁隐患1项，全部完成隐患整改。

重点时段交通运输安全　年内，区交通运输局严格执行节假日领导带班值班值守制度，并对管辖企业开展安全生产明察暗访工作。春运期间，区交通运输局共派出检查人员14人次，检查企业16家次，排查出问题14个，已全部整改完成；“两会”期间，派出检查人员18人次，检查企业9家次，排查出问题4个，已全部整改完成；“五一”期间，共出动检查人员17人次，开展检查6次，检查生产经营单位3家，重点路段2处，客运班线站点3个，发现问题10个，全部整改完毕；清明节和“壮族三月三”期间，共出动检查人员18人次，开展检查5次，检查生产经营单位5家，发现问题3个，全部整改完毕。“十一”期间，共出动检查人员24人次，开展检查8次，检查生产经营单位8家，发现问题10个，全部整改完毕。

【帮扶工作】2021年，区交通运输局推进脱贫攻坚同乡村振兴有效衔接工作。完成并坚持2019年自治区“四合一”发现问题整改；强化责任，落实帮扶工作，继续选派1名干部驻村开展帮扶，提升村委扶贫工作实际能力；筹措资金5000元，协助指导南康镇夏塘村委开展换届选举工作;筹措资金4800余元对22户脱贫户进行春节慰问。

【行政审批】 2021年,区交通运输局推进政务服务"仅跑一次"改革,全局政务服务事项均可网上办,实现网办率100%;优化和规范服务流程,实行告知承诺及容缺后补制度,推广"跨省通办"及"同城通办"事项,方便企业、群众办事。年内,区交通运输局共办理业务466件,其中办理道路运输经营许可证34件,道路运输证配发104件,道路运输经营许可证换发17件,道路运输证换发15件,道路运输经营许可证注销6件,道路运输证注销11件,道路运输证年审175件,道路运输经营许可证年审30件,教练车年审37件,从业资格证年审28件,车辆转籍8件,道路运输证补发1件。

【"路长制"工作】 2021年8月,铁山港区印发《关于印发北海市铁山港区农村公路"路长制"实施方案的通知》,全面部署开展"路长制"各项工作。年内,乡村道专管员及村级路长履职上岗,并完成全区农村公路所有路线(160条)路长公示牌的设立。

【交通行业产业】 2021年,铁山港区有备案机动车维修业户20户,其中一类3户,二类6户,三类11户。区内有代表性的汽车维修企业是北海鑫焕、铁山港区沿海修理厂、北海恒辉修理厂、北海市铁山港区南康恒发汽车修理厂、兴城汽车修配厂、北海市铁山港区浦发汽车修理厂。全年全区普通机动车驾驶员培训业户2户,分别是北海市铁山港区海康驾驶员培训有限公司、北海市铁山港区嘉元驾驶员培训有限公司,均属2级业户;有教练场3个,专业教练从业人员78人,教练车73辆。

【创城志愿活动】 2021年,区交通运输局履行创城工作职责和文明单位职责,参与区文明办、区创城办组织安排的各种志愿服务活动。区交通运输局分别在3月5日、8月17日开展文明交通宣传劝导活动,参与志愿者35人次,发放传单约200份。11月1日,区交通运输局以开展创城工作为契机,与南康镇夏塘村委新时代文明实践所结对共建,开展"弘扬模范精神　共创文明城市"为主题的文明实践志愿服务活动,与夏塘村委党员干部一起对村委及周边的道路进行清洁。12月15日,区交通运输局在包干区域开展《北海市创建全国文明城市模拟调查问卷》入户问卷调查活动,共发放调查问卷100余份,入户问卷调查结果良好,达标率100%。此外,区交通运输局参与创城志愿者道路清洁及路口值守活动,开展志愿活动28次,参与人数400人次。结合安全生产检查工作,组织志愿者开展"交通安全"主题宣传活动,走进辖区道路运输企业,重点对"危化品"运输企业进行宣传,共发放宣传资料200余份。

【关爱未成年人】 2021年,区交通运输局履行工作职责,尽职尽责开展为未成年人办实事、办好事活动。

学校减速带设置　年内,全区农村公路沿线中(小)学校

2021年12月23日,区交通运输局在铁山港区小太阳幼儿园门前道路设置减速带　　区交通运输局　供

共21所，其中19所中（小）学校门口没有设置有减速带。年内，区交通运输局周密部署，筹措建安工程费8.69万元，全部完成19所中（小）学校门口共423.9平方米减速带设置，提升全区中（小）学门前的交通安全设施。

为困难儿童送温暖　年内，区交通运输局开展“辞旧迎新·你我一起”为困境儿童春节送温暖活动。1月4日，区交通运输局为夏塘村委严某某3个小孩送上书包、文具、作业本等物品。

【交通运输领域扫黑除恶专项斗争】 2021年，区交通运输局制订《北海市铁山港区道路危货运输领域个人极端行为治理防范工作实施方案》。组织全区“危货”运输企业按文件要求进行个人极端行为治理防范工作。全区14个“危货”企业完成个人极端行为排查530人次，未发现有异常行动倾向工作人员。年内，区交通运输局持续把扫黑除恶斗争推进到车站、码头、运输企业、项目建设现场，加大宣传力度，辖区交通运输领域没有收到涉黑涉恶线索。

道路运输

【道路运输概况】 2021年，铁山港区道路运输管理职能由区交通运输局下属事业单位北海市铁山港区道路运输服务和信息中心（简称区道路运输服务和信息中心）承担。主要负责网络预约车、巡游出租汽车行业、道路运输管理、初审农村客运车辆、公交燃油补贴、农村客运站建设与行政村通客车等服务性工作；组织开展道路运输企业年度质量信誉考核，指导企业建立健全安全生产管理制度。年内，区道路运输服务和信息中心获得铁山港区集体嘉奖单位称号。

【道路运输业务】 2021年，铁山港区共完成道路运输货运量723万吨，比上年增长15.68%；货运周转量6417.6万吨公里，比上年增长26.53%。全年全区营业性运输汽车1615辆1.26万吨位，比上年增加194辆2328吨位。年内，全区共开通国内道路客运班线17条，其中跨地市班线1条（铁山港—南宁），跨县班线16条，日均发车389班次，与上年持平；辖区37个行政村全部实现通车。年内，全区有道路客运站场3个，其中北海市铁山港区客货运输站为三级站，北海市铁山港区营盘客运站、铁山港区石头埠客运站为四级站。全年全区道路运输经营许可证在册数1835张，比上年增加50张，车辆营运证在册数1615张，比上年增加194张。

【道路运输行业管理】 2021年，铁山港区道路运输行业管理工作平稳有序。

企业质量考核　3月—6月，铁山港区开展2020年度铁山港区道路货物运输企业质量信誉考核工作。区道路运输服务和信息中心成立专项考核小组，通过企业自评、考核小组实地考核、不合格企业复核等程序，公平、公正、公开地评分考核，经过考核小组初评，共有14家货运企业，6家维修企业，2家驾培企业通过初评。

企业法人和安全生产管理人员安全考试　年内，区道路

2021年7月12日，区交通运输局工作人员到海康驾校开展安全检查　　区道路运输服务和信息中心　供

运输服务和信息中心组织全区18家运输企业的法人、主管人员和安全生产管理人员参加考试。其中,企业法人、主管人员20名参加考试,18名通过;安全生产管理人员30名参加考试,全部通过。

客运站规范经营　年内,区道路运输服务和信息中心督促客运站执行“三不进站六不出站”规定,认真履行“三关一监督”职责,落实“四证一牌一单”检查工作,杜绝客运站不按规定售票、乱收费等违规行为的发生。

危险化学品运输安全专项整治　年内,区道路运输服务和信息中心督查危运企业14家,共计出动检查人员250人次,检查道路运输企业81家次;排除一般安全隐患282项,进一步落实企业安全生产、驾驶人员教育管理、车辆维护保养、车辆动态监管主体责任,确保区道路运输行业安全生产形势稳定好转。

维修企业清查备案　上半年,区道路运输服务和信息中心维修股组织人员开展为期2周的拉网式维修企业清查工作,共走访维修企业70家,发放备案宣传资料70余份。年内,全区共有17家维修企业申请办理备案手续。

新冠疫苗接种　年内,区道路运输服务和信息中心组织辖区货物运输企业、驾培、维修等行业43家企业1023人接种新冠疫苗,接种率100%。

水路运输

【水路运输概况】 2021年,北海市铁山港区水路发展服务中心(简称区水路发展服务中心)负责全区水路运输安全、应急及抢险救灾、水路运输及其辅助业务监督管理的服务工作;负责水运工程建设和养护服务。辖区水路运输属于沿海运输,运输船舶基本上是省际、省内运营,运营货物主要以煤炭、海砂等散货为主,主要流向地是广东、江苏和浙江一带。年内,辖区内有码头泊位17个,其中26.3万立方米LNG专用泊位1个,10万吨级泊位5个(其中北暮作业区1号—4号泊位水工结构15万吨级),5万吨级电厂专用煤码头1个,促进辖区的水运业向大型化、专业化、高速化的方向发展。10万吨级港口码头的运营船舶包括国际、国内航线,进出港口货物主要有矿物类(镍矿、煤炭、高岭土)和食品类(大豆和玉米)。LNG专用码头进出港货物以石油、天然气及其制品等大宗散货运输为主。全年全区港口货物吞吐量3449.77万吨,比上年增长31.32%,集装箱货物吞吐量40.92万标箱,比上年增长27.15%。

【水路运输管理】 2021年,区水路发展服务中心按照《国内水路运输管理条例》规定,着重抓好水路运输市场统计和调查分析工作,每月向区政府报送港口生产情况统计数据,定期向社会公布水路运输市场运力供需状况。根据上级交通运输部门关于国内水路运输及其辅助业核查工作的部署,对辖区水路货物运输代理经营者备案情况、相关证书有效性等进行核查。年内,全区拥有1家水路运输企业,4家水路运输辅助性企业,其中2家因环保原因,全年处于停业状态。按照《国内水路运输管理条例》和水路运输业务相关规定,加强市场准入事项管理与服务,开展水路运输市场经营行为的日常监督检查,维护水运市场秩序。

【水路运输安全生产检查】 2021年,区水路发展服务中心进一步落实安全生产监管责任,牢固树立安全发展理念和“红线”意识,坚持“安全第一、预防为主、综合治理”的工作方针,将安全生产工作作为“一把手”工程抓牢抓实,守好安全底线,做到守土有责、守土尽责、守土有效。扎实开展“平安交通”“安全生产月”、安全生产宣传教育“七进”活动、水上安全专项治理、水路运输行业安全生产大检查等,坚持定期对管辖范围内的水路运输辅助业企业进行安全检查,督促相关企业严格落实安全生产主体责任,及时消除隐患,确保事故“零发生”。年内,全区组织开展水路运输安全生产检查6次,检查企业26家次。

公路建设和养护

【农村公路基本情况】 2021年,区交通运输局管养的农村公路总里程393.51千米,其中县道59.03千米,乡道159.76千米,村道174.72千米。南康镇管养的乡村道路里程171.9千米,其中乡道84.41千米,村道87.49千米;营盘镇管养的乡村道路里程95.84千米,其中乡道30.57千米,村道65.27千米;兴港镇管养的乡村道路里程66.75千米,其中乡道44.78千米,村道21.97千米。

2021年1月21日,X285线南康—小马头公路路况一角

区交通运输局　供

【道路建设】 2021年,区交通运输局坚决贯彻区委、区政府的决策部署,全区农村公路项目建设工作有序稳步推进。全年组织实施公路项目10个,总投资4607.81万元,其中新实施农村公路项目8个,续建项目2个。新实施公路项目中,火甲—农业示范场公路安防工程0.27千米,项目投资150万元;水毁危涵改造工程项目投资27.17万元;赤江—沙嘴头公路工程1.79千米,项目总投资902万元;路面提升工程3个,维修总里程4.26千米,项目投资418万元;上年调整大中修工程项目维修里程1.15千米,项目投资238万元;开工实施灶面垌村—石头埠小学道路改建工程,计划总投资353.64万元。续建项目2个,其中2020年X221线高德—南康(福成—南康段)路面改造工程7.15千米,总投资2216万元,年内基本完工;危桥改造项目陂塘桥工程34延米,项目投资303万元。

【公路养护】 2021年,区交通运输局对公路养护做到"建必有养,养必到位",全区农村公路列养率达到100%,乡道、村道经常性养护率不低于60%。年内,全区县道优良(中等)路率100%,其中优良路率71.1%;乡道优良(中等)路率95.2%,其中优良路率75.5%;村道优良(中等)路率86.8%,其中优良路率37.5%,完成自治区下达北海市2021年农村公路路况指标任务。达到自治区下达的中等路率不低于75%的年度路况指标。辖区管养道路晴雨通车率100%。

养护体制改革　2021年,区交通运输局积极推进养护体制改革,制订、实施《北海市铁山港区深化农村公路管理养护体制改革,推进"四好农村路"高质量发展实施方案》,推进农村公路养护工作服务社会发展。乡村道路全部下放乡镇管理,落实养护资金,区交通运输局分别与各镇签订养护协议,明确养护目标和养护责任,进一步提高农村公路养护工作效率和工作质量,全区基本形成"区为主体,县道区管、乡道乡管、村道村管"的养护模式。各镇成立农村公路管理队伍,主要由各镇的乡村建设综合服务中心管理,主要负责对乡道、村道的管养工作,乡道、村道设有专门的人员管护。全区3个镇共有8个乡级农村公路专管员,其中南康镇4个,营盘镇2个,兴港镇2个。

日常养护和小修保养工程相结合　年内,区交通运输局每月下达养护工作计划,布置重点工作任务,对辖区内的所有路段进行季度路况质量的调查、统计、评定整理，上报归档。

细节养护保安全　年内，区交通运输局对辖段内各路线病害进行详细的调查、统计、汇总、上报，严格按照小修工程实施细则、小修工程工作流程等办法施工，严抓验收计量，把好质量、安全关，确保小修工程质量合格；对辖段内桥梁、弯道处清理积砂，及时做好雨天的防滑工作。

桥梁管理　年内，区交通运输局坚持桥梁、涵洞日常巡查及经常性检查，汛前对辖段内的所有桥梁进行安全专项检查，对检查出的病害及时维修处理，确保各公路桥梁、涵洞技术状况良好，确保道路交通安全度汛。

（卓家程　吴玉全　潘绪玲　黄海芬）

北部湾港北海码头有限公司铁山港作业区

【北海码头铁山港作业区概况】2021年，北部湾港股份有限公司北海港分公司正式更名为北部湾港北海码头有限公司（简称北海码头）。北部湾港北海码头有限公司铁山港作业区（简称北海码头铁山港作业区）是北部湾港北海码头所辖作业区，是北部湾港北海码头的重要组成部分，是承接北海码头石步岭港区产业转移、发展港口物流、布局重大临海工业、拓展对外贸易的重点区域。年内，北海码头铁山港作业区有6个15万吨级泊位，货物通过能力3150万吨。作为推进广西北部湾经济区发展建设和面向东盟开放合作，打造向海经济，谱写新世纪海上丝绸之路新篇章的重要出海通道，根据广西北部湾港的港口结构布局调整和“一轴两翼”的发展模式，北海码头铁山港作业区发挥“右翼”功能，服务华南、中南区域的优势，大力发展散（杂）货、集装箱等业务。年内，北海码头铁山港作业区完成散（杂）货物吞吐量3330.18万吨，比上年增长23.29%，集装箱吞吐量61.38万标箱，比上年增长22.72%。

【港口重要项目】

北海码头铁山港作业区3号—4号泊位工程项目　2021年6月23日，北海码头铁山港作业区3号—4号泊位口岸正式对外启用。该项目是北海码头铁山港作业区1号—4号泊位工程的一部分，是北部湾广西沿海港口资源整合后实施的第一批项目之一，建设单位是广西北部湾国际港务集团有限公司。北海码头铁山港作业区1号—4号泊位工程项目位于北海铁山港湾铁山港区西岸线，总体计划建设4个10万吨级（水工预留15万吨级）通用码头，码头岸线长1306米，设计吞吐量1200万吨，后方陆域使用海域395.73公顷，项目概算总投资31.35亿元。项目分两期建设，一期完成建设1号—2号泊位工程，二期建设3号—4号泊位工程。2019年7月，完成二期整体竣工预验收。

北海码头铁山港作业区5号—6号泊位工程项目　2021年11月26日，北海码头铁山港作业区5号—6号泊位对外开放通过预验收。该项目连接铁山港公用码头和玉铁铁路，是提升铁山港区海铁联运能力的重点工程项目。项目位于北海铁山港西港区北暮作业区

2021年，北海码头铁山港作业区进港大道一角

北海码头铁山港作业区　供

南侧，毗邻已建成的4号泊位。建设规模是2个15万吨级通用泊位，设计年货物吞吐能力764万吨，工程概算13.56亿元。项目于2014年2月开工，2019年12月整体竣工验收。

【港口业务开展】 2021年，北海码头铁山港作业区克服新冠肺炎疫情、国际经贸形势变化所带来的影响，外拓货源、弥补缺口，确保港口业务实现稳定增长。

集装箱业务　年内，北海码头铁山港作业区不断丰富桂东班列货源结构，充分利用海铁联运的优惠政策和西部陆海新通道便利，吸引瓷砖客户到铁山港发运；拓宽海铁联运业务，争取云南地区3.5万吨焦炭成功发运，打破其原有铁路直发运输方式，改为海铁联运；与防城港码头业务联动，共同推进铁矿海铁联运业务，云南钢铁企业首次从铁山港卸船并通过穿巴发运；推动适箱货物入箱发运，太阳纸业等铁山港新进驻临港企业开始通过集装箱发运，形成新增吞吐量；争取实现粮食企业小麦、稻谷“散改集”以及柳钢铁矿“散改集”，进一步增加集装箱发运。

散（杂）货业务　年内，北海码头铁山港作业区优化铁路装车平台，增加装卸车位，开通玉铁线电气化运行模式，铁山港进港铁路专用线发运能力每天10列，铁路年运量约400万吨，比上年增长约680%；深入发掘临港企业货源，年内争取临港纸业公司外贸木片进口，纸浆船接卸，成功助推成品纸发运；做好桂东南地区电厂客户大量的电煤保供需求，争取新客户到港开展业务，同时发掘老客户的铁路煤炭增量，全年完成铁路煤炭货源约380万吨，比上年增长935%；开拓粮食业务，成功争取外贸高粱、葵花籽粕入库及外贸玉米卸船。

【港口安全生产】 2021年，北海码头铁山港作业区坚持“安全、环保、防疫、生产”齐抓共管，顺利完成各项指标任务。

安全环保　年内，北海码头铁山港作业区完善安全生产相关制度，全面落实企业安全生产主体责任，开展各项安全生产专项检查，加强相关方安全管理和港区道路交通安全管理，完成风险辨识和隐患排查“双预控”体系建设等；以中央环保督查为契机，严抓中央环保督查指出港口环境问题整改的同时，制订发布《绿色港口建设三年行动实施方案(2021年—2023年)》，在大气污染、水污染、固体废物管理方面落实推进环保专项整治行动落地；加大环保费用投入，补齐环境保护工作短板，增加硫磺堆场洗车场沉淀池、排污管、蓄水池建设，规范、完善雨污分流处理；新购置多套环保设备，采购防尘网环保物资等，全面提升港口环境保护能力，全力打造绿色港口。

新冠疫情防控　年内，北海码头铁山港作业区通过制订完善新冠疫情防控实施方案、制度，建立港口高风险岗位人员封闭集中管理，居住点实施集中住宿、封闭管理等工作制度，落实持续安排港区特定人群核酸检测，推动疫苗接种，加强外来人员及船舶排查等措施，毫不松懈做好“外防输入、内防反弹”，新冠疫情防控形势总体保持稳定。

生产作业　年内，北海码

2021年，北海码头进港大门旁边环保标语“绿水青山就是金山银山”见证北海码头的环保意识　　北海码头铁山港作业区　供

头铁山港作业区通过制订作业提效方案，灵活安排作业船舶靠泊作业，对到港作业船舶制定单船作业效率，协调相关方交接班时间与港内交接班时间达成一致，减少非生产时间，组织、协调第三方开展煤炭卸船、发运提效等工作措施，促进生产提效。新货种木片自11月中旬实施木片卸船提效方案以来，单船作业效率都有所提高，从最初的每天3270吨提高到每天1.18万吨，比上年增长360%；水泥熟料自负压漏斗投入使用后，平均卸率每天1.14万吨，比负压漏斗投入使用前平均卸率每天5996吨提高90.20%。

2021年，北海码头铁山港作业区门机卸装作业现场

北海码头铁山港作业区　供

【港口能力建设】 2021年，北海码头铁山港作业区加大港口设备投入及硬件设备采购力度，推进港口能力建设。新购置4台40吨—43米门机，3月25日投入使用；持续推进4台岸桥和8台轮胎场桥购置项目进程，推进港口信息化；初步完成智能闸口系统建设，2月8日投入使用，实现自动识别车辆车牌号码、集装箱箱号，集成电子地磅，自动获取车辆进出重量数据，并根据北海码头铁山港作业区港口的业务逻辑实现车辆入港或出港的自动放行；智慧安防系统建设完成，实现港口安全与智慧并举；加强港区监控及出入管控设施建设，为港区安防提供基础支撑；ERTG远控自动改造化项目实现部分设备的远程操控；配合北海码头推进设备管理系统、能源管理系统、物资管理系统上线推广使用等。 （付秋明）

中国邮政集团有限公司北海市分公司

【北海市邮政分公司概况】 2021年，中国邮政集团有限公司北海市分公司（简称北海市邮政分公司）负责铁山港区邮政业务的邮政网点有4个：南康支局、营盘支局、石头埠邮政所、兴港邮政所，共有16个投递段道。邮政通信服务范围394平方千米，服务人口28万人。承担普遍服务和特殊服务，依法经营邮政基础业务、金融业务、快递物流业务和电子商务业务。铁山港区各邮政网点在北海市邮政分公司的管理下，践行“人民邮政为人民”的服务宗旨，承担铁山港区内信件收寄、报刊订阅、包裹投送、金融储蓄、分销等业务，严格落实通信与信息安全保障措施，保证机要通信、党报党刊发行、义务兵免费信件等特殊通信任务的完成，满足铁山港区内人民的基本通信要求和用邮需求。

【邮政服务】 2021年，铁山港区各邮政网点积极配合北海市邮政分公司做好新冠疫情防控工作，全年没有员工感染新冠肺炎，没有出现违反“两条红线”（未经监管部门批准，擅自撤销邮政普遍服务网点；未经监管部门批准，擅自停止办理或者限制办理邮政普遍服务业务）的违规行为。

【邮政代理金融业务】 2021年，铁山港区各邮政网点及其他分支机构共同努力，北海市邮政分公司金融业务收入7475万元，比上年增长9.4%。利差收入5431万元，比上年增长4.96%。保险业务收入1240

万元，比上年增长 52.2%。保险业务初步完成结构调整，长期交产品销售保费 3181 万元，占 47.4%，排自治区第 1 位；中间业务收入 805 万元；新增月日均余额 3.15 亿元；新增时点余额 3.35 亿元，比上年增加 1.4 亿元，增幅 9.62%。严格按照上级要求，加强金融风险防控，没有发生案件、罚款、大额赔付、重大风险和负面舆情，全年没有受监管部门处罚。

【函件业务】 2021 年，北海市邮政分公司函件业务收入 506.3 万元。通过紧抓时点热点，成功开发健康防疫宣传、庆祝中国共产党成立 100 周年、平安北海、扫黑除恶、禁毒、国家安全宣传教育、创城大舞台、侨港夜市等项目，创收 310.58 万元。

【集邮业务】 2021 年，北海市邮政分公司集邮业务收入 562.7 万元。成功举办生肖邮礼、生肖嘉年华、“三八女神节”、《领航新时代》、一号宝典产品、新邮预订、生肖贺岁及定制年册等活动，创收 503.9 万元。

【绿色邮政】 2021 年，北海市邮政分公司全面达成“2582 工程”目标，持续推广可循环邮袋、新型绿色包装箱、窄胶带使用。全市电商快件不再二次包装率 92.8%。新增包装废弃物回收装置 6 个，累计布放 24 个。电子面单实现市、县、乡镇网点全覆盖，窄胶带使用率 100%。

【其他工作】 2021 年 7 月 7 日，北海市邮政分公司、邮储银行北海市分行联合举办的北海邮政服务乡村振兴示范点揭牌暨北城凤梨“甜蜜邮路”发车仪式在合浦县常乐镇北城村举行；北海市邮政分公司升级改造南康支局职工小家 1 个，丰富职工的文化娱乐活动；积极参与北海市创建全国文明城市行动，落实责任区点位和包干物业小区环境卫生、文明行为整治等。年内，北海市邮政分公司员工收入比上年增长 11.93%，实现员工收入与企业发展同步提升。　（顾裕金）

2021 年 7 月 1 日，北海市邮政分公司《中国共产党成立 100 周年》纪念邮票首发仪式　北海市邮政分公司　供

2021 年 7 月 7 日，北海市邮政分公司、邮储银行北海市分行联合举办的北海邮政服务乡村振兴示范点揭牌暨北城凤梨“甜蜜邮路”发车仪式在合浦县常乐镇北城村举行。北海市邮政分公司副总经理梁俊强（左三），邮储银行北海市分行副行长付英（右三）出席仪式

北海市邮政分公司　供

城乡规划建设和管理

城乡规划

【城乡规划概况】 铁山港区的城乡规划职能由北海市铁山港区自然资源局(简称区自然资源局)承担。2021年,区自然资源局建立全区空间规划体系并组织实施。推进主体功能区战略和制度,组织编制并监督实施国土空间规划和控制性详细规划、重点地区城市设计、重点项目规划设计等相关专项规划。依法审查镇总体规划和控制性详细规划,负责辖区村镇规划管理工作。组织划定生态保护红线、永久基本农田、城镇开发边界等控制线,构建节约资源和保护环境的生产、生活、生态空间布局。协助开展城市发展战略和规划管理工作。统筹实施建设用地规划许可证、建设工程规划许可证、临时建设规划许可证等核发工作。

【村庄规划】 2021年,区自然资源局贯彻落实《广西壮族自治区自然资源厅办公室关于做好2021年村庄规划工作的通知》文件精神,扎实开展村庄规划编制需求调查、摸底核查完善工作,切实摸清全区有条件、有需求编制村庄规划的数量和清单。按照区政府办的工作要求,区自然资源局作为牵头单位,主动联系各镇政府,汇总镇政府上报材料,及时上报调查成果。年内,全区完成兴港镇大树岭村和营盘镇白东村、石村村庄规划编制及评审工作。

2021年11月30日,营盘镇政府召开白东村、石村村庄规划专家评审会

区自然资源局　供

【规划审批】 2021年,区自然资源局共办理建设用地规划许可证28宗,建设工程规划许可证22宗,建设工程规划及竣工验收10宗,城市个人住宅规划设计34宗。3月,区自然资源局将乡村建设规划许可证核发业务(针对宅基地进行农村村民住宅建设部分)下放到镇政府办理。年内,辖区各镇政府办理乡村建设规划许可证79宗。

(曾　芹)

城乡建设

【住建工作概况】 2021年,北海市铁山港区住房和城乡建设局(简称区住建局)是区政府工作部门,下辖北海市铁山港区市容市政管理中心、北海市铁山港区房地产管理所（北海市铁山港区墙体材料改革办公室）、北海市铁山港区建设工程质量安全监督管理站3个全额拨款事业单位。挂北海市铁山港区人民防空和海防工作办公室（简称区人防海防办）牌子。

2021年9月，营盘镇实施村庄整治行动，组织拆除残破构建物

区住建局　供

【乡村风貌提升】 2021年，铁山港区推进乡村风貌提升工作，多方筹措资金5500余万元，组织各镇、村（社区）实施村庄整治，打造实施“两高两道”和工业区沿线可视范围村庄农房特色风貌塑造，共完成345个村庄基本整治。实施呼北高速沿线南康镇、兴港镇18个村庄（队）413间农房、向海大道沿线340多间农房特色风貌塑造，实施铁山港（临海）工业区重要干道沿线农房立面改造，并上报青山头新村作为全区乡村风貌提升项目工程示范点。

2021年11月16日，营盘镇盐灶村委屋面塘村乡村道路公共照明项目安装的太阳能路灯

区住建局　供

【乡村道路建设】 2021年，区住建局完成营盘镇彬塘村委彬塘村295米村屯道路建设，完成营盘镇、南康镇辖10个自然村乡村道路公共照明试点项目46盏太阳能路灯安装。

【新城建设】 2021年，区住建局继续推进行政中心片区设施PPP项目［包括行政中心片区路网工程、污水处理厂、文体中心（体育馆）及中心广场3个子项目］前期工作。服务推进泽沁·海港花园、玖龙纸业生活区等商住小区（公寓）建设，促进三塘片区行政文化、商业、居住等服务功能提升，服务工业区开发建设。

【农村危房改造】 2021年，区住建局牵头开展铁山港区农村危房改造工作，坚决落实“危房不住人，住人不危房”的核心要求，完成42户“六类重点对象”危房改造任务，改造面积2798平方米，受益人口115人。

【行业监管】 2021年，区住建局加强建筑行业、燃气企业安全监管和农民工工资保障工作。出动检查人员207人次，发出建筑工程整改通知书71份，督促建筑施工单位整改安全隐患356处，消除一般性安全隐患350多处。联合相关部门共派出82人次对

2021 年，营盘镇彬畔村村民石某某危房改造前危房

区住建局　供

2021 年，营盘镇彬畔村村民石某某危房改造后新房

区住建局　供

2021 年 11 月 25 日，区住建局工作人员在南康镇为民燃气供应站进行安全生产检查

区住建局　供

辖区燃气企业开展 16 次安全生产大检查，共发现安全隐患 23 处，消除安全隐患 23 处，下达整改通知书 15 份，责令整改 2 起，限期整改 1 起。结合创城攻坚工作，开展建筑工地围挡公益广告整治行动。加大农民工工资保障宣传及检查力度，确保农民工工资及时支付。

房产管理

【公租房分配】 2021 年，铁山港区有公共租赁住房 1372 套，累计分配入住 1341 套，入住率 97.74%。年内，区住建局会同有关部门积极采取措施，解决企业、教育、卫生医疗等单位、部门住房困难职工的住房问题，确保应保尽保。

【公租房管理】 2021 年，区住建局完善各公租房小区租赁合同的签订和租金的催收工作。完善公租房小区公用设施设备管理，进行小区供水、供电、排水等设施的维护、维修，保证公租房小区居民正常生活。完成赤江廉租房排污系统的清理及外主排污管的维修工程，完成滨江小区、兴港小区供水泵供水系统的维修维护。

【公租房小区新冠疫情防控】 2021 年，区住建局严格落实公租房小区疫情防控工作，通过

2021 年，铁山港区公共租赁住房兴港小区工作人员按新冠疫情防控要求严格排查外来车辆、人员　　区住建局　供

粘贴海报、悬挂横幅等方式加大公租房小区疫情防控宣传。落实 24 小时值班制度，加强人员管控，对外来车辆、人员按疫情防控要求进行严格排查，登记备案。　（符元菊）

城市综合管理

【城乡环境卫生治理】 2021 年，铁山港区稳步推进城乡环境卫生综合治理工作，投资 780 万元实施杂草清除、绿化种植（移植、补植）、建筑垃圾清运、安装围挡等项目。全年共清除杂草面积 19.8 万平方米，清运建筑垃圾 1.05 万立方米，种植绿化苗木 3500 棵。进一步加强环卫保洁队伍建设，共配备环卫保洁员 165 名，负责铁山港（临海）工业区四号路、七号路、八号路、兴港路等主（次）干道的清洁卫生工作；配备 2 辆扫地车，每天出动清洁作业车 8 辆次；投入资金 1494 万余元，清运农村生活垃圾 4.19 万吨。

【生活垃圾分类】 2021 年，区住建局进一步统筹推进生活垃圾分类工作，落实生活垃圾分类工作经费 70 万元，将农村生活垃圾分类工作纳入全区统筹实施。积极建设垃圾分类示范片区，将兴港镇彬定村委、彬池村委和石头埠社区纳入生活垃圾分类示范片区建设范围。示范片区范围内投放带雨棚四分类收集亭 60 座，投放 60 升四分类垃圾箱 8 套。在铁山港（临海）工业区七号路转运站建成有害垃圾暂存点 1 个，实行专人管理，配备密闭分类收集容器 18 个，满足日常垃圾贮存需求；配备分类垃圾运输车 7 辆（可回收垃圾运输车 2 辆、厨余垃圾运输车 1 辆、有害垃圾运输车 1 辆、其他垃圾运输车 3 辆），满足日常垃圾运输需求。多种形式宣传垃圾分类相关知识，全年共印发生活垃圾分类宣传资料 1.5 万份，组织开展垃圾分类宣传教育 110 余次，开展垃圾分类实践活动 120 余次。

【非职业性一氧化碳中毒预防】 2021 年，铁山港区继续深入开

2021 年 7 月 9 日，兴港路（向海大道—七号路段）保洁后一角　　区住建局　供

2021 年 3 月 5 日，铁山港区在兴港镇南乐社区投放的带雨棚生活垃圾分类亭　　区住建局　供

展预防非职业性一氧化碳中毒工作。全区召开联席会议 1 次，印制各类宣传海报 200 份、宣传单 4 万份、重要警示牌 4 万块，悬挂横幅 50 余条。做好入户调查工作，全区住户总户数 3.85 万户，入户调查 3.85 万户(含非燃气用户数)，发现安全隐患户 562 户，隐患整改户 562 户，整改率 100%。年内，全区共发生一氧化碳中毒事件 8 件，造成 9 人中毒，其中 1 人在事故中死亡，5 人入院治疗，3 人轻微中毒门诊治疗。

【道路扬尘治理】 2021 年，区住建局加大对工业区扬尘治理工作力度，每日出动大型洗扫车 2 辆和洒水车 2 辆进行洒水降尘作业 32 辆次。为进一步增强扬尘治理效果，采取增加中午及晚上洒水作业班次、司机轮岗车辆机械持续作业的方式，洒水作业时间由原来每天 8 小时增加到每天 10 小时，每天洒水量 300 余吨。遇大气污染重度预警、举办重要活动、重大节假日等时间节点期间，相应提高重要路段的洒水频次，每天洒水量 380 余吨，确保工业区道路扬尘治理取得成效。

【污水处理厂监管】 2021 年，区住建局强化污水处理厂动态管理，建立专门档案，采取定时检查和抽查、自动监测和人工监测相结合的方式，加大监测频次，确保污水处理厂设施正常运行。年内，南康镇污水处理厂污水处理量 49.44 万吨，平均进水 COD（化学需氧量）浓度 150.15 毫克每升，平均负荷率 73.94%；营盘镇污水处理厂污水处理量 24.53 万吨，平均进水 COD 浓度 253.65 毫克每升，平均负荷率 70.09%。

（符元菊）

2021 年 6 月 14 日，洒水车在工业区四号路进行洒水抑尘作业　　区住建局　供

2021 年 6 月 8 日，区住建局工作人员在南康污水处理厂检查污水处理设施运行情况　　区住建局　供

环境保护

环境保护综述

【环境保护概况】 2021年，北海市铁山港生态环境局（简称铁山港生态环境局）坚持以改善环境质量为核心，集中力量打好大气、水、土壤污染防治攻坚战，着力解决环境突出问题，做好环境保护督察整改工作，区域环境质量持续改善，生态环境保护形势持续稳定向好。

【环境信访办理】 2021年，铁山港区收到"12369"（环境监督服务电话）热线转来的投诉件15件，其中不予受理的7件，办结8件，办结率100%。收到群众上访件2件，已全部办结。通过"12345"（政务服务热线电话）收到环境投诉件30件，已全部办结。

环境质量

【大气环境质量】 2021年，铁山港区空气质量有效监测天数为361天，优良天数352天，轻度污染天数8天，空气优良率为97.5%，符合自治区下达北海市的考核目标（优良率≥95.5%），符合北海市下达铁山港区的考核目标（优良率≥97%）。二氧化硫（SO_2）、二氧化氮（NO_2）、可吸入颗粒物（PM_{10}）、细颗粒物（$PM_{2.5}$）、臭氧（O_3）、一氧化碳（CO）年度浓度均达到《空气环境质量标准》二级标准。$PM_{2.5}$年平均浓度11微克每立方米，PM_{10}年均浓度38微克每立方米，二氧化硫年均浓度9微克每立方米，二氧化氮年均浓度11微克每立方米。

【水环境质量】 2021年，铁山港区地表水环境质量考核断面为南康江婆围村监测断面。每月开展1次常规性监测。全年水环境按年均值统计结果评价，南康江婆围村断面水质达到或优于Ⅲ类，与上年持平。南康江婆围断面月度水质出现7次（2月、6月、7月、8月、9月、10月、12月）超出Ⅲ类，超标指标为溶解氧、五日化学需氧量、化学需氧量。

【土壤环境质量】 2021年，铁山港区未发现存在涉镉等重金属的环境违法行为且未发现疑似污染地块。

环境管理

【重点行业污染物减排】 2021年，铁山港区贯彻落实国家、自治区和北海市的产业政策，坚决遏制"两高"项目盲目发展，推进重点用能单位在线监测系统建设。北港新材料、诚德不锈钢、诚德金属压延、中石化北海炼化、广投北海发电、斯道拉恩索、新鑫能源、渤海农业、中粮屯河、信义玻璃10家企业已全部完成重点用能单位能耗在线监测系统建设，接入自治区平台进行监控。加快推进《北海市铁山港区屋顶分布式光伏规模化开发全面实施方案》相关工作的开展。制定《2021年度铁山港区特种设备日常检查计划》，强化锅炉节能环保工作与特种设备日常检查工作结合，加强对锅炉使用单位主体责任落实情况的监督检查。

【排污许可证管理】 2021年，铁山港生态环境局根据北海市生态环境局下达的相关指标要求，加大对排污许可证的监督管理，将排污许可证检查和自行监测纳入日常检查范畴，确保企业按照排污许可标准完成自行监测，杜绝无证排污和超标排污。

【危险废物管理】 2021年，铁山港生态环境局配合北海市开展危险废物规范化管理环境管理评估工作，完成辖区内17家涉危险废物企业的环境管理评估工作。其中，危险废物产生单位评估16家，评估结果为达标10家，基本达标6家；危险废物处置单位评估1家，评估结果为基本达标。

【中央环保督察整改】 2021年4月9日至5月9日，中央第七生态环境保护督察组进驻广西，开展为期1个月的第二轮中央生态环境保护督察，为全面做好环保督察迎检工作，区委办、区政府办印发《中央生态环境保护督察北海市铁山港区迎检工作总体方案》。为全面落实中央生态环境保护督察反馈意见整改工作，印发《北海市铁山港区第二轮中央生态环境保护督察指出问题整改工作方案》《北海市铁山港区贯彻落实中央生态环境保护督察组交办群众信访投诉问题整改工作方案》《北海市铁山港区扎实整改生态环境信访举报问题深入开展"我为群众办实事"实践活动工作方案》。第二轮第三批中央生态环境保护督察期间，全区共收到中央环境保护督察组交办群众举报问题28个，铁山港生态环境局牵头办理问题3个，协助办理问题25个。年内，已办结问题19个，其余问题正在有序整改中。

环境污染治理

【大气污染防治】 2021年，铁山港生态环境局利用报刊和公众号等平台刊登信息稿，通过悬挂宣传横幅、发放宣传单、宣传车带广播等宣传方式，大力宣传对焚烧秸秆的危害和处罚规定等知识，呼吁群众爱护环境，自觉抑制焚烧秸秆等污染大气环境的不良行为。同时，做好大气污染防治预警应急响应工作，及时通知各相关部门及企业开展大气污染防治应急响应。年内，全区共刊登信息稿3篇，印发宣传资料2500余份，发放宣传袋子300余个、宣传车巡回广播68天、立宣传牌45个、悬挂横幅135条，对区辖3镇开展秸秆禁烧专题宣传，督促各镇落实秸秆禁烧措施。通报火点，并组织网格员及时处理，对处理率低的乡镇发督办通知。组织相关部门组建秸秆禁烧执法巡查队，对30个村依法进行巡查。全年巡查268次，扑灭着火点50次；现场劝导教育群众245人次，警告38人次；处罚1起违法焚烧行为，罚款500元。

【水污染防治】 2021年，铁山港生态环境局深入推进"水污染防治攻坚战"，实行控源截污，标本兼治，科学治水，全面做好饮用水水源地保护专项治理，严格落实"河长制"，持续开展对企业非法排污、黑臭水体、农业面源污染等专项整治行动。组织相关部门对南康江进行不定期排查，加大南康江整治力度；对饮用水水源保护区存在建设不规范、标识标志不完善及生活垃圾堆放等问题，积极进行整改，清理保护区内的生活垃圾和违章建筑，并对水源保护区进行规范化管理。针对近海养猪场脏乱差、企业排放污水不达标等影响附近居民生产生活并造成入海口水质受污染的问题开展调查，监督整改，经环保监测达到国家废水排放标准的准予排放，并向举报群众实时通报监督进度。

【土壤污染防治】 2021年，铁山港生态环境局集中力量对涉镉等重金属污染的重点行业、企业开展排查整治行动，对重点区域营盘镇塘仔村委、盐灶村委旧基寮村，兴港镇斑鸠冲村委、小码头村委、婆围村委，对重点企业——广西北港新材料有限公司、广西北海和源石化有限公司、中国石化北海炼化有限责任公司、北海诚德金

2021 年 6 月 17 日，自治区生态环境厅工作人员到中国石化北海炼化有限责任公司开展“强化执法控风险行动”检查

铁山港生态环境局　供

属压延有限公司、北海华润混凝土（铁山港）有限公司、北海市南海洋石英砂有限公司、北海诚钢矿业股份有限公司等在产工矿企业进行现场排查，暂未发现存在涉镉等重金属污染的环境违法行为。按照《北海市生态环境局关于深入开展 2021 年疑似污染地块排查工作的函》的要求，组织相关部门排查疑似污染地块。经核查，铁山港区内没有疑似污染地块。

【固体废物治理】 2021 年，铁山港区贯彻落实国家、自治区相关项目的产业准入政策，对辖区内多家涉及危险废物的企业进行不定期检查。检查涉及危险废物企业的危废处置情况，包括台账资料、突发环境应急预案制定和演练情况、排污许可自行监测情况等。铁山港区组织生态环境部门多次对广西北港新材料有限公司的废渣处置台账进行核查，并下达废渣产生消纳和加强企业下游废渣处置管理的通知，要求其将 2020 年废渣处置情况及下游企业废渣企业管理情况报送到区相关部门。同时，组织人员对辖区进行巡查，发现乱堆放的废渣立即下达整改通知书，要求企业立即进行整改。

【近岸海域环境整治】 2021 年，铁山港区积极开展海洋生态环境保护工作，组织第三方进行海滩清洁，清理卫生死角 280 处，清理杂草 3213 平方米，保洁海岸线 170.27 千米，共清理垃圾 1870 吨，清理积砂（淤泥）14 立方米。同时，加强对红树林周边沿海沙滩环境治理，对白龙古城沿岸红海榄自然保护小区内的红树林开展环境卫生清洁，出动 156 人次、钩机 5 台次、垃圾清运车 96 辆次，清理海岸线 3.63 千米，清理面积 31.93 公顷，共清理垃圾 144 吨；对兴港镇笃屋村附近红树林区域开展环境卫生清洁，出动垃圾清运车 20 辆次，清洁卫生死角 10 处，清理杂草 1050 平方米，保洁海岸线 2.65 千米，共清理海洋垃圾 21.5 吨，清理积砂 1 立方米。

环境监测与管理

【环境监测】 2021 年，铁山港区获得环境监测费用 59.48 万元。其中，南康江断面监测费用 10.48 万元，南康江污染源调查和监测经费 25 万元，企业监测费用 24 万元。年内，铁山港区对区内多家企业分别进行废气、废水、土壤监测，累积监测 14 次。年内，铁山港区委托第三方监测公司对南康江流域水质进行调查并形成报告，对南康江合浦交界断面上游约 200 米处，合浦范围内养猪场排水口进行采样监测，通过第三方监测公司对南康江多处进行监测，排查南康江水质溶解氧超标情况。年内，南康江婆围村断面水质为Ⅲ类，达到考核标准。

【饮用水水源地保护区划定】 2021 年，北海市需划定保护区的农村千人以上集中式饮用水水源地111个，其中铁山港区23个，已完成划定9个，完成率39%，剩余未划定数14个。11月，铁山港生态环境局聘请第三方对14个饮用水水源地进行实地勘察，各相关部门联合第三方对14个水源地情况进行逐个排查，确定应划定水源地调整为12个。12月10日，已提请市政府审批，完成划定12个饮用水水源地保护区。年内，铁山港区饮用水水源地保护区划定全部完成，完成率100%。

【打击生态环境违法犯罪】2021年，铁山港区出动警力300余人次，组织开展重点林地地区治安巡防46次，走访施工区域10余处，侦办破坏生态环境案件2件，刑事拘留13人，逮捕8人，总涉案价值1400余万元。区检察院受理生态环境保护审查逮捕案件10件21人，批准逮捕8件13人，不批准逮捕2件6人；受理涉生态环境保护审查起诉案件12件18人，起诉6件6人，不起诉1件1人；办理涉及生态环境保护的行政公益诉讼案件4件、刑事附带民事公益诉讼案件4件。全区办理的生态环境案件类型中，滥伐林木案件3件，非法占用农用地案件1件，非法采矿案件7件，非法捕捞水产品案件7件。（陈晓慧）

商务·旅游·电信通信

商业综述

【商业概况】 北海市铁山港区主管商业的工作部门是区科商工信局。2021年，区科商工信局指导商贸市场规范经营、诚信经营，加强成品油流通领域的监管。年内，全区社会消费品零售总额27.01亿元，批发业销售额47.69亿元，零售业销售额18.49亿元，住宿业营业额0.1亿元，餐饮业营业额1.88亿元，完成外贸进出口总额125.43亿元。

【电子商务】 2021年，区科商工信局推进农村电子商务服务站点建设，服务体系进一步完善，共建立农村电子商务服务站点35个；通过协调农户和北海市铁山港区乡源农民专业合作社签订农产品产销供求协议，将滞销的农（水）产品通过创惠农电商平台销售到各地。年内，铁山港区通过建立农村电子商务服务中心、镇级服务站、村级服务点三级电子商务服务体系的一站式服务体系，为全区3个乡镇43个行政村（社区）的农民提供电商、金融、公共便民、物流配送等服务，提升农村生活品质，助力农民增收致富。全年全区通过电商平台销售农（水）产品195吨，销售金额28万元；物流快递收发196.1万票，金额100.62万元；代缴电费701笔，金额4.63万元；代收通信费1919笔，金额5.76万元；金融存（取）款998笔，金额115.98万元；对推动当地农（水）产品的销售和发挥电商进农村的示范引领有较大的促进作用。全区农村电子商务服务体系运营为全区的农村经济发展注入新活力，为全区农业发展找到了抓手，为群众破解增产不增收的困扰；电子商务平台实现农副产品直接从生产者配送到消费者，减少中间环节，提高生产效益目标。

（黄　复）

粮食商业

【粮食商业机构及工作概况】 北海市铁山港区粮食局（简称区粮食局）和区发改局实行一套人马两块牌子管理。2021年，区粮食局坚持统筹兼顾的原则，贯彻落实国家粮食政策，认真执行自治区粮食流通工作部署，着力抓好粮食收购、粮食销售、粮食质量管理、粮食储备等工作，加强粮食市场监督，不断强化宏观调控能力，各项工作取得良好效果。

【粮食仓储管理】 2021年，区粮食局落实自治区粮食和物资储备局等6个部门《关于印发2021年全区政策性粮油库存检查工作实施方案的通知》的文件要求，采取重点检查和例行检查相结合的方式，于4月30日24时为检查起点，开展全区粮食库存检查工作。年内，区级储备粮平均库存1100吨，完成全年任务的100%；粮食风险基金规模落实到60万元，完成全年任务的100%，切实做到地方储备粮等政策性粮食库存数量真实、账实相符，质量良好，储存安全。

【粮食安全管理】 2021年，铁山港区将4个月的储备粮轮空期缩短至1个月，切实做到“手中有粮，心中不慌”，保障全区

2021 年 12 月 1 日，铁山港区中储粮项目建设现场一角

区发改局 供

的粮食储备和人民口粮安全。区粮食局大力推进铁山港区中心粮库竣工验收并投入使用，进一步保障全区的粮食安全。年内，区粮食局按要求建立粮油等生活物资价格监测指标体系，切实抓好主副食品生产、流通、供应，每周定期对粮油价格进行价格监测，并把监测结果公示在区政府网站，确保全区区级储备粮食安全，杜绝粮所安全责任事故，确保群众生活物资需求。

【储粮安全检查】 2021 年，区粮食局落实《北海市粮食和物资储备局〈关于印发北海市粮食和物资储备行业安全生产大检查大排查大整治实施方案〉的通知》文件精神，开展粮食储备行业安全专项检查工作。通过企业自查、区粮食局检查组实地核查的方式，对南康粮所进行安全生产及储粮安全检查。区粮食局组织全区粮食企业干部职工学习粮食安全生产相关文件并组织观看《生命重于泰山——学习习近平总书记关于安全生产重要论述》电视专题片，对粮所职工进行“一规定两守则”知识测试，使全体人员牢固树立安全理念，提高安全生产自觉性，自觉遵规守纪，规范生产作业行为，确保仓库、库存粮食安全和人员安全。

【粮食流通监督检查】 2021 年，区粮食局推进粮食依法行政工作，深入贯彻《粮食流通条例》，加强粮食流通、粮油质量监督检查，及时做好粮食企业收购备案工作。规范粮食流通统计，对南康粮所、广西渤海农业发展有限公司等报送的粮食流通、产品月报、产品季报等报表及时审查、汇总并上报北海市粮食局。开展年度粮油供需平衡调查，掌握城镇（乡村）居民的家庭人口、耕地面积、播种作物等情况，详细调查一年中的粮油生产（收入）、支出（消费）和存粮等指标，为国家制定粮食生产和流通调控政策提供可靠依据。 （张海涛）

烟草专卖

【烟草专卖概况】 2021 年，北海市城区烟草专卖局（营销部）铁山港专卖管理所（简称铁山港烟草专卖所）管辖铁山港区南康镇、兴港镇、营盘镇和银海区福成镇共 1019 户卷烟零售持证户，主要负责以上 4 镇卷烟市场监管和营销服务工作。全年累计实现卷烟销售 6517 箱，销售总额 2.20 亿元。

【卷烟经营指导】 2021 年，铁山港烟草专卖所以习近平新时代中国特色社会主义思想为指导，深入贯彻落实北海市城区烟草专卖局年度工作会议精神，深入践行“11336”（坚持稳中求进“一个总基调”，围绕实现高质量发展“一个总目标”，牢牢把握“三新”要求，把好发展舵盘，大力夯实党建、人才、管理“三个基础”，奋力在改革创新、市场监管、终端建设、品牌培育、烟叶生产、信息化建设“六个方面”实现新突破，铸强发展引擎，不断开创广西烟草商业高质量发展新局面）发展新思路，真抓实干，砥砺前行，各项工作取得阶段性成果，完成北海市城区烟草专卖局下达的各项目标任务。

【卷烟市场营销】 2021 年，铁山港烟草专卖所紧扣重点工作任务，注重终端“产品销售、形象展示、品牌培育、宣传促销、信息采集、消费跟踪”六大功能发挥，以线上指导、线下维护为主，多角度、多渠道提升终端成效，全年累计建成终端客户 105 户，其中示范终端客户 13 户，标准终端客户 92 户。以绩效考核为标尺，出台激励措施，开展云 POS 系统培训，进一步优化零售终端使用云 POS 系统的体验感和获得感，数据的准确性、及时性和扫码主动性得到进一步提升。年内，卷烟市场状态稳中向好，据不完全统计，单箱卷烟销售额 3.38 万元，比上年增加 1174 元，增幅 3.6%。

2021 年 4 月 5 日，北海市烟草专卖局领导到铁山港烟草专卖所调研、指导市场营销工作　　铁山港烟草专卖所　供

【专卖市场监管】 2021 年，铁山港烟草专卖所以三统一专卖信息管理平台为依托，以“双随机、一公开”为基准，以模型分析预警为手段，以客户分类监管为辅助，以小组信息反馈为连接，找准市场监管的重点和要点，减少无异常检查，提高市场监管成效，做到市场监管更有针对性、零售户监管不留死角。不定期联合区公安、市场监管部门抓住元旦、春节、“3·15”、清明、“五一”等时间节点开展市场清理整顿专项行动，共查处各类违法案件 37 件，其中案值万元以上案件 2 件，自办案件 8 件，查获各类卷烟 11.8 万支，有效维护辖区卷烟经营秩序。6 月，铁山港烟草专卖所执法人员联合区市场监管局执法人员开展烟草市场联合检查，维护市场经营秩序。年内，铁山港烟草专卖所办理新卷烟经营许可证 1 本，累计有持证经营户 1019 户，比 2020 年卷烟经营新布局施行前减少 26 户。

2021 年 4 月 23 日，北海市烟草专卖局、北海市城区烟草专卖局领导到铁山港烟草专卖所检查、指导工作　　铁山港烟草专卖所　供

【烟草专卖宣传】 2021 年 3 月，铁山港烟草专卖所联合区市场监管局开展涉烟法律法规宣传，普及烟草专卖法规，普及烟草防假打假知识。12 月 9 日，铁山港烟草专卖所针对 2022 年元旦

后专销结合召开诚信互助小组会，进行烟草专卖法律法规及货源政策宣传。（李 阳）

旅游综述

【旅游概况】 2021年，北海市铁山港区文体广电旅游局(简称区文旅局)抓牢抓实全区旅游提质增效和树亮点工作，不断提升旅游基础设施，创建旅游品牌，扩大招商引资和强化政企服务，立足旅游发展新格局，积极打造旅游新模式，推进旅游业新突破。年内，全区共接待国内游客122.65万人，国内旅游消费14.36亿元，分别比上年增长38.71%和46.15%。年内，铁山港区自治区级文物保护单位——白龙城遗址成功创建为国家AAA级旅游景区；营盘镇彬畔村委青山头旅游区被评为四星级乡村旅游区，青山头村被评为广西乡村旅游重点村。

【全域旅游示范区创建培训】 2021年6月10日—11日，铁山港区在中共北海市委党校举办铁山港区全域旅游示范区创建与乡村振兴融合发展培训班，邀请桂林旅游学院教授张念萍授课。全区创建全域旅游示范区各成员单位及涉旅企业的有关人员参加培训。同时安排培训班全体学员到北海市全域旅游与乡村振兴融合发展的亮点村——海城区地角街道新营社区流下村和银海区海故里民宿及石桥塘村进行现场教学，增长学员的见识，为推动铁山港区创建全域旅游示范区和乡村振兴融合发展提供典范和经验，收到预定的培训效果，为青山头、大王岭等旅游示范项目的创建打下基础。

2021年7月31日，营盘镇青山头旅游度假区内的农家乐设施
王晓玲 摄

【旅游企业服务】 2021年，区文旅局狠抓旅游企业服务工作。多次到珠乡休闲旅游山庄、大王岭滨海养生旅游度假区等旅游企业调研，了解项目推进情况，指导企业进行旅游品牌创建，多次组织召开项目建设协调会，实地协调项目推进遇到的困难，解决问题。

【旅游招商宣传】 2021年，区文旅局设计印制《铁山港区文化和旅游招商宣传册》。铁山港区赤江陶瓷小镇、白龙珍珠文旅小镇等招商项目纳入北海市大健康和文旅项目招商手册。坚持走出去开展旅游招商宣传，9月14日—15日，由自治区农业农村厅、自治区文化和旅游厅共同在南丹县主办的2021广西休闲农业与乡村旅游精品线路(秋季)推介活动中，现场发放《铁山港区文化和旅游招商宣传册》，进行文旅项目招商宣传。致力打造优秀旅游产品。10月24日—26日，铁山港区的沙蟹汁、赤江陶瓷、牛栏山酒厂等旅游产品积极参加2021年在北海园博园举办的广西文化旅游发展大会。年内，铁山港区共接待旅游客商考察团队7批次，12月28日、29日，营盘镇与广西天象文化传媒集团有限公司、湖北候鸟旅游开发有限公司分别签订乡村振兴及文化旅游投资合同、大王岭乡村振兴滨海旅游项目投资合同。

旅游项目规划与建设

【旅游项目规划】 2021年，区文旅局精心策划青山头滨海休闲游、大王岭滨海养生旅游、白龙珍珠城文旅小镇、茂叶生态农业休闲游、南康历史文化休闲街区5个文旅招商项目，以及“南珠时光隧道游、滨海休闲游、历史文化游、南康特色农业体验游”4条旅游线路。此外，铁山港区革命老区村南康镇扫管龙村的爱国主义教育基地和茂叶生态园特色农业旅游资源，南康镇夏塘高村诗画竹苑，可以发展“红色旅游+绿色生态农业体验游”；赤江陶烧制技艺、北海沙蟹汁制作技艺、南康“卖鸡调”、南康水粑制作技艺、南康扎花灯技艺、大王岭点花灯技艺等众多非物质文化遗产，可以发展“旅游+‘非遗’资源”；广西历史文化名镇南康镇中西合璧的法式骑楼、三帝庙、三婆庙、南康高中楼、南康老街等老建筑和张君嵩故居、杨天锡故居、邓世增故居等文物单位（文物点），可以发展“旅游+历史文化”；有着170多年陶瓷传统工艺历史的赤江华侨陶器厂和代表高新技术的广西太阳纸业、玖龙纸业等新兴现代工业企业，可以发展“旅游+工业”。

【旅游项目建设】 2021年，铁山港区完成大健康和文旅产业工程固定投资2.33亿元，比上年增长39%，其中大健康文旅产业项目共投入1.61亿元，完成一批公共文化体育旅游设施、乡村道路、白龙古牌坊、旅游厕所、精品示范村的绿化、道路和景观亭建设，以及向海大道750多栋农房特色风貌改造等。积极争取上级部门80万元资金支持，修缮翻新白龙珍珠城牌坊、乡村旅游标识标牌和旅游品牌创建指导。积极推进北海市级重点项目大王岭、青山头和高村等旅游项目建设，共完成旅游固定投资980.3万元。

2021年7月31日，营盘镇青山头旅游度假区海上餐厅廊道景观一角 王晓玲 供

【旅游品牌打造】 2021年，区文旅局积极协调多家旅游企业创品牌活动。7月31日，青山头鸿福渔家成功通过自治区专家组的五星级农家乐复核。11月6日，青山头村成功入选广西乡村旅游重点村名录。11月8日，铁山港区铭美、珠源2家珍珠养殖企业被评定为广西一星级农家乐。12月10日，自治区文旅厅与北海市文体旅游局组成调研组，到赤江华侨陶瓷厂、白龙珍珠城、青山头村等地开展广西“十四五”文化旅游项目入选项目库调研工作。

（李　澄）

中国电信股份有限公司北海铁山港区分公司

【电信机构及工作概况】 中国电信股份有限公司北海铁山港区分公司（简称中国电信铁山港区分公司）负责铁山港区的电信业务发展和客户服务，主要经营固定电话、移动通信、卫星通信、互联网接入及应用等综合信息服务。2021年，中国电信铁山港区分公司在中国电信股份有限公司“三大目标”（建设网络强国、打造一流企业、共筑美好生活）及“三化转型”（网络智能化、业务生态化、运营智慧化）的指引下，在通信服务、通信网络及信息化建设、应急通信保障等方面提升能力，助力铁山港区经济建设发展。

【新冠疫情防控】

新冠疫情防控通信保障　2021年，铁山港区新冠疫情防控指挥部根据疫情防控工作需要，在南康镇南滨广场一楼球馆内设立大型疫苗接种场地1个，要求中国电信铁山港区分公司提供网络保障。中国电信铁山港区分公司紧急提供接通1条200兆静态专线给予21台电脑连接疫苗接种系统，在后续工作中，中国电信铁山港区分公司积极配合区卫健局及各医疗单位，为常态化新冠疫苗接种工作提供信息化技术支持，保障全民接种工作通信需求。

新冠疫情防控个人防护　2021年，中国电信铁山港区分公司从自身出发，落实铁山港区疫情防控指挥部部署要求，培养员工自觉遵守相关防疫措施，做好相关防护，签署个人承诺书，落实到个人。员工全部接种新冠疫苗，定期做核酸检测。要求到网点办业务的客户严格落实扫码、测温、戴口罩、1米线等安全防护措施，做好个人防护。积极配合属地政府开展"流调"工作，对于公司内部风险人员及时上报，严格按照政府防控要求进行管控，确保疫情没有通过电信公司窗口蔓延。

2021年8月18日，中国电信铁山港区分公司在南康镇南滨广场疫苗接种点提供网络保障服务　　中国电信铁山港区分公司　供

【"双千兆"网络建设】　2021年，中国电信铁山港区分公司贯彻落实网络强国战略，落实国家"双千兆"（以5G和千兆光网为代表的"双千兆"网络，能向单个用户提供固定和移动千兆的接入能力，具有超大带宽、超低时延、广连接等共同特征）建设覆盖。1月，中国电信铁山港区分公司在营盘镇组织召开"中国电信5G二期SA网络竣工开通"发布会，按整体规划、分步实施原则，分别在南康模块局、营盘模块局、兴港模块局进行布网，铁山港行政区全部35个行政村实现100%千兆网络覆盖，在全区实现5G信号连续覆盖，5G手机用户上网可达到千兆速率。同时，居民家庭宽带可以申请升入千兆带宽、家庭路由器WiFi信号可达千兆，为全区通信网络提供千兆服务能力，提升网络建设服务质量，推进农村信息化转型升级。　（欧　芳）

中国移动通信集团广西有限公司北海市铁山港分公司

【移动通信机构概况】　中国移动通信集团广西有限公司北海市铁山港分公司（简称中国移动铁山港分公司）是中国移动广西公司北海分公司下属的县级分公司，全面负责经营铁山港区全境、银海区福成镇、涠洲岛旅游区管委会涠洲镇区域内中国移动通信业务。

【"5G+DICT"专网项目发展】　2021年4月7日，中国移动铁山港分公司中标中石化北海炼化有限责任公司5G专网服务项目，该项目是中国移动广西公司首个5G专网竞标项目。项目将建设5个5G宏站，并将UPF、MEP下沉至厂区，从

而实现厂区5G网络全覆盖，在保证应用数据不出场的前提下实现高速率、低延时的应用场景，有效解决客户厂内作业区巡检设备蓝牙传输的不及时、不稳定、人力资源耗费大、质量监控难度高、安全风险高的问题。年内，中国移动铁山港分公司严格按照中国移动通信集团广西有限公司和北海市公司的指导意见，坚持以5G专网为DICT切入点，认真梳理潜在目标客户，联合多方面资源加强客户走访攻关，积极有效推动“5G+DICT”专网项目高质量发展。

【5G+智慧港口建设】 2021年6月28日，北部湾港北海港区举行庆祝中国共产党成立100周年暨北部湾港北海港区“5G+智慧港口”发布会，广西首个5G+无人驾驶集装箱卡车作业港口项目启动，正式进入建设期。项目由广西北部湾国际港务集团有限公司、东风柳州汽车有限公司、中国移动通信集团广西有限公司3家企业强强联合、共同推出，该项目是贯彻落实中共中央总书记习近平考察广西的重要讲话和重要指示精神，加快融入西部陆海新通道，建设“四个一流”北部湾国际门户港的重要举措，标志着北部湾智慧港口的发展迈出坚实的步伐，助力打造向海经济。广西首个“5G+无人集卡”项目在北部湾港北海港区落地意义重大，为后续北海港5G专网+等项目的落地打下坚实基础。年内，中国移动铁山港分公司在中国移动通信集团广西有限公司和北海市公司等领导和相关部门的指导和支持下，深挖5G+智慧港口垂直行业应用需求，加强对5G+DICT项目拓展。为满足北部湾智慧港口创新升级需求，加快北部湾港北海港区5G+智慧港口建设进程，中国移动铁山港分公司优先对北部湾港北海港区进行5G网络覆盖，完成3个5G宏站建设以及“5G+无人集卡”标杆案例落地。

2021年6月28日，一辆搭载“5G+无人集卡”系统的东风柳汽大卡车在北部湾港北海港区铁山港作业区6号泊位现场作业

中国移动铁山港分公司　供

【宽带故障义诊及自助排障】 2021年6月29日，中国移动铁山港分公司在南康营业厅开展宽带故障义诊及自助排障推广活动。在活动现场，宽带业务主管和宽带服务主管热情接待到厅客户，为客户提供咨询服务并为客户解决实际问题。针对客户反馈的套餐资费问题，结合客户的消费使用习惯进行分析，向客户介绍现有的套餐资费，并给客户提出合理的建议；针对客户提出的家庭宽带上网使用问题，给客户耐心介绍宽带故障自助排查小知识，并现场演示宽带自助排障技巧；在服务质量提升方面，南康网格长围绕“心级服务”，对网格内的服务现状进行分析，制订整改方案专项优化提升。一方面通过培训提高一线人员宽带排障预处理能力、通过装维复盘分析提高装维人员的敏感度，采用多听、多问、多观察的方式，对接触到的故障点进行批量故障预警；另一方面通过一线接待预处理分流，采用装维快速响应跟进的方式，前后端协同，高效率处理客户问题。

【十分满意客户服务日活动】 2021年，中国移动铁山港分公司领导定期下沉服务一线，了解客户服务存在的问题，推进问题有效解决。9月9日，中国移动铁山港分公司兴港网格开展十分满意客户服务日活动。该次客户服务日活动首次尝试采用“圆桌”的方式开展，前台工作人员热情接待客户，给客户解读移动公司各项服务业务及资费政策，解读国家开展预防网络诈骗的行动，发放“断卡”行动、保护个人信息等服务宣传单页，通过近距离交流，了解客户的需求，拉近了与客户的感情。（吴晓媛）

中国联合网络通信有限公司北海市铁山港区分公司

【联通通信机构及工作概况】中国联合网络通信有限公司北海市铁山港区分公司（简称中国联通铁山港区分公司）是中国联合网络通信有限公司在北海铁山港区的分支机构，属于通信类行业，以铁山港区南康镇、营盘镇、兴港镇和银海区福成镇4个镇为营销中心涵盖周边地区，办公楼位于铁山港区南康镇银丰东路8号。2021年，中国联通铁山港区分公司根据国家降费提速的部署，全面实施降本增效营销管理改革，稳步提升经营收入的同时也给广大用户带来费率低、服务优的通信体验。

【网络建设】2021年，中国联通铁山港区分公司始终坚信网络建设是通信运营发展的前提条件，坚持网络优、服务好，用户广的经营理念。年内，中国联通铁山港区分公司继续加大网络基础覆盖，在原有基站的基础上，继续完善网络深度、广度覆盖，全力打造优质的高速移动互联网服务体验。

【基础管理】2021年，中国联通铁山港区分公司加强基础管理，提高内控管理水平。加强网点运营建设，取消没有通信运营证照的网点，全部网点配备二代身份证验证器、相片采集仪，确保入网用户百分百实名制，切实维护中国联合网络通信有限公司的声誉，保护公民的信息安全。加强中国联通铁山港区分公司团队建设，充实综合管理团队，完善岗位职责，充分保障一线经营网点稳步发展。进一步夯实案防基础，促进员工依法、依规工作，全年没有员工违规、处罚事件。加强公司党支部党建工作，对全体员工进行增强“四个意识”，践行社会主义核心价值观，遵守法律法规等教育，切实履行企业的社会责任。

【便民服务】2021年，中国联通铁山港区分公司深入开展便民服务行动，多次组织员工到兴港镇南乐回建区、南康镇南康社区等地上门为群众进行宽带免费测试、路由器设置等活动，提高群众使用联通网络的满意度。组织员工对南康银丰东路的杂乱通信线路进行整改，组织党员员工清扫银丰路，助力全区创城工作。

（黄　静）

财政·税务

财　政

【财政概况】 2021年，北海市铁山港区财政局（简称区财政局）完成财政收入53.98亿元，比上年增长66.38%，首次突破50亿元大关。一般公共预算总收入14.35亿元。其中，一般公共预算收入3.63亿元，首次突破3亿元大关；上级补助收入9.53亿元；动用预算稳定调节基金233万元；债务转贷收入3600万元；上年结余8040万元。一般公共预算总支出13.39亿元，其中一般公共预算支出12.6亿元，上解上级支出1809万元，债务还本支出4000万元，安排预算稳定调节基金2105万元，收支相抵，年终结余9623万元，扣除结转下年继续使用的专款9623万元，净结余为0。政府性基金预算总收入1.08亿元，其中基金收入150万元，上级补助收入8904万元，上年结余1761万元。政府性基金预算总支出3979万元，其中当年基金支出3979万元，收支相抵，年终滚存结余6836万元。国有资本经营预算总收入13万元，全部为上级补助收入。国有资本经营预算总支出为零，收支相抵，年终滚存结余13万元。

【资金统筹】 2021年，区财政局坚持科学聚财理财，强化资金统筹，持续提升财政保障能力，助力铁山港区经济社会高质量发展。全年一般公共预算收入中税收收入2.81亿元，占一般公共预算收入77.25%，比上年提高9.46个百分点；财政自给率28.83%，比上年提高5.74个百分点；争取上级财力及专项转移支付补助资金10.43亿元，充实可用财力，为促进全区社会经济事业发展提供资金支撑；收回财政盘活资金3931万元，统筹安排民生领域等支出；完善常态化直达资金工作机制，强化日常动态监控管理，确保直达资金库款做到专款专用、急需即用、直达惠企利民，全年共争取直达资金1.91亿元。

【民生支出】 2021年，区财政局将民生支出作为优先保障的项目，稳步增加民生投入，增强民生福祉。全年民生支出10.24亿元，占一般公共预算支出的81.28%。

2021年7月15日，区财政局在铁山港区实验学校举办铁山港区预算管理一体化系统业务培训　　区财政局　供

助力衔接推进乡村振兴 年内，铁山港区统筹各级财政衔接推进乡村振兴补助投入资金5929万元，其中区本级配套1505万元，确保财政衔接推进乡村振兴补助资金投入总体稳定；投入农村综合改革资金1994万元，助力完成建设农村公益事业财政奖补项目84个，支持美丽乡村建设项目1个，村级集体经济发展项目7个，推动村（社区）道路硬化、路灯亮化、休闲文化场所、教学设施、医疗保障设施、安全防护设施建设等项目建设。

助力教育事业发展 年内，铁山港区投入教育资金3.48亿元，比上年增长6.24%，高于一般公共预算支出增长比例2.52个百分点。其中，投入5493万元建设南康第一小学教学综合楼等3个乡村振兴义务教育重点项目、铁山港区第九幼儿园等4个公办幼儿园建设，增加学前教育、义务教育学校学位1800个；兑现国家资助2243万元，精准完成学生资助工作，惠及所有贫困学生；投入344万元落实校园专职安保费用，推进校园安全防范建设。

助力社会保障事业发展 年内，铁山港区投入社会保障和就业支出1.41亿元，保障城乡低保、残疾人补贴、就业补助等支出。其中，拨付城乡低保1791万元，惠及低保对象2534户5802人，为3814名残疾人发放残疾人“两项”补贴558万元，投入780万元解决城乡特困供养人员698人救助供养金，投入就业补助资金936万元。

助力医疗卫生事业发展 年内，铁山港区投入357万元支持新冠肺炎疫情常态化防控，投入147万元保障乡村医生“乡聘村用”实施，专项投入基本公共卫生服务及重大公共卫生1351万元，投入城乡医疗救助375万元，持续推进基层医疗服务体系建设。

助力城乡基础设施建设 年内，铁山港区投入796万元建设南康城镇两大主干道路路面，大力推进特色小镇基础设施改造；投入613万元建设南康镇供水工程，保障群众用水安全；投入1436万元支持城镇污水处理管网及设备更新，持续改善生态环境；投入658万元实现“两高两道”沿线民房立面风貌提升，提高城乡新风貌。

【财政风险防范化解】 2021年，区财政局坚持严防严控，有效防范和化解财政重点领域风险。防范“三保”风险，坚持“三保”支出在财政支出中的优先顺序，坚持“保工资”支出在“三保”支出中的优先顺序，科学安排和合理使用财政预算资金，在年初预算中足额安排“三保”支出，严格月末库款余额管理，有效保障“三保”支出，切实兜牢“三保”底线。防范化解政府性债务风险，严格执行地方政府债务限额管理政策，牢牢守住债务限额底线，年内争取再融资债券资金3600万元，偿还年内到期的地方政府债券本金4000万元，年末政府负有偿还责任债务余额1.88亿元，政府债务余额控制在限额以内，未发生政府债务违约行为；完成政府隐性债务年度累计化解任务，政府隐性债务风险处于较低水平。加快财政暂付款清收步伐，年内全部清理消化完财政暂付款1051万元，提前实现暂付款清零目标。

2021年10月19日，区财政局工作人员到兴港镇大树岭村委调研农村公益事业财政奖补项目建设情况　　区财政局　供

【财政监督】 2021 年，区财政局紧紧围绕财政中心工作，加强财政监督，不断规范财务管理和提升财政资金使用效益。开展财政预决算公开情况检查，对各预算单位财政预决算公开情况以及区本级财政预决算公开进行全覆盖核查，督促全区各有关单位按有关规定开展财政预决算公开，确保预决算公开及时、内容全面完整、数据真实可靠，持续提升预决算管理的规范性和透明度。开展行政事业单位会计信息质量检查，落实“双随机、一公开”监管要求，抽取区科商工信局和区海洋局 2 家单位作为检查对象，重点就政府会计准则制度等的执行情况开展检查，对发现的问题及时提出整改意见并督促落实整改，促进提高行政事业单位财务管理水平。开展代理记账中介机构执业质量检查，根据《代理记账管理办法》，通过实地检查、查阅台账等方式对北海市金算盘财务代理有限公司的办公场所、人员配置、财务章程、工作情况等进行检查，针对发现的问题，督促该公司依法完成整改。开展政府采购代理机构监督评价工作，按照北海市财政局关于 2021 年开展全区政府采购代理机构监督评价的工作部署，通过上下联动的方式，在“双随机、一公开”的基础上，抽取云之龙咨询集团有限公司和广西正信工程项目管理有限责任公司 2 家代理机构作为检查对象，对检查发现的问题督促对应代理机构依法依规完成整改，推动政府采购工作依法依规、安全高效开展。开展财政专项资金跟踪问效检查，6 月起，联合区发改局、区审计局、区后勤服务中心对辖区 2018 年—2020 年财政专项资金开展跟踪问效检查，采用单位自查和现场检查相结合的方式对财政专项资金的分配、使用管理情况进行核查，开展自查自评单位 1 户，现场检查单位 1 户，没有发现违法违规单位和违规、违纪金额。

【财政管理改革】 2021 年，区财政局持续深化财政改革，不断提升财政管理效能。年内，建成财政预算一体化管理系统，全面应用预算一体化管理系统办理预算执行等各项业务，进一步规范各预算单位预算执行管理，提升财政财务管理水平。年内，铁山港区实现财政医疗电子票据在营盘卫生院、兴港社区服务中心 2 个单位试点运行。年内，铁山港区强化政府采购预算和执行管理，全面实施政府采购意向公开，严格执行“政府采购应当严格按照批准的预算执行”规定，将政府采购预算和采购计划纳入部门预算编制实行同步编制，督促采购单位加快采购项目执行，提高资金效益；全年完成政府采购预算金额 1.93 亿元，实际采购金额 1.87 亿元，节约资金 577 万元。（宁振辉　李芳宇）

政府采购

【政府采购工作概况】 北海市铁山港区政府采购中心（简称区政府采购中心）直属区政府管理，办公地点设在区政府大院内。2021 年，铁山港区采购单位线上注册成功率 95% 以上，实现线上采购 1.55 亿元。

2021 年 4 月 23 日，铁山港区 2021 年 PPP 业务培训班在区政务服务综合楼五楼会议室举办

区财政局　供

其中，网上超市1810万元，在线询价46万元，项目采购7510万元，反向竞价206万元，定点服务5819万元，协议定点109万元，实现一次不用跑完成采购任务，为采购单位和供应商提供便利，节约投标成本，政府服务满意度不断提高。

【采购改革】 2021年，区政府采购中心致力打造信息透明，参与便利，市场开放的政府采购公平公正的竞争环境，发挥"政采云"电子采购的便捷性优势，指导采购人填写委托单，采购计划自动推送等关键问题，让采购单位能够熟练运用项目采购系统，让供应商通过"政采云"平台线上获取文件，中标通知书通过电子CA签章后以电子文档形式在线上发送给中标供应商。不再提供纸质中标通知书，促进政府采购实现信息资源共享共用、政府采购透明高效。指导供应商完成"全市一张网"申请，尽可能上架产品，举办线上直播履约验收系统培训班，使采购单位更好地掌握履约验收系统的操作，采购人可在履约验收系统上完成项目验收工作、在履约验收系统中完成对供应商合同履约能力评价，实现履约验收全过程网上留痕，提升全区政府采购履约验收监管工作电子化、规范化、透明化，促进全区政府采购全流程电子化管理体系完善。进一步降低成本、简化程序、提高效率。上线乡村振兴（扶贫）馆平台，开启"互联网+政府采购+扶贫"的新模式，促进贫困地区农副产品销售，助力乡村振兴。启动拓宽全流程电子化的应用领域，启动"政采云"平台服务超市，助力北海扩大招商引资，助力构建互联网+"创新高端服务业"的现代服务业产业集群。年内，全区项目采购不见面开评标覆盖率100%，开评标全程线上操作，步步留痕，直播采购全程，实现透明采购，有效减少政府采购领域腐败行为。

【规范采购需求】 2021年，区政府采购中心主动和采购单位联系、协调，按照北海市财政局印发的《关于北海市政府采购负面清单的通知》，对项目主要配置及技术需求的合法性和合理性进行审查，避免不合法或带有倾向性技术条款写进招标文件，排除各类歧视性条款，规范项目主要配置或技术需求，严格把关采购需求和招标文件的要件内容，避免设置技术壁垒。规范供应商资质要求，在明确参加政府采购的供应商必须符合《中华人民共和国政府采购法》规定的基本资格条件外，对特殊需求项目的特定资质要求的合理性和必要性进行审定，尽量避免设置歧视性和排他性条款，让更多潜在供应商参与投标竞争。规范采购文本，规范采购文书的标准格式，在具体编制过程中，既遵循文本格式，又符合项目实际，细化文本内容，明确投标要求，使采购文本内容全面、规范，做到统一标准、统一格式，既方便投标人制作标书，又有助于公平竞争。

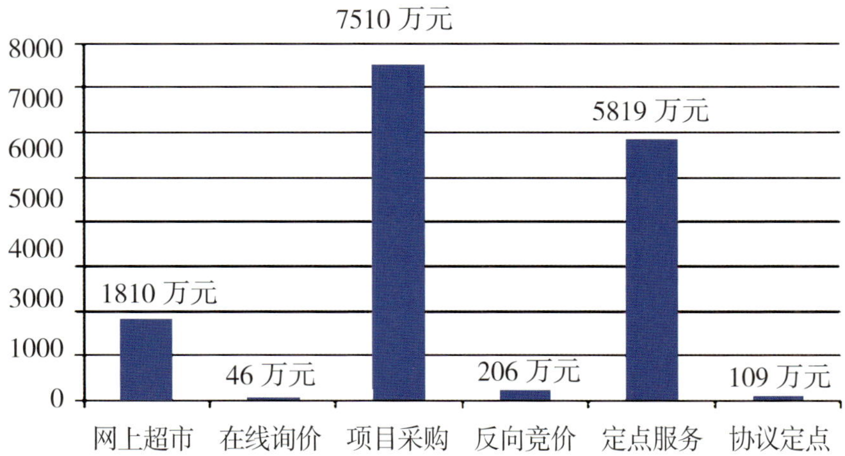

图1　2021年铁山港区政府采购统计示意图

【采购管理制度】 2021年，区政府采购中心所实施的项目采购均在北海市采购中心开、评标室进行，利用其全方位监控设备并与市监察局联网的条件，保证全区各项开、评标工作均在公开、公平、公正的环境下运行，结合《中华人民共和国政府采购法》和《中华人民共和国招投标法》，将全区的采购信息及时在"政采云"系统上进行发布，做到公开透明，阳光采购。

加强采购资金源头控制　年内，区政府采购中心严格执行《广西壮族自治区人民政府办公厅关于发布2021—2022年广西壮族自治区政府集中采购目录及限额标准的通知》，凡是使用财政性资金的项目，各部门、各单位可通过政府采购中心集中采购，从源头上防止套取采购资金、规避政府采购的行为。同时，为扩大政府采购规模提供保证。

实行政府采购流程办理制度　年内，区政府采购中心严格执行自治区政府采购工作有关规则和流程，按照采购审批的流程、组织方式、工作纪律等节点控制原则，大幅度提高采购效率和服务水平，达到执行有依据，操作有程序，监督有办法的目标。

严把招标文件质量关　招标文件是项目招标的核心和灵魂，招标文件编制质量是项目招标能否成功的前提条件，招标文件既是投标人编制投标文件的依据，又是采购人与中标商签订合同的基础。年内，区政府采购中心严把招标文件编制关和审查关，由区政府采购中心主任、项目单位共同参与招标文件的严查细审，集体把关，尽可能让招标文件中不出现倾向性和歧视性条款。

严格合同限时公开　年内，区政府采购中心督促采购人按照法律法规规定的时限在"政采云"上确认采购结果和公示、备案采购合同。

【新冠疫情防控】 2021年，区政府采购中心严格落实新冠疫情防控各项措施，积极开展疫情防控知识宣传，评标时督促采购单位及评委落实疫情防控各项措施，确保政府采购过程中不出现疫情传播风险。

【能力提升】 2021年，区政府采购中心以习近平新时代中国特色社会主义思想和中共十九大及十九届历次全会精神为引领，认真贯彻落实中央八项规定精神，积极开展党风廉政教育，定期组织全体干部集中学习上级文件，学习政府采购相关法律法规，熟练掌握线上交易平台实施规则，加强干部队伍思想政治和作风建设，提高业务能力。通过学习，不断提高工作的研判能力和解决问题能力，打造一支"素质高、业务精、纪律严、作风硬"的采购干部队伍。（刘小梅）

税　务

【税务机构概况】 2021年，国家税务总局北海市铁山港区税务局（简称区税务局）主要负责铁山港区税费征缴业务。

【税费收入】 2021年，区税务局严格执行国家税务总局北海市税务局和铁山港区委、区政府的各项决策部署，守住组织收入底线，筑牢税收经济基础，凝聚积极进取力量，应对市场经济环境、税收优惠政策、新冠疫情持续影响等因素给经济税收带来的影响，统筹煤电保供和制造业中小微企业延缓缴纳税费专项工作，坚持依法征税，严征细管，扎实抓好组织收入工作。年内，区税务局通过层层压实收入责任、落实制度强化管理、加强部门工作协调等措施，共组织国家税务总局口径税收收入124.77亿元，比上年增收45.92亿元，增长58.24%；组织自治区政府口径税收收入127.71亿元，比上年增收46.71亿元，增长57.67%；完成社保费入库5.85亿元，完成其他非税收入5.28亿元。

【减税降费】 2021年，区税务局把落实减税降费政策作为税收工作的主题，强化惠企政策宣传辅导，对五大主导产业及"双百双新"等重点企业实施"一对一"服务，确保政策红利直达快享。建立政策适用清单，提升政策管理适用的确定性，加大对中小微企业、个体工商户、制造业等主体的落实力度，推进税惠政策"应享尽享、应享快享、应享易享"，助推向海经济发展和工业强区建设。突出常态长效管理，定期梳理、及时汇总最新政策，分行业、分税种、分事项进行解读，建立"收集问题—解决问题—统一口径—完善建议"闭环管理机制，持续优化政策红利直达快享机制。做好政策运行分析，密切政策落实跟踪分析，既算清纳税人、缴费人的红利账，又算好减税降费政策实施的效应账，提升纳税人、缴费人减税降费获得感。年内，全区新增减税降费6.94亿元。其中，2021年新出台的政策减免694万元，2021年展期实施政策减免6.82万元，2020年年中出台政策在2021年的翘尾新增减免491万元，为助力全区产业结构优化升级、向海经济提速发展注入能量。持续助企减负纾困，组建煤电保供和制造业中（小、微）企业延缓缴纳税费专项工作协调小组，落实煤电企业留抵退税2000余万元，已为辖区84户企业办理税费延缴，延缓缴纳“五税两费”186.92万元。

【税收征管】2021年，区税务局践行“四精”（精细服务、精准监管、精确执法、精诚共治）要求，扎实抓好《进一步深化税收征管改革的意见》落地，扎实推进增值税专用发票电子化改革，在大厅设置服务专岗，组建网格员服务团队，设立Ukey体验专区，辅导纳税人了解开具及接收电子专票相关政策及系统操作。2月8日，铁山港区开出首张电子增值税专用发票。

精细服务促满意　年内，区税务局稳步推进专票电子化，共有136户纳税人核定电子专票，新办纳税人专票电子化推行比例98%以上。加快智慧税务建设，拓展乡镇“智慧微厅”服务功能，满足村民便捷办、就近办需求，助力乡村振兴发展。构建“税企库”三方协调运行机制，推行留抵退税“确认制”，纳税人“一键确认”即可完成退税，退税到账时间最快仅需13分钟。压缩出口退税审批时限，提速做法被广西电视台《新闻栏目》专项报道。

精准监管提质效　年内，区税务局稳步推进5C征管质量综合评价指标及“一户式”管理机制建设，综合运用“数据扫描＋人工识别”人机结合模式，对辖区纳税人供票与销售额配比情况进行比对分析，动态监控调整纳税人发票用量，最大限度降低虚开风险，共计调整36户次。加强征管基础数据治理，累计完成15批198条问题数据修正。

精确执法保秩序　年内，区税务局加强疑点数据监管、核查，主动筛查处理涉税风险疑点问题，全方位提升执法精度。全年共查补入库税款87万元，有效维护市场秩序公平、公正。

精诚共治聚合力　年内，区税务局积极探索行业税收共治。10月，区税务局会同相关部门对全区7家个体加油站开展联合检查，进一步规范行业账目管理。

【纳税服务】2021年，区税务局深入开展便民办税春风行动，持续优化税收营商环境，落实“最多跑一次”清单，203个税收事项实现“最多跑一次”，年纳税次数压缩至3次；积极推行“十一税合一”简并申报，单笔办理时间平均缩短60%，等待时间减少近50%，业务办结率100%、好评率100%；持续扩大“非接触式”办税缴费事项覆盖面，网办事项占99.5%，电子税务局申报率99.6%；优化手机App移动缴费功能，完善第三方缴费通道，全面提升“网上办”“线上办”业务范围，实现微信、支付宝、云闪付等多元化

2021年5月，区税务局工作人员到辖区内企业宣讲税费优惠政策，为企业发展纾困解难　区税务局　供

渠道缴纳税费。率先在北海市实现银行端查询缴税凭证跨省异地扣缴税费；积极开展“春雨润苗”行动，深化“银税互动”，帮助中小微企业跨越融资瓶颈。围绕铁山港区“四大主导产业”，多措并举培育壮大临港工业，助力向海经济高质量提速发展。建立重点企业快速响应机制，对中石化北海炼化、北港新材料、林浆纸、硅科技等重点企业和项目成立专门税收服务团队，提供个性化、专业化、高效化的税收服务。对四大千亿元产业，持续探索科学化、数据化的服务管理模式，深化大企业项目管理，第一时间响应企业诉求。全区为重点项目提供从筹备、建设到投产全程跟踪“保姆式”服务。区税务局加强与区政府各部门联系，形成税收协同治理、一体服务，与区招商投资促进中心、区重大项目服务中心、铁山港（临海）工业区管委会等建立定期沟通机制，主动参与政府组织的重大项目服务活动。年内，区税务局主动与区工商联、区辖商会组织搭建桥梁，建立“春雨润苗”党员联络机制。6月，区税务局采取主动上门的形式分别到南康镇商会、兴港镇商会、营盘镇商会宣党史、送政策，交流意见建议，打通税企互动渠道。

2021 年 11 月，区税务局工作人员辅导纳税人用自助办税机办理纳税业务　　区税务局　供

【为群众办实事】 2021 年，区税务局聚焦“我为群众办实事”实践活动，以服务铁山港区产业发展为抓手，组建党员志愿服务队、设立党员示范岗，所属党支部与重点企业开展结对联学共建，在落实惠企利民服务举措、兑现减税降费政策红利中深化党建与业务融合。全年为群众办实事 8 件，收集解决企业诉求 19 条，诉求办结率 100%。信义玻璃、广西新昊物流、北海韬睿科技有限公司等对税务部门在为企业解难题、办实事上的做法给予高度评价。

【能力提升】 2021 年，区税务局开展现金缴纳税费专项整治、税务系统纪律作风专项整治等活动，检视问题、立行立改；定期组织召开干部警示教育大会、以案明纪，提高干部职工纪律意识，推动全面从严治税工作。年内，区税务局树立人才意识，全面培养专业骨干人才，提高干部队伍业务素养。优化人力资源配置，提升机关运转效能，推进数字人事与绩效管理有机衔接，提升“以数治队”能力，激发干部队伍内生动力，提振干事创业精气神，推动涉税事务优质高效。

【开展庆祝中国共产党成立 100 周年活动】 2021 年是中国共产党成立 100 周年。年内，区税务局开展 2021· 清明祭英烈、打卡红色教育基地、税校共建学党史、军税共建颂党恩、党史税法进企业、关爱老人儿童在行动、苦难辉煌 · 红色记忆、减税降费优服务等系列主题活动；选派优秀选手参加党史学习知识竞赛，区税务局选手代表北海市税务局参加北海市党史知识竞赛获一等奖，代表铁山港区委参加北海市党史知识竞赛获一等奖，代表铁山港区委参加北海市“感党恩　跟党走”红色故事大赛获三等奖，推动党史学习教育走深走实、取得实效。

（余明杭）

银　行

中国农业银行股份有限公司北海铁山港支行

【农行铁山港支行概况】 中国农业银行股份有限公司北海铁山港支行(简称农行铁山港支行)是农业银行在铁山港区的一级支行级分支机构,办公地点位于铁山港区南康镇银丰东路24号,因营业室场所翻建临时搬迁到南康镇朝阳大道北81号一楼。2021年,农行铁山港支行秉承面向三农、服务城乡的责任使命,秉着大行德广的理念,从全局角度看待营销、管理、服务和维护,为铁山港区经济社会发展贡献金融力量。年内,农行铁山港支行主要业务品种有贷款、存款、结算、理财、代理业务、贸易金融等多种。农行铁山港支行员工大学本科以上学历占95%以上,具有注册会计师、经济师、金融理财分析师等中(高)级专业技术资格员工占50%以上。

【负债及结算业务】 2021年,农行铁山港支行推出大额存单、银利多等定期类存款产品。定期类存款产品以及理财类投资产品的收益率在金融市场内处于中上水平,主要是安全性高,兼具一定的流动性,满足群众收益与安全兼顾的负债类业务需求。年内,农行铁山港支行努力做好代发征地拆迁款和惠民补贴等涉农领域资金的业务,及时为群众提供便捷的收付款结算业务。农行铁山港支行与区税务局、区投资促进中心、区教育局等单位客户建立良好沟通机制,通过共享纳税信息、招商项目信息,对税费改革代收付、国库电子化集中支付、教育缴费代收付等业务保持密切的合作关系。

【贷款业务】 2021年,农行铁山港支行在涉农领域和工业实体经济方面推出惠农e贷、甜蜜贷、林权质押贷、活体生猪抵押贷,解决“三农”领域担保难、产品少的难题,满足辖区涉农类市场经营主体的融资需求。针对全区工业项目多、中(小、微)企业资金周转需求量大的特点,推出项目前期贷、税贷、抵押e贷、续捷e贷、招商贷等业务品种,助推全区非公经济发展,为铁山港区打造工业强区贡献金融力量。

【其他业务】 2021年,农行铁山港支行在生活缴费、供应链服务、国际(国内)贸易服务等方面代理收付加大研发应用力度,推出线上收缴社保费、医保费、学杂费、水电费、物业费、就医缴费等民生领域生活缴费场景金融服务,投放大量的智能POS机、收款二维码、惠农机具、自助金融服务终端,开通线上预约开户平台、银税通、智慧掌银等便民利企的服务渠道。

(赵南南)

中国银行股份有限公司北海市铁山港支行

【中行铁山港支行概况】 中国银行股份有限公司北海市铁山港支行(简称中行铁山港支行)营业地址在铁山港区四号路临时商业街。2021年,中行铁山港支行新增各项存款3.8亿元,存款余额11.17亿元,首次突破10亿元大关;新增投放贷款16亿元,贷款余额22.4亿元,首次突破20亿元大关。新冠疫情防控期间，中行铁山港支行充分做好疫情防控措施，确保安全对外营业，做好金融服务。

【金融支持重点项目】 2021年，中行铁山港支行依托铁山港（临海）工业区发展的优势，紧跟国家“一带一路”政策规划，加大对符合国家产业政策和北海市经济结构调整的企业和项目的支持，加大对铁山港区重点企业、项目的支持，累计投放大公司授信贷款 20.5 亿元，涉及广西太阳纸业有限公司、北部湾港北海码头有限公司等大中小型企业，为加快建设铁山港区建设，打造“向海经济”、服务国家“一带一路”建设发展大局贡献力量。

【金融支持中小微企业】 2021年，中行铁山港支行积极创新服务手段，加大对中小微企业、涉农企业的支持。依托“中银信贷工厂”“普惠金融贷款”新模式，推出结算通宝、税贷通、贷押通、林权通宝、快易贷、跨境贷、中银网络通宝、沃融易、助保贷等信用产品。同时，全面打开线上渠道，通过中银企e贷、银税贷实现贷款线上申请和发放，极大便利企业操作，从申请到放款1个小时内便可以完成，担保方式均为信用。新冠疫情暴发后，铁山港区很多中小企业面临经营资金困难，中行铁山港支行贯彻实施上级行新经济形势下小微企业贷款模式，从企业自身难题入手，结合新冠疫情防控环境下政府对企业的政策变化，积极与上级行沟通。持续加大实体贷款投放力度，支持经济恢复发展，利用“桂惠贷”等政策，针对资金链紧、现金压力大的优质中小微企业给予资金支持，减轻企业融资成本。全年累计对中小企业提供普惠金融贷款（桂惠贷）3193 万元，受益企业涉及铁山港（临海）工业区的各行各业。打造铁山港区中小企业贷款新模式，为“向海经济”几大核心企业上下游客户提供绿色通道，并实现信贷投放 1000 多万元，解决核心企业上下游中小客户融资难、融资贵难题，为铁山港区产业振兴、乡村振兴做出贡献。

【外汇业务】 2021 年，中行铁山港支行继续发挥中国银行传统优势，协助指导企业办理外汇业务，并成功为铁山港（临海）工业区某企业承接外债资金 1.5 亿欧元。

【个人消费贷款】 2021 年，中行铁山港支行大力支持个人消费需求，加大对个人住房、汽车分期、消费分期、现金分期等业务支持，大力发展个人经营性贷款，提高小微企业辐射面。为斯道拉恩索（广西）浆纸有限公司、北港新材料、信义玻璃、区法院、铁山港（临海）工业区管委会等机关、企（事）业单位职工提供住房按揭、信用卡分期、中银e贷、中银优客分期等优质高效的消费金融服务。同时，中行铁山港支行利用节假日不定期举办线上、线下沙龙活动，为个人客户定制专享金融服务套餐，满足不同客户的金融需求。

【智能化建设】 2021 年，中行铁山港支行以提升客户体验为目标，不断增加自助设备的投放、使用。更新完善北港新材料厂区自助终端设备，进一步扩大中行铁山港支行服务辐射范围。同时，推动智能化系统升级，增配智能柜台，配套对中行铁山港支行服务销售流程与工作流程进行优化，提升网点服务效率，改善客户体验。

【助力帮扶工作】 2021 年，中行铁山港支行切实履行社会责任，深入乡村开展金融服务，为当地群众宣传金融产品和金融安全防范知识，联合兴港镇谢家村委走访慰问脱贫户，了解其生活上的困难，送上生活用品，帮助其树立信心。

（刘　轩）

中国建设银行股份有限公司北海铁山港支行

【建行铁山港支行概况】 中国建设银行股份有限公司北海铁山港支行（简称建行铁山港支行）是中国建设银行股份有限公司北海分行直属分支机构，

位于北海市铁山港(临海)工业区4号路中石化异地改造项目石化生活区大门临街铺面。2021年,建行铁山港支行有服务窗口2个,自助取款机1台,自助存取款一体机1台,智慧柜员机3台。截至年末,建行铁山港支行全口径存款余额6.77亿元,各项贷款余额19.67亿元,裕农通服务点48户。建行铁山港支行受理的业务包括但不限于以下范围:1. 资产业务,抵押担保贷款、质押担保贷款、国内外信用证贷款、保证担保贷款、应收账款质押贷款、固定资产贷款、流动资金贷款、个人消费贷款、其他自然人信用贷款;2. 负债业务,活期存款、定期存款、转账业务;3. 中间业务,代理销售保险和理财产品、政府企事业代收代付业务;4. 外汇业务,外汇存款、外汇贷款、外汇汇款、国际结算、结售汇和代客外汇买卖(含个人外汇买卖)。

【基础管理】 2021年,建行铁山港支行进一步强化精细化管理,着力提高内控管理水平。

新冠疫情防控　年内,建行铁山港支行从细节入手,全面贯彻落实各项新冠疫情防控措施,及时做好各营业场所和自助服务区消杀工作,强化客户进入佩戴口罩、测量体温、出示健康码和行程码等管理;督促员工3针新冠疫苗应接尽接,按要求开展员工往返中高风险地区情况排查,网点上下一心做好防疫工作。

服务质效提升　年内,建行铁山港支行加强网点团队建设,充实综合管理团队成员,通过完善考核办法、加强履职考核、定期开展述职、加大培训力度、整合客户经理职责等措施抓好队伍建设,提升服务质效。同时,持续推进员工行为管理,引导员工依章合规操作、廉洁从业。

强化风险防控　年内,建行铁山港支行不定期开展反洗钱文件学习培训,强化员工反洗钱工作履职能力,提升反洗钱、反电诈意识,提高风险防范水平。全年没有案件事项发生,没有发生重大违规事件,没有因违规造成财产损失、声誉风险、监管处罚。

【客户服务】 2021年,建行铁山港支行严格秉承"以客户为中心"的服务理念,始终坚持提高服务水平、做好金融服务,聚焦客户金融需求,助力客户更好享受优质金融服务。

服务流程优化　年内,建行铁山港支行围绕客户现金业务、理财业务及储蓄类业务的需求,不断完善服务保障措施,满足客户服务需求,为各类客户提供金融服务体验。

客户服务区域打造　年内,建行铁山港支行在营业网点打造多功能客户服务区域,为客户提供直饮水、自助充电线、雨伞等便民设备;不定期对多功能客户服务区域的设施、设备等进行更新,为每一位到网点办理业务的客户提供更多便捷服务,全面提升网点服务品质、服务效率、服务形象。

金融知识普及　年内,建行铁山港支行在网点、代发单位、南康市场等地开展打击防范电信网络诈骗等公益性、常态化金融知识宣传活动,向社会公众宣传反假货币、网贷骗局等热点金融知识,提高社会公众对金融产品和服务的认知能力,守好群众"钱袋子"。

【助力地方经济发展】 2021年,建行铁山港支行落实建行北海分行部署,以实施乡村振兴战略为统揽,立足铁山港区实际,主动对接铁山港区各项产业,调查了解客户发展及融资需求,量体裁衣制定贷款方案,线上为企业送去"及时雨",切实解决铁山港区企业融资难题。截至12月31日,为铁山港区企业投放贷款26.96亿元,信贷余额19.67亿元。其中,为铁山港区7个大中型企业授信60.8亿元,全年累计投放信贷资金25.6亿元,信贷余额29.3亿元,助力地方经济发展。此外,建行铁山港支行不断推进贷款产品创新,降低企业融资成本。桂惠贷投放1.23亿元,为客户降低融资成本255万元。7月,联动建行悉尼分行为铁山港区某企业成功办理全区最大金额委付贷1.5亿元,为企业降低融资成本22.5万元。同时,对受新冠疫情影响出现暂时困难无法按时、足额还本付息的企业，合理设置宽限期，合理运用展期、延期等线上功能，帮助企业缓解还款压力。

【员工关爱】 2021年，建行铁山港支行营造“快乐工作　健康生活”的文化氛围，不断探索关爱员工的新途径，分层、分类满足员工的工作和生活需求，将关爱员工工作做的有温度、有力度、有深度。落实组织“五关爱”（思想关爱、工作关爱、成长关爱、生活关爱、合规关爱）工作机制，合理安排网点弹性排班、建立定期家访制度、开展员工心理关怀工作、邀请群众参与党日活动等，为员工办实事、办好事、解难事，提升员工幸福感和获得感。引导鼓励员工多读书、读好书，净化8小时外生活圈、朋友圈、社交圈，加强自我学习和提升，加强自我健康管理，引导员工树立正确的人生观、世界观和价值观，塑造优秀个人品格和良好职业道德。

2021年5月14日，建行铁山港支行联合北海市住房公积金管理中心、市社保局到信义玻璃（广西）有限公司开展“走进企业，为企业办实事”主题党日活动　　建行铁山港支行　供

【党建引领】 2021年，建行铁山港支行坚持以党的政治建设为统领，学习贯彻习近平新时代中国特色社会主义思想，增强“四个意识”，坚定“四个自信”，做到“两个维护”。5月，联合北海市住房公积金管理中心、市社保局开展“走进企业，为企业办实事”主题党日活动；6月，联合区政府办党支部、铁山港（临海）工业区管委会党总支等单位到合浦南山革命纪念馆开展“传承红色基因，感悟初心使命”主题党日活动，以党建共建为契机，发挥党组织服务企业、服务群众、服务地方经济的作用，提升党建成效。

（许　彪　曾燕娴）

2021年10月17日，建行铁山港支行组织网点员工到宁春城大地影院观看爱国教育主题电影《长津湖》　　建行铁山港支行　供

北海市区农村信用合作联社南康信用社

【南康信用社概况】 2021年，北海市区农村信用合作联社南康信用社（简称南康信用社）下辖4个营业网点（南康镇的营业部和银丰分社、兴港镇的赤江储蓄所和石头埠分社）和3处24小时自助银行。服务

区域覆盖南康镇、兴港镇。南康信用社建立党建活动联动机制，坚持党建工作与业务推广工作两手抓，举行“不忘初心学史悟践”党史学习主题活动，党员带头进乡村、进市场、进企业宣传党和国家方针政策，做好金融服务。年内，南康信用社发放贷款464户，金额1.09亿元。截至年末，南康信用社各项贷款余额3.2亿元，其中面向农户的涉农贷款3211万元，面向小微企业及个体工商户的贷款8254万元。

2021年9月27日，南康信用社员工到铁山港区园区企业开展送金融知识进企业志愿服务活动　　南康信用社　供

【金融支持工业区产业发展】2021年，南康信用社落实北海市农村信用联社的指示精神，以优质的金融服务助力铁山港（临海）工业区企业的发展，新发放工业企业贷款19户，发放金额8254万元。得到客户“专业水平高，办理速度快，说话诚实，办事牢靠”的评价，逐步形成区政府引进项目的第一首选银行，真正做到当地银行服务配套当地经济，做好区政府的金融参谋。

【金融支持助农产业发展】2021年，南康信用社致力于“党旗引领，服务助农”的主题，发挥党员传帮带以及农村金融主力军作用，挖掘南康经济产业发展潜能，发动党员职工深入乡村走访调查，实现农户、养殖户金融需求与信用社助农金融产品的精准对接，重点推动南康街个体工商户和豇豆（豆角）、甘蔗、沃柑种植为主的南康特色种植产业，以及以金鲳鱼养殖为主的南康特色养殖产业等产业发展，并针对产业、地域进行贷款划片管理，围绕产业链、供应链、延伸服务范围，做到根据不同行业的收成节点，资金流向，提供相应的金融支持服务，并为海上养殖户提供救生衣等物资支持。

2021年12月31日，南康信用社联合区社保中心和区医保中心，在南康信用社内举行“不忘初心学史悟践”党史学习主题活动　　南康信用社　供

【金融服务政策宣传】 2021年,南康信用社建立金融知识宣传教育和消费者权益保护工作的常态化机制,深入开展“送金融知识进企业、进乡村”宣传教育活动,切实保护消费者的合法权益。综合运用LED显示屏、展板、宣传单、短信、横幅、咨询台、流动宣传站等方式和渠道,围绕信贷政策、反洗钱、银行卡安全、存款保险等内容,主动宣传普及金融知识,促进金融需求人对金融产品和服务的了解;做好防电信、网络诈骗宣传教育工作,深入乡村、市场发放宣传彩页、教导群众识别诈骗伎俩,筑牢防范电信、网络诈骗屏障。树立普惠金融和坚持为民服务理念,主动承担消费者权益保护工作的第一责任,建立健全涉及银行业权益保护工作的事前协调和管控机制,在产品和服务进入市场前充分考虑消费者权益保护,进一步加大对民生领域的支持力度,确保全区民生大事顺利推进,切实提高人民群众生活水平。 (伍开明 谢思敏)

北海市区农村信用合作联社营盘信用社

【营盘信用社概况】 2021年,北海市区农村信用合作联社营盘信用社(简称营盘信用社)下辖营盘信用社营业部、火禄分社、黄稍分社3个网点。营盘信用社营业部位于营盘镇营盘大街还珠路26号营盘边防派出所对面,开设有2个服务窗口,布放存取款一体机2台,自助综合机1台;火禄分社位于营盘镇火禄村委会火禄市场旁,开设有1个服务窗口;黄稍分社位于营盘镇滨江生活小区黄稍中学对面,开设有2个服务窗口,布放自助取款机1台,存取款一体机1台。年末,营盘信用社各项存款余额5.42亿元,各项贷款余额1.06亿元。

【业务范围】 2021年,营盘信用社可以受理的业务范围主要有以下几种类型。资产类业务包括:抵押担保贷款、质押担保贷款、保证担保贷款、应收账款质押贷款、固定资产贷款、流动资金贷款、个人消费贷款、农户小额信用贷款、其他自然人信用贷款;负债类业务包括:活期存款、定期存款、转账业务;中间业务类业务包括:代理销售保险和理财产品、政府机关(企、事业)单位代收代付业务;电子银行业务包括:网上银行、手机银行、收单业务、缴费易、桂盛市民云等。

【巩固脱贫成果】 2021年,营盘信用社积极响应政府的号召,把巩固脱贫成果作为一项重要工作内容,把关爱脱贫户切身利益、促进地区经济发展为己任,为巩固脱贫攻坚成果贡献力量。年内,营盘信用社业务区内符合贷款条件的脱贫户贷款均发放到位,新增发放贷款53笔,金额187万元,年末脱贫户贷款余额772万元,为营盘镇完成决胜脱贫攻坚任务提供资金支持。

【助力乡村振兴】 2021年,营盘信用社始终秉承立足“三农”、服务“三农”的宗旨,以

2021年3月15日,营盘信用社员工给农户介绍助农贷款产品
营盘信用社 供

“我为群众办实事”为着力点，发挥金融精准服务能力，为乡村振兴赋能，增强脱贫地区产业持续发展动力，展现新气象、新担当、新作为，真正把助力乡村振兴战略落到实处。信贷员深入田间地头了解农户生产资金需求，把涉农产品介绍给农户。在贷款投放中，实行信贷全流程公开化、透明化管理，打造规范高效、互惠互利的支农绿色贷款渠道，实行限时办结，提高审查、审批效率，确保支持春耕的生产资金快速、足额发放到农户手中。年内，营盘信用社发放农户贷款403笔，金额2721万元；在满足农户生产资金需求的同时，对产业化、规模化经营的涉农企业资金需求优先安排，确保助农贷款精准支持“三农”产业。

【便民上门服务】2021年，营盘信用社急群众所急，为因病或其他困难无法亲自到银行网点办理业务的群众提供上门服务。年内，营盘信用社员工依托“e挎包”移动终端，进村入户现场为群众办理开户、激活、挂失、电子银行等非现金业务168人次，获得群众称赞。

（郑仕华）

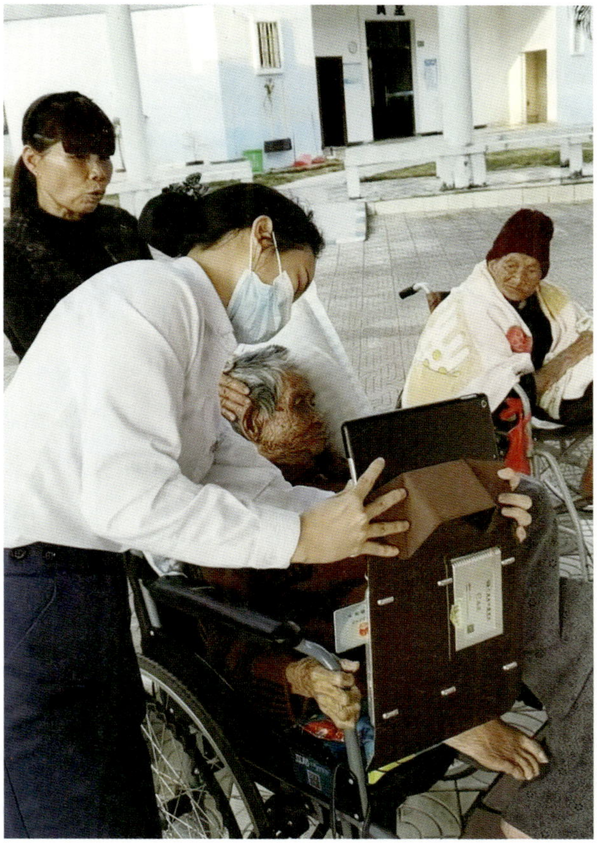

2021年10月18日，营盘信用社员工到营盘镇敬老院为行动不便客户激活社保卡

营盘信用社 供

经济行政管理和监督

经济行政管理

【经济行政管理概况】 北海市铁山港区发展和改革局(简称区发改局)是区政府综合经济管理部门。2021年,区发改局主要实施国民经济和社会发展战略、中长期规划和年度计划;审批区级权限内的政府投资重大项目初步设计;研究统筹城乡经济社会发展等重大问题。

【"十四五"规划编制】 2021年,区发改局高质量推进"十四五"规划编制与实施。抢抓国家推进"一带一路"国际合作重大机遇,按照国家、自治区、北海市关于"十四五"时期的总体工作部署,紧密结合北海市《关于打造向海经济的行动方案》,对照区委《关于制定国民经济和社会发展第十四个五年规划和二〇三五年远景目标的建议》,完成《北海市铁山港区国民经济和社会发展第十四个五年规划和二〇三五年远景目标纲要(草案)》编制,提出"十四五"时期全区经济社会发展的主要预期目标。

【经济运行分析】 2021年,区发改局围绕"稳预期",立足决策当参谋,着力抓好经济运行。年内,区发改局对经济指标、重点项目建设、规划推进等方面进行深入分析调研,科学策划2021年国民经济发展目标和计划。编写《关于北海市铁山港区2020年国民经济和社会发展计划执行情况及2021年国民经济和社会发展计划(草案)的报告》。年内,区发改局细化目标任务,紧盯重要经济指标、重点项目、重点任务落实,协调区科商工信局、区财政局、区农水局、区海洋局、区文旅局等单位,科学分析研判经济形势,撰写月度、季度经济运行情况分析,及时预警预测,统筹破解各类矛盾和问题,为区委、区政府决策提供参考依据。

【项目和投资管理】 2021年,区发改局围绕"稳投资",全面推进重大工程、重点项目落地建设。

重大项目建设 年内,区发改局贯彻新发展理念,落实自治区、北海市推进工业振兴大会精神,坚持高质量发展理念,优化产业结构,全力服务项目建设落地。区发改局充分发挥重大项目服务中心作用,强化项目管理及服务能力,为投资者提供政策咨询、项目对接、投资考察等服务。以招商引资项目落地和加快重点项目建设为重点,及时了解项目动态,解决项目存在问题。结合北海市委、市政府下发的重点任务清单,细化任务分配方案,责任到人,并将任务分解表上墙,形成挂图作战,确保重大项目按计划推进。年内,全区共完成工业投资138.66亿元、比上年增长56.5%、占全市工业投资额的57.0%。

固定资产投资 年内,区发改局紧扣年度重大项目建设和固定资产目标任务,细化并分解任务,将具体责任落实到各部门、各项目业主,充分挖掘项目责任单位配合统计部门做好项目入库入统工作,做到应统尽统,以确保投资任务的圆满完成。全年完成固定资产投资146.78亿元,比上年增长31.2%。

争取资金支持 年内,区发改局通过捕捉信息、超前谋划项目等举措，深度分析和挖掘铁山港区经济社会各领域发展潜力，千方百计为全区项目建设争取中央预算内资金、政府专项债、特别国债及乡村振兴等项目补助资金和政策支持。全年共获批政府专项债10.2亿元、自治区乡村振兴扶持资金4600余万元，对全区项目建设、民生改善、公共服务等领域的发展确保资金支撑。

【营商环境优化】 2021年，区发改局持续规范优化审批事项，压缩行政许可项目承诺时限，极大提高审批效率。年内，区发改局多次组织干部职工参加自治区发改委、北海市发改委举办的有关项目审批、节能减排、产业规划、物价收费和粮食安全等技能培训，多途径提高干部职工的业务水平。同时，开展“大走访大调研大服务”活动，全力以赴为企业排忧解难。

【节能降碳】 2021年，区发改局贯彻国家、自治区和北海市的产业政策，严控高能耗、高污染行业产能，发挥项目研判组职能，推进新能源项目落地建设。年内，区发改局大力推广使用电能、天然气等清洁能源。LNG二期扩建项目完成第一阶段工作，三期扩建项目通过自治区发改委核准；推广新能源汽车使用，新增充电桩100余个。（张海涛）

国有资产管理

【国有资产概况】 2021年，区财政局贯彻落实国有资产情况报告制度，规范国有资产配置、使用、处置等各环节管理，不断提高资产运行效率。年内，铁山港区行政事业性国有资产总额15.11亿元，比上年增长50.52%。其中，行政单位资产总额8.26亿元，占54.65%；事业单位国有资产6.85亿元，占45.35%；负债总额1.75亿元，比上年增长26.48%；净资产13.36亿元，比上年增长54.36%。

【资产处置】 2021年，铁山港区行政事业单位资产处置按照《北海市铁山港区行政事业单位国有资产处置管理暂行办法》等相关规定执行。年内，铁山港区处置资产519.01万元，其中固定资产519.01万元，无偿调拨（划转）337.9万元，报废报损181.11万元。

（宁振辉　李芳宇）

物价管理

【物价管理概况】 北海市铁山港区物价局（简称区物价局）与区发改局实行“一个机构两块牌子”管理。2021年，区物价局围绕“稳物价”目标，贯彻落实北海市物价工作会议精神，加强价格监管，落实保供稳价举措，全面维护市场总体平稳，营造良好的价格环境。

【收费管理】 2021年，区物价局加大力度规范收费行为，落实上级收费价格政策，调整全区行政事业性收费目录，及时清理审核收费项目和标准。3月1日起，全区取消38项水、电、气安装环节收费项目；对保留的收费项目，做好政府定价管理，做到管细管好管到位。年内，区物价局加强对收费单位收费行为的监管，对清单目录实行动态管理，根据收费政策变化情况，对新增、取消或停收、调整收费标准的项目及时更新相关内容，通过门户网站向社会公布，接受社会监督。加强收费行为管理，联合区市场监管局对港口收费进行调查，规范港口领域价格秩序，进一步优化营商环境。督促各收费单位做好收费统计工作，汇总上报北海市物价局。

【价格调查监审】 2021年，区物价局切实加强价格管理工作，监督铁山港区自来水厂按政府定价收取水费，并在收费场所悬挂收费公示牌和用水开户流程，方便群众办事和自觉接受群众监督。年内，区物价局积极做好价格调控和价格公共服务工作，持续深入打造“12358”品牌，严格执行价格举报制度，做好“接访”“下访”工作，促进社会和谐稳定。

【价格监测】 2021年，区物价局加强市场价格监测工作。重点加强重大节假日期间的粮食、猪肉、水、电、成品油、药品等生活物品价格监测，定时报送价格监测表，提高对市场价格异常波动的应变和分析能力，为上级决策提供依据。区物价局执行价格监测报告制度，做好自治区发改委各项价格监测报告制度执行工作，确保价格监测数据的及时性、准确性，为政府宏观决策提供基础数据支撑。（张海涛）

国土资源管理

【国土资源管理概况】 北海市铁山港区自然资源局（简称区自然资源局）是区政府工作部门。2021年，区自然资源局完成铁山港区上年度国土变更调查及耕地后备资源潜力调查等专项工作，农村“房地一体”的宅基地和集体建设用地确权工作获得区政府确权批复2.03万宗，规划管理审批94宗，组织上报10个批次建设用地。

【项目用地报批】 2021年，区自然资源局组织上报10个批次建设用地，用地面积178.71公顷，新增建设用地167.1公顷，均获批，保障铁山港航标应急维护基地项目、铁山港临港产业园回建区（一期）、铁山港100万吨重油改质和综合利用项目、太阳纸业、玖龙纸业、铁山港区纬三路以南收储用地、铁山港储能电池材料制造项目、年产50万吨硝酸和年产20万吨环保处理液项目等项目用地。

【土地使用权确权】 2021年，区自然资源局开展房地一体农村宅基地、集体建设用地使用权确权工作，涉及面积76.01平方千米，全部完成航拍，并完成所有村庄的航飞三维建模、工作底图制作。完成房地一体农村宅基地和集体建设用地使用权确权登记发证权属外业调查5.50万宗，进行成果公示5.49万宗，区政府确权批复2.03万宗。

【国土变更调查】 2021年，区自然资源局落实《广西壮族自治区自然资源厅办公室关于印发〈广西2020年度国土变更调查实施方案〉的通知》《北海市自然资源局关于印发〈北海市2020年度国土变更调查实施方案〉的通知》文件精神，谋划、细致部署，完成铁山港区2020年度国土变更调查，满足土地资源管理的需要，更新第三次全国国土调查数据库，确保全区国土调查成果质量。

【项目用地耕地占补指标】 2021年，区自然资源局为做好项目用地保障服务工作，多次反映铁山港区新增耕地指标储备库剩余耕地占补指标不足问题，最终获得91.68公顷耕地指标、0.05公顷水田指标、1013.83吨粮食产能指标，保障年产795万吨林浆纸一体化项目等7个重点项目的耕地占补指标。

【耕地后备资源等潜力调查】 2021年，区自然资源局根据《广西壮族自治区自然资源厅办公室关于印发〈广西耕地后备资源等潜力调查工作方案〉的通知》文件要求，克服新冠疫情等因素影响，组织技术单位开展耕地后备资源等潜力调查工作，完成5.31万个图斑潜力调查，摸清区内耕地后备资源等潜力，为科学编制国土空间规划、落实耕地占补平衡提供基础支撑。

【地质灾害预防】 2021年，铁山港区有地质灾害隐患点5个。年内，区自然资源局做好地质灾害防治工作，汛期期间、雨前雨后加强对地质灾害隐患点巡查排查，共出动50人次，巡查排查30次；台风、暴雨期间安排人员24小时值班。向各个有地质灾害隐患点的村委发放地质灾害防治宣传资料300余份，以村（居）委为单位，普及地质灾害防治知识，减少人为诱发地质灾害的概率。

【土地矿产卫片整改】 2021年，区自然资源局依法开展对

2021 年 3 月 4 日，区自然资源局组织召开铁山港区生态环境保护督察座谈会　　区自然资源局　供

2021 年 4 月 1 日，区自然资源局在四楼会议室召开铁山港区航道三期工程Ⅱ标段海砂疏浚物专场拍卖会　　区自然资源局　供

违法违规用地、用矿重点巡查 70 余次。完成 2020 年度土地矿产卫片执法监督检查外业核查和系统填报工作，并代拟铁山港区卫片拆除整改方案。指导促成区综合行政执法局立案 8 件，拆除 19 件，并通过自治区自然资源厅工作组的现场核验。2020 年度铁山港区违法建设占用耕地面积占新增建设用地占用耕地面积的 5.42%，通过北海市级和自治区级检查验收工作。

【矿产品拍卖】 2021 年，区自然资源局委托钦州拍卖行有限公司分别于 4 月 1 日、4 月 25 日和 5 月 19 日，在区自然资源局四楼会议室举行北海市铁山港区航道三期工程Ⅱ标段海砂疏浚物专场拍卖会，拍卖所得 1.18 亿元上缴北海市财政。

【农村乱占耕地建房整治】 2021 年 10 月 27 日，区政府组织区自然资源局、区综合行政执法局、区农水局、区住建局、铁山港公安分局、区司法局、兴港镇政府等部门，组成 300 余人的联合执法队，依法对农村乱占耕地建房图斑——兴港镇粟山村委葛麻山村 2 栋农房和小马头村委木头田村 1 个地基进行拆除，并完成复耕工作。

（曾　芹）

审计工作

【审计机构概况】 2021 年，北海市铁山港区审计局（简称区审计局）增加事业单位北海市铁山港区审计中心。

【审计成果】 2021 年，区审计局完成审计项目 6 项，审计涉及金额 18.80 亿元。查出主要问题金额 4.04 亿元，其中管理不规范金额 3.84 亿元，违规金额 274.96 万元，应上缴财政 1435.76 万元，应归还原渠道资金金额 1.30 万元，应调账处理金额 226.98 万元，已上缴财政金额 1051.50 万元，已调账处理金额 226.98 万元。移送纪检监察部门处理事项 1 件，建议有关部门处理事项 1 件。完成政府投资审计监督项目 25 项，涉及金额1.43亿元，为政府节约财政资金896.07万元。提交审计报告、信息28份，被批示、采用5份。参加北海市计算机审计案例评比获二等奖。

【财政审计】 2021年，区审计局完成2020年度区本级财政预算执行和其他财政收支情况审计项目1个，查出主要问题金额1.96亿元。审计采用“三级联动”、AO现场审计系统、查阅账本和现场核查、抽查等方式，发现部分财政资金支出使用进度缓慢、未及时清理盘活财政存量资金、部分预算单位“三公经费”核算不真实、财政一般性支出未压减到位等9个问题。区审计局协助区政府出台《关于进一步加强北海市铁山港区预算资金管理的通知》，进一步加强全区预算资金规范管理，推动预算一体化管理改革，提高财政资金运行的效率和效益，提升预算管理水平。

【经济责任审计】 2021年，区审计局完成经济责任审计项目3个，查出主要问题金额1.94亿元。经济责任审计运用审阅、抽查、详查、谈话等方式方法，重点审计4个部门，发现相关政策落实不到位、财务管理及会计核算不规范等问题41个，其中对5个问题应负直接责任涉及领导干部4名，对36个问题应负领导责任涉及领导干部4名。及时将审计发现的涉嫌违纪违规问题依法移送纪检监察等相关部门进行查处。将审计发现的普遍性、典型性问题，形成审计情况反映及审计结果报告上报区委、区政府及相关部门，以引起重视，解决问题。

【固定资产投资审计】 2021年，区审计局完成区人民医院发热门诊项目建设情况审计调查项目1个，查出主要问题金额47.71万元。审计采用审阅法、查询法、检阅法、分析性复核法、复算法、核对法，以规范项目建设行为、提高投资绩效为目标，重点审计项目的基本建设程序、工程质量管理及资金管理使用情况等方面。审计发现项目未按约定进行设计变更、未提交竣工验收意见书和报告、部分工程进度款未按合同约定拨付等问题。完成政府投资审计监督项目25个，为政府节约财政资金896.07万元。通过审计监督，促使被审单位完善内控制度建设、规范管理项目建设程序及资金使用，强化廉政纪律作风，杜绝漏洞，提升项目投资社会效益，促进全区项目建设健康发展。

【专项资金审计(调查)】 2021年，区审计局完成铁山港区2020年度扶贫专项资金审计项目1个，查出主要问题金额1371.89万元。审计发现，扶贫主管部门及相关单位在脱贫攻坚政策贯彻落实、扶贫资金分配管理使用、扶贫项目建设管理方面还存在补助资金未及时发放到位、项目未按图纸施工、未按合同约定收回租金、未制定落实效益方案等问题。通过审计，扶贫主管部门及时落实资金，发放到位，对申报项目严格审核把关，确保扶贫效果发挥资金效益。

【审计整改工作】 2021年，区审计局贯彻执行《广西审计整改工作办法(试行)》，加大审计

2021年12月21日，北海市铁山港区审计局质量检查存在问题研讨会在区审计局会议室召开　　区审计局　供

整改跟踪督促检查力度，深化台账管理，做好对账销号。加强对审计发现问题的宏观分析，深入剖析屡审屡犯、普遍性经常性、苗头性倾向性等问题，建章立制、完善管理。提高审计整改结果公告力度，召开审计整改工作会议，将审计整改结果上报有关部门领导，以引起重视，确保整改责任落实，保证问题整改到位。年内，全区审计发现问题 36 个，完全整改问题 30 个，通过政府网站公开审计调查结果及审计整改情况 2 篇。

【廉政建设】 2021 年，区审计局贯彻落实中共中央总书记习近平关于“以审计精神立身、以创新规范立业、以自身建设立信”的总要求，严格遵守各项规章制度，从严治党，单位领导发挥表率作用，严格履行党风廉政建设主体责任和“一岗双责”，组织召开党风廉政会议 4 次，观看警示教育片 4 次，从多方面、多角度严明纪律要求、严肃政治生活，督促党员干部职工遵守中央八项规定、“四严禁”和审计“八不准”要求，确保清正廉洁的工作作风。

【能力提升】 2021 年，区审计局全面贯彻中共中央总书记习近平在庆祝中国共产党成立 100 周年大会上的重要讲话精神和关于审计工作的重要指示、批示精神，坚持审计机关的政治性质，坚持把党的领导贯穿审计工作的全过程，注重年轻干部审计能力的培养，积极参加上级机关组织的业务培训和跟班学习，通过边审边学、参加审计问题研讨会及总结经验交流会等方式，进一步提升干部队伍的业务能力。

【其他工作】 2021 年，区审计局按照绩效考核有关要求，做好 5 个专项工作。深入基层做好挂点村各项工作，每月领导干部与村委班子、驻村工作队员召开座谈会，掌握村集体经济发展、治安维稳及疫情防控等情况，了解解决群众反映的问题，支持村委维稳工作经费 1.3 万元；与脱贫户面对面交流，继续跟踪脱贫户生产生活中遇到的难题，送上节日慰问物资及慰问金 3000 元，并在政策、工作协调等方面给予脱贫户帮助，增进人民群众的幸福感。（蔡冬春）

2021 年 6 月 25 日，区审计局工作人员到北海市长青公园开展“学习历史文化，厚植爱党爱国情怀”系列主题活动　　区审计局　供

统计工作

【统计机构概况】 北海市铁山港区统计局（简称区统计局）是铁山港区人民政府主管统计和国民经济核算的工作部门。2021 年，区统计局全面贯彻中共十九大关于“完善统计体制”的重要部署，围绕区委、区政府工作中心，落实防范和惩治统计造假主体责任，履行统计监督；加强统计服务，承担组织协调和指导全区统计工作，确保统计数据真实、准确、及时；负责组织实施农林牧渔业、工业、能源、固定资产投资、建筑业、房地产业、消费、批发和零售业、住宿和餐饮业、租赁和商务服务业、居民服务和其他服务业、文化体育和娱乐业、运输服务业、仓储业、科技交流和推广服务业、居民收入、科技、人口、劳动力、社会发展基本情况等

统计调查，收集、汇总、整理和提供有关调查的统计数据。下属北海市铁山港区统计普查中心（简称区统计普查中心）和北海市铁山港区统计数据管理中心（简称区统计数管中心，在区统计普查中心挂牌）。

【第七次全国人口普查】 2021年，铁山港区第七次全国人口普查如期高质量完成摸底调查、现场登记、比对复查、事后质量抽查和主要数据汇总等工作，全面查清2020年全区人口数量、结构、分布等方面情况，普查数据真实可信，客观准确地反映铁山港区10年间人口发展变化的趋势和特征，符合铁山港区实情。年内，区统计局被国务院第七次全国人口普查领导小组评为国务院第七次全国人口普查先进集体，区统计普查中心主任李冰梅被自治区统计局广西第七次全国人口普查领导小组办公室评为广西第七次全国人口普查先进个人。

【统计法制建设】 2021年，区统计局开展统计违纪违法典型案例警示教育活动，组织全区各有关单位召开统计违纪违法通报专题学习会和观看统计违纪违法案例警示教育视频，在全区掀起防范统计违法违纪热潮。开展统计法治宣传周活动，通过举办统计法律法规相关知识培训班、现场发放宣传资料，利用LED（电子显示）屏标语和“活力铁山港”微信公众号等方式，开展统计法治宣传活动，切实营造不敢假、不能假、不想假的统计生态；4月，区统计局组织专业统计员对辖区内25个“四上”企业（规模以上工业企业、资质等级建筑业企业、限额以上批零住餐企业、规模以上服务业企业）和固定资产投资项目开展实地数据质量核查，采取“数字核查和指导工作”相结合的工作方式，重点对企业（项目业主）上报的统计指标开展核查，及时纠正问题和指导准确填报，提升源头统计数据质量；9月，区统计局印发《2021年统计执法检查工作方案》；11月起，区统计局结合年度统计执法“双随机”抽查工作，逐步开始对抽选的企业（项目）开展统计执法检查，进一步健全防范统计造假机制，加快统计法治建设进程。

2021年11月22日，铁山港区统计法律法规相关知识培训班在区政务服务综合楼五楼会议室举办　廖小玲　摄

【统计管理体制改革】 2021年，区统计局推动区政府下发《北海市铁山港区提升基层统计队伍能力　加快现代化基层统计调查体系建设工作方案》，完成铁山港区首批协统员招录和首席统计员评选工作，区辖3个镇均配备专（兼）职统计人员2名以上，并全面建立A、B岗制度，全区43个村（居）民委员会已全部明确1名村（居）民委员会干部兼任协统员，负责本村（居）民委员会统计调查工作，确保有充足力量承担相应统计工作。区财政局共批复村级统计协统员工作补助经费10.32万元，县级统计协管员劳动报酬7.92万元，保障基层统计工作的有序开展。

【统计规范化】 2021年，区统计局及时组织专业统计人员对各镇统计业务骨干和村级统计网格员进行网格化业务培训。通过培训，区辖各村（社区）网格员能熟练掌握农村统计报表App的使用，完成2021年农业年报、常规季度报表和大部分基本单位新增待处理任务，实现镇级和村级报表双轨上报，进一步规范源头数据采集流程，为推动全区基层统计网格化管理工作打下坚实基础。

（李文键）

市场监督管理

【市场监督管理概况】 2021年，北海市铁山港区市场监督管理局（简称区市场监管局）是北海市市场监管局派出机构，主要负责行使铁山港区内市场监管职能，加强经营行为事中、事后监管，强化行政执法职能。年内，区市场监管局落实北海市市场监管局和区委、区政府决策部署，抗疫情、强监督、优服务，为打造安全和谐的市场环境做出贡献。7月，区市场监管局被自治区大数据发展局授予2020年度自治区政务服务工作突出贡献奖；8月，区市场监管局牵头负责的推进质量工作成效突出，被自治区政府督查激励通报。年内，铁山港区化妆品不良反应监测工作表现突出，区市场监管局被自治区药监局通报表扬。

【商事登记改革】 2021年，区市场监管局进一步深化“放管服”和商事登记制度改革，推行“审核合一、一人通办”制度，实行“当场受理、当场核准、当场发照”登记模式，使用“7合1”秒批系统（将企业开办所涉及的设立登记、印章刻制、申领发票、社会保险登记、医保备案登记、住房公积金缴存开户登记、银行开户7个事项一网通办，做到一点登录、一键秒批）整合各部门业务，实行企业开办“一站式”服务，企业及个体户开办时间压缩至0.5个工作日内完成。年内，铁山港区新登记在业市场主体1559家（包括内资市场主体、外资市场主体），比上年增长11.3%，其中新登记企业299家、新登记个体工商户1242家、新登记农民专业合作社14家、新登记外资市场主体4家。年内，全区共有内资市场主体8330家、外资市场主体34家。

2021年7月，区市场监管局被自治区大数据发展局授予2020年度全区政务服务工作突出贡献奖　　区市场监管局　供

【商事服务电子化】 2021年，区市场监管局持续推进商事登记全程电子化工作，累计有373户企业通过人脸身份识别、网上手写签字、手机在线领取电子营业执照等智能化应用，实现注册登记全程电子化。深入推进企业简易注销登记，降低企业退市门槛，为市场经营主体提供极大的便利，全年共审核通过申请简易注销企业40户。

【融资渠道整合】 2021年，区市场监管局持续推行“全国市场监管动产抵押登记业务系统”，企业可通过系统在线申请、在线审核、在线公示、在线查询，快速完成动产抵押设立、变更和注销登记业务。年内，办理股权出质1家，出质股权1.15亿元，被担保债权数额1.15亿元。

【事中事后监管】 2021年，区市场监管局共完成2021年度企业年报907家、个体工商户年报6080家、农民专业合作社年报137家，完成率排名北海市第1名；列入并公示异常名录企业54家、合作社8家，正常移出3家；标记并公示异常状态个体工商户376家，恢复正常82家。开展“双随机、一公开”（随机抽取检查对象，随机选派执法检查人员，抽查情况和查处结果及时向社会公开）监管检查，建立健全辖区市场主体名录库和执法人员名录库，开展“双随机、一公开”监管任务量195户，完成率100%；开展“双随机、一公开”联合监管任务量44家，完成率100%；推进“互联网+监管”信息归集，认领事项总数191项、采集检查行为数据167条。

【市场监管执法】 2021年，区市场监管局开展成品油市场、矿产市场等专项整治，严厉打击违法违规行为，累计出动执法人员143人次，检查市场主体101家次，移交26条矿产违法行为线索，营造良好市场经营秩序。区市场监管局加强市场监管法制化建设，修订完善行政处罚案件法制审核等制度，积极推进案件行刑对接机制，提升依法行政水平。年内，区市场监管局共查办案件162件，罚（没）金额198.54万元，通过国家企业信用信息公示系统公开行政处罚结果信息公开率100%。

【知识产权保护】 2021年，铁山港区有效注册商标总量390件，比上年增长30.87%；发明专利有效拥有量111件，每万人口发明专利拥有量7.03件，比上年增长31.5%，增长率排名北海市第1名；开展“知识产权直通车”服务，加强知识产权保护宣传，全年走访企业10家，目标任务完成率100%。

【物价监管】 2021年，区市场监管局坚持民生为本，强化物价监管举措，组织开展居民生活必需品及防疫物资价格检查、物业收费价格检查、保供稳价专项执法检查、教育收费检查、供水价格检查、转供电环节收费检查、粮食市场秩序价格检查等。共出动执法人员318人次，检查市场主体560家次，查处不明码标价或不按规定内容和方式明码标价、哄抬物价案件3件，罚（没）金额4800元。

【公平竞争审查】 2021年，区市场监管局对市场准入、产业发展、招商引资、招标投标、政府采购、经营行为规范、资质标准等涉及市场主体的行政规范性文件和政策进行公平竞争审查；组织召开公平竞争审查工作联席会议，对妨碍统一市场和公平竞争的政策措施开展集中清理，统筹做好增量审查和存量清理，全力维护市场公平竞争秩序。

【消费维权】 2021年3月15日，区市场监管局开展“凝聚你我力量”主题暨纪念“3·15”系列宣传活动，共受理消费咨询32件，发放各类宣传资料1200份。开展放心消费示范单位建设，创建并维护放心消费示范单位164家、放心街区2条、新增电子商务经营示范店1家，消费纠纷在线解决企业1家。畅通消费维权渠道，全年受理“12135”消费投诉举报58件、“12145”热线投诉举报48件，限期办结率100%。

【打击传销】 2021年，区市场监管局开展《禁止传销条例》《直销管理条例》等法律法规宣传，向群众宣传传销组织的模式、传销的危害、传销典型案例等，提高广大群众识别和自觉抵制传销的能力，共发放各类宣传材料500余份，巩固“无传销县区”成果。

【质量强区】 2021年，区市场监管局加强质量认证体系建设，实施质量强区战略，推进质量提升行动，培育和动员企（事）业单位参加各类质量品牌奖项申报评选，质量强区品牌亮区等重点工程取得重大突破，信义玻璃（广西）有限公司获得“低碳产品认证”证书，北海市铁山港区庞记饼业有限公司获得“香港正印优质认证”证书。在区政务服务中心建立质量一站式服务平台，配备工作人员4人，为企业及时提供科学、高效、便捷的质量基础服务。举办以“深入实施质量提升行动　大力推进质量强国建设”为主题的宣传活动，共发放宣传资料500余份。

2021年11月4日，自治区珍稀贝类人工种苗繁育和养殖技术标准化试点现场启动仪式在广西北海市铁山港区金不换水产有限公司举行

区市场监管局　供

【标准化建设】 2021年，区市场监管局推进标准化改革，引导企业加强标准化建设，北海琛航电子科技有限公司主持制定团体标准《办公设备维修工职业技能评价规范》，广西北港新材料有限公司参与制定国家标准《再生钢铁原料》，北海市金不换水产有限公司获批并承担开展自治区首个珍稀贝类人工种苗繁育和养殖技术标准化试点项目。

【计量监督】 2021年，区市场监管局联合北海市计量测试研究所对区内集贸市场贸易结算类计量器具进行排查和强制检定，累计引导17道次市场签署诚信计量承诺，检定计量器具300余台，保障集贸市场计量器具计量标准的可靠性。全年组织开展计量服务进企业等活动，发放宣传资料90余份。

【特种设备安全监管】 2021年，铁山港区累计登记注册特种设备5278台(辆)。其中，锅炉72台，压力容器4095台，电梯117台，起重机械709台，场(厂)内机动车285辆。区市场监管局推行电梯安全责任保险，在保电梯117台，投保率100%。年内，铁山港区根据北海市绩效指标要求，开展特种设备重点使用单位监督检查，累计检查单位50家次，发现安全隐患192项，整改完成率100%。根据铁山港区本级绩效指标要求，抽调业务骨干组建特种设备工作专班，开展全区特种设备安全大检查，累计检查特种设备使用单位152家次，发现安全隐患223项，整改完成率100%，发出安全监察指令书64份，办结案件12件，罚(没)金额152.75万元。全年全区没有重大、特大特种设备安全责任事故。

【产品质量监管】 2021年，区市场监管局开展产品质量安全监督抽查和风险监测工作，配合国家、自治区、北海市三级监督抽查，开展抽查不合格企业后处理，督促企业开展缺陷产品召回工作，对违法行为依法从严查处。年内，区市场监管局共监督抽检产品15批次，查

2021年7月27日，北海市市场监管局“电站锅炉”专项整治现场会议在铁山港区召开

区市场监管局　供

出不合格产品6批次，办结产品质量案件6件，罚（没）金额1.82万元。

【食品生产安全监管】 2021年，区市场监管局对区内15家食品生产企业加大日常监管力度，企业自查风险报告率100%，企业食品安全管理员考试（考核）合格率100%，监督抽检覆盖率100%；开展食品生产企业风险等级动态评定，评定企业风险等级A级3家、B级12家。开展国庆节、中秋节食品安全监管专项行动，加大对食用油、月饼等生产企业监督检查力度，累计检查企业30家次，排查并整改隐患3项。

【食品流通安全监管】 2021年，区市场监管局推进农贸市场快检规范化建设，完成农产品质量安全快速检测2.61万批次，结果阴性率98.65%。开展校园周边食品安全、农村假冒伪劣食品、保健食品等专项整治行动，重点检查食品经营者落实食品安全主体责任等情况，完成电子化系统监督检查496家，覆盖率100%。全年完成食品流通领域质量安全抽检1269批次，食品抽样监测达8批次每千人。

【餐饮服务安全监管】 2021年，区市场监管局加强对油条和自消餐饮具安全监管，建立完善油条和自消餐饮具“网格化”监管工作机制，对区内5家油条生产经营者、33家使用自消餐饮具的餐饮单位开展主动告知和公开承诺活动，开展监督抽检油条7批次、自消餐饮具21批次，监督抽检合格率100%。推进学校食堂明厨亮灶标准化建设，全区获证学校食堂68家实施“明厨亮灶”覆盖率100%。开展对重大活动期间餐饮行业安全检查，对春（秋）季学期学校食堂及周边餐饮服务单位食品安全专项检查，推广使用餐饮食品安全从业人员互联网培训考核平台及农村集体聚餐风险防控平台，全年全区餐饮单位培训率100%。

2021年8月25日，区市场监管局执法人员到南康家家谊超市开展食品安全和新冠疫情防控监督检查　　　　区市场监管局　供

【药品安全监管】 2021年，区市场监管局共收集上报药品不良反应报告68例，其中新的和严重的43例。开展药品监督抽检，完成药品抽验5批次，合格率100%。开展中药饮片和含兴奋剂药品零售重点领域专项整治，进一步规范药品经营使用秩序；加强新冠病毒疫苗流通环节监管，累计检查新冠病毒疫苗接种单位32家次。

【医疗器械安全监管】 2021年，区市场监管局共收集上报医疗器械不良事件报告49例；加强新冠病毒检测试剂监管，共检查新冠病毒核酸检测医疗机构7家次；开展医疗器械质量安全专项检查，共检查医疗器械经营使用单位79家次、排查并落实整改安全隐患4个。

【化妆品安全监管】 2021年，区市场监管局共收集上报化妆品不良反应报告121例；开展化妆品监督抽检，完成化妆品抽样32批次，合格率96.88%；开展儿童化妆品、美容美发机构配制和使用非法化妆品专项行动，检查化妆品经营企业40家次，责令限期改正5家次，发放化妆品安全监管告知书21份。

【食品药品安全社会共治】2021年，区市场监管局组织开展宣传活动10余场，定期免费对公众开放铁山港区食品药品安全科普宣传基地和南康镇、兴港镇食品药品安全科普宣传站。组织干部职工、党员志愿者开展食品安全进校园、进社区、进企业等活动6场，印发海报2000余张，发放《给市民的一封信》5000余份。

2021年12月25日，北海市市场监管局局长沈祖亮（前排右二）率队到南康市场开展冷链食品专项整治行动　　区市场监管局　供

【新冠疫情防控常态化监管】2021年，区市场监管局开展新冠疫情防控常态化监管，加强辖区集贸市场、商场超市、药店和餐饮单位等重点场所监管，严厉打击食品药品、医疗器械质量安全和价格等领域违法行为，累计出动2038人次，检查集贸市场446道次、市场内经营者870家次、商场超市220家次、药店349家次、餐饮店648家次、食品经营店658家次。区市场监管局加强进口冷链食品溯源监管，区内14家冷冻食品（冷库）经营单位均已接入"八桂冷链通"进口冷链食品追溯平台，实现辖区进口冷链食品进出库流向实时掌握；开展进口冷链食品专项整治，以辖区冷库、农贸市场、商场超市、餐饮店等为重点场所，检查冷库等经营主体198家次，查扣来源不明冻肉208.5千克。开展新冠病毒检测试剂监督检查，累计检查新冠病毒核酸检测医疗机构7家次。开展疫苗接种排查及"应接尽接"标识申报，年内累计粘贴标识宾馆、门店等市场主体3681家（户）。全年全区新冠疫情防控用品和生活必需品供应平稳、经营有序。

【村级集体和非公经济服务】2021年，区市场监管局打造"党建+"品牌，结合党史学习教育、抗击新冠疫情、商标品牌帮扶、优化营商环境、农贸市场创城整治和乡村振兴等工作，开展"百名党员助千企护万店保主体"专项行动，实施"一村一品"发展村级集体经济。开展上门帮扶服务非公有制经济发展行动，持续保持与小微企业、农业专业合作社等市场主体的密切联系，及时提供申报相关项目技术指导和精准监管服务，累计走访服务企业和个体户40余家次，协助解决复工复产问题20余个。（卢艺元）

口岸管理

中华人民共和国北海铁山港海事处

【铁山港海事处工作概况】 2021年，中华人民共和国北海铁山港海事处（简称铁山港海事处）是北海海事局的派出机构。作为北海向海经济发展的前沿阵地，身处海洋资源高度密集区、港口产业高速发展区和北海海洋政策集中落户区，铁山港海事处深化上级海事局工作思路，落实北海市政府向海经济决策部署，在交通强国的实践中，以开放促进步、以创新促改革，遇水搭桥，积厚成势，为北海蓝色经济腾飞注入新动能。年内，铁山港海事处执法行政处罚110起，处罚金80.5万元；发生小事故1起，没有等级以上事故，辖区水上交通安全形势总体稳定。

【港口吞吐量】 2021年，铁山港区进出港船舶6850艘次，其中内贸船6340艘次，外贸船510艘次；货物吞吐量2853.53万吨，其中内贸货物1679.83万吨，外贸货物1173.70万吨。进靠泊液化天然气（LNG）船舶46艘次，卸货310.43万吨。

【服务地方发展】 2021年，铁山港海事处扎根一线，为地方经济发展提供海事支持，服务地方发展。

新冠疫情防控　年内，新冠疫情期间，“换班难”成为国际航行船员普遍关心的问题。铁山港海事处积极落实属地政府决策部署，全面融入地方疫情防控大局，建立精简高效的船员换班机制，全年协助中国籍国际船员换班1300多人次。

海运通道守护　年内，铁山港海事处推动海上碍航非法养殖场地综合整治。积极向区政府汇报海上碍航非法养殖隐患，向北海市国安委递交《铁山港湾无证养殖屡禁难止存在诸多不安全不稳定隐患》的情况报告，在区政府常务会议上建议否决非法养殖项目延期提议，借助中央环保督查契机，抽调执法人员和海巡船参加由政府牵头、多部门参与的综合整治行动。全年共清理无证养殖户141户，涉海面积753.93公顷。及时消除铁山港跨海大桥扩建项目碍航隐患。通过巡航发现铁山港跨海大桥扩建项目阻碍通航桥洞的安全隐患，责令施工方迅速消除该隐患。推动地方政府全面履职，推动铁山港区建立水上安全隐患大排查、大检查、大整治专项行动联席会议制度，共同守护海运通道。

民生物资供应保障　年内，铁山港海事处走访了解辖区国家管网集团北海天然气有

表4　2019—2021年北海市铁山港区港口吞吐量一览表

年份	总吞吐量（万吨）	其中		内贸船（艘次）	外贸船（艘次）
		内贸（万吨）	外贸（万吨）		
2019年	2973.40	2021.50	951.90	6857	312
2020年	2786.10	1817.80	968.30	5806	440
2021年	2853.53	1679.83	1173.70	6340	510

限公司、广西投资集团北海发电有限公司、广西渤海农业发展有限公司的生产计划和原料运输情况，确定海事服务和监管方案；为载运LNG、电煤和大豆等民生物资船舶开辟水上"绿色通道"，实现船舶申报、审批、办结一次性通关。年内，铁山港区共保障国内煤船安全进港34艘次，卸电煤163.40万吨，LNG船舶安全靠泊46艘次，卸载LNG310.43万吨。

【水上交通安全监管】 2021年，铁山港海事处严把水上交通安全"责任关"，确保辖区水上交通安全形势持续稳定。

危险品运输安全监管　年内，铁山港海事处全面梳理辖区船舶载运危险货物作业区分布、危险货物码头作业种类、载运危险货物船舶进出港频次等情况，详细排查涉及船载危险货物安全隐患；依托海事危防管理系统和船舶监督选船系统，对载运危险货物的低标准船舶实施跟踪监管；加强与港航管理部门执法协作，严厉打击危险货物瞒报、谎报、漏报，依法查处1起漏报行为。

LNG船舶进靠泊安全管控　年内，铁山港海事处制定《广西沿海水域LNG船舶安全监督管理暂行规定》，建立广西标准；维护通航秩序，合理安排船舶进出港计划；开展港口国"云"监督检查，通过信息化手段对船舶载运货物、近期航线和人员防护等方面进行全面"体检"，确保LNG船舶安全适航。

内河船舶涉海运输打击　年内，铁山港海事处加强与涉水单位联动协作，开展系列"猎狐"行动，打击内河船舶涉海运输非法行为。通过电子巡航、采取错时、夜间执法、重点海域值守等多种手段，加强内河船舶非法从事海上运输专项治理。全年全区共查处涉海非法运输的内河船舶13艘次，行政处罚42.10万元。

【海洋生态守护】 2021年，铁山港海事处全面落实"绿水青山就是金山银山"绿色发展理念，助力铁山港区海洋生态文明建设。铁山港海事处结合交通运输部水上交通安全专项整治三年行动要求，实施船舶大气污染物排放控制区监督管理，运用船舶燃油采样、保存及快速检测等高科技装备，对到港船舶开展燃油硫含量快速检测，并通过跨部门协作，引导船舶使用低硫油、清洁能源或者尾气后处理技术。年内，铁山港海事处开展船舶燃油快速检测317艘次，取样送检106艘次，查处使用硫含量超标燃油船舶4艘次，处罚金13.20万元。铁山港是北部湾沿海重点水域之一，船舶交通密集、涉污作业频繁，铁山港海事处联合港航企业、航运公司开展防治船舶污染应急演练，推动地方政府在铁山港公共执法码头建成中型溢油应急设备库。

【海事服务】 2021年，铁山港海事处以"我为群众办实事"为抓手，广泛了解企业和相对人困难诉求，主动开展服务帮扶。在北海海事局船舶处、区政务中心、区后勤服务中心的支持下，促成辖区57名船员参加培训并取得船员证书；联合港口、海关等部门，共同推动铁山港作业区首艘大豆船、高粱

2021年4月28日，中央第七生态环境保护督察组副组长、环保部副部长翟青(中)，率领督察组乘"海巡1005"巡逻船巡视铁山港湾

铁山港海事处　供

2021 年 9 月 26 日,北海海事处执法人员与中国移动、中国电信、中国联通三大通信运营商的工程师,乘坐“海巡 10181”轮到铁山港锚地检测手机信号覆盖情况,共同研究方案,确保该片海域实现手机视频通话　　铁山港海事处　供

船进靠卸货,助力辖区码头粮食业务发展;快速、高效处理“天盛 26”轮与“中粮华东”轮发生擦碰事故,主管单位北海海事局获得北海中远海运船务代理有限公司等单位赠送锦旗感谢;接收北部湾大学 20 名应届毕业生实习,解决毕业生实习难题;及时发现广西投资集团北海发电有限公司火情,获得企业致信感谢;协助中国移动、中国电信、中国联通三大通信运营商在铁山港锚地实现移动用户视频通话畅通,为远程紧急救助打下基础。

(钟宛芝)

北海出入境边防检查站执勤二队

【边检执勤概况】 2021 年,北海出入境边防检查站执勤二队(简称北海边检站执勤二队)承担铁山港内的出入境人员、物资检查任务。年内,北海边检站执勤二队围绕教育整顿、党史学习、中国共产党成立 100 周年安保和新冠疫情防控,坚持政治工作生命线,以边防检查工作为中心,抓管理保安全、抓管控重服务,确保口岸安全稳定,各项工作稳步推进。

【口岸管控】 2021 年,北海边检站执勤二队加强业务学习,深化口岸管控,推进边检业务建设。

警务联动　年内,北海边检站执勤二队与广西海警局铁山港工作站、营盘派出所、石头埠派出所、玉(林)铁(山港)高速收费站签订联防联控协议,建立警务通联合作机制,利用创建平台为载体,实现警务联动,内部资源共享,共同打击铁山港海域违法犯罪,确保铁山港口岸繁荣稳定。

警备联合执法　年内,北海边检站执勤二队与铁山港港口公安局联合商定,在港口大门入出通道设立口岸限定区域岗哨,实行警备联合执法,覆盖港口限定区域的管控。

海上巡查　年内,北海边检站执勤二队成立铁山港海上巡查小分队,与国家管网北海液化天然气集团分公司共同开展不定时海上巡查,有效掌控港口周边以及锚地船舶动态。

2021 年 10 月 20 日,北海边检站执勤二队成立海上巡查小分队开展海上巡查活动　　北海边检站执勤二队　供

年内。北海边检站执勤二队验放出入境船舶530艘次，员工1.08万人次，开展口岸巡查1700余次，办理各类证件2000余份。

风险隐患摸排走访　年内，北海边检站执勤二队开展走访活动，并以重要时间节点口岸安保为契机，开展口岸风险隐患摸排走访。先后走访铁山港港口公安局、国家管网北海液化天然气集团分公司、船舶出入境代理公司、装卸队，通过走访活动增进了解，共同维护口岸出入境秩序。

2021年8月11日，北海边检站执勤二队成功处置涉新冠疫情船舶“白鹭”号。图为工作人员在对船员进行防疫消杀

北海边检站执勤二队　供

【新冠疫情防控】 2021年，北海边检站执勤二队落实口岸防控新冠疫情境外输入措施，坚持对进港船舶实行24小时监管。建立完善隔离房、防护服更衣室、消杀间，严格落实高、中、低风险勤务要求和责任分工，确保做到联检厅“一船一消杀”、勤务车辆“一车一消杀”、海员证件“一办一消杀”、船员换班“一次一消杀”等勤务模式。督促民警、协警全程接种新冠疫苗，落实高风险岗位隔天1次核酸检测，中、低风险岗位每周2次核酸检测的规定。成功处置涉新冠疫情船舶“白鹭”号，妥善完成船员换班、船舶消杀、在港24小时监护的任务。年内，辖区口岸新冠疫情零输入、零感染。

【从严治警】 2021年，北海边检站执勤二队以各项安保维稳工作为抓手，狠抓重点环节管理，深入推进从严治警工作。认真梳理排查存在的隐患风险点，分析原因并制订措施抓好整改落实，最大限度消除隐患苗头，对季节性安防注意事项、社会车辆驾驶、饮酒报备、信息网络保密安全等重点内容进行常态化教育和不间断督导检查，确保队伍安全稳定。

【能力提升】 2021年，北海边检站执勤二队认真抓好业务学习，做好新学员传、帮、带工作，制订培训计划，挑选业务骨干对跟班学员进行一对一培训讲解，提升学员业务素质。由几名专业英语人才组建“英语角”，带领检查员学习英语，为检查员等级考试打基础、练基本功。先后派检查员到南珠派出所、凭祥执法大队跟班学习执法办案，到深圳蛇口边检站学习邮轮出入境检查业务，提升检查员业务素质。

（邵金玲）

科学技术

科学技术综述

【科技工作概况】 2021年，北海市铁山港区科技商务和工业信息化局（简称区科商工信局）负责铁山港区科技工作。年内，区科商工信局开展科普宣传、科技示范、农村实用技术培训、创新平台建设、科技特派员基层创新行动、重大科技成果转化等各项工作，取得新的成绩。

【科技特派员服务基层】 2021年，区科商工信局结合区农业产业发展需求，开展科技特派员服务基层行动。组织具有较高素质、有实践经验的农业科技人才与种养基地负责人、专业大户会面，实行双向选择。年内，全区共推荐选派7名区本级科技特派员与区内种养基地结对，另有50多名各级科技特派员不定期到铁山港区开展服务。年内，各级科技特派员到辖区开展科技服务活动563次。

科技计划和科技开发

【科技计划项目申报】 2021年，区科商工信局围绕“十四五”北海市科学研究与技术开发项目申报指南，广泛发动企业申报科技计划项目。年内，铁山港区推荐申报市级科技计划项目6个，培育3家企业成功申报科技型中小企业入库。

【“星创天地”培育】 2021年，区科商工信局推动农业领域创新创业，加快农业科技成果转化，积极开展“星创天地”培育建设工作。区科商工信局推荐北海金不换水产有限公司、北海茂叶生态农业有限公司申报“星创天地”认定，并顺利通过北海市第一批“星创天地”认定，超额完成培育“星创天地”指标任务。

科技成果和示范推广

【科技成果转化】 2021年，区科商工信局加强科技成果管理，优化整合科技资源，引导创新要素向企业聚集，加快推进科技成果转化为生产力。年内，区科商工信局完成重大科技成果转化项目13项，超额完成北海市科技局下达的指标任务。

【科技示范推广】 2021年，区科商工信局结合区海水鱼类网箱养殖、大蚝养殖、海水珍珠贝养殖、大棚果蔬种植等资源优势和产业优势，建设示范基地，带动产业发展。年内，区科商工信局开展新品种、新技术的引进和示范推广工作，全区共引进泥猛鱼、青斑鱼、圣保罗辣椒等新品种19个，示范推广草莓番茄、翠香丝瓜等优新品种30余个，示范推广牡蛎分段式养殖、牛场科学规划等先进适用技术71项，帮助养殖基地解决泥猛鱼弧菌病毒致病、商品鱼成活率低、大棚蔬菜青枯病防治等关键技术问题107个。

科学技术普及

【科技普及概况】 2021年，区科商工信局积极开展科普宣传、科技示范、农村实用技术培训等有关工作，共开展科技下乡、科技种养服务培训2期，发放书籍资料1500余份。

2021年5月28日，区科商工信局组织科技特派员和相关农业专家到南康镇开展全国科技活动周北海活动暨“科技下乡服务为民”大行动　　区科商工信局　供

【科技下乡】 2021年5月28日，区科商工信局组织科技人员在南康镇开展科技下乡活动。通过科技下乡活动，提高农村党员干部、乡镇农技人员的科技素质，满足农民群众对农业科技的迫切需求。活动邀请市科技局、市动物疫病预防控制中心、市蔬菜研究所、市农业科学研究所、区农水局、广西利源农业科技有限公司等单位的农业专家、科技特派员共37人现场为群众传授科学种养技术、解决种养难题并解答群众咨询。活动参加单位向群众免费发放科技兴农实用技术汇编、瓜菜病虫害防治技术手册等资料，以及赠送黏虫板、植物营养液、有机肥等农资共1500余份。科技人员为群众传授哈密瓜、薄皮甜瓜、食用菌等科学种植技术，为群众答疑解惑，深受农民群众的喜爱。

2021年7月16日，区科商工信局组织科技特派员到革命老区——南康镇扫管龙村茂叶优果“星创天地”基地现场为管理人员提供果树管理技术服务　　区科商工信局　供

【果树技术服务】 2021年7月16日，区科商工信局到革命老区——南康镇扫管龙村茂叶优果“星创天地”开展果树实用技术栽培服务活动。铁山港区科技特派员为茂叶优果“星创天地”基地管理人员讲解果树选苗、移植、水肥管理和病虫害防治等实用技术。科技人员认真解答基地管理人员的各种问题，帮助他们掌握科技新成果，将新品种、新技术更好地运用到果树种植、管护等环节，提高水果的品质，提高基地的收入，助力乡村振兴。　　（龙燕萍）

防震减灾

【防汛抗旱】 2021年，铁山港区完成防汛抗旱指挥部成员调整，印发《北海市铁山港区洪潮灾害应急预案、北海市铁山港区防御台风应急预案(2021

2021年7月21日，区委常委、副区长提名人选沈飞（右二）带队到营盘镇白龙入海口检查台风防御工作　　区应急管理局　供

年）》《北海市铁山港区党政领导班子成员防汛值班制度》《2021年北海市铁山港区党政领导防汛值班安排表》和《2021年北海市铁山港区领导干部防汛抗洪救灾分片包干责任制安排表》，并落实24小时汛期领导带班值守工作。

【森林防灭火】 2021年，铁山港区完成森林防灭火指挥部成员调整，发放森林防灭火物资装备数量83套，并以区政府名义印发森林防灭火应急预案和发布禁火令。年内，铁山港区向区辖3个镇各拨付防火工作经费8000元。

【地震应急避难演练】 2021年，区应急管理局注重提高中（小）学生遭遇地震时应急避险措施，最大限度地降低地震带来的损失，提高中（小）学生紧急避险、自救自护能力。6月9日，区应急管理局会同北海市地震监测中心、区教育局组织南康镇第一中学全体师生开展防震减灾疏散演练。制订演练方案，各班班主任给学生讲解应急避震的保护措施和自救知识，提高学生身处家庭中、校园内防震避险意识。演练模拟就地避震、安全撤离场景进行。通过演练，学生熟悉了学校逃生疏散路线，达到预期目标。

【全国自然灾害风险普查】 2021年，铁山港区组织开展第一次全国自然灾害风险普查工作。共完成承载体调查182个、减灾能力调查1142个、历史灾害调查716个，普查调查进度100%，质量核查通过率100%。

【应急救援】 2021年，铁山港区印发地震应急预案、森林火灾应急预案、自然灾害救助应急预案、洪潮灾害应急预案和防御台风应急预案5个应急预案。年内，铁山港区成立营盘镇、南康镇、兴港镇、区人武部、团区委5支防汛抢险队伍，建立健全灾害信息员队伍，随时做好防汛物资的储备。

（李祥光）

气　　象

【重大气象灾害应急响应】 2021年，铁山港区共受到5个台风影响，分别为第4号台风“小熊”（热带风暴级）、第7号台风“查帕卡”（台风级）、第17号台风“狮子山”（热带风暴级）、第18号台风“圆规”（台风级）、第22号台风“雷伊”（超强台风级）。受台风影响，铁山港区累计启动重大气象灾害（台风）Ⅳ级应急响应3次，启动重大气象灾害（台风）Ⅲ级应急响应1次。

【气象信息转发】 2021年，区应急管理局及时转发北海市气象局发布的气象信息50余次，让区委、区政府和有关防汛部门准确决策和做好预防工作，把损失降到最低。　（李祥光）

教　育

教育综述

【教育概况】 2021年，北海市铁山港区教育局（简称区教育局）学习贯彻中共十九大精神和习近平新时代中国特色社会主义思想，全面加强党对教育工作的领导，坚持社会主义办学的正确方向，落实立德树人的根本任务，高质量推进基层党建、教师队伍建设、校园安全、教育教学、项目建设、控辍保学、学生资助等各项工作任务，党组织引领作用凸显，教师队伍稳定，校园安全和谐，义务教育有保障，教育教学质量进一步提高，不断促进青少年健康成长，推动教育优质均衡发展，为办好人民满意的教育持续发力。2月，区教育局被中共中央、国务院评为全国脱贫攻坚先进集体；6月，中共北海市铁山港区教育工作委员会被中共北海市委评为北海市先进基层党组织。

2021年2月，区教育局被中共中央、国务院评为全国脱贫攻坚先进集体　　区教育局　供

【教师队伍】 2021年，铁山港区全力配齐配强优质师资队伍，不断提升教师队伍教育教学能力，长效落实师风师德建设，下大力气补足教育人才差距，通过选树先进典型、优秀人才交流等方式提升教师队伍活力。年内，全区有158名高级职称教师聘为专业技术岗位七级，1人获评正高级职称，96人获评高级教师职称，认定教师资格107人。举办公开课、赛课、技能大赛、送教下乡等活动55场次，组织优秀教师参加市级赛课获奖15人。组织申报市级课题15项，获得3项市级课题结题；此外，有2项铁山港区级课题结题。组织教师参加各级培训2200人次，选派25名优秀教师到农村薄弱学校支教走教，选派158名教师参加校际交流轮岗。1人被评为广西优秀少先队辅导员，4人被评为北海市教育拔尖人才，7人被评为铁山港区十佳教师（校长），288人被评为光荣从教30年优秀教师。

【教育项目】 2021年，铁山港区进一步加大学校基础设施建设力度，优化教育资源配置，全面改善乡村学校办学条件，筑牢教育优质均衡发展硬件基础。年内，全区公办中小学、幼儿园校园总占地面积149.53公顷，校舍总建筑面积28.55万平方米，小学生均校舍面积10.05

平方米，初中生均校舍面积 20.7 平方米，高中生均校舍面积 12.7 平方米。投入 2479 万元建成铁山港区第九幼儿园、第十幼儿园、南康镇雷田小学附设幼儿园和营盘镇塘仔小学附设幼儿园等 4 所公办幼儿园，增加学前教育学位 720 个；投入 3014 万元建成铁山港区南康镇第一小学教学综合楼、南康镇第一中学学生食堂和营盘镇中心小学综合教学楼 3 个乡村振兴教育项目并投入使用，增加学位 1080 个。总投资 1073 万元的南康中学学生宿舍楼建成并投入使用，总投资 909 万元的南康中学教师周转房项目开工建设。投入扩大学前教育资源奖补资金、农村义务教育学校校舍安全保障长效机制资金、义务教育薄弱环节改善及能力提升补助资金 707 万元，建设教育基建项目共 60 个。利用中央和自治区奖补资金 369 万元，采购阅卷系统、学校仪器设备等中（小）学校设施、设备 4.05 万件（套）；利用中央和自治区扩大学前教育资源奖补资金 228 万元，采购公办幼儿园幼教设施、设备 578 件（套）和 38 所普惠性幼儿园安防设备。

2021 年 12 月 23 日，区教育局机关党支部到兴港镇粟山村委开展“我为群众办实事”主题党日活动　　区教育局　供

【教育经费收支】 2021 年，铁山港区教育经费总收入 3.84 亿元，比上年增长 11.49%。其中一般公共预算教育经费 3.48 亿元，比上年增长 6.24%。教育经费总支出 3.96 亿元，比上年增长 13.7%。其中一般公共预算教育经费支出 3.59 亿元，比上年增长 8.14%。总支出中，人员经费支出 3.00 亿元，公用经费支出 5481 万元，基建支出 4122 万元。

【校园安全】 2021 年，铁山港区印发实施《北海市铁山港区“护苗攻坚行动”实施方案》，调整 57 名公检法领导干部担任学校法治副校长，推进 95 所学校进行“4+N”安全防范建设，实现校园封闭式管理率 100%，一键报警、视频监控系统安装率 100%，校门防冲撞系统安装率 100%，专职保安派驻率 100%，访客管理、进出校园管理、人脸识别系统安装率 100%。年内，全区在校学生没有发生犯罪事件。

【健康教育】 2021 年，铁山港区大力开展健康宣传教育，组织师生员工开展新冠肺炎、手足口病、艾滋病、健康素养监测、青春健康教育、心理健康教育、预防儿童青少年近视等知识培训。举办健康教育各类师资培训 12 期，参加培训教师 2856 人次。筑牢教育系统免疫屏障，全年全区教职工新冠疫苗接种 2493 人，接种率 98.96%。严格落实学校晨（午）检制度、传染病疫情报告制度等卫生制度，切实做到“早发现、早报告、早隔离、早治疗”，严防发生校园疫情。

【为民办实事】 2021 年，区教育局派出 128 人继续做好挂点村的“一对一”帮扶联系工作，助力兴港镇粟山村委为民办实事 158 件，巩固乡村脱贫攻坚后评估成果。

学前教育

【学前教育概况】 2021 年，铁山港区有公办幼儿园 6 所，其中南康镇3所、营盘镇2所、兴港镇1所，公办幼儿园根据适龄幼儿入学需求合理配置。为确保民办学前教育质量，进一步规范民办幼儿园办学行为，开展“小学化”专项治理和规范办学防范化解风险专项行动，全面推进学前教育的规范、安全和健康发展。学前三年毛入园率达91.2%。

【学前教育发展】 2021年，铁山港区第七幼儿园投入使用，营盘镇西板塘村方方乐趣幼儿园和兴港镇鑫光幼儿园2所民办幼儿园被认定为自治区多元普惠性幼儿园，铁山港区第二幼儿园被认定为市级示范性幼儿园。年内，全区年审民办幼儿园35所，年审率100%，规范民办幼儿园办学行为，全面推进铁山港区民办教育健康发展。

义务教育

【义务教育概况】 2021年，铁山港区共有义务教育学校54所，其中小学36所、教学点10所、中学8所(其中九年一贯制学校1所、初级中学7所)，在校小学生13169人，在校初中生5692人，小学学龄儿童入学率100%，初中毛入学率100%；小学辍学率零，初中辍学率零；小学毕业生升学率100%，初中毕业生升学率96%。小学专任教师815人，师生比1∶16.12；初中专任教师447人，师生比1∶12.32。

【义务教育整顿】 2021年8月19日，全国义务教育“双减”工作电话会议召开后，铁山港区迅速成立工作领导小组，进一步落实“五项管理”工作，积极实施学校课后服务，参加课后服务学生3732人，占应参加课后服务总学生人数85.43%，8所中学均开展晚自习并安排教师辅导。全年开展铁山港区校外培训机构排查整顿专项工作4次，13所学科类培训机构全部关停，关停率100%。

2021年9月，北海市铁山港区第七幼儿园投入使用

区教育局　供

【控辍保学】 2021年，区教育局持续深入贯彻落实“依法治教，以防为主，防治结合，综合治理”的控辍保学方针，始终坚持“绝不让任何一个学生因家庭贫困而辍学”的宗旨，全面落实各项学生资助政策。年内，1336名建档立卡脱贫户适龄子女没有失学辍学现象，义务教育阶段巩固率97.28%。36名脱贫户子女适龄残疾儿童，按照“随班就读为主体，送教上门为补充”的原则，逐一安置接受义务教育，残疾儿童入学率100%。全区外来务工人员随迁子女372人，入学率100%；留守儿童232人，入学率100%。兑现国家资助2243.02万元，惠及贫困学生1.14万人次；发放义务教育家庭经济困难学生生活补助6768人次，发放金额334.35万元。

普通高中教育

【普通高中教育概况】 2021年，铁山港区有完全高中1所——

北海市铁山港区南康中学（简称南康中学），在校高中生1810人，高中专任教师146人，师生比1∶12.39，高中阶段毛入学率97.51%，高中生均校舍面积12.7平方米。

【普通高中管理】 2021年，铁山港区全面加强对高中的管理，强化课堂教学管控，注重课堂教学的针对性和有效性，注重课堂教学的效率和质量，注重作业的布置及批改作业的质量，进一步提高普通高中教育教学效果。12月，南康中学向自治区教育厅申请特色高中项目得到批准立项。

中等职业教育

【中等职业教育概况】 2021年，北海市铁山港区职业教育中心（简称区职教中心）利用配套的教学设施和师资力量，整合资源，承担辖区内专项技术培训、农民中等职业教育和社区教育等工作，共有在读学员180人。作为广西农业广播电视学校铁山港区分校，区职教中心认真做好农民中等职业教育的招生、教学培训、学籍管理、社会实践、毕业申报和跟踪服务等工作。

【学员就业和培训】 2021年7月，区职教中心完成2019级全部教学工作，为51位学员办理毕业证，大部分学员毕业后进入北港新材料公司、斯道拉恩索（广西）浆纸有限公司、太阳纸业和信义玻璃有限公司等区内企业就业；11月，区职教中心组织2020级学员80人进行课程面授。根据2021年农民中等职业教育招生培养计划开展招生宣传，共录取2021级《作物生产技术》专业学员100人。

招生考试

【招生】 2021年，铁山港区招生考试工作坚持深化改革、强化管理、优化服务原则，各项招生工作规范有序、科学高效、安全顺利进行。明确规定义务教育阶段各中（小）学原则上按既定的招生范围招生，按照就近或相对就近的原则就读，保证每一位适龄少年儿童都有接受教育的学位，有效缓解南康镇小学招生矛盾。积极推进南康中学、铁山港区实验学校招生工作，主动联系进驻港区大型企业，及时解决企业干部职工子女的入学问题，为全区经济发展提供保障服务。年内，全区小学招生2105人，初中招生1973人，普通高中招生600人。

【考试】 2021年，铁山港区有735人参考高考，1858人参考中考。高考本科上线人数170人，比上年增长10.9%；中考取得新的跨越，A+人数60人，A人数280人，A+人数进步率28%，创5年来新高。（杨　旋）

2021年4月13日，在铁山港区实验学校开展“传承壮族三月三，团结进步感党恩”主题活动
区实验学校　供

文化·广播电视

文化综述

【文化机构概况】 2021年,北海市铁山港区文体广电旅游局(简称区文旅局)负责铁山港区的文化、文物、广播电视、旅游等管理职能,下辖北海市铁山港区文化旅游服务中心。年内,全区有农家书屋41家,镇文化站3个,村级公共服务中心37个;有文物保护单位和保护景点36个,其中省级文物保护单位和保护景点1个、市(县)级保护单位和保护景点10个,未定级单位和保护景点25个。

【文化企业建设】 2021年,区文旅局致力传统文化企业创新发展,并根据单位管理职能,负责管理铁山港区海港粤剧团(原1952年创建的陂塘粤剧团)。年内,铁山港区海港粤剧团投入8.6万元,添置更换数字调音台、迪声处理器、线阵音箱、光束摇头灯、移动舞台等设备设施,推动铁山港区海港粤剧团发展上新台阶。

社会文化

【文化惠民】 2021年,区文旅局以庆祝中国共产党成立100周年为主线,在“三月三”、“五一”、“七一”、中秋节、国庆节等节庆期间,开展丰富多彩的文化活动。年内,区文旅局联合区委政法委,以“永远跟党走 奋进新征程 推进乡村振兴 创建文明城市 加强民族团结 共建平安港区”为主题,举办庆祝中国共产党成立100周年暨2021年我的中国梦文化进万家惠民巡回演出19场;组织编排庆祝中国共产党成立100周年歌舞诗歌朗诵《没有共产党就没有新中国》《歌唱祖国》《学党史 感党恩 跟党走》、创城小品《广告风波》、平安建设快板《扫黑除恶扬利剑》、民族团结舞蹈《广西尼的呀》等节目,为群众送去欢乐,送去政策宣传,为庆祝中国共产党成立100周年营造喜庆、祥和的氛围;联合兴港镇党委、兴港镇政府举办“最美的颂歌献给党”文艺晚会3场;联合南康镇党委、南康镇政府举办“永远跟党走 奋进新征程——南康镇庆祝中国共产党成立100周年感党恩 跟党走”文艺晚会;与区委宣传部等部门联合承办铁山港区“感党恩 跟党走——北海市铁山港区庆祝中国共产党成立100周年红色歌曲合唱”大赛;与区委党史学习教育办、区委宣传部等单位联合承办北海市铁山港区庆祝中国共产党成立100周年文艺晚会;10月25日—27日,举办铁山港区第二届农村文艺会演,连续3晚以“加快文旅产业发展 建设文化旅游强区 打造富强开放生态文化幸福新铁山港区”为主题,分别在兴港镇南乐社区文化广场、南康镇里头塘村委和营盘镇石村村委进行文艺会演,58支当地农村文艺团队参与演出,促进城乡文化交流和农村精神文明建设;联合兴港镇党委、区委宣传部举办“我的中国梦文化进万家暨移风易俗树新风”文艺晚会10场;联合区直属机关工委举办庆祝中国共产党成立100周年书法比赛及书法展;联合区委宣传部开展戏曲进校园演出45场、戏曲进乡村演出13场,送戏下乡演出 5 场。年内，全区各镇、各部门及群众自主举办各类文体活动 219 场(次)，全方位营造中国共产党成立 100 周年喜庆氛围。

【助力乡村文化振兴】 2021 年，区文旅局支持区辖各镇、村（社区）文化活动经费 34.9 万元，助力乡村文化振兴。

专业文化

【文化精品打造】 2021 年，铁山港区文艺精品创作参与面和作品量有提升。由区委宣传部组织创作的器乐《疍家喜搬迁》，由区文旅局组织创作的歌曲《爱你风雅》《你是一面旗》，由营盘镇组织创作的舞蹈《一盏红油灯》参加自治区第九届基层群众文艺会演比赛，《爱你风雅》获得第 2 名、《你是一面旗》获得第 3 名、《一盏红油灯》获得优秀奖。年内，赤江陶烧制技艺“非遗”代表传承人陈家宝作品《红色密码》获广西工艺美术“八桂天工奖”银奖；由陈家宝设计、朱芳制作的《陶瓷茶具——邂逅》获 2021 年“金凤凰”创新产品设计大赛银奖。10 月，区文旅局被评为北海市精神文明建设贡献奖文艺精品创作先进集体。

【文化传承】 2021 年，区文旅局加大对“非遗”（非物质文化遗产）的挖掘和保护。深化文化改革发展，制订并印发《铁山港区进一步加强非物质文化遗产保护工作实施方案》，强化对“非遗”工作的组织领导和队伍建设，加大经费投入，引入社会力量参与。举办“非遗”项目“三棋”比赛；举办“非遗”项目“卖鸡调”展演和培训活动 8 场，由“卖鸡调”传承人将各项中心工作编入“卖鸡调”，通过现场展演、现场教学的方式，加大对“非遗”项目传承发展。

【文艺人才培训】 2021 年，区文旅局继续开展“惠民演出到哪里，文艺培训到哪里”活动，在开展文化惠民演出的同时，发挥本地文艺能人的作

2021 年 11 月 10 日，铁山港区“非遗”项目“卖鸡调”展演活动在营盘镇盐灶村举办

黄昌能　摄

2021 年 7 月 23 日，铁山港区海港粤剧团在培训文艺骨干

陈发提　摄

用，组织举办19场文艺骨干培训班。

文化旅游市场管理

【综合执法整治】 2021年，区文旅局加强对文化旅游场所的日常检查，并组织联合检查，确保消防等各项安全工作落实到位。区文旅局、铁山港公安分局、区市场监管局、区综合执法局和区消防救援大队等部门在春节、“三月三”、国庆节等节假日期间对全区文旅企业集中开展联合大检查4次，共出动执法人员100人次，发放宣传资料200余份，整治相关行业违法、违规行为，进一步督促相关行业规范经营。年内，区文旅局及时向北海市文化市场综合行政执法支队报告，请求协助执法，并配合查处铁山港区四号路与营闸路交会处1家无证经营网吧。年内，区文旅局日常开展文旅企业检查20次，出动人员128人次。

【文化市场行政审批】 2021年，区文旅局严格开展文化市场行政审批，依法为2个KTV（卡拉OK并提供酒水服务的主营业时间为夜间的娱乐场所）办理延续手续，对不符合演出条件的营业性演出团队做出不予备案或行政许可决定的通知。

【行业安全培训】 2021年，区文旅局加强文旅系统安全培训力度。10月20日，区文旅局举办铁山港区文旅行业平安建设暨急救技能培训班，就文旅行业涉及的日常工作最可能遇到的突发事件如溺水、心脏骤停、骨折等急救措施进行针对性的授课，区辖各镇文化站、旅游、网吧、KTV、体育企业负责人共30余人参加培训。11月29日，举办文旅系统消防安全知识培训班，提高应对消防突发事件和意外伤害的处理能力，提升辖区旅游文化行业安全工作和消防安全管理水平。该次培训通过观摩消防战士使用救援及灭火装备器材、日常消防战备训练，参观消防安全科普教育馆及消防安全理论知识培训等方式，全面提高文旅系统的防范、处置消防问题的能力，全区各镇文化站、网吧、KTV、旅游企业、体育企业负责人和文化专管员、文化志愿者70余人参加培训。

文物管理

【文物保护机构概况】 2021年9月29日，北海市铁山港区文物局（简称区文物局）成立，与北海市铁山港区文体广电旅游局“一个机构两块牌子”。区文物局承担铁山港区文物保护和文物事业发展规划的有关工作，研究提出综合性政策建议和改革方案，承担文物保护宣传等工作。

【文物保护】 2021年，区文物局贯彻落实中共中央总书记习近平关于文物管理工作的指示精神，严格执行《中华人民共和国文物保护法》和国务院《关于进一步加强文物工作的指导意见》、国务院办公室《关于进一步加强文物安全工作的实施意见》文件精神，开展文物保护工作。全面开展文物安全大排查、大检查行动2次，对存在安全隐患的文物单位（文物点）逐一列出问题及整改措施。年内，区文物局积极申报文物保护维护项目，邀请专业设计公司，对自治区文物保护单位——白龙城遗址南门保护展示设施进行专业设计并通过自治区评审。加强文物保护法宣传力度，通过文化下乡活动、文化惠民演出等方式向群众发放宣传手册，宣传文物保护法律法规。

广播电视

【“壮美广西　智慧广电”工程建设】 2021年是推进“壮美广西　智慧广电”工程建设三年工程的收官之年，按照自治区广电局及北海市的部署要求，区文旅局、区辖各镇、村（社区）与广西广电网络公司密切配合，共同推进工程建设各项任务指标完成。全年共完成安装“广电云”用户680户，完成率100%，居一县三区首位；完成3个行政村“一村一屏”建设，实现行政村覆盖率100%；在建成北海市首个村级全媒体信息室——白东村全媒体信息室的基础上，区财政投入14.8万元超额建设5个村级全媒体信息室，进一步推进乡村信息化建设，助力乡村振兴。7月2日，铁山港区在2021年北海市“壮美广西　智慧广电”工程推进会上做经验交流发言。

2021年12月7日，营盘镇白东村全媒体信息室一角

欧发增　摄

【非法卫星电视设施整治】 2021年，铁山港区继续狠抓境外卫星电视传播秩序专项整治工作，通过采用宣传教育与整治、日常监管与联合行动相结合形式，使打击非法卫地设施工作深入人心，取得良好的社会效果。成立铁山港区境外卫星电视传播秩序专项整治工作指挥部，下设办公室在区文旅局。成立由文旅局和其他成员单位成员组成的专项工作领导小组，建立联席工作制度。加大宣传教育力度，向居民群众发放宣传资料500余份，出动宣传车20辆次。年内，区文旅局联合区委政法委、区综合执法局、区市场监管局、铁山港公安分局、区科商工信局、区辖各镇政府及广西网络北海分公司等部门先后开展非法卫星地面接收设施专项整治行动4次，共出动人员100人次，执法车辆30辆次，查处非法卫星电视“锅盖”80面及相关设施一批，有力维护辖区电视传播秩序，净化播出环境。铁山港区整治非法卫地接收设施的工作情况报道被人民网、《广西日报》、《北海日报》报道。

2021年6月4日，区联合执法工作组执法人员在原北暮盐场职工安置小区开展非法卫地设施整治专项行动　　黄昌能　摄

【电视宣传工作】 2021年，铁山港区广播电视站坚持以习近平新时代中国特色社会主义思想为指导，全面贯彻落实中共十九大和十九届历次全会精神，开展电视新闻宣传报道工作。重点在招商引资、征地搬迁、项目落地、营商环境、乡村振兴、平安建设、创建文明城市、文化体育等方面开展宣传报道，为实现全区高质量发展造舆论、树正气、鼓干劲、塑形象。年内，全区采写电视新闻稿件传送到北海电视台80多篇，被北海电视台北海新闻栏目采用播出40篇。内容涉及工业、农业、卫生医疗、文化体育、法治民生、乡村振兴等多个领域。

（李　澄）

党史编研与地方志工作

【党史编研与地方志工作概况】中国共产党北海市铁山港区委党史研究室（简称区委党史研究室）与北海市铁山港区地方志编纂委员会办公室（简称区志办）合署办公。2021年，区委党史研究室、区志办积极开展党史和地方志研究、资料收集和征编工作，完成执政纪事撰写、地方志资料年报收集上报、年鉴编纂等工作，取得较好的成效。

【党史及地方志资料征编】2021年，区委党史研究室、区志办按计划开展党史和地方志资料征编工作。根据年初制订的铁山港区党史和地方志资料征编工作计划，通过采访当事人、发放文件通知、资料查阅等方式，完成党史和地方志资料征集约51万字，图片100多幅，进一步完善党史、年鉴和地方志年报资料库。区委党史研究室、区志办向辖区80多个单位和部门征集党史资料，并根据收集到的原始资料撰写关于铁山港区经济、社会事业的改革与发展历程及党史专题。

【《铁山港年鉴(2021)》编纂】2021年，区志办根据《铁山港年鉴(2021)》编纂工作方案，组织专家、学者和铁山港区年鉴编纂人员，设计年鉴篇目、研究制定编纂大纲。3月9日，根据区政府办印发的《关于做好〈铁山港年鉴(2021)〉编纂工作的通知》精神，向全区各级党政机关、各企（事）业单位和部门征集稿件，并按计划完成编纂、校对工作。12月，《铁山港年鉴(2021)》由方志出版社出版发行，按自治区的要求高质量完成《铁山港年鉴(2021)》编纂、出版工作，实现自治区提出的县（区）年鉴“一年一鉴”工作目标。《铁山港年鉴(2021)》共34个类目，59.5万字，200多幅照片，全面、系统地记载铁山港区2020年的自然、经济、政治、文化、社会等方面的历史与现状，为党政机关、企（事）业单位和社会各界了解和研究铁山港区提供较全面的信息资料。

【自治区和北海市年鉴撰稿工作】2021年，区志办根据自治区政府、北海市政府关于做好本级年鉴撰稿工作的文件要求，完成《广西年鉴(2021)》（铁山港区部分）和《北海年鉴(2021)》（铁山港区部分）编撰工作。4月，经区政府审核后分别报送广西年鉴社和北海市志办。

【地方志资料年报工作】2021年年初，区志办根据北海市政府办公室《关于做好地方志地情资料年报工作的通知》及区政府《关于做好2021年铁山港区地方志资料年报工作的通知》精神，深入铁山港区80多个党政机关、企（事）业单位，收集整理铁山港区2013—2017年和2020年共6年的地方志资料约11万字，并按要求完成整理和编纂工作。10月，完成铁山港区地方志资料年报的收集、整理和编纂工作，并报送北海市志办，全面完成2021年地方志资料年报工作任务。

【撰写《中共北海市委执政纪事(2021)》（铁山港区部分）】2021年，区委党史研究室根据中共北海市委执政纪事编委会《关于做好〈中共北海市委执政纪事(2021)〉编纂工作的通知》，积极组织有关单位开展资料收集工作，按时按质撰写完成《中共北海市委执政纪事(2021)》（铁山港区部分）稿件约2万字，并上报中共北海市委执政纪事编委会，完成北海市委下达的编撰任务。

【编纂《北海市铁山港区历史百年大事记(1921—2021)》】2021年，区委党史研究室根据《自治区党委党史研究室2019—2022年工作规划》和北海市委党史研究室的工作部署，谋划并编纂、出版《北海市铁山港区历史百年大事记(1921—2021)》。6月月末，《北海市铁山港区历史百年大事记(1921—2021)》完成编纂，出版发行。全书17万字，记述1921—2021年100年间在铁山港区境发生的政治、经济、文化、社会、生态、党建等方面的重要会议、重大活动、重要事件、重要成就。

【《白龙社区志》编修工作】 为深入贯彻落实中共中央总书记习近平考察北海时重要讲话精神，挖掘北海历史文化，全面反映营盘镇白龙社区的历史和现状，系统准确地记录白龙社区的自然、政治、经济、社会、风土人情等方面的内容，2020年，区志办与北海市志办商议联合编纂《白龙社区志》。2021年上半年，区志办协助北海市志办完成《白龙社区志》资料收集；10月，《白龙社区志》初稿形成；12月，召开《白龙社区志》（初稿）审稿会；《白龙社区志》拟于2022年年底出版发行。

【资政育人】 2021年，根据铁山港区党史学习教育领导小组办公室的部署，区委党史研究室负责铁山港区党史学习教育简报史料组工作。自开展党史学习教育以来，共编发铁山港区党史学习教育简报39期，向中共中央、自治区党委、北海市委简报史料组报送简报信息材料共20篇。4—6月，区委党史研究室与区关工委等4家单位联合开展“百名‘五老’进校园　我为青少年讲党史”主题教育活动，组织“五老”（老干部、老战士、老专家、老教师、老模范）宣讲团，深入各小学学校，为青少年做15场党史教育专题讲座，“五老”以亲身经历向青少年讲述党的光辉历史，赞颂党的丰功伟绩。

2021年5月24日，区委党史研究室与区关工委等单位联合在铁山港区兴港镇中心小学举办“百名五老进校园，我为青少年讲党史”主题教育活动　　区委党史研究室　供

【巩固脱贫成果】 2021年，区委党史研究室积极做好巩固拓展脱贫攻坚成果同乡村振兴有效衔接工作。多次深入兴港镇富屋村和彬池村以及联系点营盘镇营盘社区开展帮扶工作，指导脱贫对象开展种植（养殖）等农业生产活动，继续做好脱贫户的思想教育工作，帮助他们克服“等、靠、要”的思想，引导其自力更生，勤劳致富，巩固脱贫成果。助力联系点营盘社区乡村振兴工作，资助营盘社区开展换届选举工作经费6000元，推动社区发展建设。在营盘社区“解忧超市”认领群众微心愿，为群众解“三事”（操心事、烦心事、揪心事）多件。　　（苏周娟）

档案工作

【档案工作概况】 2021年，北海市铁山港区档案馆（简称区档案馆）以习近平新时代中国特色社会主义思想为指导，深入学习、贯彻落实中共中央总书记习近平关于档案工作的重要指示、批示精神，围绕区委、区政府中心工作，把服务民生作为己任，切实加强档案基础业务建设，不断丰富档案资源，着力抓好档案安全管理，完成上级档案主管部门和区委、区政府交办的各项工作任务，为庆祝中国共产党成立100周年贡献档案力量。

【档案业务建设】 2021年，区档案馆抓好档案业务建设工作，履职尽责。

做好档案整理、接收工作　年内，区档案馆共接收区政府办、原北暮盐场、区土地确权办等单位文书档案9.68万件、照片档案1759张、录像档案7.12GB、实物档案3件进馆。截至2021年年末，区档案馆馆藏总量全宗有11个，馆藏文书档案18.27万件，照片档案3580张，会计档案171盒，实物档案84件，录音录像档案7.12GB，并全部完成档案

数字化。区档案馆馆藏类别不断丰富，在实物、照片、录像等类别档案上馆藏能力进一步增强。

协助做好档案业务指导工作　年内，区档案馆组织档案业务骨干，通过上门指导、电话指导、一对一指导等方式，协助区档案局指导各单位对档案资料的收集、整理和归档工作。全年完成脱贫攻坚档案、新冠疫情防控档案和土地确权档案向区档案馆移交进馆工作；以抽查方式加强对区辖3个镇档案安全进行全面检查，重点解决档案管理不够到位等问题，提升各立档单位档案整理质量和档案管理业务水平。

做好档案教育宣传工作　年内，区档案馆组织全体干部职工收看“6·9”国际档案日主题讲座、参加网上档案知识竞答活动，提高干部职工的业务能力。开展档案宣传活动，印发800多份宣传资料，进一步普及群众的档案知识。年内，区档案馆新馆简介和照片被2021年第2期《广西档案》刊登。区档案馆与区档案局联合摄制《追忆红色岁月——南康革命史》历史档案宣传片，为中国共产党成立100周年献礼。

做好档案利用工作　年内，区档案馆提供优质高效的查档利用服务，依法依规为区委办、区纪委、区委组织部、区政府办、区委党史研究室（区志办）等30个单位查阅提供原始凭证和资料信息，为全区各项事业的稳步发展提供档案服务。

做好自治区档案工作会议重点任务的落实　年内，区档案馆根据《关于印发〈全区档案工作会议重点任务落实分解表〉的通知》文件精神，召开专题会议，制订《北海市铁山港区2021年各项重点任务工作实施方案》，并一一照单对表抓好落实，全部完成工作任务，取得较好成效。

【档案安全建设】2021年，区档案馆做好档案安全工作。单位主要负责人对档案安全工作亲自抓、亲自管，经常带头排查安全隐患，把安全隐患消灭在萌芽状态；严格落实安全管理制度，指定专人负责、定期检查，制定并落实“一月一排查”安全管理登记制度；做好节假日前、台风暴雨等恶劣天气期间档案安全风险隐患排查工作，切实加强安全值守；积极协调自治区、北海市和铁山港区应急部门和电梯维护公司到区档案馆开展档案安全应急处置实战演练，提高应急处置能力。

【乡村振兴工作】2021年，区档案馆积极做好乡村振兴工作。选派年轻党员干部到乡村振兴工作挂点村——营盘镇营盘社区驻村锻炼培养，推进挂点村巩固脱贫攻坚成果同乡村振兴有效衔接。对村情民意进行调研，针对性指导挂点村开展工作。针对社区发展提出具体的指导和要求，并开展访“三事”逛“解忧超市”实践活动，为困难老人实现电风扇、米油等微心愿，为农村安装路灯解决行路难等问题；指导挂点村发展村级集体经济，认真履行帮扶责任，巩固脱贫成效。

【新冠疫情防控工作】2021年，区档案馆全体人员学习有关新冠疫情防控知识，做好全体人员和到访人员戴口罩、测体温、登记以及各项防疫消毒等工作。同时，根据区疫情防控指挥部要求，迅速排查各类风险人员，做到无一遗漏。

（陈丽萍）

2021年2月9日，区档案馆业务人员开展春节前档案实体安全检查工作

区档案馆　供

体 育

体育综述

【体育概况】 2021年，铁山港区体育工作由区文旅局负责。年内，区文旅局推进全民健身行动，开展多项体育赛事和培训活动。首次举办青少年篮球赛、青少年足球苗子选拔赛、机关事业单位工间操培训班，营造生机蓬勃的全民健身氛围。7月27日—30日，自治区举办2021年自治区体育重点工作目标业务能力建设培训班，铁山港区在培训班上做题为“政府主导　群众参与　共同推进——北海市铁山港区群众体育工作健康有序生机蓬勃”书面经验交流。

【体育设施建设】 2021年，区文旅局巩固公共文化服务中心行政村全覆盖基础，推进自然村文体设施（含广场、戏台、篮球场、健身路径）建设，助力乡村文化振兴。坚持“以人民为中心”的发展理念，以增强群众幸福感、获得感为标准，建设好群众身边的体育设施，不断完善、提升体育服务能力。年内，全区共投入资金50余万元建设南康镇三塘村委西村、良屋塘村，营盘镇石村村委西头村、彬畔村委东宁村、火禄村委东窑村，兴港镇小码头村委小码头村6个村（屯）级篮球场，建设南康镇莲塘村委双桥村、社内村委江仄村、龙门村委丰芋田村3个自然村舞台以及南康镇秋风塘村委劳屋村全民健身路径，不断完善基层体育基础设施。年内，全区人均体育场地面积2.49平方米，高于全国2.2平方米的平均水平。区文旅局谋划推进铁山港区首个体育公园和首个社区全民健身中心项目，完成三塘回建区体育公园项目立项，将兴港镇南乐社区全民健身中心项目申报中央体彩项目。

【体育产业】 2021年，铁山港区有从事体育项目相关企业6家。北海南滨文体有限公司、北海市东华文化体育产业有限公司、北海市羽乐体育运动有限公司、北海市勇星体育运动有限公司、北海凯程体育俱乐部有限公司5家是体育服务培训类企业，北海市铁山港区盛冠运动手套加工厂是体育运动产品生产企业。

竞技体育

【竞技体育概况】 2021年，铁山港区籍运动员代表中国国家队和广西队多次出战国际和全国性体育赛事并获得奖牌，为中国争光，为广西、北海市、铁山港区添彩。

【重要赛事获奖牌】 2021年，铁山港区籍运动员李俊升获得东京残奥会游泳男子SB5级100米蛙泳项目铜牌；在全国第十一届残疾人运动会暨第八届特奥会男子混合泳20分4×50米接力赛以2分26秒18的成绩获得金牌，刷新2分30秒16的世界纪录；获得全国第十一届残疾人运动会暨第八届特奥会男子SB5级蛙泳50米银牌。铁山港区籍运动员刘明瑚获得东京奥运会入场券；在陕西省延安市举办的第十四届全运会男子自由式摔跤57公斤级项目中获得冠军。

2021 年 8 月 28 日，李俊升获得东京残奥会游泳男子 SB5 级 100 米蛙泳项目铜牌　　区文旅局　供

2021 年 9 月 23 日，刘明瑚（右）获得在陕西省延安市举办的第十四届全运会男子自由式摔跤 57 公斤级项目冠军　　区文旅局　供

群众体育

【庆祝中国共产党成立 100 周年“远征杯”青少年篮球赛】 2021 年 5 月 2 日—5 日，北海市铁山港区庆祝中国共产党成立 100 周年“远征杯”青少年篮球赛在兴港镇南乐社区举行，该次赛事是全区首次举办以青少年篮球俱乐部为主体的赛事。活动由北海市文体旅游局、区文旅局指导，北海市篮球协会、北海市远征体育运动俱乐部主办。赛事为期 4 天，设男子 U12 组和青少年组 2 个组别，共有来自全市各俱乐部和中（小）学的 16 支代表队近 240 名青少年参赛。

2021 年 5 月 2 日—5 日，北海市铁山港区庆祝中国共产党成立 100 周年“远征杯”青少年篮球赛在兴港镇南乐社区举行　　欧发增　摄

通过为青少年搭建篮球交流平台，普及推广篮球运动，培养篮球后备人才，进一步推动全区全民健身运动深入开展。

【“移动 5G 杯”青年职工气排球赛】 2021 年 5 月 6 日—12 日，由区文旅局、团区委和区总工会共同举办的 2021 年铁山港区“移动 5G 杯”青年职工气排球赛在南康镇南滨球馆举行。比赛采用循环赛和交叉淘汰赛相结合赛制，有区委办、区综合行政执法局、区教育局、区辖三镇政府和中国移动铁山港公司、广投集团北海发电公司等驻地机关、企（事）业单位的 16 支队伍参赛。经过 6 天共计 32 场次的角逐，区教育局一队、广投集团北海发电公司、区教育局二队分别夺得冠、亚、季军。区人大常委会、区总工会有关领导出席闭幕式并为冠军队伍颁奖。

2021 年 5 月 6 日—12 日，铁山港区“移动 5G 杯”青年职工气排球赛在南康镇南滨球馆举行　　欧发增　摄

【机关单位工间操培训班】2021 年 9 月 23 日，铁山港区根据政协委员《关于在铁山港区机关单位干部中开展工间操锻炼的建议》的提案，邀请 2 名健身气功社会体育指导员在东华文化体育产业园跆拳道馆举办机关单位工间操培训班。来自区直机关、事业单位的 50 多名干部职工参加培训。该次活动由区文旅局、区总工会和区后勤服务中心联合主办，培训内容为健身气功“八段锦”。培训活动采取以点带面的方式，参训人员负责在各自单位做好推广和普及，引导干部职工积极参与工间操活动，增强全区干部职工身体素质，推动全民健身活动深入开展。

【青少年足球优秀苗子选拔赛】2021 年，区文旅局贯彻落实广西体育强区建设行动实施方案，推动铁山港区青少年足球运动的发展和普及，加强足球梯队建设，推动校园足球精英队员水平的提升。12 月 15 日—16 日，由区文旅局、区教育局、团区委共同主办的 2021 年铁山港区青少年足球优秀苗子选拔赛在铁山港区重点足球学校——南康镇第一小学举行。比赛采取 7 人制（5 男 2 女组合）赛制。来自该校 70 名学生参赛。通过以赛代练选拔足球苗子，进一步做好优秀足球后备人才的培养工作。　　（李　澄）

2021 年 9 月 23 日，铁山港区机关单位工间操培训班在东华文化体育产业园跆拳道馆举行　　欧发增　摄

2021 年 12 月 15 日—16 日，铁山港区青少年足球优秀苗子选拔赛在南康镇第一小学举行　　欧发增　摄

医疗卫生·计划生育

医疗卫生综述

【医疗卫生概况】 2021年，北海市铁山港区卫生健康局（简称区卫健局）管辖北海市铁山港区计划生育协会、北海市铁山港区防治艾滋病服务中心和4所医疗卫生机构（不含村级和村级以下机构），分别为北海市铁山港区人民医院、北海市铁山港区妇幼保健院、北海市铁山港区营盘镇卫生院、北海市铁山港区兴港社区卫生服务中心。全区有卫生技术人员434人，病床250张。年内，全区财政对卫生健康事业投入4544.14万元（含全区行政事业单位医疗经费）。

【基层卫生人才引进】 2021年，区卫健局积极推进基层卫生人才队伍建设，提高基层医疗服务能力，全年实施订单定向免费培养本（专）科、中职医学生项目，完成招收订单定向医学生本科16人、专科8人、中职医学生13人，安排毕业生就业履约1人。推进乡村医生"乡聘村用"实施，确保乡村医生收入和社会保险问题，推进基层医疗服务体系建设，筑牢基层卫生服务网络。

医疗卫生体制改革

【公立医院改革】 2021年，区卫健局全力推进公立医院薪酬制度和医保支付方式改革。推进公立医院高质量发展，加快推进紧密型县域医共体建设，规划紧密型县域医共体信息平台建设项目，搭建集分级诊疗、家庭医生、远程诊断、现代医院管理、药品供应保障、综合监管等工作为一体的信息平台，实现医共体成员单位共享交换与相互协作。项目估算总投资2000万元，年内通过区发改局立项及可研评审，进入多方筹措资金、推进项目建设阶段。年内，全区完成总投资额140余万元的项目一期建设，建成医共体协同医疗中心（区域远程心电平台、区域远程会诊平台、区域医疗运营管理系统平台、基层云PACS系统），已调试完毕，即将投入使用。年内，区卫健局开展现代医院管理制度建设，理顺医疗服务价格，建立符合行业特点的人事薪酬制度，构建现代医院管理制度框架，完善相关改革配套措施，巩固改革成效，提高全区医疗卫生服务水平。建立双向转诊、优势互补、资源共享的协作机制，形成科学完善、合理有序的县域医疗体系。贯彻落实《关于促进中医药壮瑶医药传承创新的实施意见》，发挥中医药优势，持续实施基层中医药服务能力提升工程，提高中医药壮瑶医药服务能力；推动中药质量提升和产业高质量发展，打造中医药产业的"广西名片"。

【基层医疗卫生机构综合改革】 2021年，区卫健局深入实施"强基层、补短板、提能力"基层医疗卫生机构能力建设行动，重点补短板、强弱项，推进具备疫苗接种和门诊能力的铁山港区（临海）工业区人民医院项目投入使用。按照"乡镇卫生院提升为二级医院水平、县区级医院提升为三级医院水平"的总基调和要求，谋划营盘镇卫生院就地扩建，全力项目前期工作。重点加大对公共卫生基础设施投入，补齐公共卫生短板弱项。进一步加快推进区人民医院新院区、区妇幼保健院易地搬迁，推进区中医医院、区疾控中心建设工作。积极推进乡村医生“乡聘村用”工作，进一步改革村卫生室管理模式，规范乡村医生配置和准入，转变乡村医生身份，明确乡村医生职责，提高乡村医生待遇，建立健全在岗乡村医生养老机制。

疾病预防与控制

【传染病防控】 2021年，区卫健局建立健全传染病及突发公共卫生事件报告制度，协助开展传染病及突发公共卫生事件报告和处理。确定专人负责传染病和突发公共卫生事件的报告管理工作，传染病登记报告和突发公共卫生事件报告制度完善，全区及时发现、登记并报告传染病病例1540例，传染病报告率100%、及时率100%、准确率100%，突发公共卫生事件及时报告率100%。

【免疫规划实施】 2021年，铁山港区加强基础免疫和强化免疫，实施国家免疫规划，持续维持脊髓灰质炎零感染状态；加速消除麻疹进程，实行儿童预防接种信息化管理，强化儿童接种证查验工作，规范流动儿童管理；加强疫苗规范化管理，做好疫苗全程追溯系统实施工作。全年出生建卡儿童1346人，建卡率100%。乙肝疫苗、卡介苗、脊髓灰质炎疫苗、百白破疫苗、麻疹疫苗、流脑疫苗、乙脑疫苗和甲肝疫苗全程接种率分别为97.57%、99.62%、99.58%、99.54%、99.67%、99.77%、99.51%和99.46%。乙肝疫苗首次接种合格率100%，有效控制可免性传染病发生和流行。95所小学（托幼机构）开展新生接种证查验，95所小学（托幼机构）接种证查验率100%。

【家庭医生签约服务】 2021年，区卫健局推动家庭医生签约服务工作，签约率占全区总人口数的40.18%。全区重点人群人数4.83万人，重点人群签约服务人数3.73万人，重点人群签约率77.15%。全区脱贫人口8853人，参加签约服务脱贫人口8853人，脱贫人口签约率100%。

新冠疫情防控

【新冠疫情防控成效】 2021年，区卫健局落实中央、自治区、北海市和铁山港区关于新冠疫情防控和新冠病毒疫苗接种工作部署，统筹全区各医疗机构，抓实落细联防联控措施。继续强化医疗机构发热门诊“哨点”作用，提升核酸检测能力，做好新冠病毒疫苗接种工作。压实责任，科学设计工作措施，抓实抓细落实工作的每个环节，控制疫情传播，确保全区新冠肺炎病毒零感染。

【新冠病毒疫苗接种】 2021年，区卫健局有序推进新冠病毒疫苗预防接种工作，成立区新冠病毒疫苗接种工作专班，制订新冠病毒疫苗接种工作方

2021年12月31日，北海市副市长李建华（前排右二）在区长莫华福（前排右三）的陪同下，到营盘镇火禄村大规模核酸采样检测现场指导工作

区卫建局　供

案,并按要求组织开展疫苗接种人员培训、相关硬件配备等工作。按照国家和自治区、北海市有关规定严格落实新冠病毒疫苗接种的规范管理,把疫情防控和疫苗接种工作有机结合,统筹推进疫苗接种。年内,区卫健局按照北海市委关于“奋战100天,高质量完成自治区安排的接种工作任务”的要求,全区投入212.80万元,设置大型临时接种点和改造提升基层医院接种点,确保6月底前完成大规模人群第一阶段接种任务,并持续向全区人民服务。根据南康镇、营盘镇实际,投入100万余元,设置南滨大型接种点、营盘大型接种点,进一步提升疫苗接种能力。

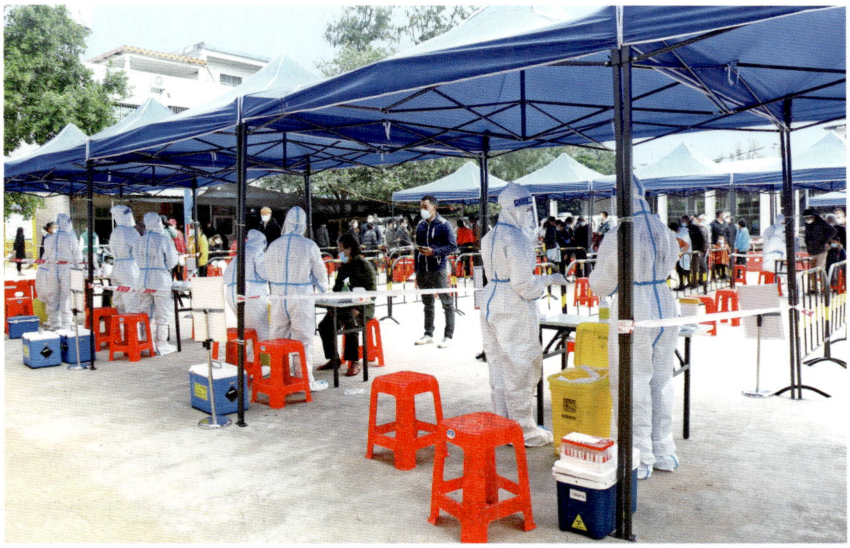

2021年12月31日,铁山港区在营盘镇火禄村开展大规模核酸采样检测实战演练　　区卫健局　供

【核酸检测能力提升】 2021年,铁山港区具备新冠病毒核酸检测能力的医疗卫生机构2家,分别是区人民医院和区妇幼保健院,有PCR仪2台。经综合测算,全区日最大检测能力为1840份。为进一步推进全区新冠病毒核酸检测能力,以满足疫情防控需要,新增1家核酸实验室,并建立完善第三方检测机构合作机制,充分发挥独立设置的医学检验实验室作用。与广西金域医学检验实验室有限公司签订新冠肺炎病毒核酸应急采样检测服务合作协议,保障在突发疫情期间可以迅速调集相当于实际管理人口10%—15%的单管检测能力(每天3万管)。

【港口闭环式管理】 2021年,区卫健局加强与联防联控相关部门协作,对入境人员、国内中高风险地区返回人员、外轮船员实行“闭环管理”,加强“人物同防”。密切与港务集团的联系沟通,加强外籍船舶全链条防控,认真防控来自疫区的船舶,严格落实核酸检测、隔离转运、环境消杀等工作,确保闭环式交接转运和无缝对接,未出现脱管、失控等现象。根据《北海市疫情防控指挥部关于印发北海沿海港口疫情防控系列实施方案的通知》精神,将辖区有境外船舶业务往来的液化天然气公司、北港码头、北海电厂3家企业纳入常态化管控重点。3家企业的核酸采样点均按“两通道三区域”要求,在闭环管理点采样窗口外设置,严格区分清洁区、潜在污染区、污染区,并由铁山港区医疗机构派出医务人员对闭环点人员隔天1次进行核酸采样检测,起到疫情防控前哨的作用。

卫生法制与监督

【卫生普法】 2021年,铁山港区开展全面落实“世界艾滋病日”主题宣传、“世界母乳喂养周”、“世界无烟日”以及《职业病防治法》宣传周等活动,各单位共制作横幅65条、发放宣传资料1.5万份、制作板报100版、解答群众咨询2000人次。全区卫生系统参加“八五”无纸化普法考试292人,合格率100%。

【卫生监督】 2021年,区卫健局坚持对全区公共场所、生活饮用水、医疗机构、学校、职业卫生机构等日常监督全覆盖,组织对非法医疗美容、非法行医以及消毒产品经营等行为开展专项整治,监督检查6所医疗机构、20 家医疗美容机构及其他场所。对 32 所中(小)学校周边医疗环境开展专项整治活动,对存在违法、违规行为的 9 个单位(个人)进行立案处罚。

新冠疫情防控监督　年内,区卫健局督促指导 4 家医疗机构完成发热门诊和预检分诊规范设置工作,配合教育部门开展复学应急演练以及中(小)学、托幼机构复学前验收评估,对全区机关、企(事)业单位,公共场所等重点单位、重点场所落实新冠疫情防控工作进行全面督查。区卫健局将疫情防控监督常态化,每月对基层医疗机构及个体诊所进行监督检查,全年共出动执法人员 196 人次,执法车辆 62 辆次,督查单位 2055 家次。

基层卫生监督协管　年内,区卫健局组织卫生协管人员每周对辖区内个体诊所、村卫生室进行监督巡查,确保疫情防控措施落实到位。全年共出动卫生协管人员 384 人次,督查基层医疗机构 131 家,对非法行医、学校卫生、饮用水安全开展专项巡查 236 次。

妇幼保健和干部保健

【妇幼保健】 2021 年,铁山港区妇幼健康水平持续提高。全区户籍人口活产新生儿 2029 人,住院分娩率 100%,孕产妇死亡率为零,新生儿死亡率 0.49‰,婴儿死亡率 0.49‰,5 岁以下儿童死亡率 1.97‰。

【干部保健】 2021 年,铁山港区进一步关心、关爱干部职工身心健康,提高干部职工的身体素质和工作效率,积极开展区本级机关、事业单位干部职工体检工作,由原来 2 年 1 次调整为每年 1 次,进一步加强对离(退)休人员的健康服务工作,干部职工的幸福感和组织归属感得到增强。

基层卫生

【基层卫生概况】 2021 年,区卫健局认真落实卫生体制改革,投入 1106 万元开展基本公共卫生服务项目建设。全区各种疫苗接种率均达 95% 以上,儿童健康得到保障;全区 65 岁及以上老年人 1.58 万人,接受健康管理人数 9707 人,老年人健康管理率 61.43%,建立健康档案的 65 岁及以上老年人 1.25 万人,65 岁及以上老年人体检人数 9707 人,不断提高辖区慢性病、老年病服务管理水平。

【健康帮扶】 2021 年,区卫健局落实脱贫人口在县域内定点医疗机构"先诊疗后付费"机制,加强脱贫人口门诊特殊慢性病动态监测和筛查,落实"先享受待遇后备案"制度。进一步做实做细家庭医生签约随访服务工作,及时掌握辖区签约居民健康状况,继续发放宣传手册做好疫情防控知识宣传,让脱贫人口了解医疗帮扶政策的同时接受健康知识教育。

【基层医疗卫生基础建设】 2021 年,区卫健局统筹推进铁山港区紧密型县域医共体信息平台、区中医医院、区疾病预防控制中心、区人民医院新院区、区妇幼保健院异地搬迁、铁山港区(临海)工业区人民医院等

2021 年 11 月 15 日,投资 5400 万元的铁山港区(临海)工业区人民医院主体工程完成结算审计　　区卫健局　供

项目建设。年内，铁山港区（临海）工业区人民医院建设完成，进到逐步完善设备及专业技术人员配备，即将投入使用阶段。

医政管理

【医疗联合体系建设】 2021年，区卫健局继续推进以区人民医院为龙头，营盘镇卫生院、兴港社区卫生服务中心为成员单位的独立法人紧密型县（区）域医疗卫生共同体试点建设相关工作。区卫健局积极拓展“走出去，引进来”思路，6月7日—8日，邀请国家人口健康科学数据中心副主任、国家卫健委医共体指导专家尹岭一行调研指导紧密型县域医共体（国家试点）建设工作，推动通过建设专家（院士）工作站的形式，引入高层次专业技术人才，为医共体建设提供人才及技术保障。12月28日，区卫健局推动北海市妇幼保健院和铁山港区妇幼保健院签约组建医联体，推动优质医疗资源下沉，提升基层医疗卫生、疫情防控和医疗服务能力，满足群众就医需求。

2021年12月28日，北海市妇幼保健院与区妇幼保健院签约组建医联体单位揭牌仪式在区妇幼保健院举行　　区卫健局　供

【国家基本药物制度实施】 2021年，区人民医院、区妇幼保健院继续开展县级公立医院改革试点工作，以解决群众“看病难、看病贵”问题为根本出发点，遵循公益性原则，减轻群众医疗费用负担，落实病有所医，医有所保的医改政策。全部实行基本药品“零差率”销售和医疗服务调整。规范药品管理，抓实药品质量，严格规范网上采购工作，制定和完善采购工作制度，各医疗机构药品采购全部在广西药械集中采购网上进行采购。营盘镇卫生院、兴港社区卫生服务中心、区辖59所村卫生室继续推行国家基本药物制度，实行药品零差价销售，降低患者药费负担，规范临床用药行为。

【医疗机构监管加强】 2021年，区卫健局严格落实医疗机构准入和监管相关法律法规，加强医疗机构设置审批、执业登记、变更、校验、延续注册管理，规范实施现场校验，组织开展以医疗机构设置审批、校验及依法执业等为主要内容的督导检查。加大各级各类医疗机构违法违规行为查处力度。年内，全区新设2家个体诊所，其中1家为中医诊所备案，1家为口腔诊所；个体诊所和村卫生室校验123家，医疗机构变更4家，医师新注册和变更16例，护士注册和变更18例；注销村卫生室1家，注销个体口腔诊所1家。

【医患纠纷调处】 2021年，区卫健局深化“平安医院”创建活动，继续推进二级及以上公立医院警务室建设工作，加强医疗机构安全防范体系建设，健全保卫队伍，配备防护器材和安全保卫装备，安装安全防护设施，配置入侵报警系统、视频监控系统，实现重点区域、重点科室监控设施全覆盖，构建起人防、物防、技防相结合的“三防”系统，提高医疗机构安全防范能力。严厉打击涉医违法犯罪行为，建立健全医疗纠纷第三方调解机制，建立完善医疗机构与公安、医调委、保险机构之间的联动机制，开展医疗纠纷矛盾排查，严厉打击“医闹”等涉医违法犯罪行为，维护正常医疗秩序，保障医患双方合法权益。实施全区二级以上公立医疗机构医疗责任保险参保全覆盖，辖区内基层医疗机构100%购买医疗责任保险，并鼓励引导非公立医疗机构参保。

爱国卫生运动

【创卫工作】 2021年，自治区爱卫办根据《广西壮族自治区卫生先进单位考核鉴定和监督管理办法》文件精神，对铁山港区进入复审程序的卫生先进单位按照相关标准进行复审、公示，复审和抽查结果表明，铁山港区2所学校和3个机关单位被自治区爱卫办命名为自治区卫生先进单位，2个村委被自治区爱卫办命名为自治区卫生村镇。年内，铁山港区推进卫生单位创建工作深入开展，持续加强卫生长效管理，努力解决影响群众健康的突出问题，巩固提升卫生创建成果，发挥典型示范作用。

【爱卫月活动】 2021年，铁山港区扎实开展全国第33个爱国卫生月宣传活动，共召开动员会1次，出动宣传车辆76辆次，悬挂横幅55条，发放宣传资料1万余份。组织全区开展环境卫生大突击集中行动，开展清扫保洁，落实“门前三包”“门内达标”责任。活动期间，全区共出动人员1.1万人次，清理大街小巷36条，清理卫生死角162处，共清理垃圾、堆积物89吨，提高环境卫生质量，城乡环境面貌得到改观。

【病媒生物防制】 2021年，铁山港区投入除“四害”工作经费10.56万元，对区政府大院及周边行政机关、各镇政府大院、南康镇金宸小区、南珠小区、海珠小区、滨海新城、富豪小区等15处公共场所开展除“四害”消杀；完成铁山港区推进村庄清洁行动“四害”防治工作，清除房前屋后等“四害”滋生场所，从源头上控制“四害”滋生，降低“四害”密度。

【健康教育】 2021年，铁山港区深入开展健康科普宣传，加强健康教育基地建设，充分利用健康教育宣传栏、健康步道等宣传阵地，大力开展健康科普宣传。结合“爱国卫生月”“世界无烟日”“食品安全宣传周”“全球洗手日”“全球厕所日”“世界艾滋病防治日”等宣传活动开展健康教育，采用宣传栏、发放宣传资料和设立清洁乡村健康咨询点等形式，向广大群众宣传健康理念，普及健康知识和疫情防控知识，倡导健康生活方式，群众文明健康生活方式逐步养成，城乡居民卫生意识和健康素质进一步提高。全年共出版宣传专栏33版，发放宣传资料1.5万份。

【控烟工作】 2021年，区卫健局利用视频、海报、展板、宣传册等形式，向全区各行政机关、企（事）业单位积极宣传吸烟危害、增强控烟举措，取得良好效果。年内，全区创建“无烟”党政机关5个。

人口和计划生育

【人口政策宣传】 2021年，铁山港区以“四有三落实”（有一个坚强有力的领导班子、有一支素质优良的计生工作队伍、有一套行之有效的管理制度、有一个配套完善的服务阵地，人员、责任、经费三落实）措施，以点带面推进诚信计生和“幸福家园”建设，指导村级做好落实“五有”工作。悬挂横幅标语40条并进村入户宣传打击“两非”（非法利用超声技术和其他非法手段进行非医学的胎儿鉴定；非法选择性别的人工终止妊娠）等人口政策相关知识。

【人口和计划生育服务】 2021年，区计生协会紧紧围绕实施全面三孩政策和卫生计生中心工作，深化计生协会“三项建设”，落实宣传教育、生殖健康咨询服务、优生优育指导、计划生育家庭帮扶、权益维护和流动人口服务“六项任务”，区计生协会深受社会好评和群众赞誉。（刘　奇）

新冠疫情防控工作

新冠疫情防控综述

【新冠疫情防控机构概况】 2020年1月26日，铁山港区委办、区政府办发文成立北海市铁山港区新型冠状病毒感染的肺炎疫情防控工作领导小组，区委书记、区长任组长。领导小组下设指挥部（简称区新冠疫情防控指挥部）在区卫健局，区委常委、宣传部部长、副区长任指挥长。区新冠疫情防控指挥部下设综合协调组、重点人群管控组、疫情防控组、交通检疫组、医疗救治组、宣传组、物资保障组，并明确各组工作职责。2021年1月29日，北海市铁山港区新型冠状病毒感染的肺炎疫情防控工作领导小组调整，区长兼任区新冠疫情防控指挥部指挥长。区新冠疫情防控指挥部下设办公室、联防联控组、疫情防控与医疗救治组、医疗物资保障组、生活物资保障组、专家组、宣传组、学校工作组、综合查访组(2021年11月15日更名为督导查访问责组)，并明确各办（组）工作职责。 （邓惠方）

【新冠疫情防控工作概况】 2021年，铁山港区严格按照国务院、自治区、北海市以及铁山港区委、区政府的工作部署，坚持"属地管理"和"谁主管、谁负责"的原则，压实属地、部门、单位、个人"四方"责任，以"外防输入"为工作重点，以"人物同防"为工作核心，实行"大数据+网格化"管理，采取"片区+部门+医疗+公安"工作模式，利用2475个网格，精准开展重点人员排查管控、惩治"三非"反走私、冷链食品管理、新冠病毒疫苗接种，重点加强工业区和学校疫情防控，做好医疗物资和生活物资保障、疫情防控宣传、督导查访问责等工作，做到工作前移、人员前移、责任前移。年内，铁山港区实现新冠疫情防控"三零"（零扩散、零感染、零死亡）目标。（林春年）

联防联控

【重点人员排查管控】 2021年，区新冠疫情防控指挥部采取"内排+外排+技术"三位一体的模式，对重点人员开展全履盖的排查，做到情况明、底数清。利用区、镇、村（社区）、组（班）四级网格，对辖区重点人员进行网格化地毯式排查，做到排查全履盖，不漏一户不漏一人。设置玉铁高速铁山港出口、南康出口2个卡口，安排人员24小时值班，对所有进入铁山港区的车辆进行检查登记，确保不漏一车、不漏一人。利用公安大数据技术手段对线上各种有关人员进行研判、分类筛选排查。

（彭　云　梁绍文）

【网格化管理】 2021年，区新冠疫情防控指挥部采取"片区+部门+医疗+公安"工作模式，对外来人员、北海市推送人员等进行登记造册、建档立卡，实行网格管理，全程跟踪管控，做到"见人、见号码、见体温、见地址"，确保"人在网格走，人在网格控"。

（彭　云　梁绍文）

【惩治"三非"反走私】

惩治"三非"反走私宣传 2021年，区打私办大力开展基层惩治"三非"（非法入境、非法居留、非法就业）反走私宣传活动。深入镇、村(社区)通过图版展示、现场讲解咨询和发放宣传资料等形式,增强群众反走私意识,在码头、沿海一线村庄、交通要道等重点场所广泛设置惩治“三非”反走私宣传标语、牌匾、广告栏,营造自觉远离走私、抵制走私的社会氛围。

惩治“三非”反走私行动 2021 年,区打私办结合辖区海岸线狭长的实际情况,开展惩治“三非”反走私行动。强化巡防管控,在辖区海岸线范围做到“白天见警车、晚上见警灯”;组织相关单位分别在呼北高速南康镇出入口、铁山港出入口长期设卡,24 小时值守,重点检查厢式货车以及可能非法运输冻品食品的车辆。对辖区冷冻企业、肉联加工厂、肉类冻品批发摊点进行清查,严禁无合法来源和不合格冷冻肉及肉制品流入市场。检查野生动物及其制品经营者主体资格及经营行为,对无照无证、超范围经营等行为依法从严从快查处。全年全区出动执法人员 3812 人次,出动执法车辆 856 辆次,出动执法船 357 艘次,立涉嫌走私案件 17 件,案值约 1000 万元。 (曾少伟)

【冷链食品管理】 2021 年,区市场监管局成立冷链食品疫情防控工作专班,负责指导全区开展冷链食品疫情防控工作。年内,全区累计排查冷冻食品(冷库)经营户 12 户,均录入“八桂冷链通”冷链食品追溯平台,实时录入冷链食品进出库信息,掌握辖区冷链食品流向。督促企业落实食品安全主体责任,严格落实进货查验、食品安全自查、追溯管理、人员管理、卫生消毒等主体责任。

(邹优君)

【工业区疫情防控】 2021 年,北海市铁山港(临海)工业区管委会在工业区设置 8 个防控网格化管理小组,对 72 家企业进行点对点的防控指导和督查,形成防控工作横到边、纵到底的全方位防控网格局。制定实施《工业区企业物流车辆管理暂行规定》《工业区企业员工日常健康管理暂行办法》,全力做好物流保供保畅,保障各企业生产、建设的正常开展。制定《工业区新冠病毒疫苗接种工作方案》,建立三级新冠病毒疫苗接种对接工作机制,推动各企业 2.66 万名员工新冠病毒疫苗“应接尽接”,接种率 100%。 (陈定军 张顺业)

【学校疫情防控】 2021 年,区新冠疫情防控指挥部学校工作组制定新冠病毒疫苗接种工作方案。各中(小)学学校、幼儿园通过微信公众号、工作群、班级群等平台,发放疫情防控致家长的一封信,提升家长和受种者对新冠病毒疫苗的认识,提高接种意愿。年内,全区教职工新冠病毒疫苗接种率 98.96%,3—11 岁学生接种率 98.97%,12—18 岁学生接种率 98.90%。各学校落实严格的门岗管理措施,所有人员进入校园,均要严格进行身份核验、体温检测、健康码和行程码查验以及信息登记;加强值勤领导值班值守工作,加强校园巡查,不脱校值班执勤;落实师生体温晨(午)检、因病缺课(勤)病因追查和登记、定时通风、定时消杀等防控措施,督促师生做好个人健康状况监测和防护,减少人员聚集。区教育局精心录制《停课不停学,调适心理,轻松向未来》《助力孩子线上学习的三颗“丸子”》《管理情绪三法》等微课视频推荐给家长,指导孩子在居家期间调节好心理,愉快学习。 (马 坚)

核酸检测和疫苗接种

【核酸检测】 2021 年,铁山港区具备新冠病毒核酸检测能力的医疗卫生机构是铁山港区人民医院、铁山港区妇幼保健院,有 PCR 仪 2 台,全区日最大核酸检测能力 1840 份。年内,铁山港区与广西金域医学检验实验室有限公司签订新冠肺炎病毒核酸应急采样检测服务合作协议,保障在突发疫情时可以迅速调集相当于实际管理人口 10%—15% 的单管检测能力(3 万管 / 天)。同时,为进一步提高铁山港区新冠病毒核酸检测能力,新建核酸实验室 1 家,

预计在2022年第二季度投入使用。（刘　奇）

【疫苗接种】2021年，区卫健局成立新冠病毒疫苗接种工作专班，制定《新冠病毒疫苗接种工作方案》，组织开展疫苗接种人员培训、相关硬件配备等工作。按照规定落实新冠病毒疫苗接种规范化管理，把疫情防控和疫苗接种工作有机结合，统筹推进疫苗接种各项工作。全区投入212.80万元，设置大型临时接种点和改造提升基层医院接种点，6月底前完成大规模人群第一阶段疫苗接种工作，并持续向全区人民提供服务。根据南康镇、营盘镇实际情况，投入100万余元，设置南滨大型接种点、营盘大型接种点，进一步提升疫苗接种能力。（刘　奇）

物资保障

【医疗物资保障】2021年，区新冠疫情防控指挥部医疗物资保障组根据全区疫情防疫物资的需求情况，组织购买防护服6905套、84消毒液700桶、体温枪600支。全年共发放消毒洗手液560瓶、百消净消毒片200包、体温枪551支、84消毒液463桶、防护服1317件、儿童医用口罩16.5万个、成人医用口罩78.80万个、N95口罩350个。（黄　复）

【生活物资保障】2021年，区市场监管局到辖区市场、超市了解市场价格，稳定物价，严防哄抬物价现象出现，并要求超市做好生活物资的储备工作。（邹优君）

宣传和督导

【疫情防控宣传】2021年，区新冠疫情防控指挥部宣传组采取多维度、立体化形式开展疫情防控宣传，提高群众对疫情防控和疫苗接种的知晓率。年内，在中央、自治区和北海市新闻媒体刊发（播出）关于疫情防控工作的新闻稿40余篇，在“活力铁山港”“热土铁山港”等“两微”平台共推送疫情防控、疫苗接种相关文章420余篇。通过短信、微信群、朋友圈转发宣传的方式，转发宣传信息2万余条；与辖区电信、移动、联通3个公司合作，发送疫情知识公益短信，累计覆盖12万余人次；通过粘贴各类防疫宣传海报50余份、发放宣传单1.5万份、制作宣传板报20余版、悬挂宣传横幅600余条、电子显示屏滚动播放标语1600余条次，扩大宣传覆盖面；录制疫情防控科普知识宣传音频，在全区43个村委（社区）的“同心广播”“天翼喇叭”及重点区域“固定喇叭”持续循环播放，扩大宣传面；组织各类志愿者300余人次，上门宣传疫苗接种的重要性和紧迫性，受教育群众1000多人次。（效雪梅　陈丽娟）

【督导查访问责】2021年，铁山港区整合疫情防控督导力量，组建疫情防控“四大战区”督查小组，根据疫情防控形势，实行每日进战区督导制度和常态化督查疫情防控督导，有力督促全区各级、各部门落实好疫情防控各项措施。对上级反馈问题和区本级疫情防控督查发现的薄弱环节实行督办整改，派出督查小组对督查发现的141个问题整改情况进行“回头看”，重点查看问题整改完成情况，确保督查反馈问题件件有整改、件件有成效。（陈远会　陈德娜）

侨务·台湾事务

侨务工作

【侨务工作概况】 北海市铁山港区民族宗教侨务局（简称区民宗侨务局）在北海市铁山港区委统战部挂牌。2021年，区民宗侨务局扎实做好关爱归侨侨眷、助学活动等工作，取得新的成绩。

【归侨侨眷关爱】 2021年，区民宗侨务局坚持开展“送温暖，献爱心”活动，在春节前夕，带着党和政府对归侨侨眷的关怀，共走访慰问归侨侨眷脱贫户8户，送去慰问金和慰问品约2000元。同时积极引导归侨侨眷参政议政。

【热心为侨服务】 2021年，区民宗侨务局积极做好窗口服务工作，严格按照行政审批项目的办理流程，热心服务归侨侨眷，认真解答归侨侨眷在侨务政策方面的问题。年内，累计为“三侨”考生开具证明10余次。

【助学活动】 2021年，区民宗侨务局结合党史学习教育，以庆祝中国共产党成立100周年为契机，以宣传《中华人民共和国归侨侨眷权益保护法》为抓手，做好助学活动。6月1日，区民宗侨务局配合北海市委统战部到兴港镇赤江小学开展“学党史、展侨风”暨“凝侨心、聚侨力、护侨益”六一儿童节助学活动，现场向老师和同学们宣传《中华人民共和国归侨侨眷权益保护法》，强化学法用法意识，进一步厚植青少年学生浓厚的爱国情怀，增强归侨侨眷的凝聚力。活动期间，向学校捐赠一批党史读物及文体学习用品。

【危房改造调研】 2021年11月15日，区民宗侨务局和区科商工信局在深入排查的基础上，配合市民宗侨务局到广西国营赤江华侨陶器厂开展危房改造调研工作，仔细询问危房住户对房屋改造的意见、建议，大力支持自治区整家整户安置印支难侨的集中安置点——广西国营赤江华侨陶器厂解决住户危房问题。

（卢　娜）

2021年6月1日，区民宗侨务局配合北海市委统战部到兴港镇赤江小学开展“学党史、展侨风”暨“凝侨心、聚侨力、护侨益”六一儿童节助学活动
区民宗侨务局　供

台湾事务

2021年10月18日,区台办领导(左)到营盘镇白龙村委走访台资企业——大顺虾苗场　　区委统战部　供

【台湾事务概况】　中共北海市铁山港区委台湾工作办公室、北海市铁山港区人民政府台湾事务办公室(简称区台办)在区委统战部挂牌,负责涉台事务日常工作。2021年,铁山港区正常经营中的台资企业有3家,分别是北海立安陶瓷科技有限公司、北海宜利水产养殖有限公司(已对外承包)、大顺虾苗场;有1家利用台湾先进农业种植技术的非台资企业——广西北海椿丰农业科技有限公司。

【走访台胞台企活动】　2021年,区台办多次深入台资企业大顺虾苗场、北海立安陶瓷原料有限公司开展走访台胞台企活动,深入了解台胞台企生活状况、生产经营情况,帮助台胞台企解决实际困难,鼓励台胞台企增强信心,抢抓机遇,积极融入铁山港区新发展。

【涉台政策宣传】　2021年,区台办认真贯彻落实中共中央总书记习近平关于对台工作的重要论述精神,通过微信群宣传、发放宣传单等方式,积极向台胞台企宣传解读《关于促进两岸经济文化交流合作的若干措施》《关于支持台湾同胞台资企业在大陆农业林业领域发展的若干措施》《关于应对疫情统筹做好支持台资企业发展和推进台资项目有关工作的通知》等涉台政策,宣传北海市《关于进一步促进北海对台经济文化交流合作的若干措施》等,着力优化营商环境,营造亲清氛围,让政策措施真正落实到位,积极为辖区的台企解决生产经营存在的困难问题,增强台胞台企的荣誉感和对祖国大家庭的认同感。

【完成北海市台胞台属联谊会换届候选人推荐工作】　2021年,区台办深入摸底排查铁山港区台胞台属基本情况,按照北海市台胞台属联谊会换届工作要求,依照有关程序积极配合市台办,完成北海市台胞台属联谊会换届候选人推荐相关工作。

【黄埔军校亲属后代走访】　2021年,区台办在摸底排查铁山港区黄埔军校亲属后代的基础上,2月1日深入开展走访黄埔军校亲属后代活动,仔细询问他们的身体情况和生活状况,送去党委、政府的关心和问候,勉励他们要继承和发扬“爱国革命”的黄埔精神,发挥自身优势,为促进祖国统一,建设和谐社会而努力。　(卢　娜)

社会事务

民族宗教工作

【民族宗教机构概况】 2021年，北海市铁山港区民族宗教侨务局（简称区民宗侨务局）在区委统战部挂牌。

【民族团结进步示范区创建】 2021年，区民宗侨务局以北海市创建全国民族团结进步示范市为契机，结合铁山港区实际，以“五个强化”（强化机制，加强组织领导；强化宣传，凝聚思想共识；强化设施建设，促进共同繁荣；强化特色，打造亮点；强化全民参与，入脑入心）“五个打造”（打造创建工作长效机制、打造持续推动各民族群众交流交往交融主题活动、打造各民族群众共同繁荣示范区、打造完善的防范化解民族领域风险隐患处置体系、打造铁山港区工业民族团结进步“一区三带”示范带）开展民族团结进步示范区创建，扎实做好培育民族团结进步示范单位建设。积极组织开展民族团结进步示范区创建工作。年内，南康镇滨海社区被评为“第五批自治区民族团结进步示范区示范单位”；推动区税务局、南康武工队旧址、南康第一中学、营盘镇塘仔村委创建为2021年北海市民族团结进步示范单位。年内，全区共有自治区级民族团结进步示范单位1个，市级民族团结进步示范单位7个，县（区）级民族团结进步示范单位59个。

【民族团结宣传】 2021年4月14日，区民宗侨务局以庆祝中国共产党成立100周年，以铸牢中华民族共同体意识为主线，以开展民族团结进步宣传月活动为契机，以“感党恩　跟党走”为主题，在少数民族聚居地南康镇滨海社区举办2021年铁山港区“壮族三月三　八桂嘉年华”文艺晚会，既向各族人民宣传党的民族宗教政策理论，营造铁山港区民族团结的浓厚氛围，又助推铁山港区民族团结进步事业的发展。同时，铁山港区深入开展民族团结“进机关、进学校、进乡镇、进企业、进渔船、进海防”等民族团结宣传活动。全年区民宗侨务局累计发放民族团结宣传资料4000多份。

【“同心文化广场”建设】 2021年，区民宗侨务局积极启动“同心文化载体”建设，将南康镇

2021年4月14日，区委宣传部、区民宗侨务局、南康镇政府等单位联合在南康镇滨海社区举办“感党恩　跟党走”2021年北海市铁山港区“壮族三月三·八桂嘉年华”文艺晚会　　区委统战部　供

滨海社区、营盘镇营盘社区、营盘镇塘仔村委、营盘镇白东村委大王岭村、兴港镇彬池村委横冲村的文体广场打造为“同心文化广场”。

【民族宗教工作机制完善】 2021年，区民宗侨务局结合铁山港区实际积极完善民族工作领导机制，推动成立铁山港区民族工作委员会。根据换届后人员变动情况更新调整《北海市铁山港区宗教工作联席会议制度》。在已建立的民族宗教工作三级网络、两级责任制的基础上，选配并更新全区三级网络工作信息员54名，进一步强化宗教工作网络信息员队伍建设。

【宗教工作“三访三通”工程】 2021年，区民宗侨务局充分发挥宗教工作“三访三通”（走访宗教场所、走访民间信访场所、走访信教群众，畅通乡村宗教信息渠道、畅通“三级网络”机制、畅通应急协作机制）工程的联动作用，推动各有关部门每月走访宗教（民间信仰）活动场所成常态化工作。同时，加强镇、村（社区）干部开展民族宗教工作知识培训，提高农村基层宗教工作队伍的综合能力，进一步打牢群众基础。

【宗教（民间信仰）场所管理】 2021年，区民宗侨务局坚持对宗教（民间信仰）活动场所走访，加强与宗教（民间信仰）活动场所骨干教职人员座谈，强化对宗教（民间信仰）活动场所的监管，引导宗教与社会主义相适应。年内，重点举办宗教（民间信仰）活动场所消防演练、宗教界代表人士党史学习教育、宗教政策法规宣讲及宗教慈善周等活动。

2021年6月18日，区民宗侨务局联合区消防救援大队、兴港镇政府开展宗教活动场所消防演练活动。图为区民宗侨务局工作人员（前排右一）现场给信教群众演示手提式干粉灭火器的使用

区委统战部　供

【少数民族群众和基督教信众关爱】 2021年春节前夕，区民宗侨务局对5户少数民族困难群众、11户基督教困难信众和8户归侨侨眷进行慰问，累计送去慰问金和慰问品总价值约6000元。　（卢　娜）

医疗保障工作

【医疗保障工作概况】 2021年，北海市铁山港区医疗保障局（简称区医保局）贯彻落实区委、区政府的决策部署和上级医保部门的工作部署，坚持医疗保险全覆盖、保基本、多层次、可持续的方针，扎实推进医疗保障体系建设，持续强化医保基金监管，不断提高医疗保障服务水平。

【医疗保险工作】 2021年，区医保局围绕全民参保目标任务，及时与区税务、民政、残联、卫健、乡村振兴等部门对接，采取多项措施扎实推进城乡居民基本医疗保险全覆盖。年内，铁山港区城乡居民基本医疗保险参保缴费人数14.81万人，医疗保险基金收入1.28亿元。享受城乡居民基本医疗保险待遇14.76万人次，报销基本医疗保险费用7191.01万元。

【医疗救助工作】 2021年，区医保局严格执行城乡医疗救助相关政策规定，做好城乡医疗救助资金资助参保缴费及待遇救助工作。年内，全区城乡医疗救助基金支出464.42万元，其中医疗救助待遇支出412.41万元，资助2021年特困、孤儿及低保人员参保缴费支出52.01万元。

【医保基金监管】 2021年，铁山港区城乡居民医疗保险基金实行市级统筹管理，5月1日起开始正式实施《医疗保障基金使用监督管理条例》，为医保基金监管提供强有力的法律支撑。区医保局以定期或不定期相结合的方式，对辖区定点医疗机构、医保经办机构开展常态化检查及专项检查，不断加强医保基金监管，切实打击欺诈骗保行为，守好用好老百姓的保命钱、救命钱。年内，区医保局检查发现辖区3家定点医疗机构存在违规行为，涉及违规金额49.26万元，追回金额54.43万元；区医保经办机构零星报销涉及重复报销人员2人，涉及重复报销金额4693元，追回金额4693元，进一步加强全区医保基金的监督与管理。

【医保政策宣传】 2021年，区医保局通过悬挂宣传横幅、张贴宣传海报、制作宣传板报、发放宣传资料及现场解答等形式开展医保政策宣传，提高群众知晓率。开展送政策上门服务活动，力争村级全覆盖。编印《2021年城乡居民基本医疗保险政策宣传》《2022年北海市城乡居民基本医疗保险政策宣传》《铁山港区2022年巩固脱贫成效参加城乡居民基本医疗保险告知书》等宣传资料分发到镇、村（社区）、自然村，协同开展送政策上门服务活动，力争医保政策家喻户晓。开展医保政策线上宣传，拓宽宣传群体。通过朋友圈、抖音、活力铁山港、LED显示屏播放宣传短片等形式进行医保绩效成效及参保政策线上宣传，让不同层次群体都了解医保政策。5月，区医保局党支部联合辖区定点医疗机构在南康镇开展“学党史、跟党走，守护基金安全”主题党日暨贯彻实施《医疗保障基金使用监督管理条例》宣传活动，收到良好效果；6月，区医保局党支部到南康社区开展“万名党员办实事”主题活动，到南康社区解忧超市认领困难群众“微心愿”，并走访慰问社区困难群众；9月、11月，区医保局党支部分别在兴港镇斑鸠冲村委和南康镇文化广场开展“一份补贴一份爱，医疗保险真实在”“有了医疗保险，让生活更美好”主题党日活动暨医疗保险政策宣传活动，收到预期效果；12月，区医保局党支部与南康镇大塘村党总支部在大塘村联合开展“我为群众办实事”主题党日活动暨医疗保险政策宣传活动，党员干部边帮助群众干农活，边宣传医疗保险政策。年内，区医保局共开展集中宣传活动6次，悬挂宣传横幅100条，制作宣传板报55块，张贴宣传海报150张，制作抖音宣传视频4个，LED显示屏播放宣传短片1000余次，发放宣传资料共7万余份、宣传小礼品800余份。

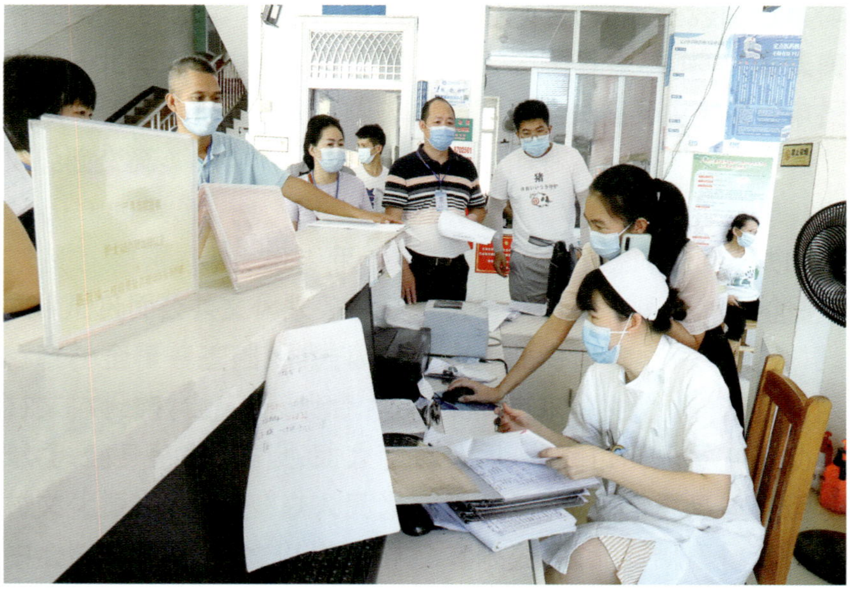

2021年8月26日，区医保局联合区卫健局到营盘镇卫生院开展医疗保险基金专项检查　　区医保局　供

2021 年 9 月 24 日，区医保局党员干部到兴港镇斑鸠冲村委开展医疗保险政策宣传活动　　区医保局　供

2021 年 12 月 25 日，区医保局党支部联合南康镇大塘村委党总支部在大塘村委开展“我为群众办实事”主题党日活动暨医疗保险政策宣传活动　　区医保局　供

【服务事项优化】 2021 年，区医保局提升窗口经办业务人员业务水平，全面落实首问负责制、限时办结制，进一步优化办事流程，持续完善“一事通办”事项清单并优化公共服务事项。医保经办机构、辖区 4 家定点医疗机构实现“一站式”结算全覆盖，“一站式”直接结算极大减轻了参保群众看病就医的经济压力；也解决了参保人员医疗费用报销“多次跑”“多头跑”“报销难”问题。努力营造良好的营商环境，群众办理医保业务的体验感和满意度不断提升。

【脱贫成果巩固】 2021 年，铁山港区建档立卡脱贫人口参加基本医疗保险 8843 人，边缘户参保 377 人，参保率均达 100%。年内，建档立卡脱贫户、边缘户个人参保费用由区财政代缴，共支出 216.79 万元。截至 7 月（自 8 月起，全面取消脱贫人口脱贫攻坚期内住院兜底报销 90%、门诊特殊慢性病兜底报销 80% 的城乡居民医疗保险倾斜政策），全区符合住院兜底报销 90% 的脱贫人口共发生住院 313 人次，发生医疗总费用 276.71 万元，共计报销费用 256.1 万元，其中财政兜底资金支出 5.92 万元，报销比例已达到 90% 以上；符合门诊特殊慢性病兜底报销 80% 的脱贫人口共发生门诊慢性病就诊 1006 人次，发生医疗总费用 63.05 万元，共报销费用 57.44 万元，其中财政兜底资金支出 5.78 万元，报销比例已达到 80% 以上；边缘户医疗报销兜底资金支出 13.09 万元。

（陈柏薇）

婚姻登记与殡葬管理

【婚姻登记】 2021 年，铁山港区以创建文明窗口为载体，以优质文明服务为目标，深入推进婚姻登记规范化建设，推广婚姻登记网络预约和电话预约登记，进一步提高婚姻登记服务质量和办理效率。年内，全区共办理结婚登记 1121 对，离婚登记 230 对，补领结婚证 172 对，补领离婚证 28 对，查

2021 年 5 月 6 日，区民政局婚姻登记处婚姻登记员（左一）认真解答群众咨询　　区民政局　供

询婚姻档案 258 件，登记合格率 100%。

【殡葬管理】 2021 年，铁山港区大力宣传殡葬改革，推行鲜花祭扫、植树祭扫、网络祭扫等文明祭扫方式，培育绿色文明殡葬理念，推行节地生态安葬和绿色殡葬。清明节期间，制订方案保障祭扫活动有序进行，通过安排人员值守、交通疏导等措施确保祭扫平安有序。（唐文媛）

社会福利与老龄人工作

【社会福利】 2021 年，铁山港区共有散居孤儿 13 人，事实无人抚养儿童 53 人，全年累计发放孤儿、事实无人抚养儿童生活补助 55.02 万元，孤儿、事实无人抚养儿童助学金 5.42 万元，全区孤儿、事实无人抚养儿童的基本生活得到保障。年内，区民政局扎实做好残疾人“两项”补贴发放工作，按时足额发放补助金，全年全区享受困难残疾人生活补贴 1447 人，其中贫困人员 578 人；享受重度残疾人护理补贴 2337 人，其中贫困人员 551 人；“两项”补贴共发放 558.26 万元，进一步提高残疾人生活质量。

【老龄人工作】 2021 年，区民政局切实加大对高龄老人生活保障力度，体现党和政府对高龄老人的关心关爱。筹措资金为全区 80 岁、90 岁、100 岁、110 岁及以上老人每人每月分别发放 50 元、100 元、300 元、500 元高龄津贴，全年全区共发放高龄资金补贴 364.35 万元。（唐文媛）

2021 年 10 月 29 日，铁山港区高龄津贴系统操作培训班在区退役军人事务局一楼会议室举办　　区民政局　供

乡　镇

南康镇

【南康镇概况】 北海市铁山港区南康镇(简称南康镇)位于北部湾畔、北海市东部,东连铁山港区兴港镇,西接银海区福成镇,南靠营盘镇,北邻合浦县石康镇、闸口镇,距北海市区41千米,距北海福成机场18千米,距合浦县城36千米,向海大道由西向东贯穿其境。2021年,南康镇辖3个社区和15个行政村。年内,南康镇财政收入6250.15万元;农业生产总产值8.06亿元,比上年增长1.81%;城镇居民人均可支配收入40041元,比上年增长7.3%;农村居民人均可支配收入19269元,比上年增长9.6%。3月,南康镇大塘村委党支部书记、主任陈春燕被自治区妇联评为广西三八红旗手;6月,南康镇秋风塘村党支部被中共广西壮族自治区委员会评为自治区先进基层党组织。

2021年6月,南康镇秋风塘村党支部被中共广西壮族自治区委员会评为自治区先进基层党组织

南康镇政府　供

【新冠疫情防控】 2021年,南康镇统筹开展新冠疫情防控和打击“三非”(非法入境、非法居留、非法就业)反走私工作,严格落实“外防输入、内防反弹”总体防控策略,加强网格化管理,严禁“三非”人员偷渡入境,严管严控重点人员,全力防范境外和国内重点地区疫情输入,保持全年“三个零”(零输入、零传播、零感染)目标。年内,全镇全力推进疫苗接种工作,共完成接种新冠疫苗第一剂次5.49万人,第二剂次4.33万人,第三剂次5725人,完成加强针6758人,积极落实“应接尽接”原则,筑牢群众免疫屏障。

【项目服务】 2021年,南康镇围绕区委、区政府中心工作,选派精兵强将,成立征地搬迁工作组,全力完成铁山港区原水供水管道改扩建工程项目(南康段)临时用地征地24.73公顷、迁坟23座,完成神华国华广投北海电厂至福成550千伏线路工程项目塔基55个、铁山港区人民医院及铁山港区中医院项目建设用地等7个项目的征地搬迁任务,保障项目建设用地需求。妥善解决铁山港区玻璃原材料深加工产业园项目施工受阻问题,推动项目开工建设,为加快铁山港区产城融合高质量发展、推动形成向海发展的临港工业集群做出贡献。

【城乡建设】 2021年,南康镇通过争取上级资金支持,全力推进特色小镇基础设施建设。南康镇银丰大道和朝阳大道综合提升工程(一期)项目、南康镇特色街区项目2个项目竣工验收。完成投资1000万元城镇污水管网建设项目一期工程，并开工建设1200万元投资额的二期工程，城乡面貌有新改善。全镇统筹推进161个村庄开展基本整治型村庄建设，高质量完成自治区下达的4个设施完善型村庄建设目标任务。扎实推进“两高两道”沿线农房风貌改造，完成玉铁高速及向海大道沿线384栋房屋风貌提升。新成立一个城市社区——向海社区，进一步加快集镇化建设进程。全面建立创城网格化管理体系，形成“一网多格”的格局，建立“街长制”制度，推动常态化创城工作。全年投入260万元开展垃圾、杂物清理，拆除乱搭乱建、废弃建筑物，增设机动车(非机动车)停车位、斑马线等工作；完成镇辖范围内5个“三无”(无物管，无主管部门，无人防物防)小区的整治任务，并进行规范化管理，成功组建金宸花苑业主委员会，为“三无”小区变成物业小区打下基础。成功整治南康中心市场路段乱搭乱建问题，镇容、镇貌得到进一步提升。全镇创城工作被北海市“红榜”通报表扬1次，被区创城办“红榜”通报表扬4次，4人被表扬。

【乡村振兴】 2021年，南康镇坚决守住不发生规模性返贫的底线，建立健全乡村振兴防贫监测机制，压实各级责任，严格落实脱贫“四不摘”(摘帽不摘责任、摘帽不摘帮扶、摘帽不摘政策、摘帽不摘监管)要求，及时将脱贫不稳定户、边缘易致贫户、突发严重困难户3类人员纳入防返贫动态监测对象，实现精准扶持。全年共发放产业奖补资金216.31万元，小额信贷支持82户319万元，开发47个公益性岗位，全镇脱贫户和边缘户共3975人实现“两不愁三保障”(不愁吃、不愁穿，住房安全、义务教育、基本医疗有保障)，完成全年危房改造任务，巩固脱贫攻坚成果。黄丽窝村与南康社区2个股份经济合作社被评为市级示范性农村集体经济组织。全镇顺利通过自治区巩固脱贫成果“后评估”检查。4月，南康镇被中共广西壮族自治区委员会、广西壮族自治区人民政府评为全区脱贫攻坚先进集体。

2021年4月，南康镇被中共广西壮族自治区委员会、广西壮族自治区人民政府评为全区脱贫攻坚先进集体

南康镇政府　供

【“三农”工作】 2021年，南康镇共洽谈农业项目10个，签约2个，落地2个，引进广西北海市椿丰农业科技有限公司和北海市禾珍农业开发有限公司分别在扫管龙村、黄丽窝村实施现代化农业果蔬大棚种植。投入扶贫专项资金、乡村振兴补助资金共1135万元在扫管龙村、里头塘村建设果蔬大棚、产业配套灌溉水井和冷库，为农业产业发展强基固体。全镇村级集体经济收入237.53万元，6个村(社区)收入10万元以上，1个社区收入50万元以上，内生发展动力不断增强。大力实施家庭农场倍增行动，新增纳入全国名录系统的家庭农场211家，在区辖3个镇中排名第1名。全力实施高标准农田建设，全年新发展大棚果蔬种植44.43公顷，流转土地50.2公顷，促进农业规模化、产业化经营。全年完成农作物种植面积1.12万公顷，农产品产量29万吨，超额完成上级下达的早稻、晚稻种植任务，保障粮食安全。贯彻落实北海市2021年农田水利设施大会战，通过多方筹集资金，大力推进农业基础设施建设。完成扫管龙村、社内村高标准农田建设666.67公顷和南康江筏埠段河道治理工程，配合修建夏塘、黄丽窝、里头塘等5个村委的排(灌)渠；完成5个增加水源项目，解决4200人饮水问题。持续推

进厕所革命，无公害厕所普及率96%；建设村级公共卫生厕所3座，废弃物实现一体化处理并利用。年内，全镇共投入农村公益事业财政奖补资金476.6万元、乡村振兴补助资金780.39万元，在镇辖范围内新建设硬底化道路20.49千米，安装太阳能路灯792盏。

【民生保障】 2021年，南康镇新增就业226人，农村劳动力转移就业新增142人，城镇失业人员再就业73人，城镇登记失业率控制在3.04%，就业问题得到有效解决。全年全镇共发放城市低保金139万元、农村低保金483万元、特困供养金271万元，积极落实各项惠民政策。全镇城乡居民养老保险参保率73%，城乡居民医疗保险参保率97.79%，实现居民老有所养、病有所医。

【精神文明建设】 2021年，南康镇主办及协办“感党恩 跟党走”系列群众性教育活动96场，放映公益性电影180场，召开“一约四会”（村规民约、道德评议会、红白理事会、村民议事会、禁毒禁赌会）75场次。投入30.78万元对镇辖新时代文明实践所和17个新时代文明实践站的设施、设备进行更新完善，对全镇15间农家书屋的出版物补充更新4500册，新建篮球场2个、文化舞台2个，安装健身器材1套。“广电云”用户安装195户。2人被评为北海市精神文明建设先进个人。11月9日，南康镇离退休干部参加北海市离退休干部第四届“海丝秋韵”文化活动月广场舞大赛，获一等奖。

2021年6月21日，南康镇庆祝中国共产党成立100周年“感党恩 跟党走”文艺晚会在镇文化广场举行　　南康镇政府　供

【社会治理】 2021年，南康镇以创建“平安南康”为目标，常态化开展扫黑除恶专项斗争，积极开展矛盾纠纷专项化解活动，全年共调解各类矛盾纠纷152件，调解成功率98.9%。大力开展群众“三事”（操心事、烦心事、揪心事）排解行动，共受理“三事”351件，办结率90.31%。充分利用南康社区、滨海社区“微心愿”平台收集群众“微心愿”192个并全部认领，有效解决群众遇到的困难。全力推进防范化解重大风险工作，开展安全生产大排查、大整治专项行动14次，对镇内263家经营性自建房进行无死角排查；全年完成卫片图斑整改17宗，合力打击非法盗采盗挖5起，罚款35.2万元，起到震慑作用；深入开展预防一氧化碳中毒宣传工作，大力开展水上安全隐患大排查、大检查、大整治专项行动，全镇150多艘“三无”（无船名船号、无船舶证书、无船籍港）渔船实现登记造册管理。第3季度、第4季度群众安全感满意度得分高于自治区平均值，位列北海市乡镇第2名，社会大局和谐稳定。

【生态环保】 2021年，南康镇坚持“绿水青山就是金山银山”的理念，全力开展环境整改、整治行动，推动生态环境持续改善。严格落实“河长制”制度，投入20多万元清理镇辖范围内沿江两岸生活垃圾1700吨、生活污水2100立方米，整改南康江流域养殖场16家；投入180万元对南康镇污水处理厂设施设备进行整改提升，进一步提高全镇水质。严格落实网格管理制度，强化秸秆禁烧和综合利用工作，严厉打击烟花乱燃放行为，空气质量有效提升。完成镇“林长制”的各项配套制度，林长公示牌覆盖各村（社区），严格控制采伐，严厉打击盗砍，森林管护责任进一步压实。全面落实生态环境保护督查反馈问题整改，生态环境保护工作取得显著成效。

（陆芳丽）

营 盘 镇

【营盘镇概况】 北海市铁山港区营盘镇（简称营盘镇）位于北部湾畔、北海市东部、铁山港区南端，东邻铁山港区兴港镇，西与银海区福成镇相连，南临北部湾，北与铁山港区南康镇接壤。距玉铁高速出口12千米，距北海福成机场15千米，距合浦县城45千米。辖区内有LNG码头、渔港码头，1条27千米的沿海公路东西贯穿全境，交通方便，地理位置优越。全镇辖2个社区和10个行政村。辖区内有营盘卫生院、营盘信用社、农业银行营盘营业所、营盘派出所、区市场监督局营盘管理所、营盘自来水厂、北海市渔政渔港监督支队铁山港大队、电信公司等企（事）业单位；有南珠城遗址、千层珠贝残墙、太监碑和断头龟、珍珠亭等文物景点。该镇沙蟹汁制作技艺入选自治区级非物质文化遗产代表性项目。

【新冠疫情防控】 2021年，营盘镇严格执行新冠疫情防控“十严格”措施，推进新冠疫苗接种8.51万剂次，全年常态化疫情防控总体形势平稳。贯彻落实打击“三非”反走私综合治理暨疫情防控工作会议精神，强化值班值守，加快研判辖区最容易走私上岸关键点位，12月27日完成13个固定点位值守安排。全镇打击“三非”反走私工作从不定期流动岗值守向定点24小时无间断巡逻值守强化，确保走私、偷渡等违法犯罪行为得到快速、有力打击，走私、偷渡行为带来的疫情风险得到遏制，切实守护人民群众生命健康安全。

【项目建设】 2021年，营盘镇组织招商签约活动、对接服务活动3次；签约项目7个，计划投资1.6亿元；落地项目4个，投资2600万元，农业招商引资排北海市第2名。推进亚王绿色新能源材料制造基地项目、100万吨重油改质和综合利用建设项目等项目征地搬迁相关工作，全年完成征地42.44公顷，征地搬迁取得实效。营盘中心渔港公益性（一期）工程西防波堤码头浇筑胸墙368米，预制沉箱78个，浇筑栅栏板204块，累计完成投资3000万元，完成工程量70%，渔港建设稳步推进。

【“三农”工作】 2021年，营盘镇粮食播种面积1353.33公顷，比上年增长22.79%，其中水稻种植面积366.67公顷，比上年增长71.03%。大力发展现代农业，流转土地106.93公顷，其中塘仔村设施农业大棚项目签约用地10公顷，千亩“西瓜红”红薯种植示范基地项目签约用地14.33公顷，白龙村

2021年12月29日，营盘镇黄稍村委设立边海先锋卫士岗，安排人员值守，严防新冠疫情从海上输入　　营盘镇政府　供

股份经济合作社种植水稻用地29.27公顷,形成一批新型农业经营主体。鼓励和引导种养大户实施标准化生产,申报建设塑料大棚奖补项目12个。全年发放耕地地力保护补贴资金453.80万元,发放稻谷生产、糖料蔗种、大棚果蔬生产、农机购置等补贴资金468万元。严格保护耕地红线,排查上报涉嫌违法占用耕地建房56宗,涉嫌违法占用耕地搭棚、养虾、养泥虫、种果树等12宗。年内,营盘镇持续实施振兴南珠产业项目,累计插核1042万贝;南珠产量达600千克,南珠产能得到提升。合理发展特色渔业,全年水产品总产量14.8万吨,比上年增长7.1%,其中海洋捕捞4.5万吨,海水养殖9.8万吨,淡水养殖0.5万吨。发展深海抗风浪网箱养殖,年产量约4万吨。

【巩固脱贫攻坚成果】 2021年,营盘镇落实贫困生雨露计划政策惠及171人次;发放51户脱贫户小额信贷资金181万元,发放产业奖补资金268户84.37万元。落实防止返贫动态监测和帮扶机制。消除11户易致贫边缘户风险,纳入脱贫不稳定户2户、突发严重困难户6户,对脱贫不稳定户、未消除风险边缘户、突发困难户落实针对性的跟踪帮扶措施。落实扶贫项目建设,投入596.87万元建设基础设施类扶贫项目10个,投入644.37万元建设产业类项目3个。

2021年9月4日,营盘镇盐灶肉牛养殖场工人在清理牛舍卫生　　营盘镇政府　供

【城乡建设】 2021年,营盘镇推动全国文明城市创建,改善提升政府大院、营盘街区基础设施,硬化营盘社区背街小巷道路300多米,新增铺设近200米的排水管,疏通小巷3条,新增铺设400平方米生态砖,安装太阳能路灯12盏,墙体美化艺术区200平方米。全镇范围开展创城宣传活动,发挥党员、村民小组长、村民代表、乡贤等模范带头作用,营造全员创城良好氛围,创城工作得到市、区创城办红榜表扬。推进塘仔村乡村振兴示范村建设,全面提升塘仔村道路、休闲景观建设。打造新乡村休闲旅游示范点。新建设青山头乡村振兴示范点,年内青山头村被评为广西乡村旅游重点村。打造生态示范村,年内创建火禄村、彬畔村2个"市级生态村"。开展乡村风貌提升行动,在80个自然村开展"三清三拆"(清理村庄垃圾、乱堆乱放、池塘沟渠,拆除乱搭乱盖、违规广告招牌、废弃建筑)专项行动,清除村庄垃圾1.27万吨,拆除一批废弃建筑、乱搭乱建、广告牌,打造美丽、整洁、舒适乡村环境。开展农房管控,推进农村"房地一体"不动产确权登记,权籍调查成果公示完成1.35万宗,完成率82.1%。推进宅基地审批,受理宅基地报建申请57宗,核发宅基地批准书11本、乡村规划许可证11本。

【社会福祉】 2021年,营盘镇办理新增低保38户76人,共发放低保救助金459万元;发放特困供养金167万元,残疾人"两项补贴"资金151万元,高龄补贴金额116万元,事实无人抚养儿童补助款16万元;新增办理医疗救助20户,发放救助资金 7.25 万元；发放重点优抚对象 60 人抚恤金 76 万元，发放优抚对象 124 人优抚费 33 万元。城镇登记失业率控制在 3% 以内。城乡居民社会养老保险参保率 93.8%，符合领取待遇人员发放率 100%；城乡居民医疗保险缴费 5.24 万人。有序推进计生服务工作，全年办理诚信计划生育率 90%，落实国家、自治区计划生育奖励扶助、特殊扶助政策，兑现率 100%。繁荣发展文化事业。以“我们的节日”为契机，广泛开展群众喜闻乐见、富有珠乡特色的文化娱乐活动，举办文艺晚会 29 场、戏剧活动 18 场、体育活动 1 场，播放公益电影 80 场；举办文艺骨干培训班 7 期；推送舞蹈《一盏红油灯》节目参加全市农民文艺会演获金奖，并代表北海市参加自治区会演。新建村级篮球场 2 个、村史馆 2 个，为群众增添健身、休闲、学习的活动场所。

2021 年 5 月 18 日，中国共产党营盘镇第十四次党员代表大会现场

营盘镇政府　供

【平安建设】 2021 年，营盘镇组织开展安全生产大检查 3 次，检查单位 105 家次，检查发现安全隐患 25 处，已全部督促整改。开展消防安全隐患排查，发现电动车充电场所隐患 2 处，已督促完成整改。全力开展水上安全隐患“大排查、大检查、大整治”专项行动，共出动镇（村）干部 2000 余人次，检查船只 1426 艘，发现问题船只 325 艘，下达整改通知书 325 份，督促船主按整改时限完成整改，整改完成率 100%。加强矛盾纠纷调处力度，开展调解纠纷 185 件，成功调解 182 件，调解成功率 98.3%；接访群众 850 余人次，重要时间节点没有进邕赴京上访事件。持续开展“双提升”（提升人民群众安全感和政法机关满意度）工作，推进网格化管理，划分专属网格 18 个，推广“微连心”服务，受理群众诉求。年内，北海市乡镇第 1 期安全感民意调查，营盘镇得分 100 分，排名全市第 1 名。

【基层党建】 2021 年，营盘镇完成乡镇党委、人大、政府换届选举，产生乡镇领导班子 11 名。完成村（社区）“两委”换届选举，产生新一届村（社区）“两委”班子成员 92 人，年龄、学历、性别等结构进一步优化，为推进乡村振兴注入新活力。认真做好发展党员工作，全镇始终把发展党员的质量放在第一位，实现发展党员“程序不漏、标准不降、时限不延”，全年发展党员 16 人。积极营造创先争优氛围，创建农村五星级党组织 2 个、三星级党组织 1 个，选树 8 名镇（村）干部、5 个基层党组织参与市、区二级“两优一先”评选，报送各类先进典型干部 23 人，营造创先争优的良好氛围。扎实推进党史学习教育活动，充分发挥党委中心组理论学习示范作用，抓好领导干部“关键少数”，开展党委中心组理论学习 26 次；深入开展“我为群众办实事”实践活动，利用“解忧超市”平台，组织动员干部、党员帮助群众解决“三事”、圆梦“微心愿”，全年解决群众“三事”148 件，圆梦“微心愿”60 余个。组织经济强村与薄弱村结对帮扶，组织 8 个村（社区）参与合作建设南康扫管龙大棚果蔬项目，集体经济发展势头良好，全年全镇各村（社区）集体经济平均收入超15万元，其中7个村（社区）收入超10万元，盐灶村收入超20万元，鹿塘村收入超45万元。（陈晓玲）

兴港镇

【兴港镇概况】北海市铁山港区兴港镇（简称兴港镇）位于北部湾畔、铁山港区东部，是北部湾经济区五大功能组团之一铁山港（龙潭）组团和北海市铁山港（临海）工业区的核心区。东面、南面临北部湾，西北和北面与铁山港区南康镇接壤，西南面与铁山港区营盘镇相邻。海岸线31千米。2021年，兴港镇辖2个社区和12个行政村，121个自然村。兴港镇距北海市区41千米，距北海机场30千米，区位优势突出。该镇辖区内东西走向的向海大道、七号路、营闸路，南北走向的四号路、兴港路、进港路与玉铁高速构成便利的陆路交通网络。该镇有中石化北海炼化、国投北海电厂、北港新材料、神华北海电厂4家央企（国企），有太阳纸业、玖龙纸业、信义玻璃3家世界500强企业，初步形成石化、临港新材料、玻璃、林纸四大千亿元产业集群，产业整体实力不断提升。9月，兴港镇入选2021年全国千强镇。

【重大项目建设】2021年，兴港镇举全镇之力推进征地搬迁，集中精兵强将，围绕打造千亿级临港产业集群的目标，狠抓服务项目建设。年内，全镇有重点片区及重点项目20个，完成征地清场412.62公顷，搬迁643户，为一批重大项目落地、开工建设创造条件。其中，太阳纸业全年征地任务是33.13公顷，实际完成征地、清场42.73公顷，完成任务量的129%，超额完成任务；玖龙纸业重大项目建设一直位列全市红花榜前列，全年共征地、清场176.27公顷，搬迁146户，迁坟2769座。年内，中石化北海炼化新增产能150万吨，总产能达800万吨，获得国家级“绿色工厂”称号；信义玻璃一期6条生产线全部投产，每天产能2000吨；太阳纸业白卡纸、文化纸、纸浆全部投产，3个月产值12.6亿元。港口航道物流及码头加快建设，物流能力有效提升。石头埠作业区23号泊位、北暮作业区7号—10号4个15万吨级泊位、北暮作业区南7号—10号4个5万吨级泊位开工建设。

【巩固脱贫攻坚成果】2021年，兴港镇严格落实脱贫攻坚“四不摘”要求，巩固拓展“两不愁三保障”成果，全面落实防贫监测和帮扶机制。年内，对全镇25户边缘易致贫户、5户不稳定户重点监测，制订针对性帮扶措施，及时消除返贫致贫风险8户32人。强化义务教育保障，辖区内义务教育阶段脱贫户家庭适龄子女无失学辍学现象；全年发放“雨露计划”资金23.4万元，助力166名困难学子。强化基本医疗保障，辖区内所有监测对象和脱贫人口基本医疗保险参保率100%。强化住房安全保障，20户脱贫户危房改造项目全部竣工，完成年度危房改造任务。强化饮水安全保障，2732名脱贫人口全部达到饮水安全标准。扶持项目入股分红，发放分红27.76万元，惠及615户脱贫户。扎实开展产业以奖代补，发放奖补资金106.36万元，帮扶310户脱贫户、脱贫不稳定户、边缘户发展特色产业。持续开展“小额信贷”，向60户脱贫户和1户边缘户放贷228万元，增强脱贫户内生动力。

【“三农”工作】2021年，兴港镇完成粮食作物种植1345.28公顷，产量6311.63吨；完成经济作物种植1938.8公顷，产量2.77万吨。其中，蔬菜种植面积1011.6公顷，产量2.22万吨。全镇大力推广果蔬大棚种植，推动传统农业转型升级，全年新增果蔬大棚12.25公顷，共有果蔬大棚19.13公顷。年内，全镇成功创建自治区级示范家庭农场1个，市级示范家庭农场及示范合作社4个。完成全国第一次水产养殖种质资源普查工作，完成登记入册养殖户1031户，养殖面积763.67公顷，

2021 年 9 月，兴港镇果蔬种植大棚种植的哈密瓜喜获丰收

兴港镇政府　供

全镇水产养殖种类有金鲳鱼、青蟹等 34 个。率先完成畜牧养殖业种质资源普查，摸清畜禽养殖种质资源，为打好畜牧养殖业翻身仗做好准备。全年共发放各类惠农补贴 800 余万元，惠及群众 1.2 万户 . 其中耕地地力保护补贴 427.37 万元，塑料大棚建造奖励资金 183.7 万元，糖料蔗脱毒、健康种苗推广补贴 109.28 万元，推广糖料蔗健康种苗种植 208.15 公顷。不断发展壮大村集体经济，全镇实现村集体经济总收入 167.14 万元。完成高标准农田建设 633.33 公顷，新增流转土地面积 20 余公顷。积极开展农业产业招商引资工作，全年共接洽涉农产业客商 15 批次，签约果蔬大棚种植项目 1 个。

【乡村建设】 2021 年，兴港镇严守耕地保护红线，狠抓农房管控工作，共受理农房建设申请 66 宗，审批通过 33 宗，组织巡查 82 次，下达停工通知书 100 份，开展违法建设集中整治行动 13 次，涉及农房 100 多栋，有力遏制违法占地、违法建设蔓延势头。大力推进村庄规划编制，完成大树岭、小马头 2 个村庄规划编制，成功打造木头田乡村振兴示范点。年内，兴港镇深入开展“三清三拆”工作，提升乡村风貌，共出动人员 3512 人次，车辆 80 多辆次，清理杂草杂物、乱堆乱放垃圾 3000 多吨，拆除危旧房、乱搭乱建房屋 561 处，面积 2.27 万平方米，104 个村庄村容村貌得到整治，面貌焕然一新。年内，全镇完成向海大道沿线 160 栋房屋“穿衣戴帽”改造。以创城活动为契机，开展“三无”小区专项整治行动。累计组织 3200 人次对镇政府大院及 14 个村（社区）周边进行环境整治，共清运垃圾 350 车，镇政府大院新增机动车车位 28 个、电动车车位 97 个，有效整治镇、村（社区）环境“脏乱差”问题。加快步伐开展一事一议财政奖补项目工作，全年共建设村级道路 11 条，总长 5.72 千米；硬化村屯道路 5.14 千米；推进乡村“亮化工程”，共安装路灯 600 盏。

【民生福祉】 2021 年，兴港镇进一步推进民生保障体系建

2021 年，兴港镇打造的木头田乡村示范点一角

兴港镇政府　供

设。社会保险覆盖面进一步扩大，全镇城乡居民社会养老保险参保1.69万人，其中继续投保人数1.15万人，已领取养老待遇5465人。农村富余劳动力转移就业新增539人，城镇新增就业475人。全年开发公益性岗位11个，其中城镇公益性岗位6个，乡村公益性岗位3个，监测帮扶对象类公益性岗位2个。全年共发放一次性交通补贴3.33万元，惠及83人。保障困难群众基本生活权益，发放农村低保金、特困供养金、残疾人"两项补贴"和各类优抚金额共198.79万元。年内新增享受农村低保人数109户237人，累计761户1817人。加大残疾人救助力度，帮助困难残疾人通过种（养）业提高收入，惠及55名残疾人。实施残疾人精准康复服务行动，为176名残疾人提供康复服务，康复需求服务覆盖率达到100%。扎实推进"三事"行动，完善社区"解忧超市"职能，为百姓解决"三事"209件。

2021年10月，兴港镇组织村"两委"干部到公路两旁打扫卫生，助力创城活动　　兴港镇政府　供

【平安建设】 2021年，兴港镇稳步开展水上安全大排查、大检查、大整治行动，成立海域巡查队对辖区内18个出入海口进行定期巡查，共排查渔船1568艘，排查出"僵尸渔船"110艘；组织开展船员培训班3期，免费培训渔民360名，有效提升渔民群众的安全理论知识和实际操作能力。落实安全生产监管职责，全年开展重要节日安全生产大检查行动8次，日常大排查检查整改工作11次，排查检查整改企业210家次，督促企业落实安全生产主体责任，辖区安全生产实现"零事故"。年内，全镇共调解各类矛盾纠纷314件，其中民间纠纷154件，项目引发的矛盾纠纷160件；成功调解308件，调解成功率98%，防止民间纠纷激化62件，积极化解群众纠纷，全面提升群众安全感和满意度，维护社会稳定。

【生态环境建设】 2021年，兴港镇开展南乐社区、石头埠社区垃圾分类示范片区建设。开展垃圾分类宣传活动，发放垃圾分类倡议书830余份、宣传手册810余份，张贴宣传海报71张，制作宣传公示展板5块，开展现场宣传活动13次。年内，兴港镇严肃查处国土资源违法案件，加大对违法行为打击力度，共巡查43次，有效遏制违法行为蔓延苗头，规范用地行为，确保非法开采案件零发生。严格落实河长制工作，镇、村两级河长全年共巡河720次，实现巡河全覆盖，对查出的问题立即整改，限时销号，销号率100%。加强秸秆焚烧巡查与处置工作，完成任务总数611件，完成率83%。抓好森林防火工作，及时扑灭林地起火11起，筑牢森林防火安全防线；依法依规对石头埠社区、富屋村、川江村9.87公顷公益林进行巡查管护；规范林木采伐许可证发放，共办理采伐许可证350份，采伐面积66.67公顷。

【基层党建】 2021年，兴港镇争创兴港铁军队伍，选优配强村（社区）"两委"成员，14个村（社区）书记、主任实现"一肩挑"，换届工作高质量完成，

2021 年 4 月 14 日，兴港镇石头埠社区举办 2021 年欢度壮族"三月三"喜迎中国共产党成立 100 周年文艺晚会　　兴港镇政府　供

获自治区通报表扬。村"两委"成员年龄、学历结构进一步优化，平均年龄降低 4 岁，高中（中专）及以上学历的村（社区）干部占 76.6%，大专以上的村（社区）干部占 14.9%，素质全面提升。全年新发展党员 18 人，教育培训发展对象及入党积极分子 76 人次。营造争先创优良好氛围，获评北海市优秀共产党员、优秀党务工作者各 1 人，先进基层党组织 1 个。年内，兴港镇扎实开展党史学习教育，全年组织理论中心组学习 4 次，党史专题学习 17 次，现场学习 3 次，观看"十场名家云直播"5 次，开展红色电影观影活动 40 场次；组织干部参加市、区系列学习教育活动获二等奖 2 次、铜牌 1 枚。

【新冠疫情防控】 2021 年，兴港镇贯彻落实"外防输入、内防反弹"新冠疫情防控政策，扎实抓好新冠疫情防控常态化工作，实现疫情零发生。开展疫苗接种和沿海村屯核酸检测采样工作，全年完成新冠病毒疫苗接种第一针 3.47 万剂次，覆盖率 95% 以上，第二针 3.43 万剂次，覆盖率 93% 以上。深入开展打击"三非"、反偷渡、反走私防疫情工作，成立 7 个沿海值守卡点，发动 150 余名镇（村）干部进行 24 小时不间断轮班巡查，遏制海上走私反弹势头，守护海岸线，筑牢人民健康安全防线。

（何丹妮）

2021 年新冠疫情防控期间，兴港镇党员先锋队携带小音箱走街入户宣传新冠疫情防控知识和相关政策法规　　兴港镇政府　供

先进人物

全国五一劳动奖章获得者

张　旭　男，汉族，1982年出生，辽宁铁岭人，中共党员，研究生学历，高级工程师，广西投资集团北海发电有限公司（以下简称公司）副总经理。2021年4月，张旭被中华全国总工会授予全国五一劳动奖章。张旭思想品德好，工作出色，作风过硬，无论在哪个岗位均以优秀共产党员的标准要求自己，做出贡献。张旭响应国家节能减排号召，策划开展公司能源管理体系建设，将能源体系完全融入公司原“三标一体”当中；充实完善生产管理系统，助推公司综合管理体系优化整合，使公司所制定和实施能源方针、建立能源目标、实施能源管理措施、改进能源绩效等方面完全达到国家GB/T 23331标准要求，促使公司能源管理工作得到显著提升。张旭结合公司员工特点和人才需求，搭建生产人员素质提升模型，采用竞争形式，大力培养公司中层管理人才和大批技术骨干，使公司生产人员结构极大改善，降低企业人工成本。张旭以公司现有先进技术为基础，以改造为手段，深挖创新潜力，促进公司科技创新工作上台阶，实现公司自有专利技术的再突破，实现公司向科学研究型企业大步迈进；张旭主持或参与完成发明专利3项、实用新型专利项目10余项，全部通过国家授权；张旭还编撰有著作1部、科技论文数十篇，为公司抢占电力市场提供理论支撑和宝贵经验。张旭带领员工针对公司重点、难点及复杂技术问题，深入开展分析研究，多次解决公司节能运行及技术等难题，为公司节约生产成本近千万元。

（广西投资集团北海发电有限公司　供）

广西三八红旗手

陈春燕　1972年3月出生，女，汉族，广西北海人，中共党员，中专学历，北海市铁山港区南康镇大塘村委党支部书记、村委主任。2021年3月，陈春燕被自治区妇女联合会评为广西三八红旗手。陈春燕在20多年的农村基层工作中，严格要求自己，始终带着真诚的感情为群众服务，用真心赢得群众的信任和拥护。在上级部门的组织下，陈春燕多次参加电商学习培训，并结合农村产业发展，整合产品资源，开拓销售渠道。近年来，大塘村委因地制宜，打造了辣椒、蜜瓜种植和对虾、海鸭养殖以及花圃等特色农业基地，农产品种类繁多、产量大增。2020年新冠疫情暴发后，她针对农产品滞销的问题，通过电商销售方式和社区团购模式，及时帮助全村农户解决农产品销售问题，为农民增收、乡村振兴做出贡献。2021年5月，陈春燕所经营的北海市稳进种养农民专业合作社被北海市妇女联合会认定为北海市巾帼科技示范基地。

（南康镇政府　供）

统计资料

2021年北海市铁山港区国民经济和社会发展统计公报

2021年，北海市铁山港区各级各部门坚持以习近平新时代中国特色社会主义思想为指导，落实自治区、北海市和铁山港区委、区政府的决策部署，克服国际形势复杂多变、新冠肺炎疫情冲击等不利影响，统筹做好"六稳""六保"工作，全区社会经济实现平稳较快发展，工业产业结构优、活力足、后劲强，基础设施不断完善，人民生活水平显著提高。

一、综合

2021年，初步核算，铁山港区地区生产总值(GDP)411.68亿元，按可比价计算，比上年增长13.7%，两年平均增长3.3%。其中，第一产业增加值32.83亿元，比上年增长3.2%；第二产业增加值344.55亿元，比上年增长15.7%；第三产业增加值34.31亿元，比上年增长8.9%。第一、二、三产业增加值占全区生产总值的比重分别为8.0%、83.7%和8.3%，对经济增长的贡献率分别为2.4%、90.8%和6.8%。按常住人口计算，全年人均地区生产总值28.04万元，比上年增长13.0%。

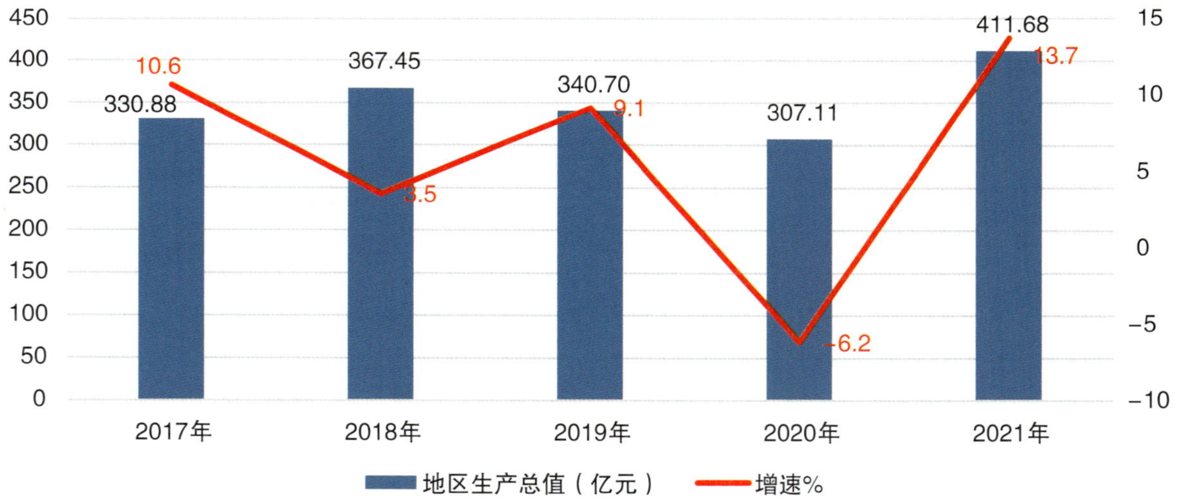

图2　2017年—2021年北海市铁山港区地区生产总值(GDP)

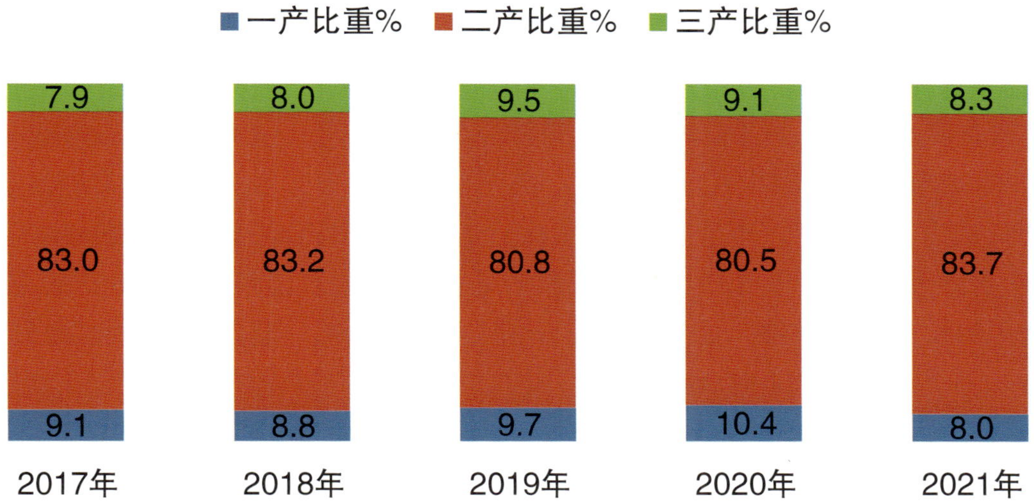

图 3　2017 年—2021 年北海市铁山港区三次产业占比

2021 年年末，铁山港区常住人口 14.75 万人，比上年年末增加 0.14 万人，其中城镇人口 2.75 万人，占常住人口比重（常住人口城镇化率）为 18.6%，比上年年末提高 0.5 个百分点。全年人口出生率 9.9‰，死亡率 6.1‰，自然增长率 3.9‰。

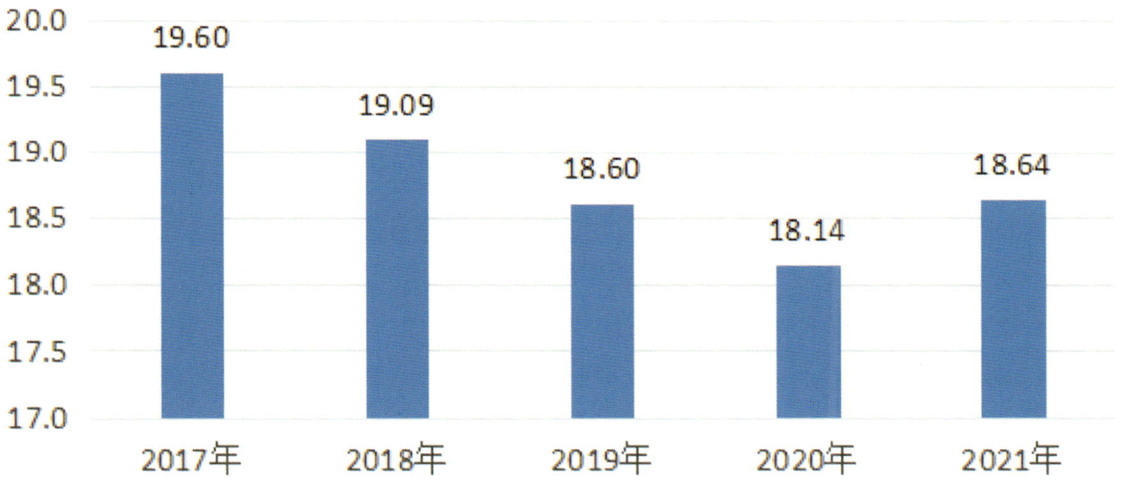

图 4　2017 年—2021 年铁山港区常住人口城镇化率(%)

2021 年，铁山港区城镇新增就业 1072 人，比上年年末增加 216 人。年末城镇登记失业率 2.3%，比上年年末下降 0.9 个百分点。

农业生产稳定促增收。2021 年，铁山港区完成农林牧渔业总产值 51.30 亿元，比上年增长 3.4%。

工业经济保持较快增长。2021 年，铁山港区规模以上工业完成总产值 1343.24 亿元，比上年增长 38.8%；完成增加值 352.96 亿元，比上年增长 18.8%，工业占 GDP 比重达 83.1%，比上年提高 3.3 个百分点。

服务业营收显著提升。2021 年，铁山港区新增规上服务业企业 4 家，全年 13 家规上服务业企业贡献营业收入 14.72 亿元，比上年增长 50.2%。其中装卸搬运和仓储业增长 159.7%、多式联运和运输代理业增长 139.2%、互联网和相关服务业增长 300.0%。

二、农业

2021 年，铁山港区粮食种植面积 8.38 万亩，比上年减少 0.05 万亩，比上年下降 0.7%。甘蔗种植面积 6.42 万亩，比上年增加 0.14 万亩。油料种植面积 3.81 万亩，比上年减少 0.19 万亩。蔬菜(含食用菌)种植面积 8.25 万亩，比上年增加 0.42 万亩。木薯种植面积 4.24 万亩，比上年减少 0.33 万亩。果园面积 0.68 万亩，比上年减少 0.10 万亩。

2021 年，铁山港区粮食总产量 2.43 万吨，比上年增加 0.06 万吨，比上年增长 2.6%。其中，春收粮食产量 0.20 万吨，比上年增长 14.3%；早稻产量 0.18 万吨，比上年增长 13.3%；秋粮产量 1.30 万吨，比上年增长 0.7%。谷物产量 2.12 万吨，比上年增长 0.3%。其中，稻谷产量 1.15 万吨，比上年下降 2.3%；玉米产量 0.97 万吨，比上年增长 3.5%。

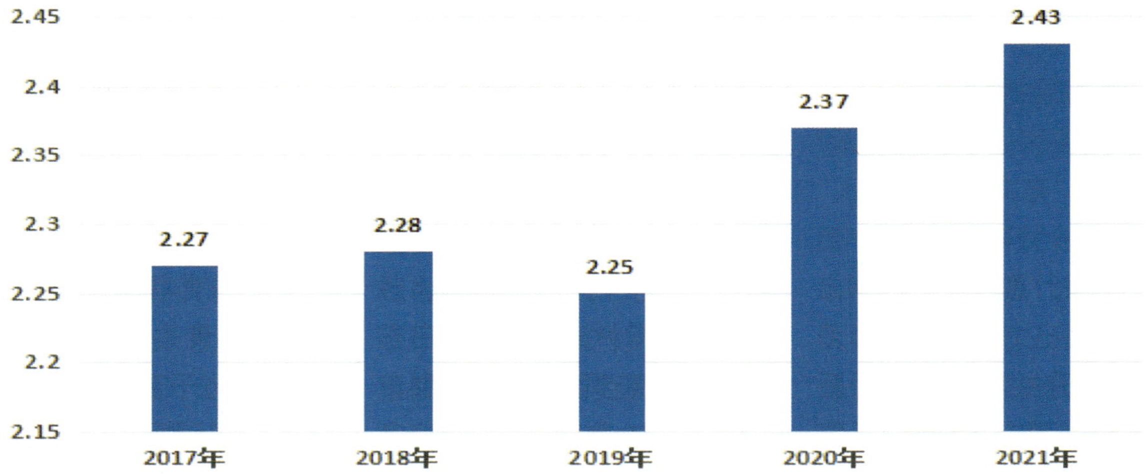

图 5　2017—2021 年北海市铁山港区粮食产量(万吨)

2021 年，铁山港区油料产量 0.78 万吨，比上年下降 5.1%。甘蔗产量 28.38 万吨，比上年增长 3.6%。蔬菜(含食用菌)产量 12.54 万吨，比上年增长 9.2%。园林水果产量 0.95 万吨，比上年增长 6.9%。

2021 年，铁山港区猪肉产量 0.64 万吨，比上年增长 13.2%；牛肉产量 0.02 万吨，比上年增长 6.2%；羊肉产量 59.63 吨，比上年下降 3.1%；禽肉产量 0.40 万吨，比上年下降 10.3%。禽蛋产量 48.45 吨，比上年下降 42.6%。生猪出栏 7.52 万头，比上年增长 12.0%。年末生猪存栏 4.54 万头，比上年年末下降 4.8%。

2021 年，铁山港区水产品产量 19.91 万吨，比上年增长 3.2%，其中海水产品产量 19.39 万吨，比上年增长 4.4%。

2021 年，铁山港区木材产量 7.26 万立方米，比上年增长 14.9%。

表 5　　2021 年北海市铁山港区主要农产品产量及其增长速度表

主要农产品	单位	产量	比上年增长 %
一、粮食	万吨	2.43	2.6
稻谷	万吨	1.15	−2.3
玉米	万吨	0.97	3.5
薯类(折粮)	万吨	0.31	23.5
豆类	吨	60.52	−38.9
二、经济作物			
油料	万吨	0.78	−5.1
花生	万吨	0.78	−5.1
甘蔗	万吨	28.38	3.6
木薯	万吨	2.88	−5.9
蔬菜	万吨	12.54	9.2
瓜果类	万吨	1.71	4.4
三、水果	万吨	0.95	6.9
柑	万吨	0.18	11.9
香蕉	万吨	0.27	−2.5
四、生猪出栏	万头	7.52	12.0
五、牛出栏	万头	0.16	1.3
六、家禽出栏	万只	252.31	−5.7
七、肉类	万吨	1.07	2.8
八、水产品	万吨	19.91	3.2
海水产品	万吨	19.39	4.4

三、工业和建筑业

2021 年，铁山港区全部工业增加值比上年增长 18.8%，规模以上工业增加值增长 18.8%。在规模以上工业中，分经济类型看，国有控股企业增加值比上年增长 11.6%，股份制企业增加值比上年增长 13.0%，外商及中国港澳台商投资企业增加值比上年增长 120.0%，非公有工业企业增加值比

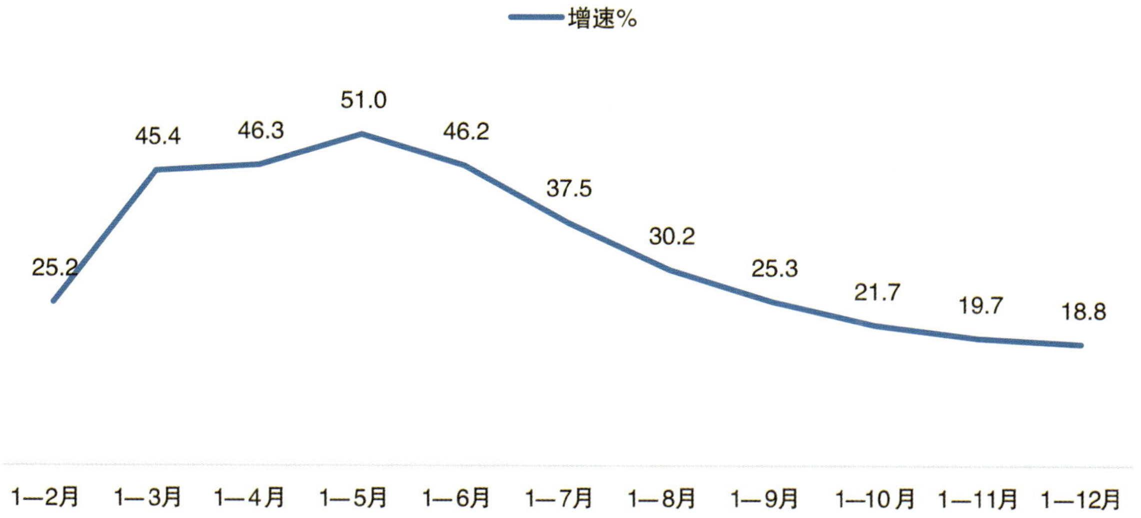

图 6　2021 年北海市铁山港区规模以上工业增加值增速

上年增长 69.2%。分门类看，采矿业增加值比上年下降 25.1%，制造业增加值比上年增长 19.4%，电力热力燃气及水生产和供应业增加值比上年增长 7.7%。分行业看，石油煤炭及其他燃料加工业增加值比上年增长 33.1%，黑色金属冶炼及压延加工业增加值比上年下降 9.3%，农副食品加工业增加值比上年增长 8.2%，非金属矿物制品业增加值比上年增长 151.4%，造纸和纸制品业增加值比上年增长 45.9%，木材加工和木竹藤棕草制品业增加值比上年下降 51.7%，电力、热力生产和供应业增加值比上年增长 6.8%，化学原料和化学制品制造业增加值比上年增长 34.3%，燃气生产和供应业增加值比上年增长 15.9%，水的生产和供应业增加值比上年下降 5.7%。

表 6　　2021 年北海市铁山港区规模以上工业主要产品产量及其增长速度表

产品名称	单位	产量	比上年增长(%)
汽油	万吨	252.75	56.1
柴油	万吨	240.81	31.2
液化石油气	万吨	49.05	61.7
发电量	亿千瓦时	38.04	−8.1
饲料	万吨	123.69	0.2
精制食用植物油	万吨	30.41	−1.8
成品糖	万吨	9.52	−5.1
人造板	万立方米	5.80	−49.6
粗钢	万吨	294.36	−6.1
钢材	万吨	369.33	−8.7
商品混凝土	万立方米	34.83	−40.6
机制纸及纸板	万吨	73.65	57.0

2021 年，铁山港区规模以上工业企业利润比上年增长 290.4%。分经济类型看，国有控股企业利润比上年增长 290.6%；股份制企业利润比上年增长 311.2%，外商及中国港澳台商投资企业利润比上年增长 257.1%，非公有制企业利润比上年增长 290.1%。分门类看，采矿业利润比上年下降 50.0%，制造业利润比上年增长 322.4%，电力、热力、燃气及水生产和供应业利润比上年下降 25.0%。

2021 年，铁山港区具有资质等级的总承包和专业承包建筑业企业实现总产值 0.61 亿元，比上年增长 14.4%。

四、服务业

2021 年，铁山港区批发和零售业增加值 5.51 亿元，比上年增长 11.1%；交通运输、仓储和邮政业增加值 6.60 亿元，比上年增长 17.0%；住宿和餐饮业增加值 884 万元，比上年增长 3.8%；其他服务业增加值 9.74 亿元，比上年增长 5.4%。规模以上服务业企业营业收入比上年增长 50.2%，营业利润比上年增长 167.4%。

五、国内贸易

2021 年，铁山港区社会消费品零售总额 27.01 亿元，比上年增长 7.1%。按经营地统计，城镇消费品零售额比上年下降 1.7%，乡村消费品零售额比上年增长 92.9%。按消费类型统计，商品零售额 24.28 亿元，比上年增长 9.4%；餐饮收入额 2.73 亿元，比上年下降 9.8%。

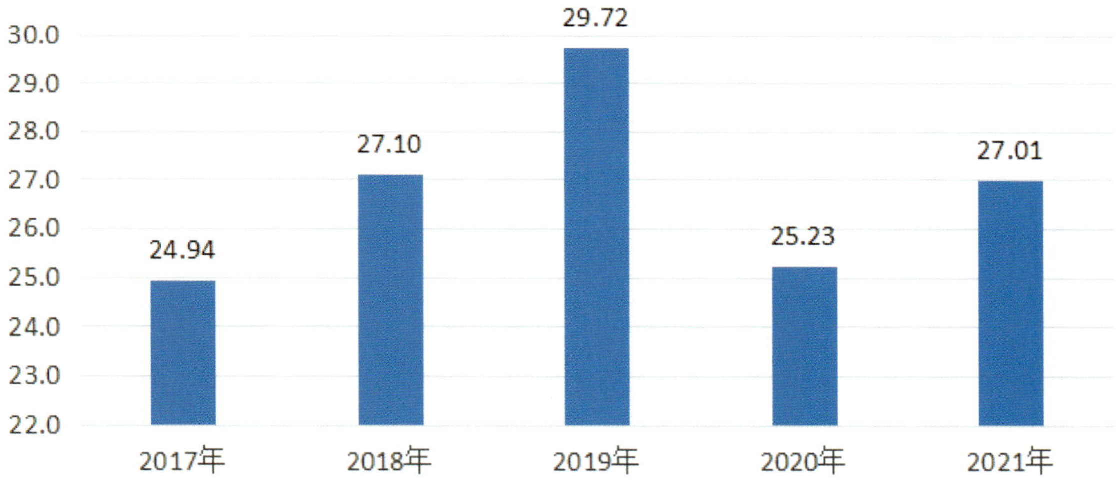

图 7 2017 年—2021 年铁山港区社会消费品零售总额(亿元)

2021 年,铁山港区限额以上单位商品零售额中,粮油食品类零售额比上年增长 26.6%,饮料类零售额比上年增长 11.6%,烟酒类零售额比上年增长 17.2%,服装鞋帽针纺织品类零售额比上年下降 15.7%,化妆品类零售额比上年增长 79.4%,日用品类零售额比上年增长 30.3%,五金、电料类零售额比上年增长 7.7%,体育、娱乐用品类零售额比上年增长 70.0%,家用电器和音像器材类零售额比上年增长 34.7%,文化办公用品类零售额比上年下降 45.9%。

六、固定资产投资

2021 年,铁山港区固定资产投资(不含农户)比上年增长 31.2%,其中第一产业投资 0 亿元;第二产业投资比上年增长 56.5%(其中工业投资增长 56.5%),第三产业投资比上年下降 65.1%。基础设施投资比上年下降 68.5%,民间固定资产投资比上年增长 64.1%。

表 7 2021 年北海市铁山港区分行业固定资产投资(不含农户)增长速度表

行业	比上年增长(%)
总计	31.2
农、林、牧、渔业	—
采矿业	—
制造业	49.8
电力、热力、燃气及水生产和供应业	94.0
建筑业	—
批发和零售业	—
交通运输、仓储和邮政业	-63.3
住宿和餐饮业	—
信息传输、软件和信息技术服务业	—
金融业	—
房地产业	—
租赁和商务服务业	-71.3
科学研究和技术服务业	—
水利、环境和公共设施管理业	-74.0
居民服务、修理和其他服务业	—

续表 7

行业	比上年增长(%)
教育	−38.3
卫生和社会工作	−98.9
文化、体育和娱乐业	—
公共管理、社会保障和社会组织	−83.2
国际组织	—

七、对外经济

2021 年，铁山港区外贸进出口总额 125.43 亿元，比上年增长 56.2%。其中，出口 8.19 亿元，比上年增长 212.3%；进口 117.24 亿元，比上年增长 50.9%。进出口差额（出口减进口）-109.05 亿元。全年利用外资 11137 万美元，比上年增长 135.8%。

八、交通

2021 年，铁山港区港口吞吐量 3449.77 万吨，比上年增长 31.0%，其中集装箱吞吐量 40.92 万标箱，比上年增长 27.0%。道路运输货运量 723 万吨，比上年增长 15.7%；货物周转量 6417.6 万吨公里，比上年增长 26.5%。

九、财政

2021 年，铁山港区组织财政收入 53.98 亿元，比上年增长 66.4%；一般公共预算收入 3.63 亿元，比上年增长 29.5%，其中税收收入 2.81 亿元，比上年增长 47.6%，占一般公共预算收入的 77.3%。全区一般公共预算支出 12.60 亿元，比上年增长 3.7%，其中民生重点领域支出 10.24 亿元，比上年增长 1.6%，占一般公共预算支出的 81.3%。

十、居民收入消费和社会保障

2021 年，铁山港区居民人均可支配收入 26730 元，比上年名义增长 9.2%。按常住地分，城镇居民人均可支配收入 40041 元，比上年名义增长 7.3%；农村居民人均可支配收入 19269 元，比上年名义增长 9.6%。城乡居民人均收入比为 2.08∶1，比上年缩小 0.04。

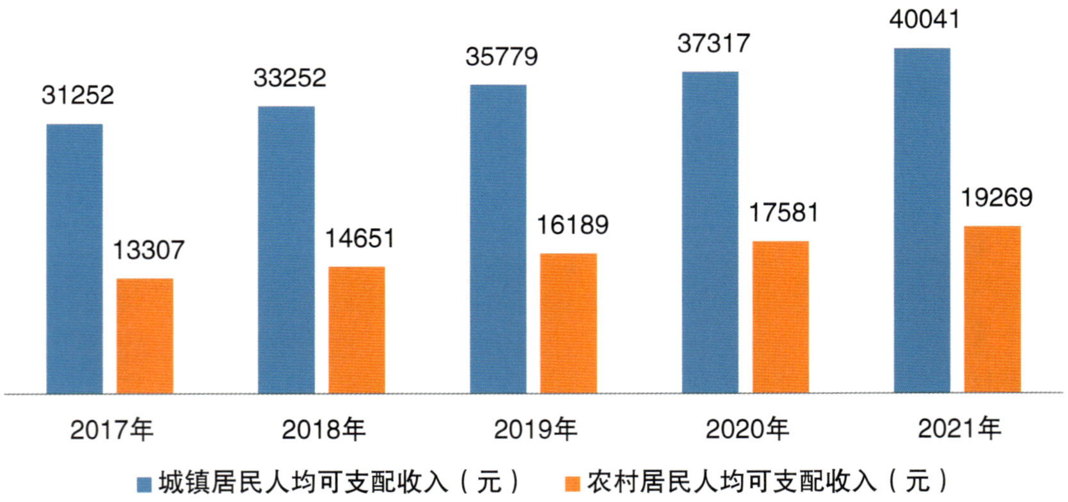

图 8　2017—2021 年铁山港区城乡居民人均收入

2021 年，铁山港区居民人均消费支出 16088 元，比上年名义增长 8.3%。按常住地分，城镇居民人均消费支出 21024 元，名义增长 3.6%；农村居民人均消费支出 13321 元，名义增长 11.7%。

2021 年，铁山港区参加城乡居民基本养老保险 8.36 万人，比上年年末增加 2.16 万人；参加城乡居民基本医疗保险 14.81 万人，按常住人口数计算，参保率 100%。

十一、教育和卫生

2021 年，铁山港区有普通中学 8 所（其中高完中 1 所），专任教师 577 人，在校生 7545 人；小学 46 所，在校生 13169 人；幼儿园 6 所，学前教育幼儿人数 6832 人。（注：专任教师是指教职工）

2021 年，铁山港区共有医疗卫生机构（含村卫生室和计生机构）138 个，其中医院（含卫生院）3 个，社区卫生服务中心（站）1 个，村卫生室 107 个（其中政府办的村卫生室 39 个），个体诊所 25 个，疾控中心 1 个，计划生育协会 1 个。全区医院（含卫生院）、社区卫生服务中心、疾控中心有卫生技术人员 434 人，平均每千人口卫生技术人员 2.94 人。全区实际开放病床 250 张，平均每千人口病床 1.68 张。

十二、资源、环境和应急管理

2021 年，铁山港区森林覆盖率达 19.4%。

2021 年，铁山港区 $PM_{2.5}$ 浓度平均值 22 微克 / 立方米，空气优良率 97.5%。年末，铁山港区城镇污水处理率 96.4%，城镇生活垃圾无害化处理率 100%。

2021 年，铁山港区受台风影响 5 次、热带低压影响 2 次，没有发生森林火灾，防汛抢险救灾和森林防灭火实现零伤亡。

2021 年，铁山港区发生各类生产安全事故 18 起，比上年下降 14.3%；死亡 11 人，比上年下降 31.3%；受伤 10 人，比上年下降 52.4%。全年未发生较大及以上生产安全事故。

注释：

1. 本公报中数据均为初步统计数。部分数据因四舍五入的原因，存在总计与分项合计不等的情况。

2. 地区生产总值、三次产业及相关行业增加值、人均地区生产总值绝对数按现价计算，增长速度按不变价格计算。

3. 两年平均增速是指以 2019 年同期数为基数，采用几何平均的方法计算的增速。

资料来源：

本公报中财政数据来自区财政局；居民收入消费数据来自国家统计局北海调查队；进出口数据来自区科技商务和工信局；交通数据来自区交通运输局；教育数据来自区教育局；卫生数据来自区卫健局；医疗保障数据来自区医保局；林业数据来自区自然资源局；城镇污水处理、生活垃圾无害化处理数据来自区住建局；社会保障数据来自区人社局；气象数据来自铁山港生态环境局；医疗保障数据来自区医保局；应急管理数据来自于区应急管理局；其他数据均来自区统计局。

（区统计局陈心怡　供）

附 录

文件目录

表 8　　2021 年中国共产党北海市铁山港区委员会部分重要发文表

文号	文件标题
北铁发〔2021〕2 号	关于中国共产党北海市铁山港区第六次代表大会代表选举工作的通知
北铁发〔2021〕3 号	印发《关于进一步健全贯彻落实习近平总书记重要讲话、重要指示批示精神和党中央决策部署长效机制的实施方案》的通知
北铁发〔2021〕5 号	关于印发《中共北海市铁山港区委员会 2021 年工作要点》的通知
北铁发〔2021〕6 号	关于表彰铁山港区优秀共产党员、铁山港区优秀党务工作者和铁山港区先进基层党组织的决定
北铁发〔2021〕7 号	批转《中共北海市铁山港区委、中共北海市铁山港区委组织部关于政协第五届北海市铁山港区委员会委员推荐提名工作总体方案》的通知
北铁发〔2021〕8 号	关于成立中国共产党北海市铁山港区第六次代表大会临时党委的决定
北铁发〔2021〕9 号	批转《中共北海市铁山港区人大常委会党组关于推荐提名市第十六届人民代表大会代表工作方案》的通知
北铁发〔2021〕11 号	关于表彰 2021 年"十佳教师（校长）"的决定
北铁发〔2021〕12 号	关于印发《铁山港区实现巩固拓展脱贫攻坚成果乡村振兴有效衔接的实施方案》的通知
北铁发〔2021〕13 号	关于表彰 2021 年铁山港区优秀运动员李俊升、刘明瑚的决定
北铁发〔2021〕14 号	关于印发《北海市铁山港区法治政府建设实施方案（2021—2025 年）》的通知

（区委办　供）

表 9　　2021 年中国共产党北海市铁山港区委员会办公室部分重要发文表

文号	文件标题
北铁办发〔2021〕1 号	关于印发《铁山港区搭建七个平台，推行"三事通解"实施方案》的通知
北铁办发〔2021〕5 号	关于印发《中共北海市铁山港区委常委班子 2020 年度民主生活会暨中央第二巡视组 2020 年巡视广西反馈意见整改专题民主生活会整改措施落实方案》的通知
北铁办发〔2021〕6 号	关于做好北海市铁山港区 2021 年镇领导班子换届工作的通知
北铁办发〔2021〕7 号	关于成立北海市铁山港区革命老区建设促进会的通知
北铁办发〔2021〕8 号	关于印发《北海市铁山港区招商引资接待工作管理暂行办法》的通知
北铁办发〔2021〕9 号	关于印发《北海市铁山港区 2021 年区、镇领导班子换届工作总体方案》的通知

续表 9

文号	文件标题
北铁办发〔2021〕10 号	关于印发《关于进一步解决形式主义问题为基层减负的工作措施》的通知
北铁办发〔2021〕11 号	关于印发《中央生态环境保护督察北海市铁山港区迎检工作总体方案》的通知
北铁办发〔2021〕13 号	关于印发《北海市铁山港区落实全面从严治党政治责任书记面对面谈心工程实施方案》的通知
北铁办发〔2021〕14 号	关于报送 2016 年—2020 年工作总结及未来五年工作计划设想的通知
北铁办发〔2021〕15 号	关于印发《铁山港区提升群众安全感宣传工作方案》的通知
北铁办发〔2021〕16 号	关于印发《北海市铁山港区政协 2021 年民主协商及民主监督计划》的通知
北铁办发〔2021〕17 号	关于印发《中国共产党北海市铁山港区第六次代表大会筹备工作方案》的通知
北铁办发〔2021〕18 号	关于调整铁山港区扶贫工作机构设置的通知
北铁办发〔2021〕19 号	关于举办“学党史　唱红歌　跟党走”北海市铁山港区庆祝中国共产党成立 100 周年合唱比赛的通知
北铁办发〔2021〕20 号	关于报送 2021 年上半年工作总结和下半年工作计划的通知
北铁办发〔2021〕22 号	关于做好铁山港区“两优一先”推荐工作的通知
北铁办发〔2021〕23 号	关于印发《关于全面推行林长制的实施办法》的通知
北铁办发〔2021〕24 号	关于调整铁山港区处级领导干部联系点和区直（驻区）单位联系点的通知
北铁办发〔2021〕25 号	关于调整中国共产党北海市铁山港区第六次代表大会筹备工作领导小组的通知
北铁办发〔2021〕26 号	关于印发《北海市铁山港区第二轮中央生态环境保护督察指出问题整改工作方案》的通知
北铁办发〔2021〕27 号	关于成立“8·9”白龙、古城海域排筏侧翻事件应急救援指挥部的通知
北铁办发〔2021〕28 号	关于成立营盘镇石村涉林地维稳工作领导小组的通知
北铁办发〔2021〕29 号	关于调整铁山港区生活垃圾分类工作领导小组成员的通知
北铁办发〔2021〕30 号	关于印发《北海市铁山港区 2021 年招商引资“行企助力转型升级”行动工作实施方案》的通知
北铁办发〔2021〕31 号	关于印发《中共北海市铁山港区委员会常委会 2021 年工作要点任务分解表》的通知
北铁办发〔2021〕32 号	关于印发《北海市铁山港区水上安全隐患“大检查大排查大整治”专项行动方案》的通知
北铁办发〔2021〕33 号	关于印发《北海市铁山港区 2021 年重点项目、重点片区征地搬迁工作方案》的通知
北铁办发〔2021〕35 号	关于修订《北海市铁山港区水上安全隐患“大排查大检查大整治”专项行动方案》的通知
北铁办发〔2021〕36 号	关于印发《北海市铁山港区营盘镇青山头村乡村振兴示范建设工作方案》的通知
北铁办发〔2021〕37 号	关于印发《北海市铁山港区四家班子、铁管委班子领导及有关处级领导联系服务重点企业疫情防控和安全生产工作安排表》的通知
北铁办发〔2021〕38 号	关于做好 2021 年区委、区政府和区政协领导督办政协重点提案办理工作的通知
北铁办发〔2021〕39 号	关于调整区委农村工作（乡村振兴）领导小组的通知
北铁办发〔2021〕40 号	关于成立北海市铁山港（临海）工业区石化产业园安全风险等级降低工作专班的通知
北铁办发〔2021〕41 号	关于进一步规范值班工作强化值班纪律的通知
北铁办发〔2021〕43 号	关于印发《〈中国共产党北海市铁山港区第六次代表大会上的报告〉任务分解表》的通知
北铁办发〔2021〕44 号	关于调整北海市铁山港区领导挂点镇义务教育控辍保学责任分工的通知
北铁办发〔2021〕45 号	关于做好 2021 年工作总结和 2022 年工作计划的通知
北铁办发〔2021〕46 号	关于成立玖龙纸业（北海林浆纸一体化项目）征地搬迁工作指挥部的通知
北铁办发〔2021〕47 号	关于印发《北海市铁山港区创建全国民族团结进步方案示范区工作实施方案（2021—2023 年）》的通知

续表 9

文号	文件标题
北铁办发〔2021〕50 号	关于印发《北海市铁山港区四家班子领导与非公有制经济代表人士和非公有制企业联系表》的通知
北铁办发〔2021〕51 号	关于印发《北海市铁山港区“以谈明责　以访促廉”工作方案》的通知
北铁办发〔2021〕52 号	关于印发《北海市铁山港区机关事业单位辅助岗位聘用人员管理暂行办法》的通知
北铁办发〔2021〕53 号	关于印发《北海市铁山港区南康镇综合性办事机构和事业单位编制方案》的通知
北铁办发〔2021〕54 号	关于印发《北海市铁山港区营盘镇综合性办事机构和事业单位编制方案》的通知
北铁办发〔2021〕55 号	关于印发《北海市铁山港区兴港镇综合性办事机构和事业单位编制方案》的通知
北铁办发〔2021〕56 号	关于调整北海市铁山港区委常委、区政府党员领导与党外代表人士联谊交友名单的通知
北铁办发〔2021〕57 号	关于调整铁山港区处级党员领导干部党支部工作联系点的通知
北铁办发〔2021〕58 号	关于印发《铁山港区在两新组织党组织中开展“三有三送”活动推进工业振兴工作方案》的通知
北铁办发〔2021〕59 号	关于印发《北海市铁山港区进一步减轻义务教育阶段学生作业负担和校外培训负担实施方案》的通知

（区委办　供）

表 10　**2021 年北海市铁山港区人民政府部分重要发文表**

文号	文件标题
北铁政发〔2021〕1 号	北海市铁山港区人民政府北海市铁山港（临海）工业区管理委员会关于领导工作分工调整的通知
北铁政发〔2021〕2 号	北海市铁山港区人民政府关于实施我区参军入伍人员激励措施的通知
北铁政发〔2021〕3 号	北海市铁山港区人民政府　北海市铁山港（临海）工业区管理委员会关于印发 2021 年北海市铁山港区《政府工作报告》重点工作任务安排表的通知
北铁政发〔2021〕4 号	北海市铁山港区人民政府关于印发北海市铁山港区国民经济和社会发展第十四个五年规划和二〇三五年远景目标纲要的通知
北铁政发〔2021〕5 号	北海市铁山港区人民政府关于撤销北海市铁山港区联合整治违法用地违法建设工作办公室的通知

（区政府办　供）

表 11　**2021 年北海市铁山港区人民政府办公室部分重要发文表**

文号	文件标题
北铁政办〔2021〕1 号	北海市铁山港区人民政府办公室关于印发北海市铁山港区贯彻落实“奋战一季度　加力开新局”实施方案的通知
北铁政办〔2021〕2 号	北海市铁山港区人民政府办公室关于印发北海市铁山港区提升基层统计队伍能力加快现代化基层统计调查体系建设工作方案的通知
北铁政办〔2021〕3 号	北海市铁山港区人民政府办公室关于认真做好北海市铁山港区 2021 年春运工作和加强春运疫情防控有关工作的通知
北铁政办〔2021〕7 号	北海市铁山港区人民政府办公室关于成立广西太阳纸业有限公司“2·20”事故调查组的通知
北铁政办〔2021〕8 号	北海市铁山港区人民政府办公室关于成立北海市铁山港区原水供水管道改扩建工程项目铁山港区段建设指挥部的通知

续表 11

文号	文件标题
北铁政办〔2021〕9 号	北海市铁山港区人民政府办公室关于印发北海市铁山港区依法拆除 2020 年第三季度跟踪审计发现违规占用耕地图斑实施方案的通知
北铁政办〔2021〕10 号	北海市铁山港区人民政府办公室关于印发落实审计组对社保基金审计涉及被征地农民未享受养老保险补贴的整改方案的通知
北铁政办〔2021〕11 号	北海市铁山港区人民政府办公室关于印发北海市铁山港区“散乱污”企业专项整治行动方案的通知
北铁政办〔2021〕13 号	北海市铁山港区人民政府办公室关于成立北海市铁山港区农村乱占耕地建房问题整治工作领导小组的通知
北铁政办〔2021〕14 号	北海市铁山港区人民政府办公室关于印发北海市铁山港区秸秆限烧区有序焚烧管理实施方案的通知
北铁政办〔2021〕15 号	北海市铁山港区人民政府办公室关于印发北海市铁山港区 2021 年矿业秩序集中整治工作方案的通知
北铁政办〔2021〕16 号	北海市铁山港区人民政府办公室关于学习贯彻《政府督查工作条例》进一步加强和规范政府督查工作的通知
北铁政办〔2021〕17 号	北海市铁山港区人民政府办公室关于做好市人大代表建议和政协委员提案办理工作的通知
北铁政办〔2021〕18 号	北海市铁山港区人民政府办公室关于印发兴港镇工业园区道路安全隐患整改工作方案的通知
北铁政办〔2021〕19 号	北海市铁山港区人民政府办公室关于成立北海综徽环保科技有限公司“4·23”事故调查组的通知
北铁政办〔2021〕23 号	北海市铁山港区人民政府办公室关于成立四川自贡市沛然物流有限公司“5·21”事故调查组的通知
北铁政办〔2021〕24 号	北海市铁山港区人民政府办公室关于印发北海市铁山港区扎实整改生态环境信访举报问题深入开展“我为群众办实事”实践活动工作方案的通知
北铁政办〔2021〕26 号	北海市铁山港区人民政府办公室关于印发北海市铁山港区防御台风应急预案(2021 年)的通知
北铁政办〔2021〕27 号	北海市铁山港区人民政府办公室关于印发北海市铁山港区洪潮灾害应急预案(2021 年)的通知
北铁政办〔2021〕28 号	北海市铁山港区人民政府办公室关于印发北海市铁山港区贯彻落实中央生态环境保护督察组交办群众信访投诉问题整改工作方案的通知
北铁政办〔2021〕30 号	北海市铁山港区人民政府办公室关于印发北海市铁山港区防止耕地“非粮化”稳定粮食生产工作方案的通知
北铁政办〔2021〕31 号	北海市铁山港区人民政府办公室关于印发北海市铁山港区生产安全事故灾难应急预案等 3 个生产安全类专项应急预案的通知
北铁政办〔2021〕34 号	北海市铁山港区人民政府办公室关于印发北海市铁山港区人民政府办理人大代表建议和政协提案工作规定(2021 年修订)的通知
北铁政办〔2021〕37 号	北海市铁山港区人民政府办公室关于印发 2021 年度北海市铁山港区乡村风貌提升工作实施方案的通知
北铁政办〔2021〕38 号	北海市铁山港区人民政府办公室关于印发北海市铁山港区农村公路“路长制”实施方案的通知
北铁政办〔2021〕40 号	北海市铁山港区人民政府办公室关于成立神华国华广投(北海)发电有限责任公司“9·11”事故调查组的通知
北铁政办〔2021〕41 号	北海市铁山港区人民政府办公室关于印发北海市铁山港区房屋建筑违法建设和违法违规审批专项清查工作实施方案的通知

续表 11

文号	文件标题
北铁政办〔2021〕43 号	北海市铁山港区人民政府办公室关于成立北海市铁山港区能源电力保供指挥部的通知
北铁政办〔2021〕44 号	北海市铁山港区人民政府办公室关于印发北海市铁山港区“拼搏三季度　全力提进度”实施方案的通知
北铁政办〔2021〕47 号	北海市铁山港区人民政府办公室关于成立广西北港新材料有限公司“10·12”事故调查组的通知
北铁政办〔2021〕48 号	北海市铁山港区人民政府办公室关于做好区人大代表建议和政协委员提案办理工作的通知
北铁政办〔2021〕49 号	北海市铁山港区人民政府办公室关于成立广西太阳纸业有限公司“10·24”事故调查组的通知
北铁政办〔2021〕50 号	北海市铁山港区人民政府办公室关于调整北海市铁山港区人民政府教育督导委员会成员的通知
北铁政办〔2021〕51 号	北海市铁山港区人民政府办公室关于调整北海市铁山港区语言文字工作委员会成员的通知
北铁政办〔2021〕53 号	北海市铁山港区人民政府办公室关于印发北海市铁山港区自然灾害救助应急预案的通知
北铁政办〔2021〕55 号	北海市铁山港区人民政府办公室关于印发北海市铁山港区地震应急预案的通知
北铁政办〔2021〕56 号	北海市铁山港区人民政府办公室关于印发北海市铁山港区森林火灾应急预案的通知
北铁政办〔2021〕58 号	北海市铁山港区人民政府办公室关于印发北海市铁山港区建立健全养老服务综合监管制度促进养老服务高质量发展实施方案的通知
北铁政办〔2021〕59 号	北海市铁山港区人民政府办公室关于成立北海市铁山港区公民无偿献血管理委员会的通知

（区政府办　供）

文件选登

中共北海市铁山港区委员会　北海市铁山港区人民政府关于印发《铁山港区实现巩固拓展脱贫攻坚成果同乡村振兴有效衔接的实施方案》的通知

北铁发〔2021〕12 号

区辖镇党委和人民政府，区直各部、委、办、局，区人民法院、人民检察院，各人民团体，各企事业单位，驻区各单位，各有关单位：

现将《铁山港区实现巩固拓展脱贫攻坚成果同乡村振兴有效衔接的实施方案》印发给你们，请认真组织实施。

中共北海市铁山港区委员会　北海市铁山港区人民政府

2021 年 10 月 15 日

铁山港区实现巩固拓展脱贫攻坚成果同乡村振兴有效衔接的实施方案

为实现巩固拓展脱贫攻坚成果同乡村振兴有效衔接，根据中共中央、国务院、自治区党委、自治区人民政府、北海市委、市政府关于实现巩固拓展脱贫攻坚成果同乡村振兴有效衔接等文件的精神，为接续推动我区高质量发展和乡村全面振兴，结合我区实际，制定本方案。

一、总体要求

（一）指导思想

以习近平新时代中国特色社会主义思想为指导，全面贯彻中共十九大和十九届二中、三中、四中、五中全会精神，深入贯彻中共中央总书记习近平关于“三农”工作的重要论述和对广西工作的重要指示精神，认真贯彻中央、自治区和北海市有关会议精神，坚定不移贯彻新发展理念，坚持稳中求进工作总基调，坚持以人民为中心的发展思想，坚持共同富裕方向，以农村低收入人口和脱贫村、脱贫人口为帮扶重点，巩固拓展脱贫攻坚成果，加快推进脱贫地区乡村产业、人才、文化、生态、组织等全面振兴，全力推动铁山港区“十四五”时期高质量发展。

（二）基本原则

——坚持党的全面领导。毫不动摇坚持和加强党对农村工作的全面领导，充分发挥各级党委总揽全局、协调各方的领导作用，区、镇、村三级书记抓巩固拓展脱贫攻坚成果和乡村振兴。总结脱贫攻坚经验，发挥脱贫攻坚体制机制作用。

——坚持有序调整、平稳过渡。过渡期内在巩固拓展脱贫攻坚成果上下更大功夫、想更多办法、给予更多后续帮扶支持，对脱贫村、脱贫人口扶上马送一程，确保脱贫群众不返贫。在主要帮扶政策保持总体稳定的基础上，针对不同地区脱贫质量和经济社会发展的差异，分类优化调整，合理把握调整节奏、力度和时限，增强脱贫稳定性。

——坚持群众主体、激发内生动力。顺应农民群众建设幸福美好家园的期盼，尊重农民意愿，发扬农民首创精神，不断增强自我发展能力。突出志智双扶，防止政策养懒汉和泛福利化倾向，发挥奋进致富典型示范引领作用，激励有劳动能力的低收入人口勤劳致富。

——坚持政府推动引导、社会各界和市场协同发力。坚持行政推动与市场机制有机结合，发挥集中力量办大事的优势，广泛动员社会力量参与，更好发挥各方面积极性，形成巩固拓展脱贫攻坚成果、全面推进乡村振兴的强大合力。

（三）基本思路和目标任务

到 2025 年，全区实现脱贫攻坚成果巩固拓展，乡村振兴全面推进，乡村产业质量效益和竞争力进一步提高，农村基础设施和基本公共服务水平进一步提升，生态环境持续改善，宜居乡村建设扎实推进，乡村治理能力有效提升，乡风文明建设取得显著进展，农村基层组织建设不断加强，农村低收入人口分类帮扶长效机制逐步完善，全区农民收入不断提高。

二、进一步建立健全和完善巩固拓展脱贫攻坚成果的长效机制

（一）保持主要帮扶政策总体稳定

过渡期内严格落实“四个不摘”要求，坚决巩固脱贫攻坚成果，做好巩固拓展脱贫攻坚成果同乡村振兴有效衔接，确保工作不留空挡、政策不留空白。要持续压实各级党委和政府主体责任、行业部门分工责任，防止松劲懈怠。要继续保持帮扶资源不变，帮扶力度不减，防止一撤了之。切实加强资金监管、成效监管、作风监管，要对现有帮扶政策进行总结分类梳理，该延续的延续、该优化

的优化、该调整的调整，确保政策连续性，防止急刹车。继续稳定低保、特困供养等兜底救助类政策，优化产业、就业等发展类政策，落实好教育、医疗、住房、饮水等民生保障普惠性政策，并根据脱贫人口实际困难给予适度倾斜。

牵头单位：区乡村振兴和水库移民工作局

配合单位：区委组织部、区财政局、区民政局、区农水局、区人社局、区教育局、区卫健局、区医保局、区住建局、区交通运输局、区残联

主体责任落实单位：各镇党委、政府

（二）健全防止返贫动态监测和帮扶机制

1. 健全防止返贫动态监测机制。

一是明确监测对象和监测内容。以家庭为单位，监测脱贫不稳定户、边缘易致贫户，以及因病、因灾、因意外事故等刚性支出较大或收入大幅缩减导致基本生活出现严重困难户，重点监测其收入支出状况、“两不愁三保障”及饮水安全状况等。重点关注有大病重病和负担较重的慢性病患者、重度残疾人、失能老年人口等特殊群体的家庭。二是明确监测指导线。2021 年以脱贫攻坚期国家扶贫标准的 1.5 倍（家庭年人均纯收入 6000 元）为监测指导线。以后每年根据自治区综合全区物价指数变化、农村居民人均可支配收入增幅和农村低保标准等因素动态调整的监测指导线，合理确定监测范围，实事求是确定监测对象规模。三是明确监测方式。建立农户自主申报、干部走访排查、部门筛查预警相结合的方式开展常态化监测，并根据国家和自治区的统一部署开展集中排查。四是调整优化监测程序。对通过各种方式和渠道发现的疑似风险户，镇、行政村应在 5 个工作日内，采取措施快速响应，按照“农户申请、入户核实、财产检索、行政村评议、镇级复核公示、区级审定”程序进行认定，及时将存在返贫致贫风险且符合条件的农户纳入监测对象，做到应纳尽纳。五是明确风险消除认定程序。对于监测对象纳入半年以上的，根据监测和帮扶情况，按照“村级商讨研究、入户核实、行政村评议、镇级审核公示、区级审定”等五步程序，分类开展风险消除认定工作，风险消除不设比例限制。

牵头单位：区乡村振兴和水库移民工作局

配合单位：区委农村工作（乡村振兴）领导小组成员单位

主体责任落实单位：各镇党委、政府

2. 健全防止返贫帮扶机制。

一是明确帮扶责任人。监测对象纳入后 5 个工作日内，要按照“一对一”原则安排监测对象的帮扶联系人（以镇包村干部、驻村工作队员、村“两委”干部为主，任务较重的村可安排后援单位干部帮扶），由帮扶联系人与监测对象共同商量，综合考虑监测对象的返贫致贫风险、帮扶需求、发展能力水平等制定帮扶计划。原则上，帮扶联系人每季度至少走访一次联系的监测对象，重点跟踪帮扶措施的落实，帮助协调解决遇到的困难和问题，根据工作需要采集、完善、更新信息，按季度登记监测对象的收入信息，配合村委会做好监测对象帮扶措施的民主公开工作。二是强化政策支持。坚持预防性措施和事后帮扶相结合，使用行业政策、财政衔接推进乡村振兴补助资金等，对所有监测对象开展精准帮扶，切实做到早发现、早干预、早帮扶。三是坚持精准施策。按照缺什么补什么的原则，根据监测对象的风险类别、发展需求等开展针对性帮扶。对风险单一的，实施单项措施，防止陷入福利陷阱；对风险复杂多样的，因户施策落实综合性帮扶；对有劳动能力的，坚持开发式帮扶方针，促进稳定增收；对无劳动能力或部分丧失劳动能力或因病、因灾、因意外事故等原因且无法通过产业就业获得稳定收入的，符合条件的困难群众纳入农村低保或特困人员救助供养范

围，做好兜底保障；对内生动力不足的，持续扶志扶智，激发内生动力，增强发展能力。四是加强社会帮扶。在借鉴社会力量参与扶贫的基础上，继续动员社会各界积极参与到防贫工作之中，要进一步创新帮扶举措，对监测对象持续开展有效帮扶。五是加强跟踪落实。定期和不定期检查监测对象政策措施落实情况，对未按要求落实的要及时提醒反馈相关责任部门或帮扶联系人。各镇、村要结合日常工作，加强监测对象帮扶措施落实情况的跟踪，掌握帮扶措施的成效，确保措施"管用能用"，真正发挥效果。

牵头单位：区乡村振兴和水库移民工作局

配合单位：区委农村工作（乡村振兴）领导小组成员单位

主体责任落实单位：各镇党委、政府

（三）巩固"两不愁三保障"成果

1. 健全和完善控辍保学及家庭困难学生资助工作机制。

一是进一步完善控辍保学工作机制，切实抓好"双线四包"的责任落实，加强对学生失学辍学情况监测，扎实做好辍学学生劝返工作，确保除身体原因不具备学习条件外脱贫家庭义务教育阶段适龄儿童少年不失学辍学。二是健全和完善覆盖从学前教育到高等教育资助政策体系，学生资助政策实现应助尽助，继续落实义务教育"两免一补"政策，落实脱贫户子女和监测对象"雨露计划"补助，绝不能出现因家庭困难而辍学现象，真正斩断贫困的代际传递。

牵头单位：区教育局

配合单位：区财政局、团区委、区妇联、区民宗侨务局、铁山港公安分局、区民政局、区司法局、区人社局、区乡村振兴和水库移民工作局、区残联等

主体责任落实单位：各镇党委、政府

2. 健全和完善防止因病返贫致贫风险工作机制。

一是做好农村低收入人口基本医疗保险参保动员工作，落实分类资助参保政策，对特困人员、孤儿、事实无人抚养儿童全额资助，对农村低保对象和部分农村低收入家庭成员定额资助，对纳入监测范围的脱贫不稳定人口和返贫致贫人口在过渡期内定额资助。在逐步提高大病保障水平基础上，大病保险继续对特困人员、孤儿、事实无人抚养儿童、低保对象和低收入对象实施倾斜政策，对返贫致贫人口在过渡期内进行倾斜支付。二是充分发挥村级卫生室的作用，持续做好脱贫人口慢病家庭医生签约服务，有效防范因病返贫致贫。

牵头单位：区卫健局、区医保局

配合单位：区财政局、区乡村振兴和水库移民工作局

主体责任落实单位：各镇党委、政府

3. 健全和完善农村住房安全工作机制。

建立农村脱贫户住房安全动态监测机制，继续实施农村危房改造，通过农村危房改造等多种方式保障低收入家庭基本住房安全，完善农村低收入家庭住房安全保障长效机制。

牵头单位：区住建局

配合单位：区财政局、区乡村振兴和水库移民工作局

主体责任落实单位：各镇党委、政府

4. 健全和完善巩固饮水安全工作机制。

巩固维护好已建的农村供水工程，稳步推进集中供水工程建设，提高农村自来水普及率，完善农村饮水工程净化设施，建立长效运行管理机制，不断提升农村供水保障水平。

牵头单位:区农业农村和水利局

配合单位:区财政局、区发改局、区乡村振兴和水库移民工作局、区自然资源局、区卫健局、铁山港生态环境局

主体责任落实单位:各镇党委、政府

(四)加强扶贫项目资产管理和监督

一是摸清资产底数。按照国家、自治区和北海市的统一部署,分类摸清各类扶贫项目形成的资产底数,及时开展确权登记,建立健全公益性和经营性资产跟踪监管机制。二是切实加强资产监管。对于确权到农户或其他经营主体的扶贫资产,要依法维护其财产权利,由其自主管理和运营;对于公益性资产,要落实管护主体,明确管护责任,落实日常管护经费,确保继续发挥作用;对于经营性资产,要明晰产权关系,防止资产流失和被侵占,资产收益重点用于项目运行管护、巩固拓展脱贫攻坚成果、村级公益事业等。

牵头单位:区乡村振兴和水库移民工作局、区财政局

配合单位:区发改局、区农业农村和水利局、区自然资源局、区民宗侨务局及其他涉及扶贫项目资产管理的单位

主体责任落实单位:各镇党委、政府

三、聚力做好巩固拓展脱贫攻坚成果同乡村振兴有效衔接重点工作

深入贯彻落实中央、自治区和北海市关于实现巩固拓展脱贫攻坚成果同乡村振兴有效衔接有关决策部署,根据《中共广西壮族自治区委员会　广西壮族自治区人民政府关于实现巩固拓展脱贫攻坚成果同乡村振兴有效衔接的实施意见》(桂发〔2021〕6号)精神,围绕“三项帮扶机制”(建立健全乡村振兴重点帮扶县支持机制、健全农村低收入人口常态化监测和帮扶机制、坚持和完善社会力量参与帮扶机制)、“五大行动”(深入实施特色产业提升行动、深入实施稳岗就业提升行动、深入实施人居环境提升行动、深入实施基础设施提升行动、深入实施公共服务提升行动)、“六大政策衔接”(着力提升财政投入衔接、着力推进金融服务政策衔接、着力推动社会保障政策衔接、着力推进医疗保障政策衔接、着力推进土地政策衔接、着力推进人才支持政策衔接)等内容,结合我区实际,重点抓好如下几项工作:

(一)着力抓好农村低收入人口常态化监测和帮扶

以现有社会保障体系为基础,对农村低保对象、农村特困人员、农村易返贫致贫人口,以及因病因残、因灾、因意外事故等刚性支出较大或收入大幅缩减导致基本生活出现严重困难人口等农村低收入人口开展动态监测。依托大数据平台,建立农村低收入人口基础数据库,完善动态监测平台,加强民政、乡村振兴、教育、人社、住房、医疗、残联等部门数据共享和比对。完善农村低收入人口定期核查和动态调整机制,健全多部门联动的风险预警、研判和处置机制,完善基层主动发现机制,实现对农村低收入人口风险点的早发现和早帮扶。对有劳动能力的农村低收入人口,坚持开发式帮扶方针,及时开展产业、就业等帮扶,防止政策养懒汉;对确无劳动能力的,落实兜底保障措施,确保其基本生活有保障。做好农村低收入人口和农村相关情况的监测评估工作机制衔接。

牵头单位:区民政局

配合单位:区教育局、区人社局、区住建局、区财政局、区卫健局、区医保局、区乡村振兴和水库移民工作局、区残联等

主体责任落实单位:各镇党委、政府

(二)发展壮大乡村特色产业

一是支持脱贫地区发展壮大乡村特色产业。进一步优化脱贫攻坚期内形成的区级“5+2”、村级“3+1”产业目录,区级重点选择5个特色优势产业长期培育,原则上在资金、项目、政策等方面给予集中倾斜支持,加快补上技术、设施、营销等短板,促进产业提档升级。二是进一步提高乡村特色产业规模化和区域发展水平。产业扶持由到村到户为主转向区域带动为主,探索脱贫地区新型农业经营主体统一农资供应、统一技术规程、统一生产标准、统一产品质量、统一品牌销售“五统一”运行模式,持续提高农业标准化生产水平。以市场规律、产业发展规律为导向,坚持和完善全产业链支持政策,有序有效地推进土地流转,持续改善产业发展环境,全面提升产业发展水平和市场竞争力。大力支持农村集体经济组织引领带动农民抱团发展产业。大力发展水产生态健康养殖。建立池塘养殖高效生态养殖模式。实施浅海滩涂开发战略,大力发展贝类等增养殖。扩大深海网箱养殖规模,推进离岸养殖“由浅向深”发展。完善渔港基础设施,推进渔港经济区建设。重点扶持发展优质粮食产业、高效经济作物产业、南珠产业、优质水果产业、优质蔬菜产业、特色林业、生态高效畜禽养殖业、特色水产养殖业、特色滨海乡村旅游业和农产品加工业等十大特色农业优势产业。三是持续加强脱贫地区产业品牌建设。培育绿色食品、有机农产品、地理标志农产品,打造区域公用品牌。重点打造一批铁山港区重点特色品牌。大力培育农业新业态,提高农产品营销水平。支持鼓励有条件的地区发起和参与产业联盟、联合社、联合体,逐步提高产品定价话语权,扶持培育壮大一批农业龙头企业,推动产品供给侧提质,畅通商品销售物流渠道。四是坚持和完善严格的产业规划和抗风险评估制度。推动现代农业产业园、农村产业融合发展示范园、村级集体经济产业园覆盖面逐年提高,逐步形成产业集群。通过区谋划、市统筹,建设区级农产品中心冷库、加工基地,建设和完善仓储保鲜、精深加工、冷链物流体系。支持多渠道降低农产品物流成本,持续降低农业经营成本,清除现代农业产业技术应用于农村地区障碍。五是大力推进消费帮扶。支持和鼓励预算单位、农产品交易市场、企业和社会组织与脱贫地区建立稳定的购销合作关系,进一步拓宽农产品销售渠道。

牵头单位:区农业农村和水利局

配合单位:区委组织部、区财政局、区发改局、区自然资源局、区科商工信局、区文体广电旅游局、区乡村振兴和水库移民工作局

主体责任落实单位:各镇党委、政府

(三)促进脱贫劳动力充分稳定就业

一是加大劳务输出组织力度。搭建用工信息平台,面向区内主导产业、各大园区、重大项目、重点企业加大劳务输出组织力度,做好主要面向脱贫人口(监测对象)、农村低收入人口外出务工服务,继续组织开展“春风行动”等专项活动,为脱贫人口(监测对象)、农村低收入人口就业牵线搭桥。扩大以工代赈项目实施范围,在农村人居环境、小型水利、乡村道路、农田整治、水土保持、产业园区、基础设施等涉农项目建设和管护中,广泛采取以工代赈方式,促进农村劳动力就业增收。二是加强就业技能培训。精准对接市场需求,结合脱贫劳动力就业愿望及培训意愿,组织脱贫劳动力参加就业技能培训,增强脱贫人口稳定就业能力。三是拓宽就地就近就业渠道。支持龙头企业等经营主体带动就业。继续统筹用好乡村公益岗位,切实发挥公益岗位“兜底线、救急难”的作用。延续支持扶贫车间优惠政策,吸纳更多居家脱贫劳动力就业。健全并完善返乡入乡人员创业优惠政策,加速推动返乡入乡创业发展。

牵头单位:区人社局

配合单位：区发改局、区财政局、区乡村振兴和水库移民工作局、区农业农村和水利局、区交通运输局、区住建局、区自然资源局

主体责任落实单位：各镇党委、政府

（四）着力抓好农村人居环境整治

一是抓好乡村风貌提升。开展“两高两道”沿线乡村风貌提升示范带建设，推进“三微四化五网六改”综合治理，打造乡村风貌提升示范点，辐射带动全域乡村风貌提升。在镇、村开展“三清三拆”整治，改善村容镇貌。稳妥有序推进“多规合一”的实用性村庄规划编制，对有条件的村庄实现应编尽编。建立行之有效的长效管护机制，强化村规民约管控约束作用，加强农房管控，做好农村宅基地管理。推动乡村产业与乡村风貌提升协同发展，弘扬传统文化，加强保护历史文化名镇名村、传统村落、传统民居和特色村庄，推进特色小镇建设，彰显铁山港区魅力。推进示范乡镇集镇建设行动，充分发挥示范镇农村区域经济中心、治理中心、服务中心和数据中心作用。二是继续推进农村“厕所革命”。推动农村公共厕所建设和改造，推动农村新建住房全面配套无害化卫生厕所，整村推动农村户用厕所无害化改造，支持有条件的村屯开展粪污收集、储存、运输、资源化利用及后期管护能力提升等方面的设施设备建设。三是抓好农村生活垃圾污水处理。健全农村生活垃圾收运处理体系建设，建立健全“村收镇运区处理”“村收镇运片区处理”“村就近就地处理”等模式，统筹污水、黑臭水体治理，因地制宜分类建设污水处理设施，推广低成本、低能耗、易维护、高效益的农村污水处理技术。

牵头单位：区住建局、区自然资源局、区农业农村和水利局、铁山港生态环境局

配合单位：区委宣传部、区财政局、区卫健局、区乡村振兴和水库移民工作局

主体责任落实单位：各镇党委、政府

（五）持续改善农村基础设施条件

一是加大对农村地区基础设施建设的支持力度。推动路、水、电、网等基础设施提档升级，建立健全农村基础设施建管结合机制。在公路、铁路、水利、电力、通信网络、广播电视等区域性和跨区域重大基础设施建设工程规划建设中，注意兼顾对农村地区的覆盖。支持村级集体经济组织领办或参与基础设施建设项目。二是实施农村道路畅通工程。推进“四好”农村路建设，加大农村资源路、产业路、旅游路和村内主干道建设力度，推动农村公路建设项目更多向进村入户倾斜，实现所有乡镇通三级及以上公路，实现全区 90% 以上的自然村通硬化路。实施一批农村公路危桥改造及生命安全防护工程，支持农村地区探索完善村、屯道路管护制度体系。三是实施农村水利建设工程。在农村地区加强农村防洪除涝、农田灌溉等中小型水利工程建设，加快补齐水利基础设施短板。四是实施农村电网、通讯网建设工程。支持农村地区电网建设、乡村电气化提升工程实施及信息通信网络、广播电视网络建设。五是实施数字乡村建设发展工程。加快发展数字农业新业态新模式，统筹建设铁山港区农村电商大数据服务平台，建立多层次的农村电商培训机制。

牵头单位：区乡村振兴和水库移民工作局、区发改局

配合单位：区交通运输局、区农业农村和水利局、区文体广电旅游局、区科商工信局

主体责任落实单位：各镇党委、政府

（六）进一步提升农村公共服务水平

着力推进县域基本公共服务一体化目标，持续提高脱贫地区公共服务质量。一是提升农村教育服务水平。继续改善义务教育学校办学条件，提升学校办学水平。加强与职业院校合作，满足脱贫人口、农村低收入人口接受职业教育和培训需求。继续实施家庭经济困难学生资助政策和农

村义务教育学生营养改善计划,提高精准资助水平。大力推广国家通用语言文字,提升乡村普通话普及水平。二是增强基本医疗保障能力。持续做好农村基层医疗服务体系建设,加强公共卫生防控救治能力建设,大力推进紧密型县域医共体建设,充分利用各类政策加大向农村倾斜配备合格医务人员力度。三是加强公共文化建设。围绕乡村文化振兴目标要求,推动公共文化资源向脱贫地区倾斜,加强农村公共文化建设,实施智慧广电乡村工程,提升脱贫地区农村公共文化服务水平。加强思想道德建设,弘扬和践行社会主义核心价值观,宣传脱贫攻坚精神,普及科学知识,反对迷信活动,推进移风易俗,革除高价彩礼、人情攀比、厚葬薄养、铺张浪费等陈规陋习,推动形成文明乡风、良好家风、淳朴民风,不断提高乡村社会文明程度。

牵头单位:区教育局、区卫健局、区文体广电旅游局、区委宣传部

配合单位:区委政法委、区发改局、区农业农村和水利局、区民宗侨务局、铁山港公安分局、区科商工信局、区人社局、区乡村振兴和水库移民工作局、区司法局

主体责任落实单位:各镇党委、政府

(七)进一步完善社会救助兜底保障体系

一是完善农村低保救助制度。健全并完善分档救助机制,加大对低保标准制定的统筹力度,进一步健全低保标准制定和动态调整机制,合理提高低保补助水平。对发展产业和实现就业收入超过最低生活保障标准的低保对象,可给予6个月渐退期。二是完善和落实农村特困供养制度。将特困人员救助供养覆盖的未成年人年龄从16周岁延长至18周岁。加强对农村分散供养特困老年人的保障和照料服务,提升改造一批农村互助性养老服务设施。三是完善临时救助制度。对基本生活陷入暂时困难的群众,做到凡困必帮、有难必救。四是完善城乡居民基本养老保险代缴政策。按规定由政府为参加城乡居民基本养老保险的低保对象、特困人员、返贫致贫人口、重度残疾人等缴费困难群体代缴部分或全部最低标准的养老保险费。在提高城乡居民基本养老保险缴费档次时,对上述困难群体和其他已脱贫人口继续保留原有最低缴费档次标准,并按规定继续给予缴费补助。五是完善残疾人救助制度。加强残疾人托养照护、康复服务,落实困难残疾人生活补贴和重度残疾人护理补贴政策。六是完善集中托养制度。加快推进集中托养场所的建设,继续为有意愿集中托养的脱贫户中失能、半失能对象及特困供养对象提供集中托养服务。鼓励通过政府购买服务对困难家庭中生活不能自理的老年人、未成年人、残疾人等提供必要的访视、照料服务。

牵头单位:区民政局、区人社局、区残联

配合单位:区财政局、区卫健局、区医保局、区乡村振兴和水库移民工作局

主体责任落实单位:各镇党委、政府

四、保障措施

(一)强化领导,落实责任

全面落实市抓总协调推动、县区为主体、乡镇村落实、部门做配合的工作机制,构建责任清晰、各负其责、执行有力的乡村振兴领导体制,坚持按照五级书记一起抓的要求,区委定期研究乡村振兴工作。区委书记切实履行衔接工作“一线总指挥”职责,定期研究衔接工作,及时解决具体问题,确保各项部署落地见效。建立乡村振兴联系点制度,确定区委和区人民政府负责同志乡村振兴联系点。借鉴“十三五”时期扶贫开发领导小组、专责小组的领导体制和工作模式,建立区委农村工作(乡村振兴)领导小组,构建统一高效的巩固拓展脱贫攻坚成果同乡村振兴有效衔接的决策议事协调工作机制。

(二)统筹协调,加大投入

“十四五”期间,保持区财政投入力度总体稳定,确保财政投入与巩固拓展脱贫攻坚成果和推

进乡村振兴的目标任务相匹配，并视情况优化支出结构、调整支持重点，聚焦支持巩固拓展脱贫攻坚成果和乡村振兴，通过现有资金支出渠道，继续支持农村低收入人口的救助帮扶。建立涉农资金整合长效机制。现有财政相关转移支付继续支持脱贫地区。对支持脱贫地区产业发展效果明显的贷款贴息、政府采购等政策，在调整优化基础上继续实施。过渡期内继续落实脱贫攻坚相关税收优惠政策。

（三）强化帮扶，形成合力

继续落实定点帮扶工作机制，调整优化定点帮扶单位、结对帮扶干部队伍结构。持续发挥行业部门专业优势，加大对农业科技、文化服务、乡村规划、企业管理等乡村振兴所需人才交流培训力度，提高行业部门服务乡村的水平。加快推进实施“万企帮万村”行动，持续推动民营企业履行社会责任，不断探索民营企业参与乡村振兴新模式。鼓励社会组织、各类志愿服务团队、社会各界爱心人士等开展志愿帮扶活动，加强引导和管理，提高帮扶效能。

（四）加强党建，严格考核

进一步加强农村基层党组织建设，持续整顿软弱涣散党组织，增强基层党组织的凝聚力和战斗力，对“十三五”脱贫村继续选派驻村第一书记和工作队员，充分发挥第一书记、驻村工作队员和农村党员的带头引领示范作用，切实把村“两委”建设成带领群众致富奔小康的战斗堡垒，建立健全行业部门巩固拓展脱贫攻坚成果考核机制，将巩固拓展脱贫攻坚成果纳入乡村振兴考核范围，强化考核结果运用，将考核结果作为领导干部选拔任用、评先评优、问责追责的重要参考依据，对考核排名落后、工作不力的镇、部门进行约谈，对工作成效突出的给予表彰和奖励。

（五）执纪问责，强化监管

持续发扬“上下同心、尽锐出战、精准务实、开拓创新、攻坚克难、不负人民”的脱贫攻坚精神，始终把作风建设贯穿巩固拓展脱贫攻坚成果、全面推进乡村振兴的全过程，各级纪检监察机关要加强日常监督和专项监督，接续推进群众身边腐败和作风问题治理，坚决查处漠视侵害群众利益和侵占损害集体资产的违纪违法行为，严肃查处形式主义、官僚主义问题，切实减轻基层负担。

中共北海市铁山港区委员会办公室
北海市铁山港区人民政府办公室
关于印发《铁山港区创建全国民族团结进步示范区工作实施方案（2021—2023 年）》的通知

北铁办发〔2021〕47 号

区辖镇党委和人民政府，区直各部、委、办、局，区人民法院、人民检察院，各人民团体，驻区各单位，各有关单位：

《铁山港区创建全国民族团结进步示范区工作实施方案（2021—2023 年）》已经区委、区人民政府同意，现印发给你们，请认真组织实施。

中共北海市铁山港区委员会办公室　北海市铁山港区人民政府办公室

2021 年 11 月 4 日

北海市铁山港区创建全国民族团结进步示范区工作实施方案(2021—2023年)

为全面贯彻落实中共十九大和十九届二中、三中、四中、五中全会精神、中共中央总书记习近平关于民族工作的重要论述以及习近平考察广西时的重要讲话精神，推动新时代全面深入持久开展民族团结进步创建工作，促进全社会铸牢中华民族共同体意识，加强各民族交往交流交融，实现共同团结奋斗、共同繁荣发展，根据中央、国务院、自治区和北海市关于深入持久开展民族团结进步创建工作，铸牢中华民族共同体意识等有关文件精神和部署要求，区委、区人民政府决定在全区范围内开展创建全国民族团结进步示范区工作(以下简称创建工作)。现制定方案如下：

一、指导思想

坚持以习近平新时代中国特色社会主义思想为指导，全面贯彻落实中共十九大和十九届二中、三中、四中、五中全会精神，认真学习贯彻中共中央总书记习近平关于民族工作的重要论述，坚持稳中求进、守正创新；紧紧围绕铸牢中华民族共同体意识主线，广泛组织各民族群众，发动各方面力量，采取多种形式，深入开展创建工作，推进党和国家各项政策的贯彻落实，融入全市经济社会发展大局，助力北海创建全国文明城市，团结携手全区各族群众加强交往交流交融，促进各民族像石榴籽一样紧紧拥抱在一起，大力营造中华民族一家亲的社会氛围，持续提升各族群众获得感、幸福感、安全感，为加快建设富强、开放、生态、文化、幸福铁山港贡献民族力量。

二、基本原则

——服务大局。坚持把创建工作与全区重点工作同谋划，把开展创建工作与促进各项事业发展有机结合起来，协同推进，形成创建工作与重点工作互促共进的良好态势，全力推进全区经济社会科学发展。

——守正创新。发挥沿海和旅居城市优势和特色，有针对性地进行谋划和部署，加强分类指导，积极探索实践，切实增强创建工作的针对性、实效性。

——共建共享。把创建工作纳入重要议事日程，充分尊重和发挥各族群众的主体地位和首创精神，分级联创、分级创建，动员全社会、各行业共同参与，形成全区共建的工作格局。

——讲求实效。坚持从实现好、维护好、发展好全区各族群众的根本利益出发，立足创建工作重在平时、重在交心、重在行动、重在基层，推动创建工作取得实实在在的成效。

三、创建目标

坚持以基层为重点，创建工作覆盖率不低于80%。区直机关和各镇、村(社区)、学校等重点单位场所创建覆盖率不低于90%，有一定数量的企业、社会组织积极参与创建工作。2023年下半年达到国家民族团结进步示范创建工作验收要求，创建全国民族团结进步示范区。

——发展共享。城乡差距进一步缩小，城乡一体融合发展，发展成果更具普惠性、共享性，民族区域自治制度的优越性得到全面体现。

——改善民生。基础设施条件进一步改善，各族群众生活各方面水平和条件稳步提升，群众的获得感、幸福感、安全感显著增强。

——社会和谐。影响民族团结的矛盾和隐患有效消除，依法治理民族事务，不断巩固和发展平等、团结、互助、和谐的社会主义民族关系。

——文化繁荣。各族群众对伟大祖国、中华民族、中华文化、中国共产党、中国特色社会主义的认同不断增强，中华民族共同体意识、国家意识、法治意识、公民意识明显增强；各民族风俗习惯和优秀传统文化得到尊重、传承、保护和发展，中华优秀传统文化融入到日常生产生活中。

四、主要任务

（一）同心共筑精神家园，强化民族团结进步宣传教育

1. 强化中华民族共同体意识教育。把学习习近平新时代中国特色社会主义思想、习近平关于民族工作的重要论述作为党委、政府的重要政治任务，抓好专题学习培训，加强民族团结进步教育。坚持以社会主义核心价值观为引领，高举民族团结进步的旗帜，不断增强对伟大祖国、中华民族、中华文化、中国共产党、中国特色社会主义的认同，铸牢中华民族共同体意识的思想基础，进一步巩固和发展社会主义民族关系。（牵头单位：区委统战部；配合单位：区委宣传部，各镇党委、政府）

2. 实施“多元一体”国情教育。铸牢中华民族共同体意识，教育引导各民族群众坚持以社会主义核心价值观为引领，利用好活力铁山港微信公众号、铁山港区人民政府门户网站、各政府大院宣传栏及各学校宣传栏等宣传载体，广泛宣传民族政策、民族团结进步及爱国主义教育，做到宣传全覆盖。引导各民族群众树立正确的国家观、民族观、历史观、文化观、宗教观，自觉维护民族团结和国家统一，传递民族团结的正能量。（牵头单位：区委统战部；配合单位：区委宣传部、区教育局，各镇党委、政府）

3. 健全常态化教育机制。构建多位一体教育平台，把民族团结进步教育纳入干部教育、社会教育的全过程。把党和国家的民族理论政策，特别是党和国家关于推进民族团结进步的相关政策和法规纳入各级党委（党组）理论学习中心组学习的重要内容，纳入干部职工教育培训范围。加强对新闻媒体、窗口单位、服务行业等重点行业系统民族政策、法律法规的培训；大力开展丰富多彩、形式多样的主题教育和社会实践活动，推动各民族文化交融发展与创新。（牵头单位：区委统战部；配合单位：区委组织部、区委宣传部、区直机关工委、区教育局、区交通运输局、区科商工信局、区卫健局、区市场监管局、区综合行政执法局、区市容市政管理中心、区税务局，各镇党委、政府）

4. 创新民族团结进步宣传教育的载体和方式。精心组织壮族“三月三”和“民族团结进步宣传月”活动，以各民族群众为主体，以文化为抓手，提高中华民族的文化认同感和向心力。充分发挥传统媒体和新媒体的宣传作用，巩固传统媒体教育宣传主阵地地位，拓展新媒体宣传空间，积极推进“互联网 + 民族团结”行动，大力宣传民族政策法规，深入挖掘铁山港区各民族优秀文化，讲好铁山港民族团结进步故事。［牵头单位：区委统战部；配合单位：区委宣传部（区委网信办）、区委政法委、区直机关工委、铁山港公安分局、区司法局、区文旅局，各镇党委、政府］

5. 加强学校民族团结进步教育。各级各类学校要把民族团结进步教育贯穿国民教育全过程，纳入教育教学主体计划，推动党的民族理论、民族政策和国家民族法律法规进课堂、进教材、进头脑，促进各民族学生之间相互了解、相互尊重、相互学习。加强教师队伍民族团结教育培训和新时代教师队伍建设，提高教师教育质量，发挥教师在学校民族团结教育中的主导作用。灵活运用多种形式开展民族团结进步教育，打造铸牢中华民族共同体意识的样板。（牵头单位：区教育局；配合单位：区民宗侨务局、团区委、区司法局，各镇党委、政府）

6. 加强民族团结进步教育阵地建设。按照标准化、多样化、特色化的要求，通过培育、命名，升华改造一批具有铁山港区特色的铸牢中华民族共同体意识教育基地，组织各民族干部职工群众参观学习，开展爱国主义和民族团结进步教育，使中华民族共同体意识入脑入心。（牵头单位：区委统战部；配合单位：区委宣传部、区委党史研究室、区文旅局，各镇党委、政府）

7. 建设各民族共享的中华文化。将中华优秀传统文化融入到学校教育、行业规范、乡规民约及家风建设之中，深入挖掘、保护和传承南珠文化，鼓励各民族群众喜闻乐见的文学艺术作品创

作，扶持赤江陶瓷技艺、“卖鸡调”等非物质文化遗产保护、保存工作，打造体现铸牢中华民族共同体意识的文化精品。大力开展全民健身活动，加强文物古迹、非物质文化遗产等保护和利用，塑造具有铁山港特色的城区精神。推动中华优秀传统经典文化进机关、进学校，推动优良家训进社区、进家庭，注重家庭、家教、家风建设，弘扬优良家风，以千千万万家庭的好家风支撑起全社会的好风气。（牵头单位：区委宣传部；配合单位：区委统战部、区直机关工委，区发改局、区科商工信局、区财政局、区文旅局，各镇党委、政府）

（二）同心共建和谐关系，深化各民族交往交流交融

8. 推进建立嵌入式社会结构与社区环境。立足实际、因地制宜、科学规划、多举措柔性嵌入，在社区、机关单位、人民团体、社会组织开展促进各民族交往交流交融工作，营造各民族共居共学共事共乐的社会环境。充分尊重各民族群众的意愿和当地历史文化背景，从日常生活入手，进一步改善社区环境，提高社区服务水平，增加各民族居民情感互动，促进各民族群众交流交往交融，提高各民族群众对构建相互嵌入式社区环境的认同感和归属感。（牵头单位：区民宗侨务局；配合单位：区直机关工委、区教育局、铁山港公安分局、区民政局、区司法局、区人社局、区卫健局、区市场监管局，各镇党委、政府）

9. 加强国家通用语言文字的学习和使用。全面推广国家通用语言文字，在校少数民族学生基本掌握和使用国家通用语言文字，尊重和保障少数民族群众使用和发展本民族语言文字的自由。提倡和鼓励各民族互相学习语言文字，推动公共领域少数民族语言文字的规范使用。鼓励民族地区汉族干部学习少数民族语言，以语言互通促进心灵相通、命运相通。（牵头单位：区教育局；配合单位：区民宗侨务局，各镇党委、政府）

10. 开展形式多样交流活动。开展民族团结进步创建互观互检、基层干部群众、青少年、各民族代表参观考察及各民族联谊交往等活动，增进交流互动，感受发展进步成果，增强民族自豪感；倡导移风易俗，树立文明新风。追求现代文明生活，制定社区守则、乡规民约、行业规章、职业规则，倡导文明行为，引导各族群众尊重民族风俗习惯，积极培育邻里团结、家庭和美、互帮互助、共同发展的良好社会氛围。（牵头单位：区委统战部；配合单位：区直各单位，驻区有关单位，各镇党委、政府）

（三）同心共享发展成果，增进各民族民生福祉

11. 以新理念推进高质量发展。团结带领全区各族干部群众，牢固树立和深入践行新发展理念，深入贯彻落实中共中央总书记习近平考察北海、铁山港重要讲话精神，做大做强向海经济，扎实推进高质量发展。坚持绿水青山就是金山银山的理念，深入实施生态可持续发展战略，守住各民族赖以生存的自然生态安全边界，守护铁山港区生态优势。着力解决区域共性问题，提高公共服务水平，增进民生福祉，实现所辖自然村通电、通路、通电话、通广播电视。健全完善医疗卫生服务体系，建立健全统筹城乡的全覆盖、保基本、多层次、可持续的社会保障体系。大力实施文化惠民工程，加快推进“文化铁山港”建设，打造文化品牌，厚植文化底蕴。实施就业援助，完善公共就业服务网络。持续推进新一轮全国文明城市创建工作，提升群众对城乡生态宜居满意度。（牵头单位：区政府办；配合单位：区发改局、区科商工信局、区民政局、区财政局、区人社局、区交通运输局、区农水局、区文旅局、区卫健局、区乡村振兴和水库移民工作局，各镇党委、政府）

12. 以民生改善促进和谐稳定。坚持把保障和改善民生作为发展之要，倾听群众呼声、回应群众关切，努力解决群众的操心事、烦心事、揪心事。用心办好人民满意教育，推进义务教育优质均衡发展，加快建设“健康铁山港”。加快推进工业项目建设，发展壮大战略性新兴产业，走新型工业化道路。坚持全面推进乡村振兴，加快农业农村现代化，持续培育和支持民族产业发展，鼓励各族群众发展乡村旅游业、传统手工业、种植养殖业等特色产业，促进各族群众持续增收，不断增强综合经济实力，全区生产总值持续保持合理增速。（牵头单位：区政府办；配合单位：区发改局、区科商工信局、区财政局、区农水局、区文旅局、区卫健局、区统计局，各镇党委、政府）

（四）同心共治民族事务，全面提升民族事务治理现代化水平

13. 依法保障各族群众合法权益。加强民族法治宣传教育，把党的民族理论、政策、法律法规纳入地方普法规划并认真抓好普及教育。善于运用法治思维和法治方式协调民族关系，治理民族事务。推动城区包容性发展和公共服务均等化改革，建立信息平台，完善民族事务服务体系建设。坚持各民族一律平等，用法律保障民族团结、保证各民族公民平等享有权利、平等履行义务。发挥互联共建行动作用，推动建立相互嵌入的社会结构和社区环境，创造各民族共居、共学、共事、共乐的社会条件，使社区成为联系民族感情的重要阵地。加强少数民族代表人士的教育、引导和培养工作，充分发挥他们的桥梁纽带作用。（牵头单位：区委统战部；责任单位：区委组织部、区委宣传部、区委政法委、区直机关工委，区教育局、铁山港公安分局、区民政局、区司法局、区人社局、区卫健局、区市场监管局，各镇党委、政府）

14. 基层民族事务治理常态化。积极开展法律服务活动，切实把民族法律法规和民族政策落到实处，依法保障各民族公民合法权益，维护民族团结，促进社会稳定。将基层民族事务治理纳入基层网格化服务管理体系，运用法治思维、法治理念和法治方式治理民族事务，正确区分涉民族因素矛盾纠纷与其他普通矛盾纠纷，依法保障各民族合法权益；定期召开专题会议研究部署维护民族团结和社会稳定工作，加强对基层民族政策和法律法规执行情况的督查指导，督促问题整改，形成基层民族事务治理常态化工作机制。[牵头单位：区委政法委；配合单位：区委宣传部（区委网信办）、区民宗侨务局、区教育局、铁山港公安分局、区民政局、区司法局、区人社局、区卫健局、区市场监管局、区综合行政执法局，各镇党委、政府]

15. 保持民族领域和谐稳定。完善涉及民族宗教因素矛盾纠纷排查调处机制、突发事件应急处置机制及应急预案，建立区公安、综合执法、市场监管、卫生健康、教育、民政、人力资源社会保障等部门积极参与的协调处理机制，排查涉及民族因素的矛盾纠纷，提高信息共享和联动预警处置能力。依法处置涉及民族因素的矛盾纠纷。加大对网络媒体涉及民族因素的信息和言论的监控力度，坚决惩处和打击蓄意挑拨民族关系、煽动民族歧视和仇恨、破坏民族团结的行为，维护民族团结和社会稳定。[牵头单位：区委政法委；配合单位：区委宣传部（区委网信办）、区民宗侨务局、区教育局、铁山港公安分局、区民政局、区司法局、区人社局、区卫健局、区市场监管局、区综合行政执法局，各镇党委、政府]

（五）同心共推示范引领，建立创建工作长效机制

16. 坚持推进示范建设。以“十进”[进机关（单位）、进企业（园区）、进乡镇、进村（社区）、进学校、进宗教活动场所、进窗口、进连队、进海防、进渔船]活动为载体大力开展民族团结进步示范区（单位）建设。积极探索更加贴近群众、吸引群众、体现特色的活动载体，扎实推进创建工作“十进”活动。（牵头单位：区委统战部；配合单位：区直各单位，铁管委，驻区有关单位，各镇党委、政府）

（1）进机关（单位）。主要是进入区、镇党政机关及其所属各部门。以“学习型、服务型、创新型”机关（单位）为目标，将民族团结进步融入到机关单位各项事务活动中，模范贯彻执行党和国家的民族政策法规，抓政策促落实，抓服务树形象，应紧扣“三个到位”：即思想认识到位、政策落实到位、帮扶措施到位，切实发挥机关单位的示范引领作用。

（2）进企业（园区）。把民族团结进步创建工作纳入企业总体发展规划，加强对马克思主义民族观以及党和国家的民族理论、民族政策和民族法规的学习和宣传，开展本企业民族团结进步模范车间、班组建设，培育和树立民族团结进步先进典型，依法保障各民族职工合法权益，积极履行社会义务，助力民族脱贫致富。

(3)进乡镇。以基层党建、乡村舞台、平安乡镇建设为载体，把创建工作纳入乡镇发展总体规划，加强民族团结进步宣传教育，不断提高认识和处理民族问题的能力，大力推进民族团结进步模范乡镇建设，促进各民族相互了解、相互尊重、相互包容、相互欣赏、相互学习、相互帮助，达到“共建小康、和谐发展”良好氛围。

(4)进村(社区)。组织开展民族团结示范小区、楼院、家庭评比等活动，培育和树立民族团结进步先进典型，通过民族体育、民族节庆、传统美食节、民族联谊走访慰问等活动，推动建立相互嵌入式的社会结构和社会环境，促进各民族群众共居、共学、共事、共乐。

(5)进学校。以构建“和谐校园”为载体，抓培育促养成，持续开展少数民族传统文体活动、经典诵读活动、科普活动，在德育实践活动中强化民族团结教育，培养中小学生民族团结情节，铸牢中华民族共同体意识，推动民族团结进教材、进课堂、进头脑。

(6)进宗教活动场所。以“和谐寺观教堂”和“宗教慈善活动”为载体，重引导促适应，深入开展宪法和法律、国旗国歌、社会主义核心价值观、中华优秀传统文化和民族团结进步创建工作进宗教活动场所活动等主题教育活动，促进宗教活动场所与社会和谐相处。

(7)进窗口。以建设民族团结进步窗口为载体，牢牢把握“中华民族一家亲，同心共筑中国梦”的总目标，将窗口政务工作与创建民族团结两手抓、两促进、两提高，强化阵地、拓展载体、丰富内涵、固本强基，将民族团结创建工作融入行政审批和政务服务工作实际中，改革创新、担当实干，为各民族群众办实事、办好事。

(8)进连队。以共建“军民团结一家亲”为载体，抓共建促和谐，深入开展好国防和双拥宣传教育，全面落实双拥优抚安置政策，开展丰富多彩的军民共建共创和“双拥共建”活动，增强军地交流、军民团结，促进各民族群众与部队官兵相互交流、相互了解、相互扶持，努力营造军民团结一家亲的良好氛围。

(9)进海防。以开展“民族团结，海防稳固”活动为载体，深入开展民族团结政策法规宣传，引导各族人民坚持祖国统一大旗一起扛、海防边关一起守。按照陆海统筹、平战结合、军民融合、依法治边、维护安全的思路，凝聚固防合力，将铸牢中华民族共同体意识融入到捍卫国家主权安全、领土完整和海洋权益中。

(10)进渔船。以“民族团结渔船”为载体，将渔船作为民族团结的重要宣传窗口，深入开展铸牢中华民族共同体意识宣传教育，推动渔船一传十、十传百，将铸牢中华民族共同体意识向海洋延伸。

17. 着力构建创建格局。开展民族团结进步创先争优活动，定期梳理民族团结进步创建工作开展情况，建立和完善民族团结进步激励机制，每年打造一批示范创建点，以先进典型感动人、鼓舞人、激励人，充分调动社会各界干部群众参与创建工作的积极性和主动性，努力营造全社会关心支持创建工作的良好氛围。(牵头单位：区委统战部；配合单位：区委宣传部，各镇党委、政府)

五、实施步骤

(一)动员部署阶段(2021 年 9 月—10 月)。研究制定铁山港区创建全国民族团结进步示范区工作方案，成立组织领导机构，细化目标、实化任务、硬化措施、强化责任；召开全区创建全国民族团结进步示范区动员大会，广泛动员社会力量大力支持和积极参与创建工作，着力营造关心、支持民族团结进步创建工作的良好氛围。

(二)全面推进阶段(2021 年 10 月—2022 年 5 月)。紧紧围绕创建目标和任务要求扎实推进铁山港区民族团结进步创建工作，积极探索开展铁山港区民族团结进步创建工作长效机制，努力解决方案实施中出现的困难和问题，定期开展专项督查，确保创建工作各项任务和职责落实到位。严格按照验收标准，认真收集、整理相关文件、资料、数据、照片，做好文件的建档、分类工作。

（三）中期评估阶段（2022 年 5 月—8 月）。对示范创建情况进行评估，把定性评估和定量评估结合起来，把部门评估和群众评估结合起来，把体制机制建设和具体项目实施情况结合起来。通过评估，查找问题、总结经验、创新思路，确保示范创建工作继续顺利推进。评估报告上报区委、区政府，作为各镇、各部门奖惩以及干部选拔任用的重要依据。

（四）申报创建阶段（2022 年 8 月—2023 年 2 月）。通过各镇、各部门互观互检以及召开座谈会、经验交流会等方式，查漏补缺，进行自查自检，形成专题报告。于 2022 年 8 月 30 日前将自查自检总结材料上报市民宗侨务局审核把关，并邀请市民宗侨务局到铁山港区具体指导创建工作，于 2023 年 2 月底前按程序申请国家民委进行验收。

（五）迎检整改阶段（2023 年 2 月—9 月）。制定迎接国家民委到铁山港区检查验收具体工作方案，做好检查验收各项筹备工作；对各镇、各部门创建工作开展情况进行自查自验，查漏补缺，确保创建工作任务百分百落实，顺利通过国家民委的验收并获肯定。

（六）总结验收阶段（2023 年 9 月—11 月）。通过国家民委验收并获批复，成为全国民族团结进步示范区。召开总结大会，对取得成绩、存在问题、经验启示进行深入总结，进一步完善民族团结进步工作政策举措、创新民族工作体制等长效机制，拓展创建成果，组织推广。

六、保障措施

创建工作要紧扣中央关于新时代民族工作的重要决策和部署，建立健全长效机制，因地制宜，强化举措，创新推进，实现科学化、规范化、长期化，真正把民族团结进步事业作为一件造福各族群众的品牌工程抓紧抓好。

（一）成立组织机构。为切实加强对创建工作的组织领导，成立铁山港区创建民族团结进步示范区领导小组（以下简称领导小组），负责统筹创建工作。

组　长：龙起云　区委书记
　　　　莫华福　区委副书记、区长、铁管委主任（兼）
副组长：刘将远　区委常委、统战部部长
　　　　汪国高　区委常委、宣传部部长
　　　　余军远　副区长
成　员：钟　伟　区政府办主任
　　　　劳成兴　区委办副主任（兼）、区督查绩效办主任、区应急管理局局长
　　　　吴志全　区委办副主任
　　　　岳琳茵　区委组织部副部长、区公务员局局长
　　　　卓　伟　区委宣传部分管日常工作副部长
　　　　郑光强　区委统战部副部长、区民宗侨务局局长
　　　　彭　云　区委政法委副书记、办公室主任
　　　　黄家忠　区直属机关工委书记
　　　　郑春贺　区委巡察办主任
　　　　陈梅娟　区总工会副主席
　　　　陈　冰　团区委书记

钟羚玮　区妇联主席
赖满棠　区教育局局长
黄元贵　区科商工信局局长
韦靖宁　铁山港公安分局副局长
李源军　区民政局局长
吴礼有　区司法局局长
张祖钊　区财政局局长
陈丽艳　区人力资源和社会保障局局长
郑国忠　区自然资源局负责人
吴子乐　铁山港生态环境局局长
陈绪贤　区住房城乡建设局局长
陈家瑶　区交通运输局局长
黄家琳　区农业农村和水利局局长
陈传栋　区文体广电旅游局局长
庞海峰　区卫生健康局局长
甘绍强　区退役军人事务局局长
莫深伟　区审计局局长
张庆媛　区市场监管局局长
李学武　区统计局局长
黄晓科　区医保局局长
刘忠华　区乡村振兴与水库移民工作局局长
杨　杏　区综合行政执法局局长
林胜峰　区海洋局负责人
陈剑平　区市容市政管理中心主任
陈建军　区税务局局长
李　洋　区发改局副局长
朱　超　南康镇党委书记
陈远成　营盘镇党委书记
刘远航　兴港镇党委书记

领导小组下设办公室在区委统战部，负责创建示范区日常工作，办公室主任由区委统战部分管民族工作的副部长兼任。各镇成立相应机构，切实增强对创建工作的领导。各相关部门也应根据实际情况，有专门机构和人员负责创建工作的具体工作。

（二）加强协调配合。创建工作涉及社会各个方面，领导小组各成员单位要各司其职、通力合作、密切配合，形成工作合力。牵头单位要切实担负牵头协调责任，责任单位要认真配合，完成各项任务。区直各部门，各镇党委、政府要建立完善推进机制，分解落实工作任务，制定具体实施方案和配套措施，推动各项任务落实。

（三）保障专项经费。财政部门要将创建工作经费列入同级财政年度预算予以保障。区直各部门、各镇投入的资金要体现创建工作要求。各单位要重视对创建工作的经费投入，列入预算，努力提供相关的工作条件，确保创建工作顺利有效开展。

（四）对标对表推进。各镇、各部门要严格按照国家民委印发的《关于推动民族团结进步创建活动进机关、企业、社区、乡镇、学校、寺庙的实施意见》（民委发〔2014〕94 号）要求，针对《铁山港区创建全国民族团结进步示范区测评指标责任清单》中坚持和加强党对民族团结进步的全面领导、构筑各民族共有精神家园、深化各民族交往交流交融、增进民生福祉，共享发展成果、全面提升民族事务治理现代化水平、建立创建工作长效机制等 6 个测评项目、18 个测评指标、50 条测评内容和加减分标准细则，认真扎实开展创建工作；同时，要严格按照评估验收标准整理归档台账资料，确保顺利通过国家、自治区考核验收。

（五）建立激励机制。要坚持试点先行、示范带动、逐步推进、整体发展的原则，挖掘和培植一批具有铁山港区特色的民族团结进步先进典型，总结新规律，探索新模式，积累新经验，树立新榜样，大力表扬民族团结进步先进典型，广泛、深入宣传先进典型的事迹，引领全区民族团结进步事业的发展道路。

（六）完善绩效考评。把创建工作纳入全区经济社会发展的全过程，纳入各级各部门领导班子、领导干部年度工作绩效管理考评和述职报告内容，推动创建工作有效开展。

（七）强化监督检查。把创建工作情况列入各级各部门监督检查内容，采取专题检查、重点抽查等方式切实加强监督检查工作，着力解决创建工作中出现的问题和存在的薄弱环节，深入分析原因，加以解决，进一步推动创建工作的健康有序开展。领导小组办公室要协调各有关部门，定期对各级各部门开展民族团结进步创建工作情况进行监督检查，确保各项任务落到实处。

附件：铁山港区创建全国民族团结进步示范区测评指标责任清单（略）

北海市铁山港区人民政府办公室
关于印发 2021 年度北海市铁山港区乡村风貌提升工作实施方案的通知

北铁政办〔2021〕37 号

各镇人民政府，区政府各部门，区直各事业、企业单位，各有关单位：

《2021 年度北海市铁山港区乡村风貌提升工作实施方案》已经区人民政府同意，现印发给你们，请认真组织实施。

2021 年 8 月 20 日

2021 年度北海市铁山港区乡村风貌提升工作实施方案

为巩固拓展脱贫攻坚成果同乡村振兴有效衔接，扎实开展乡村建设行动，大力推进乡村风貌提升，根据《广西壮族自治区人民政府办公厅关于印发 2021 年度广西乡村风貌提升工作实施方案的通知》（桂政办发〔2021〕39 号）、《北海市人民政府办公室关于印发 2021 年度北海市乡村风貌提升工作实施方案的通知》（北政办〔2021〕48 号）精神，结合我区实际，制定本实施方案。

一、总体要求

（一）工作思路

以习近平新时代中国特色社会主义思想为指导，全面贯彻落实中共十九大和十九届二中、三中、四中、五中全会精神，贯彻新发展理念，按照“全域整治、突出重点、搞就搞好、逐步拓展”的基本思路，坚持美好环境与幸福生活“共同缔造”，深入推进“三清三拆”环境整治，因地制宜完善村庄基础设施和公共服务，加强农房特色风貌塑造，推动乡村产业发展，加强传统村落保护，巩固拓展脱贫攻坚成果与乡村振兴有效衔接，不断提高人民群众的获得感、幸福感。

（二）基本原则

——党建引领、群众主体。充分发挥基层党组织宣传动员、组织协调作用，发动群众广泛参与。

——区级主导、基层主抓。强化地方主体责任，区乡村风貌办负责组织和推进乡村风貌提升工作，各镇和村委负责具体实施、落实任务。

——综合整治、美化环境。集中推进“三清三拆”环境整治，整合各部门、社会各界力量和资源集中投入，提升公共服务能力和乡村建设成效。

——传承文化、突出特色。开展农房特色风貌塑造，传承发展民族文化和传统文化，突出滨海风情、岭南文化、南珠文化等人文特色。

——建管并重、注重长效。严格实施农房管控，严格落实“建房办证、带图报建、按图验收”工作要求，全面落实农房审批管理，补齐村庄规划短板，建立完善长效管护机制。

（三）目标任务

——全域环境整治。完成3个镇365个村庄基本整治，提升村庄环境。

——特色风貌塑造。完成呼北高速沿线风貌提升及农房特色风貌塑造，涉及南康、兴港2个镇共18个村413栋农房；完成向海大道沿线（六冲垌—七号路段）355栋农房特色风貌塑造。

——农房管控。构建完善的农房管控机制，推动建房办证、带图报建、按图验收、违法建设查处等工作落到实处。

——保护传统村落。大力推动传统村落保护与发展各项工作。

二、主要内容

（一）巩固拓展脱贫攻坚成果同乡村振兴有效衔接。持续抓好脱贫户住房安全保障动态监测、实行动态清零。继续实施农村危房改造。完成全区47个行政村范围内的所有房屋安全隐患排查和排查出的用做经营的农村自建房安全隐患整治，有序推进其他农房安全隐患整治工作。

（二）扎实开展乡村建设行动。持续开展农村生活垃圾处理设施改造升级，积极推广适用新技术和新设备，完成自治区、北海市下达的乡村垃圾中转站和村级垃圾处理设施建设任务；完善镇区污水收集管网，推动实质性收取污水处理费；持续提升村庄公共照明水平，完成10个村庄公共照明建设；多渠道筹措资金推进屯内道路硬化。

（三）大力推进乡村风貌提升

1. 深入推进“三清三拆”环境整治。坚持将“三清三拆”环境整治作为乡村风貌提升的重要基础工作。全力推进清理村庄垃圾和禽畜粪便、清理乱堆乱放和道路障碍物、清理池塘沟渠，以及拆除乱搭乱盖、拆除违规广告招牌、拆除废弃建筑等工作。采用“微田园、微菜园、微果园”等生态治理方法，广泛开展房前屋后、道路沿线环境整治，加大对视线廊道内影响美观和视觉通达的废弃建筑物、构筑物、广告招牌等清拆力度，确保村庄环境整洁、干净、通透。引导村庄建立完善村规民约，推动成立村民理事会或相应的管理组织，不断优化基层治理。建立健全村民分片包干管护环境卫生以及公共器材、设施长效管护机制。

2. 因地制宜完善基础设施和公共服务。重点推进“四化、五网、六改”项目建设。

(1)推进“四化”建设。一是亮化。按照“简洁、实用、满足需要”的要求，开展村庄公共照明项目建设，推广使用新型节能照明灯具，鼓励和引导村民参与路灯建设。二是绿化。保护乡村自然生态，推动村头村尾、公共区域绿化，开展“绿美乡村”建设。三是美化。保护乡村美景，增强乡村韵味，因地制宜推动村口景观、水体景观、绿化景观等村庄特色景观塑造。四是文化。弘扬农耕文明，保护传统格局，充分挖掘村庄文化内涵与历史，建设宣传栏、文化景观小品、村史馆，留住乡愁。

(2) 推进“五网”建设。一是推进电网建设。持续完善农村电网网架结构，增强农村地区供电能力，加快农村电网向智能化转型，加快新电力区域农村地区供电补短板，全面解决供电过载和严重低电压问题。二是推进路网建设。优化村庄内路网设置，满足群众生产生活需求；通过“一事一议”等项目提升村庄内道路硬化水平；采用石板、青砖、碎石、鹅卵石等乡土材料铺装巷道。三是推进互联网建设。实现行政村宽带网络全覆盖并向具备条件的自然村延伸。四是推进广播电视网建设。因地制宜采取无线、有线、卫星等多种方式，大力推进农村数字广播电视覆盖和入户接收，满足农村居民收听收看广播电视节目的需求。五是推进排水网建设。结合村庄道路硬化等项目，推动村庄有组织排水，切实解决排水无序问题。

(3) 推进“六改”建设。一是改房行动。强化现代农房设计，完善农房使用功能，整体提升农房居住功能和建筑风貌。鼓励有条件的地方推广绿色建材应用和新型建造方式。二是改水行动。实施农村饮水工程维修养护，完善农村供水设施，强化水源地保护，确保农村饮水安全。三是改厕行动。持续推进农村“厕所革命”，开展户用厕所改造，实施行政村所在自然村或集中连片的自然村公厕、集贸市场公厕、中（小）学校公厕、乡村旅游景区公厕等改造建设，探索建设切合当地实际的农村黑灰污水处理利用设施。四是改厨行动。开展以“改灶、改台、改柜、改管、改水”为主要内容的改厨工作，建设干净整洁卫生、满足基本功能、管线安装规范、烟气排放良好的清洁厨房。五是改圈行动。全面治理人畜混居，完善储粪房、沼气池或储液池配套设施，加强粪污处理和资源化利用，基本实现人畜分离。六是改沟渠行动。开展清淤疏浚行动，持续推进村庄内部河塘沟渠治理。

3. 加强农房特色风貌塑造。以《广西壮族自治区农村房屋风貌管控导则》（以下简称《导则》）及《北海市农房风貌设计指引》（以下简称《指引》）为指导，以“两高两道”（高速铁路、高速公路和国道、省道）等沿线区域为重点，全面推动农房特色风貌塑造，彰显桂南地区滨海特色风貌。加强规划引导。以“多规合一”实用性村庄规划或村庄设计为引导，理顺格局肌理，完善路网设施，预留三产用地，开展村庄整治和建设，提升乡村风貌；根据《导则》《指引》，结合地方传统文化和建筑特色，编制农房建设图集，提供农户新建或改造农房选用，实现带图报建、依图施工、按图验收。突出特色风格。根据《导则》《指引》和地方传统民居特色，全面实施坡屋顶改造建设，因地制宜开展墙面功能提升美化。坡屋顶应根据村庄和农房实际，采用硬山顶、悬山顶等中国传统屋顶形式进行改造建设，并运用好屋脊、檐口、瓦当等传统建筑元素充实完善；墙面色彩和材料、门窗构件、勒脚等要简洁美观，与村庄和农房风格整体和谐，确保改造后农房展现桂南地区滨海特色风貌。优选建筑材料，既要经济也要质量可靠、经久耐用；充分利用乡村山清水秀生态美的自然条件营造景观，避免采用大理石、花岗岩、幕墙等脱离乡村实际的装饰材料。

4. 严格实施农房管控。聚焦宅基地管理、建房办证、带图报建、按图验收、违法建设查处等关键环节，进一步完善农房管控工作体系，严格落实部门和各镇责任，确保农房管控落到实处。强化建房审批，制定农房建设规划管控办法或村庄规划设计通则，做好规划许可管理工作；推广应用农房建设标准图集；制定公布简洁实用、通俗易懂的审批流程，方便群众办理。强化管理队伍力量，提高各镇“乡村建设综合服务中心”机构履职能力，统筹使用好队伍力量，明确负责农房管控工作的人员，提升其能力水平，使其掌握办证、指导建设、组织竣工验收等工作技能。强化违法建设查处，加强乡镇综合行政执法队伍建设，按照有关法律规定对违法用地、违法建设等行为开展执法，加大执法监察动态巡查力度，受理群众举报和投诉，及时发现、制止和处置涉及农房建设的各类违法违规行为，防止产生新的违法占地建房现象；因地制宜构建巡查举报网络，设立举报电话、信箱，落实村级协管员，推动实行农房管控成效与村干部年度绩效奖励挂钩机制。强化考评奖惩，制定公布考评细则，将农房管控纳入相关考评体系，奖优罚劣。强化舆论宣传，组织开展农房管控系列宣传活动，加强正面引导，提高广大群众知法、懂法、守法意识。

5. 推动乡村产业发展。各镇、各部门应结合乡村风貌提升，发展特色产业，培育乡村旅游新业态，将生态环境、文化资源、特色风貌等优势转化为经济优势，将乡村风貌提升所形成的乡风文明、基层治理、群策群力优势转换为发展乡村经济的强大动力，促进农民就业创业和增产增收。注重系统谋划，从规划引导开始，将人居环境整治、设施完善、特色塑造与产业发展结合推进，形成相互促进、共同发展的良性互动格局。

（四）加强传统村落和传统民居保护。积极推进传统村落保护规划编制和实施。完成传统村落保护发展项目建设；多渠道整合资金，推进传统村落防火等防灾减灾设施和道路、排水等基础设施建设，改善传统村落人居环境；开展传统村落摸底调查和建档申报，精准核定保护对象；推动传统村落各类传习场所和基地建设，促进建筑艺术和传统文化传承利用；将传统村落作为农房管控的重点区域，按照保护规划来管控建设行为。组织开展村落之外的传统民居调查摸底，探索建立单栋保护机制。

三、实施步骤和工作程序

（一）实施步骤。

1. 启动阶段(2021 年 4 月—6 月）。下达年度项目计划、资金，组织开展技术培训和实地指导，推动呼北高速沿线风貌提升及农房特色风貌塑造项目（自治区第二批任务）、市里布置的向海大道沿线（六冲垌—七号路段）农房特色风貌塑造项目开工前期工作。

2. 实施阶段(2021 年 7 月—11 月）。原则上 9 月 30 前完成向海大道沿线(六冲垌—七号路段）农房特色风貌塑造任务，11 月 30 日前基本完成呼北高速沿线风貌提升及农房特色风貌塑造任务。组织开展 1 次乡村风貌提升初期评估。开展农房管控专项督促指导，进一步夯实各级各部门职责。适时召开全区乡村风貌提升工作现场推进会，推广经验做法。

3. 验收阶段(2021 年 10 月—12 月）。10 月开展向海大道沿线（六冲垌—七号路段）农房特色风貌塑造验收，12 月开展全域基本整治、呼北高速沿线风貌提升及农房特色风貌塑造、农房管控等工作验收评估。总结推广先进经验，谋划 2022 年的工作任务。

（二）工作程序。

采用“八步工作法”组织实施。

第一步：开展摸底调查，制定工作计划。第二步：编制规划设计方案。第三步：发动群众广泛参与。第四步：开展村庄“三清三拆”环境整治。第五步：推动村庄基本公共设施建设。第六步：开展特色风貌塑造。第七步：落实农房管控要求。第八步：建立完善长效管护机制。

四、资金筹措

大力争取中央和自治区、北海市财政补助资金，积极筹措本级财政资金，支持平台公司开展政策性融资，鼓励和引导群众自筹、社会资金参与等。

村庄全域基本整治资金筹措。365 个村庄全域基本整治，自治区补助 269.4 万元，市本级补助标准 195.3 万元，共 464.7 万元，由各镇统筹组织实施。

呼北高速沿线风貌提升及农房特色风貌塑造资金筹措。1. 呼北高速沿线风貌提升。涉及南康镇和兴港镇共 18 个村，在利用上级补助开展村庄基本整治基础上，区财政配套安排每个村（队）6 万元共 108 万元，由南康镇、兴港镇组织沿线相关村委实施村庄环境综合整治，提升村庄风貌；同时引导有关部门涉农项目资金优先投入到沿线村庄设施补短板建设，提升设施水平。2. 呼北高速沿线 413 栋农房特色风貌塑造。估算投资 2478 万元（含工程建设费用和其他费用，以最终结算价为准），自治区补助 413 万元（按 0.9 万元／栋补助，2021 年 12 月 31 日前完成的，给予 0.1 万元／栋奖励），市财政补助 413 万元（按 1 万元／栋补助），缺口资金约 1652 万元由区平台公司（北海桂隆建设发展有限公司）作为业主通过政策性融资等方式筹措解决，并实施建设。

（三）向海大道沿线（六冲垌—七号路段）农房特色风貌塑造资金筹措。向海大道沿线（六冲垌—七号路段）355 栋农房特色风貌塑造（含立面改造 103 栋，立面＋坡屋顶改造 252 栋），估算投资 1850 万元（含工程建设费用和其他费用，以最终结算价为准），资金主要申请市级资金解决，区住建部门实施建设。

五、保障措施

（一）加强组织领导。各镇、各部门要将乡村风貌提升作为全面实施乡村振兴的重要抓手，落实五级书记抓乡村振兴的要求，构建党委、政府统一领导，各部门协同推进的工作格局。区住房城乡建设局要进一步强化统筹协调作用，研究制定年度计划和文件政策，组织检查指导和工作考评，及时协调解决存在的问题；区直各有关单位要按照职责分工抓好工作落实，形成工作合力。各镇要按照自治区党委、自治区人民政府和市委、市人民政府以及区委、区人民政府的工作要求，加强组织领导，完善工作机制，全力推进全区乡村风貌提升建设，确保年度任务全面完成。

（二）整合资源投入。要按照项目主体不变、资金渠道不变、使用性质不变、管理权限不变的要求，统筹整合各部门适用项目及资金集中投入乡村风貌重点区域，着力推动“四化、五网、六改”项目建设，进一步改善农村人居环境。要着力拓宽投资渠道，充分挖掘政策性金融支持、社会投入等潜力，减轻筹资压力；要探索“增减挂＋、旱改水＋、低效闲置资产利用＋、农村集体资产开发利用＋”等筹资模式，用好用活政策支持；要积极引导社会资本参与共建，多元投入，营造全社会关心支持的良好氛围。

（三）强化指导服务。会同规划设计单位、建筑企业和各成员单位组建乡村风貌提升技术指导组，经统一培训后开展巡回指导。通过网络培训、视频培训、实地教学等方式加强业务培训，每一位具体操作实施的工作人员熟悉乡村风貌提升的政策文件、技术要领等，提升基层管理和技术水平。加强农村工匠指导培训，推动技术下乡，探索建立农村工匠自治管理新模式。

（四）严格检查考评。按照自治区乡村风貌提升、农房管控等初期考评和验收考评细则，全年完成 1 次初期评估，强化考评结果在乡村振兴考评等相关考评中的运用，对初期评估获得全区优秀的镇给予通报表扬。加强推进过程中组织模式、改造风格、建设质量、综合成效等方面的监督检查，及时纠偏，确保建设质量。

（五）加强宣传引导。通过广播电视、报纸、微信等渠道以及召开群众大会、发放致群众一封信、宣传单等方式，进一步加大宣传发动力度，积极营造全社会关心支持的良好氛围。通过“走出去、请进来”等模式和典型案例宣传引导，向群众宣传乡村风貌提升的重要意义，提升群众认可度和参与积极性。

（六）注重长效管护。建立自治、德治、法治相结合的乡村治理体系。进一步强化村规民约的管控作用，充分发挥村民理事会、新乡贤理事会等自治组织作用。选优配强乡村建设主力军和精兵强将，发挥各镇书记、镇长和村支书、主任的“头雁”带领作用。引导基层落实“门前三包”、领导党员干部分片包干制度，保障乡村风貌提升持续有效开展。

索　引

索引说明

一、本索引采用主题分析索引方法。正文(包括条码、文献、资料、图片和表格)中凡具有独立检索意义的完整资料,均可通过本索引进行检索。

二、索引按汉语拼音字母(同声字按声调)升序排列。类目、分目、次分目做索引款目用黑体字排印,其余均用宋体字排印。表格、图片在其款目后分别注明"表""图"。

三、索引款目后的阿拉伯数字和拉丁字母(a, b, c)分别表示内容所在的页码和栏别(即左、中、右栏)。

四、同一主题的"参见"只标页码。为便于读者检索,内容有交叉的款目,在本索引中重复出现。

五、"编辑说明""大事记"等栏目不做索引,阿拉伯数字开头的款目排在索引的前面。

D

F

G

H

J

R

S

T

W

X